——◇ 敬 启 ◇——

尊敬的各位老师：

感谢您多年来对中国政法大学出版社的支持与厚爱，我们将定期举办答谢教师回馈活动，详情请登录我社网站或拨打咨询热线：

www. cuplpress. com（教师专区）

010 – 58908302

我们期待各位老师与我们联系。

法学专业民商法学方向课程与技能课程系列教材

总主编 高在敏
李少伟

商事案例评析

主　编　郭升选

撰稿人　（以撰写部分先后为序）

郭升选　张晓飞　费　煊

中国政法大学出版社

编写说明

民商法是市场经济的基本法。民法学、商法学和民事诉讼法学是高等学校法学专业的核心课程。西北政法大学民商法学院根据教育部《全国高等学校法学专业核心课程教学基本要求》，先后编写并出版了《民法学》、《商法》和《民事诉讼法学》等教材。在此基础上，根据我院课程设置的需要和教材建设规划，在总结多年课程教学经验、吸收教学改革成果的基础上，组织学术水平较高、教学经验丰富的教师编写并推出"法学专业民商法学方向课程与技能课程系列教材"。编写此"系列教材"的目的在于：其一，深化民商事实体法学和程序法学的教学内容，扩展和丰富课程类型；其二，体现理论与实务的结合，培养学生的法律专业技能或实务操作能力。

首批编写和出版的教材有：《侵权责任法理论与实务》、《民事案例评析》、《商事案例评析》、《证券法理论与实务》、《票据法理论与实务》、《破产法理论与实务》、《亲属法学》、《民事强制执行法》、《仲裁法学》。

这套系列教材的出版既是我院教学改革阶段性成果的体现，更是一种新的尝试，其中难免有欠妥之处，诚望同仁和读者不吝指正。

编 者
2007 年 8 月

说　　明

　　秉承"体现理论与实务的结合，培养学生的法律专业技能或实务操作能力"之目的，本教材尽量选取法院审判的真实案件，一方面让学生感受实务中"活法"如何运用，感悟法官判案的艺术；另一方面，让学生告别用案例注释原理的知识学习阶段，进入到运用所学知识，从实体和程序结合的操作层面，对综合、复杂甚至疑难的案例进行分析，对法院的判决加以评析的阶段。此外，本着学生主动思考以及师生互动的教学方法之运用，我们在"课前导读"部分简要地列出了需要回顾的知识点，指导学生为分析案例而"储备知识"；在案例后预设了提示问题，引领学生讨论、分析案例，发现问题，也利于教师在点评时有的放矢。但预设的问题可能也存在"问题"，需要在应用中检验。当然，在"互动教学"中，学生的问题才是真正的问题。本书中的编者评析、深度思考部分，则是编写者对案件以及案件折射出的问题的分析和思考，供学生参考和学习。

　　商事法律涵盖的内容极为丰富，我们只能大致按照公司法、证券法、票据法、保险法和破产法都有所涉及的思路，选择 16 个典型的实务案例，构成本教材的评析案例。另外，我们还选择了 5 则司法考试的商法案例作为一个单元，希望通过对这类案例的评析和讲解，让学生感受司法考试中的案例分析与实务案例分析的不同，掌握司法考试案例的分析技巧。最后，我们还选编了 4 个训练案例，以供学生练习，也可作为课堂讨论评析的备用案例。

　　本书的编撰分工为：

　　郭升选：第一、二、六部分

　　张晓飞：第三、四部分

　　费　煊：第五部分

　　　　　　　　　　　　　　　　　　　　郭升选

　　　　　　　　　　　　　　　　　　2009 年 1 月

| 目 录 |

第一部分
公司法案例

一、某银行诉众友公司股东
出资填补责任案

【课前导读】

概念重温：公司资本，公司人格，股东资格，有限责任，公司人格否认（揭开公司面纱），违约责任，连带责任。

知识回顾：公司资本的来源、构成及意义，股东与公司的关系，股东的出资义务，出资与股东资格的关系，注册资本与公司独立人格的关系，股东出资的形式，违背出资义务的法律后果，请求权基础，代位求偿权。

【重点法条】

1.《中华人民共和国公司法》

第3条　公司是企业法人，有独立的法人财产，享有法人财产权。公司以其全部财产对公司的债务承担责任。

有限责任公司的股东以其认缴的出资额为限对公司承担责任；股份有限公司的股东以其认购的股份为限对公司承担责任。

第20条　公司股东应当遵守法律、行政法规和公司章程，依法行使股东权利，不得滥用股东权利损害公司或者其他股东的利益；不得滥用公司法人独立地位和股东有限责任损害公司债权人的利益。

公司股东滥用股东权利给公司或者其他股东造成损失的，应当依法承担赔偿责任。

公司股东滥用公司法人独立地位和股东有限责任，逃避债务，严重损害公司债权人利益的，应当对公司债务承担连带责任。

第27条 股东可以用货币出资，也可以用实物、知识产权、土地使用权等可以用货币估价并可以依法转让的非货币财产作价出资；但是，法律、行政法规规定不得作为出资的财产除外。

对作为出资的非货币财产应当评估作价，核实财产，不得高估或者低估作价。法律、行政法规对评估作价有规定的，从其规定。

全体股东的货币出资金额不得低于有限责任公司注册资本的30%。

第28条 股东应当按期足额缴纳公司章程中规定的各自所认缴的出资额。股东以货币出资的，应当将货币出资足额存入有限责任公司在银行开设的账户；以非货币财产出资的，应当依法办理其财产权的转移手续。

股东不按照前款规定缴纳出资的，除应当向公司足额缴纳外，还应当向已按期足额缴纳出资的股东承担违约责任。

第31条 有限责任公司成立后，发现作为设立公司出资的非货币财产的实际价额显著低于公司章程所定价额的，应当由交付该出资的股东补足其差额；公司设立时的其他股东承担连带责任。

2. 司法解释

最高人民法院在1994年3月30日制定的《关于企业开办的企业被撤销或者歇业后民事责任承担问题的批复》（法复［1994］4号）

【案情介绍】

2006年3月，甲、乙、丙投资设立了众友电子有限责任公司（以下简称众友公司）。公司章程载明，甲以现金20万元出资，乙以现金15万元和办公设备折价5万元共计20万元出资，丙以自己所有的房产折价60万元出资。众友公司先后在某银行贷款7笔，总金额为500万元。借款到期后，众友公司仅偿还部分利息外，尚欠银行借款本金及利息567万元。在追讨借款的过程中，通过调查发现，丙作为出资的房屋当时作价严重超过市价，高估20万元左右。另查明，众友公司现有库存商品、办公用品折价估值50万元。银行遂向法院起诉众友公司偿还欠款及利息计567万元，并要求甲、乙、丙承担连带责任。

案件审理中，应原告的请求，法院委托某评估机构对丙作为出资的房屋以

2006年3月的市场价格进行了评估，确认在丙出资时房屋当时作价超过其实际价值18万元。合议庭一致认为，丙的出资属于《公司法》第31条规定的"非货币财产的实际价额显著低于公司章程所定价额"的情形。但对于如何处理该案，合议庭形成多种意见：

第一种意见认为，本案应当中止审理，通过司法建议函的形式，建议丙在合理期限内向公司补交出资的差额18万元，甲、乙承担连带补交的责任。补交期届满后，再恢复审理。如果丙或甲、乙补交了，则应判决公司独立承担其所欠银行的贷款及利息；如果丙以及甲、乙都未补交，由丙、甲、乙承担出资不实的18万元连带责任。

第二种意见认为，中止审理没有依据，确定所谓合理的补交期限也无依据，更无需通过司法建议函的形式建议丙及甲、乙在合理期限内向公司补交出资的差额18万元。既然已经查明了丙作为出资的房产的实际价额显著低于公司章程所定价额，就应直接适用《公司法》第31条，判决被告公司承担567万元的债务，丙、甲、乙对其中18万元承担连带责任。

第三种意见认为，也应直接适用《公司法》第31条，但更要适用《公司法》第3条。因为公司独立责任和股东有限责任以股东缴纳其认缴的出资，至少所有股东缴纳的出资，达到了法定的注册资本的最低要求为条件。对于责任的承担，应分清层次：被告众友公司独立承担所欠原告的567万元债务的偿还责任；被告丙出资不实，有填补出资差额的义务，其应对公司债务的18万元承担连带责任；被告甲、乙则对丙承担的18万元责任，承担补充的连带责任。

第四种意见认为，公司具有独立人格，当事人没有主张适用《公司法》第20条否认公司人格，追究股东责任，而且本案也没有滥用公司人格的事实，因此，不应让股东甲、乙、丙承担本应由众友公司承担的债务偿还之责。至于丙的出资不实问题，是另一法律关系，应当由众友公司向丙主张，本案原告不能直接向股东主张承担连带责任。

合议庭最终采纳了第三种意见，判决如下：

（1）被告众友电子有限责任公司在判决生效后15天内支付拖欠原告某银行的567万元。被告丙对其中18万元承担连带责任。

（2）对于丙承担的18万元连带责任，被告甲、乙承担补充的连带责任。

（3）本案诉讼费8万元由众友电子有限责任公司承担。

宣判后，当事人双方都没有上诉。

第一部分

【提示问题】

1. 请列出本案的法律关系，并按照该种法定或约定的法律关系"模式"来检视本案中各主体的权利义务。

2. 请分析、评价合议庭的四种意见。

3. 《公司法》第31条的立法目的应该是什么？为什么要让"公司设立时的其他股东承担连带责任"？

4. 《公司法》第31条的请求权人是谁？是专属于公司的权利，以弥补注册资本的"空洞"，还是可扩大至公司的债权人或者说利害关系人？

5. 假设甲、乙也未如实完全交纳出资，该案又该如何处理？能否适用《公司法》第20条关于否认公司人格的规定？

【编者评析】

对本案的几点评析：

1. 《公司法》第31条的规定看似清楚，在实务中却存在理解和执行上的疑惑，特别是一些操作层面的细节问题。在本案审理中出现的多种意见，就是很好的说明。

第一种意见主张中止审理，而由股东完成补足出资后再来审理，严格区分法律关系的逻辑，坚守着"公司与股东责任严格分离"的公司法准则。但是，这种认识显得有些教条，如此操作难免造成效率偏低。更何况，从审判业务本身来说，其中止审理的理由有些牵强，所谓司法建议确定"合理的补足缴纳期限"，都欠缺法律依据的支撑。

2. 第二、三种意见主张适用《公司法》第31条，直接判决股东承担出资不实的连带责任，显得灵活而富有效率。但问题是，这样就涉嫌背离了公司法上"公司与股东责任严格分离"的律条，有违公司人格独立、责任独立的公司法基石。

3. 第四种意见注意到股东承担公司责任的例外，只能是我国《公司法》第20条规定的应当适用"揭开公司面纱"而直接追究股东责任的情形，而且，在观念上，将第31条规定的请求权人限定于公司，排除公司债权人在与公司的债务诉讼中作为权利人的情形。这种认识理清了法律关系层次，逻辑思维缜密，在理论上似乎是较为正确的思路。但遗憾的是，不能富有效率地处理案件，导致当事人多诉，也会造成司法资源的浪费。因为依照这种认识，公司如果不向股东追缴其"虚高"的瑕疵出资，债权人则"鞭长莫及"，即使等到执行程序，在执行公司财产还不能偿还债务时，又提出股东出资不实的问题，执行机构也可能以"出资不实的问题未经审理确认"为由而拒绝强制执行。如此看来，难道债权人非要走代位求偿的诉讼程序，以公司不向股东丙追缴应当补足的出资为由，提起代位求偿之诉？

4. 不可否认，我国《公司法》第20条的规定高度抽象、概括，况且第31条规定的出资填补的情形是否适用，立法缺乏必要的说明。从道理上来讲，第31条不一定就是第20条所规定的"滥用公司法人独立地位和股东有限责任，逃避债务"的情形。法院最终采纳了第三种意见，主要适用《公司法》第3条和第31条，因为从解释论而言，股东承担有限责任必然以其如实缴纳出资为前提，而第31条规定的填补出资义务，正是对第3条精神的落实和补充。但是，不可否认，直接判令股东承担公司的责任，从理论上、逻辑上多少有点儿不够严谨。所幸的是，对这样的判决结果，当事人服判息讼，证明了司法的实际效果比"教科书式地机械执法"要更富有效率。

本案的审理折射出《公司法》第31条规定的请求权人问题。股东出资不实，应当向公司补交，公司当然是请求权人，其他股东是否也有此权利？从股东与公司关系的角度解释，股东与公司本质上是一个利益阵营或共同体，某个股东的出资不实，既是对公司利益的损害，也是对股东利益的间接损害。况且，第31条本身就规定了公司成立时的其他股东的连带责任，从当事股东避免受连累的立场，也应给股东自我救济，及其向"差欠出资"的股东请求补足的权利。

至于公司的债权人是否有权提出请求，依照什么样的诉讼程序进行，有不同的认识。特别是公司的债权人在个案的诉讼中才发现股东有出资不实时，如何从诉讼程序操作，才能既快捷便利地维护当事人的权益，又符合《公司法》和《民事诉讼法》的规定，或者至少在法理上是通畅的，值得我们进一步深思探讨。从理论上，支持债权人有权主张的理论有：信托基金理论、欺诈理论、代位权理论和法定义务理论。[1] 信托基金理论将股东的出资看作债权人的信托基金，股东履行出资义务是基于维护债权人信托基金的必要。欺诈理论认为，债权人从公司得到的印象是股东已经完全履行了出资义务，而公司股东事实上却并未如此履行。因此，一旦公司在随后无力清偿其债务时，债权人便可以受到误导或者欺诈为由，要求那些未完全出资的股东们履行其应尽的出资责任。代位权理论主张，根据股东与公司之间达成的股份认购协议，股东应当缴纳的出资可以视为是股东对公司所负的债务，当股东没有履行该出资义务时，公司债权人可依据合同法中的代位权理论，向该股东进行追偿。法定义务理论认为，

---

[1] 张昊、傅东红："瑕疵股权转让的出资责任"，载《判解研究》2007年第2期。

公司债权人之所以在公司无法清偿其债权时有权向未能付清股款的股东追讨，纯粹是因为法律规定了股东这样的义务。笔者倾向于法定义务理论，从我国《公司法》第3、28、31条均体现了法定义务性。

【深度思考】

股东出资填补责任与债权人利益的保护
——兼论《公司法》第31条

一、股东出资的填补责任：《公司法》第31条解读

有限责任公司于成立时即由股东足额交纳其认缴的出资，并由法定验资机构予以审验，从而保证有限责任公司的资产确定、真实。但是，有限责任公司成立后，会因多种原因致使公司资本低于章程中载明的注册资本数额。对此，为了防止资本的减少，大陆法系各国公司立法坚持资本维持原则——公司应当维持与公司资本总额相适应的财产，其目的在于确保公司承担债务的能力，保护债权人利益和交易安全。公司法对非因股东抽逃等主观原因，而属出资（本身的）贬值导致其价额显著低于章程所定价额的情形，规定了股东的补交差额责任以及发起设立股东的连带责任。正确把握该条规定，须注意以下几点：

1. 股东的出资填补责任一般发生在有限责任公司成立以后。在公司设立阶段，一方面，由于章程确定的作为出资的实物、工业产权、非专利技术、土地使用权等非货币财产的价额与实际交付并验资时认可的价额，时间衔接较紧密，差别不会很大；另一方面，如若发现两者相差较大，则验资部门会出具实际审验的价额以供公司登记部门作为确认公司注册资本的依据，从而避免使章程载明的价额徒具其名，或公司登记部门修改章程载明的注册资本数额。同时，股东在此阶段也可补足，从而使差额在公司登记时不复存在。因此，该条的立法本意是针对公司成立后才发现作为出资的实物、工业产权、非专利技术和土地使用权等非货币财产的价额显著低于章程所定价额而言的。

2. 股东出资填补责任的发生，仅限于非货币形式出资，即股东的实物、工业产权、非专利技术和土地使用权等作为出资的情形。因为货币出资不发生章程所定价额与实际交付时存在差额之问题，（如果说有的话，可能就是货币贬值，但货币贬值是社会现象，不是公司法针对个别公司关注其资本维持的事实）。作为出资的实物、工业产权、非专利技术和土地使用权等则可能因估价的原因、市场变化等导致过高估价、贬值或"缩水"，从而造成明显低于实际价值。但必须明确，市场价格的正常波动，应属合理和允许的范围，不应动辄适用第 31 条向出资人追缴。

3. 非货币出资的实际价额显著低于章程所确定的价额，是股东承担填补责任的基础。实际价额是公司成立运行过程中，某一时刻公司非货币出资的价值。公司章程所定价额是股东的允诺出资额，是以对非货币出资的估价为根据确定的价值，往往存在章程所定价额过高的情形。该条的立法本意，即在抑制对非货币出资过高估价而导致增大注册资本数额的情形。何谓"显著低于"，立法没有解释，目前也未见相关的司法解释。从学理上解释，是指两者相差较为悬殊，且其足以影响到公司的资本充足与否，关乎公司应否独立存在。

4. 出资差额的填补责任，首先由交付该项非货币出资的股东承担。在该股东不能或无力承担时，应由公司设立时的其他股东（或称发起人）对此承担连带责任。可见，其他发起人股东承担的是一种补充性连带责任。其他股东如果承担了此填补出资责任，则有权向该非货币出资的股东追偿。

5. 补交差额的目的，一方面使该有限责任公司符合成立时的注册资本之数额；另一方面使公司资本真实。这既能保证公司自身的生产经营资本，又能保障公司清偿债务的能力，从而使债权人利益得以保护。

6. 补交的方式可以用货币，也可以继续用实物、工业产权、非专利技术或土地使用权等非货币财产补交。

二、瑕疵出资股东对公司债权人的责任

股东出资瑕疵的民事责任，可分为两类：一是出资瑕疵的股东对公司以及其他股东承担的内部责任；二是出资瑕疵的股东与其他股东对公司债权人的民事责任，即公司股东违反出资义务，股东对公司债权人所应承担的民事法律后果。

出资瑕疵的股东对公司的债权人承担责任的性质为何？是以其瑕疵出资，即"差欠"的部分为限，对公司责任承担补充责任，还是对公司债务承担连带责任？司法实践中观点不一。

1. 瑕疵出资股东对公司债权人承担的是补充责任，且公司的债权人有权诉请公司设立时的其他股东承担连带责任。如江苏省高级人民法院《关于审理适用公司法案件若干问题的意见（试行）》第 52 条第 1 款规定："股东虚假出资导致公司实有资本虽然没有达到公司章程记载的数额但达到法定最低限额的，公司具备法人资格，公司财产不足以清偿债务的，出资不足的股东应当在出资不足的范围内对公司的债务承担补充清偿责任；其中对因股东作为出资的实物、工业产权、非专利技术、土地使用权的实际价额显著低于公司章程所定价额导致的出资不足部分，公司的债权人有权诉请公司设立时的其他股东承担连带责任。"最高人民法院《关于审理公司纠纷案件的若干问题的司法解释（征求意见稿）》第12条第1款规定，债权人向公司主张债权且有证据证明公司清偿能力不足时，可以同时对出资不足的股东及公司设立时的其他股东提起诉讼，请求其在出资不足部分及利息的范围内承担补充赔偿责任。公司设立时的其他股东承担责任后，可以向出资不到位的股东追偿。

2. 区分不同的情况，瑕疵出资的程度决定责任的承担形式，可能是连带责任，也可能是补充责任。如上海市高级人民法院《关于审理涉及公司诉讼案件若干问题的处理意见》规定，应当根据下列具体情况确定股东责任：股东出资不足的（虚假出资），应在出资不足的范围内，对公司债务承担连带清偿责任；股东出资不足导致公司的注册资本低于公司法规定的最低标准使公司的法律人格未能合法产生的（公司法人人格否认），应对公司债务承担无限连带清偿责任；股东抽逃公司资产，导致公司履约能力不足的，应在抽逃公司资产的范围内对公司债务承担连带清偿责任；股东资产与公司资产混同、股东业务与公司业务混同的（关联交易），公司的人格即被股东所吸收而不再独立，股东应对公司债务承担无限连带清偿责任。

可以看出，上海市高级人民法院的意见，将瑕疵出资与公司人格的独立与否相连接，继而与股东是否应对公司债务承担连带责任连接起来。实际上，此种意见体现了最高人民法院《关于企业开办的企业被撤销或者歇业后民事责任承担问题的批复》（以下简称《批复》）的精神。为什么法院不直接适用该批复？从该批复的标题即可看出，其适用范围和条件限定在两个方面：其一，只适用于企业开办的其他企业，将个人、事业单位、国家机关等主体出资成立的公司排除在外；其二，局限于企业被撤销或歇业之情形，将正常经营期间的企业排除在外。然而，实践中，正常经营的非企业开办的企业，尤其是公司型企业，出资人虚假出资的现象同样存在，同样会害及有关债权人的利益。从实际出发，法院在审理虚假出资案件时，已开始重视根据当事人的诉讼请求，且往往突破了上述条件的限制，凡虚假出资的情形，几乎都按《批复》的精神进行判决。此《批复》的内容即有两种情况：其一，在出资不足的情况下，如果达到了法定的最低资本额，出资人在出资不足的范围内对法人债务承担责任。法院判决其向法人某一债权人承担出资不足范围内的责任后，其他债权人无权再基于同一事由向其主张权利。其二，出资人没有出资或出资未达到法定最低资本额，应认定企业不具有法人资格，由出资人对企业债务承担无限责任。该规定实际上是"法人人格否认"理论在我国司法实践中的体现。

比较而言，江苏省高级人民法院的意见更具合理性，也与我国《公司法》第31条的立法本意相一致；而上海市高级人民法院延续《批复》的精神，将瑕疵出资与公司人格紧密关联，并区分瑕疵出资的程度是否低于公司人格所需的最低资本，从而使股东对债权人的责任既可能是无限的，也可能是有限的。我们认为，将瑕疵出资与公司人格否认（彻底否认）连接，并让股东对公司的债务承担无限连带责任，存在对公司人格否认下的股东责任与瑕疵出资下股东责任认识不清的问题。

（1）"无财产即无人格"已经成为了公司法上的基本命题。股东出资未达到法定注册资本的要求，公司就不能成立；但能否反过来说，出资人实缴资本未达到法定最低注册资本标准，就应当否认公司的人格，而追究股东责任？我们认为，应当走出注册资本崇拜的误区，回到对公司实际资产的重视，因为公司对外承担责任，是以其现有的财产来承担的，而不是章程载明和公司登记记录的注册资本。我们还应考虑到，出资人实缴资本虽未达到法定最低注册资本标准，但经过一个以上会计年度经营后，公司净资产可能会超过法定最低注册资本额。因而，不能在公司资本缴纳不实时，动辄否认其法人人格，追究出资人的无限责任。

（2）从理论上，公司人格否认实际上可分为两类：一类是公司人格生成条件缺乏从而使公司空壳化，或公司有悖法人人格存在目的。公司实缴资本未达到法定最低注册资本标准的即属于此情形。另一类是公司仍具备依法成立的相关条件，但其运行中存在滥用公司人格规避法律义务、合同义务之情形。[1] 但是，我国《公司法》第20条没有将资本不足法定最低限额的情形明确化，从文义上看，主要是针对公司滥用公司独立地位和股东有限责任损害公司债权人利益的情形，也即后一种情形。况且，我国《公司法》将所谓人格否认与瑕疵出资的填补，分别规定于第20、31条，且没有任何的指引或连接，说明了立法将瑕疵资本与公司人格否认断裂开来了。所以说，公司股东出资不实——包括未完全缴纳、出资被高估，股东承担的应当是资本填充责任，其对公司债权人仅需在未缴纳出资的范围内承担责任。

（3）公司人格否认是从根本上彻底否定其法人资格，而非个案式否定。个案能否认的仅仅是股东的有限责任，只要出资不实或存在瑕疵出资，就丧失有限责任的豁免，有多大的缺口，就承担多大的补足性的责任。在个案诉讼中彻底否定公司人格，存在司法权与行政权的分权行使之障碍——公司人格当由"赋予"其资格的机构（公司登记机构）去"收回"，而不是法院的民事审判庭在普通民事案件中可随便否认的。

---

[1] 郭升选："'公司人格否认'辩"，载《法律科学》2000年第3期。

二、杨政诉某招标有限责任公司
股东会决议无效案

【课前导读】

概念重温：股东会决议，公司章程，合同的效力。

知识回顾：有限责任公司股东会的召开，股东会决议的事项，股东会议所议事项的表决，股东会决议的生成，股东会决议的效力，股东会决议无效、可撤销及股东的救济。

【重点法条】

《中华人民共和国公司法》

第22条 公司股东会或者股东大会、董事会的决议内容违反法律、行政法规的无效。

股东会或者股东大会、董事会的会议召集程序、表决方式违反法律、行政法规或者公司章程，或者决议内容违反公司章程的，股东可以自决议作出之日起60日内，请求人民法院撤销。

股东依照前款规定提起诉讼的，人民法院可以应公司的请求，要求股东提供相应担保。

公司根据股东会或者股东大会、董事会决议已办理变更登记的，人民法院宣告该决议无效或者撤销该决议后，公司应当向公司登记机关申请撤销变更登记。

第41条 有限责任公司设立董事会的，股东会会议由董事会召集，董事长主持；董事长不能履行职务或者不履行职务的，由副董事长主持；副董事长不能履行职务或者不履行职务的，由半数以上董事共同推举一名董事主持。

有限责任公司不设董事会的，股东会会议由执行董事召集和主持。

董事会或者执行董事不能履行或者不履行召集股东会会议职责的，由监事会或者不设监事会的公司的监事召集和主持；监事会或者监事不召集和主持的，代表 1/10 以上表决权的股东可以自行召集和主持。

第 42 条 召开股东会会议，应当于会议召开 15 日前通知全体股东；但是，公司章程另有规定或者全体股东另有约定的除外。

股东会应当对所议事项的决定作成会议记录，出席会议的股东应当在会议记录上签名。

第 43 条 股东会会议由股东按照出资比例行使表决权；但是，公司章程另有规定的除外。

第 44 条 股东会的议事方式和表决程序，除本法有规定的外，由公司章程规定。

股东会会议作出修改公司章程、增加或者减少注册资本的决议，以及公司合并、分立、解散或者变更公司形式的决议，必须经代表 2/3 以上表决权的股东通过。

【案情介绍】

原告：杨政（性别年龄职业住址略）

被告：某招标有限责任公司法定代表人：纪果，董事长

代理人：成某，某律师事务所律师

被告：仇志（性别年龄职业住址略）

代理人：成某，某律师事务所律师

第三人：纪果（性别年龄职业住址略）

代理人：成某，某律师事务所律师

第三人：某招标服务中心

代理人：成某，某律师事务所律师

原告诉称，两被告违反法律规定，在原告毫不知情的情况下，通过伪造原告签名的股东会决议，对某招标有限责任公司的注册资本和股东进行了变更，对其合法权益构成了侵害，请求法院确认 2006 年 10 月 16 日某招标有限责任公司第二届第三次、第四次股东会决议无效，判令被告将公司登记恢复到 2006 年 11 月 29 日变更前的状况，并由两被告赔偿经济损失 200 万元。本案诉讼费由两被告承担。

两被告辩称，杨政是挂名股东。招标公司在 2004 年设立之时，系委托（有偿）工商局的企业服务中心代理进行设立登记，杨政与仇志都不是真实股东，只是挂名股东。该公司的设立、运行，包括历次变更，都是被某个政府机构实

际控制和指使（因为公司业务的原初政府垄断性），作为公司总经理的杨政本人也是清楚的。招标公司的实际股东原来有6个（某技术咨询公司、某农村经济建设开发公司、某电力自动化公司、某军工公司），2006年调整为4个（某省招标中心、某铁路公司、某冶金协会和公司员工持股会）。原告杨政出资38万元，属于员工持股会的成员。此外，杨政是职工持股会的理事长，是代表人，因而原告不具有股东身份，故应驳回原告的诉讼请求。

第三人纪果及某招标服务中心在本案审理中要求参加到本案的诉讼中，要求确认其股东地位并确认原告所诉的股东会决议有效。

某市某区法院经审理查明：2004年初，某招标有限责任公司在某省工商行政管理局注册成立，注册资本1 200万元，股东及其出资额和所占比例分别是：某省招标局出资612万元，占注册资本的51%；仇志出资348万元，占29%；杨政出资240万元，占注册资本的20%。之后，由于股东单位某省招标局体制改革，撤回了其在某招标有限责任公司的出资612万元，于2006年11月9日完成了工商登记变更。至此，某招标有限责任公司的注册资本减为588万元，股东为原告杨政及被告仇志，原告杨政出资240万元，占注册资本的41%，被告仇志出资348万元，占注册资本的59%。

还查明：2006年4月29日，原告杨政提出辞去公司总经理职务，不再参与公司的管理活动。2006年9月26日，被告公司职员肖某到原告杨政的家里通知原告董事长提议召开股东会，原告以身体有病表示暂时不能参加会议。两被告在原告未参会的情况下，伪造原告杨政的签名，形成了时间为2006年10月16日的某招标有限责任公司公第二届第三次股东会决议、第二届第四次股东会决议，以及时间为2006年11月20日的某招标有限责任公司股东转让协议，并据此向某省工商行政管理局申请公司变更登记，将公司的注册资本由588万元增加为1 200万元，将被告仇志持有的全部股份转让给了第三人纪果及某省招标服务中心，于2006年11月29日完成工商登记变更。2007年1月19日，原告在某省工商行政管理局对公司的注册情况进行查询时才了解到以上情况，并当即向两被告提出质疑，要求两被告立即纠正以上错误变更，将公司恢复到2006年11月29日之前的状况，即2006年11月9日最后一次变更后的状况，两被告对此不予理睬。

另查明：某招标有限责任公司的章程第18条规定，股东会会议对所议事项作出决议，应由代表2/3以上表决权的股东通过，股东会应当对所议事项的决定做出会议记录，出席会议的股东应当在会议记录上签名，会议记录作为公司的档案材料予以保存。

以上事实，有某招标有限责任公司的工商登记档案，被告提供的马某和肖某 2007 年 2 月 13 日《关于通知杨政参加公司第二届第三、四次股东会的说明》、2006 年 10 月 16 日《某招标有限责任公司第二届第三次股东会决议》及《某招标有限责任公司第二届第四次股东会决议》、2006 年 11 月 20 日《某招标有限责任公司股东转让协议》，当事人的陈述及庭审笔录佐证。

【提示问题】

1. 本案中涉及哪些法律事实？都有哪些法律关系？

2. 本案原告的诉讼请求是否有事实及法律依据？

3. 本案被告的辩称是否有道理？应当如何确认挂名股东与匿名股东？如何处理的他们之间的关系？

4. 作为本案原告所要诉请法院确认无效的股东会决议而"变更"的纪果、某招标服务中心，能否请求以第三人的身份参加诉讼？其"要求确认其股东地位并确认原告所诉的股东会决议有效"的请求是否合适？本案中，被告及第三人委托同一个律师作为代理人，合适吗？

5. 2006 年 11 月，原股东某省招标局从公司撤回了其所谓的出资 612 万元，是否合乎法律规定？

6. 请根据法院查明和认定的事实，拟写出判决书的"本院认为部分"及判决结果。

【编者评析】

一、本案焦点事实

本案的焦点事实有三个：①原告杨政是否是某招标有限责任公司的股东；②某招标有限责任公司 2006 年 12 月 29 日变更所依据的股东会决议，是否包含原告的真实意思，即 2006 年 10 月 16 日作出的第二届第三次股东会决议和第二届第四次股东会决议是否真实；③是否是在原告未到场的情况下，伪造原告签名形成股东会决议。

1. 关于原告股东身份的认定，从外观形式要件看，没有公司股东名册，但有公司章程、公司登记的记载，从实质要件看有出资和验资的证明。与之相佐的还有，公司原始股东之一某招标局退出时，公司支付了其真实出资 612 万元，并注销了该部分注册资本。被告辩称的挂名股东问题，没有匿名人与实名人之间的"协议"无法确认他们之间的真实意思，没有可清晰判断、相互印证的事实，从而可清晰得出实际控制人为何者以及其具有合法控制人地位的事实证据，似是而非，只能以具有公信力的登记证据为据。

2. 原告所诉的招标公司 2006 年 10 月 16 日作出的第二届第三次股东会决议和第二届第四次股东会决议，原告未到场是法院查证的事实，杨政的签名不是本人所为，被告也承认杨未到场，至于谁在股东会决议上签下了杨政的名字，被告以"不知道"敷衍。而且，被告不能向法庭举出股东会决议的备份文件，也拿不出该决议作出时的会议记录。因此，该股东会决议并未包含杨政所代表的 41% 表决权股份的意思。

二、本案的法律适用

本案的法律适用，其核心是原告诉请确认的股东会决议是否有效。

1. 依照我国《公司法》第 42 条第 2 款的规定："股东会应当对所议事项的决定作成会议记录，出席会议的股东应当在会议记录上签名。"反过来，2006 年 10 月 16 日作出的第二届第三次股东会决议和第二届第四次股东会决议上股东的签名是假冒股东杨政所为，公司也不能出示该股东会决议的备份文件，也拿不出该决议作出时的会议记录，这说明该股东会决议不符合法律规定。

2. 从内容上讲，该两份股东会决议涉及修改公司章程、增加注册资本、股东转让出资、吸收新股东等重大事项。依照我国《公司法》第 44 条的规定，公司股东会作出修改公司章程、增加注册资本的决议，必须经代表 2/3 以上表决权的股东通过；依照我国《公司法》第 72 条第 2 款的规定，股东向股东以外的人转让股权，应当经其他股东过半数同意。由于原告所代表的 41% 表决权股份并未参加表决，因此，2006 年 10 月 16 日作出的第二届第三次股东会决议和第二届第四次股东会决议，严重违反了《公司法》的强制性规定，应当认定无效。

3. 依照我国《公司法》第 22 条第 1 款的规定，公司股东会或者股东大会、董事会的决议内容违反法律、行政法规的无效。因此，被告 2006 年 10 月 16 日作出的第二届第三次股东会决议和第二届第四次股东会决议应属无效决议。

4.《公司登记管理条例》第 27 条第 2 规定，公司申请变更登记，应当向公司登记机关提交依照《公司法》作出的变更决议或者决定。被告基于非法伪造的、内容违法的股东会决议，显然不符合该规定。同时，我国《公司法》第 22 条第 3 款规定，公司根据股东会或者股东大会、董事会决议已办理变更登记的，人民法院宣告该决议无效或者撤销该决议后，公司应当向公司登记机关申请撤销变更登记。因而，招标公司 2006 年 10 月 16 日对公司所进行的变更，理应恢复之前的本来面目。

5. 本案不应适用《公司法》第 22 条第 2 款，原因如下：①诉讼所涉及的股东会在召集程序上没问题，通知了原告杨政，其以有病为由表示不能参会；②该次股东会由于杨政未参加，无法指出其表决方式是否存在问题；③本次股东会由于没有杨政的参与，其所代表的 41% 表决权股没有参与表决，因本次股东会所议事项是增资、修改章程和向股东外的第三人转让股权的问题，不仅是公司章程要求须经代表 2/3 以上表决权的股东表决通过，而且是《公司法》的强制性规定。其四，假冒原告签名形成所谓的股东会决议，即使不能贸然说股东会决议整个是捏造的、不存在的，但至少可以说，41%的股份没有参与表决，是违背了《公司法》第44、72条的强制规定的，因而是无效的。

【深度思考】

公司瑕疵决议的无效、撤销之探讨

一、公司瑕疵决议的无效与撤销：司法介入公司运作的一个体现

在公司法学研究领域，一种颇具影响的理论是公司法"合同主义"学说。该说认为，公司法是合同法在公司领域的延伸，公司法在很大意义上就是合同法，公司法规则应当主要是"补充性"的。出于公司的个性化要求，当事方可以选择适用（opt in），也可以选择不适用（opt out）这些条款。这一学说的代表人物有大法官弗兰克·伊斯特布鲁克（Frank Easterbrook）和丹尼尔·费希尔（Daniel Fischel）教授[1]。

新《公司法》一方面扩大了公司自治空间，另一方面则将公司增强自治后可能带来的诸多问题诉诸司法裁判[2]。《公司法》第22条是对法院有权干预公司"自治"事务的体现，虽然法院不能代替公司进行积极的意思表示，但是，对于公司的决议（意思表示）有权确认其无效或者撤销该决议。实际上，公司的决议也属于广义的民事法律行为，是多人意思的集合，因而应当符合法律行为有效的要件，否则，即是无效的或可撤销的。

二、《公司法》第22条解读

具体来说，《公司法》第22条包含以下几层意思：

（一）股东会或者股东大会、董事会决议无效

1. 条件。首先，公司作出了股东会或者股东大会、董事会决议，即决议成立（民事行为的成立）；其次，该决议的内容违反法律、行政法规，则该决议无效（民事行为的无效）。问题是，"违反法律、行政法规"的判断，是否要求该法律、法规具有强制规定性，甚至必须是禁止性规定？从立法论作解释，结合法律行为无效以及我国《合同法》第52条关于无效合同的规定，此处的法律、

---

〔1〕 ［美］伊斯特布鲁克、费希尔：《公司法的经济结构》，张建伟、罗培新译，北京大学出版社2005年版。

〔2〕 罗培新："填补公司合同'缝隙'——司法介入公司运作的一个分析框架"，载《北京大学学报》（哲学社会科学版）2007年第1期。

行政法规应当为法律的强制规定，是"应当为"或"必须为"而不为，以及"不得为"或"禁止为"而为之，因而绝对无效。

2. 主体。谁可以主张瑕疵决议无效，《公司法》第 22 条没有规定。从立法论解释，只要在提起诉讼时具备股东资格者都可以提起，但不要求其在瑕疵决议形成时即具有股东资格。但也有人主张，既然《公司法》第 22 条第 1 款没有规定提起主体，那么从公司乃多元利益的平衡和多治理中心的背景看，只要该瑕疵决议影响到利害关系人，如债权人、公司员工，而且该决议具有违背法律的强制规定而属于民商法理论上的绝对无效，则利益相关者亦有权提起。对于股份公司，尤其是上市公司，监管机关也可以提起主张瑕疵决议无效之诉。

（二）股东会或者股东大会、董事会决议的撤销

1. 条件。股东会或者股东大会、董事会的召集程序、表决方式违反法律、行政法规或者公司章程，或决议内容违反公司章程，则该决议可撤销。这里意思还原为法律行为效力的语言，就是由于召集程序、方式存在违法或违背公司章程，从而可能影响到股东意思的真实表达，以及由于决议的内容违背了公司章程，从而也就违背了股东的原初意思，亦属于意思表示不真实，因而，属于可撤销的决议。

股东会召集程序有瑕疵，是否可一概撤销？应当考量股东会决议的公司整体意思表达、决策的成本以及股东权救济的个人利益与公司利益的平衡，考量公司决议对交易安全的影响。如对小股东因疏漏未通知，而该小股东所持股份对股东会的表决结果"影响不大"，即使其参加股东会决议的表决，也会形成与瑕疵决议相同的决议。如果对此情形，法院机械地依法裁判撤销该股东会决议，公司必然重新召开股东会，只能是增加公司成本。因此，有观点认为，程序瑕疵应属于重大、与股东会决议结果有必然的因果关系，且与行使撤销权股东受损害的利益有相当因果关系时，该决议方可撤销，否则，应当驳回其诉讼请求。[1] 我们认为，这种解释太苛刻，从解释论而言，只要有程序瑕疵、表决瑕疵，即使某个股东"多事"或"较劲"，法院也不能驳回诉讼请求，而应当撤销瑕疵决议，哪怕公司重新作出的决议"一模一样"。这恐怕就是程序正义的意义之所在！

2. 时间。撤销决议之诉必须自决议作出之日起 60 日内提起。该条规定中的 60 日是一个除斥期间，不存在延长、中断和终止的问题；此外，该款规定有一个不言而喻的前提，即该股东会决议存在且股东知道其存在，因而才可以把

---

[1] 黄学武、葛文："股东会召集程序瑕疵与撤销——一则申请撤销股东会决议纠纷案例评析"，载《法学》2007 年第 9 期。

股东会决议作出之日作为 60 日的起算点。如果股东会决议是在某股东不知悉的情况下作出的（即股东不知道决议的存在），则针对该决议提起撤销之诉，只能在其知道或应当知道该决议之日起 60 日内提起。

3. 提起主体。第 2 款已经明确"股东可以"在法定期限内，对股东会或者股东大会、董事会作出了决议提出确认无效之诉或撤销之诉。因而，不存在解释上的扩大问题。但是，是否应当有所限制？一般认为，只有股东会决议作出时具备股东资格，而且在提起撤销诉讼时亦具备者，才能成为股东会决议撤销权人。[1] 但也有人认为，起诉时具备股东身份，而股东会决议形成时并不具备股东身份，但其前手在股东会决议形成时具备股东资格的，亦具备撤销权人的资格，否则，其不具备股东会决议撤销诉讼的原告资格。[2]

4. 法院可要求担保。为避免股东滥用诉权，法院可以要求股东提供担保。瑕疵的股东会、董事会决议也有一定的成本，撤销势必造成公司投入的浪费。而且，决议往往产生对世的效力，一经作出也就同时付诸实施，就会产生一系列的法律关系，随意撤销，将对信赖该决议的善意第三人利益造成损害，不利于交易的效率、安全，以及法律秩序的稳定。再者，轻易提起撤销股东会决议的诉讼、谋求不当利益的情形为立法者所预见，因此，通过要求起诉者提供担保，可以避免股东滥用诉权。

（三）股东会或者股东大会、董事会决议被宣布无效或被撤销后公司的变更登记义务

公司股东会或者股东大会、董事会决议被宣布无效或被撤销的，公司已办理变更登记的，公司有义务向公司登记机关申请撤销变更登记，属于法律行为无效和撤销后的"恢复原状"，即应当依据人民法院作出的宣告该决议无效或者撤销该决议的裁定，向公司登记机关申请撤销该事项的登记。

三、公司瑕疵决议与公司登记

1. 严格执行公司登记形式审查原则。关于股东会或者股东大会、董事会决议的效力，虽然任何人都可以发表看法，但只有人民法院拥有认定和宣告其无效并予以撤销的权力。法律规定公司登记机关依法审查股东会或者董事会决议，目的不在于确认决议本身的效力，而是着眼于其是否体现公司意志，是否符合登记的法定形式和要求。因此，登记机关审查股东会或者董事会决议，应当从登记职能和依据出发，从决议是否符合登记法定形式和要求入手，严格把握

---

[1] 黄学武、葛文："股东会召集程序瑕疵与撤销—— 一则申请撤销股东会决议纠纷案例评析"，载《法学》2007 年第 9 期。

[2] 王文宇：《公司法论》，中国政法大学出版社 2004 年版，第 277 页。

"申请材料齐全并符合法定形式"的登记审查原则。[1]

2. 不受理股东个人的异议。股东以公司决议有瑕疵，能否要求登记机关不予依此决议登记或暂停登记？公司登记是公司的行为，登记机关不受理股东个人的异议。股东向登记机关提出公司股东会决议或董事会决议存在无效或可撤销事由的，登记机关也不能对公司的申请不予登记，而只能恪守"材料齐全，形式合法"的原则，对不符合登记条件的，不予登记，告知其理由；对于材料齐全并符合法定形式的，在法定期限内应当予以登记，并告知相关异议人就股东会或者董事会决议无效问题，向人民法院提起民事诉讼，并且不应暂停登记。

对于股东已经向法院提起有关股东会或者董事会决议撤销诉讼的，登记机关可予以适度关注，充分利用登记的审查期限，严格予以审查。如果登记申请人坚持要求登记机关登记，且登记材料齐全并符合法定形式的，登记机关应当依法予以登记。虽然在司法审判中，有中止审理的法定情形和相关规定；在行政复议或者行政诉讼中，行政复议法、行政诉讼法对已生效的行政行为也确定了不停止执行的原则；但对于行政权行使过程中，当事人发生民事诉讼，司法与行政如何衔接，目前尚未有明确的法律规定。就公司登记而言，法律明确规定了公司依法更正其登记行为的条件和程序，鉴于此，除非收到司法机关暂停登记的协助执行通知，登记机关不应当中止或者暂停登记程序。

3. 撤销变更登记的执行。对于人民法院宣告股东会或者董事会决议无效或者撤销该决议后，公司拒不向公司登记机关申请撤销变更登记时，该如何处理？股东可以向人民法院申请执行，法院向公司发出限期执行的裁定，并向登记机关发出协助执行通知书。在公司仍不执行时，登记机关应当依法协助人民法院强制撤销其变更登记。需要补充的是，如果登记变更事项属于公司营业执照记载的内容，如公司名称、注册资本、法定代表人姓名等，从而涉及换发营业执照时，登记机关在协助强制执行中，还应当与执行法院沟通协调好营业执照收回与换发事宜，从而有效保护公司、股东及交易相对人的合法权益，保障市场交易安全。

---

[1] 任爱荣："关于股东会决议无效与公司登记"，载《中国工商管理研究》2006 年第 2 期。

第一部分

三、张旭诉开元房地产公司股权继承案

【课前导读】

概念重温：股东资格，股东权，股本，财产继承，家庭共同财产，夫妻共同财产，执行标的。

知识回顾：股权的继承，股东资格的取得，继承股权时公司股东名册的变更及工商登记变更的意义，公司僵局与公司解散，执行程序中运用裁定的事由、裁定的内容。

【重点法条】

1.《中华人民共和国公司法》

第33条第3款　公司应当将股东的姓名或者名称及其出资额向公司登记机关登记；登记事项发生变更的，应当办理变更登记。未经登记或变更登记的，不得对抗第三人。

第34条　股东有权查阅、复制公司章程、股东会会议记录、董事会会议决议、监事会会议决议和财务会计报告。

股东可以要求查阅公司会计账簿。股东要求查阅公司会计账簿的，应当向公司提出书面请求，说明目的。公司有合理根据认为股东查阅会计账簿有不正当目的，可能损害公司合法利益的，可以拒绝提供查阅，并应当自股东提出书面请求之日起15日内书面答复股东并说明理由。公司拒绝提供查阅的，股东可以请求人民法院要求公司提供查阅。

第41条　有限责任公司设立董事会的，股东会会议由董事会召集，董事长主持；董事长不能履行职务或者不履行职务的，由副董事长主持；副董事长不能履行职务或者不履行职务的，由半数以上董事共同推举一名董事主持。

有限责任公司不设董事会的，股东会会议由执行董事召集和主持。

董事会或者执行董事不能履行或者不履行召集股东会会议职责的，由监事会或者不设监事会的公司的监事召集和主持；监事会或者监事不召集和主持的，代表 1/10 以上表决权的股东可以自行召集和主持。

第 76 条　自然人股东死亡后，其合法继承人可以继承股东资格；但是，公司章程另有规定的除外。

第 183 条　公司经营管理发生严重困难，继续存续会使股东利益受到重大损失，通过其他途径不能解决的，持有公司全部股东表决权 10% 以上的股东，可以请求人民法院解散公司。

2.《中华人民共和国民事诉讼法》

第 227 条　在执行中，需要办理有关财产权证照转移手续的，人民法院可以向有关单位发出协助执行通知书，有关单位必须办理。

【案情介绍】

开元房地产开发有限责任公司（以下简称开元公司）有张三和牛四两位股东，牛四出资占 52% 的股份，担任开元公司董事长；张三占 48%，担任开元公司总经理。2006 年 1 月 14 日张三因交通事故意外死亡。张三的父亲张旭在清理儿子遗物时，将存放于张三办公室的开元公司的法人营业执照、企业法人代码证、房地产企业资质证、房屋预售许可证等证照、文件计 11 件一并收藏。张三的继承人有父亲张旭、母亲钱夏、妻子杨亮和女儿张纶（未成年）四人。2006 年 3 月 10 日，张旭、钱夏和杨亮达成协议，约定：张三在开元公司的 48% 股权由该四个合法继承人均等继承，并共同委托张旭与开元公司商议办理股权变更事宜。之后，张旭要求开元公司协助办理股权过户登记手续，但牛四以张旭私扣开元公司有关证照为由，拒不协助办理股权过户手续。由于双方谈不拢，开元公司以张旭侵权为由向某区人民法院起诉。

2006 年 6 月 20 日，在法院的主持下，双方达成如下调解协议：

（1）被告于调解书生效后 3 日内返还开元公司的营业执照正副本等证照、文件（具体证照、文件名编写时略）。

（2）原告须于被告给付上述证照后 7 日内协同被告到工商局办理开元公司相应股东变更手续。

调解书生效后，张旭归还了开元公司的有关证照，但牛四仍以种种借口不执行调解协议。张旭遂向某区人民法院提出强制执行调解书的申请。法院受理申请后，于 2006 年 7 月 27 日向被执行人开元公司发出了执行通知，责令其立即履行法律义务。开元公司拒不履行，法院遂作出民事裁定书，根据《民事诉讼法》第 227 条的规定，裁定：将张三在开元公司的 48% 股份和相应的出资额 500

万元，由张三的四个继承人各继承 125 万元，占公司股权的 12%。但开元公司仍不履行协助过户的义务。

由于开元公司被牛四把持，张旭等继承人不能实际行使股东权。2007 年 3 月，张旭以开元公司为被告向某区人民法院提起诉讼，请求法院判令开元公司召开股东会，向股东公布公司财务审计结果和 2006 年公司收支账目。开元公司则辩称，张三死后，其名下的股份还未变更为张旭，因而，张旭不具有合法的股东资格，其无权以股东身份要求召开股东会，也无权要求公司公开财务账目。

法院认为，根据《公司法》第 76 条的规定，自然人股东死亡后，其合法继承人可以继承股东资格；但是，公司章程另有规定的除外。被告公司章程中并无合法继承人不得继承股东资格之规定，故原告张旭通过继承张三的出资额而获得被告股东的身份。因变更登记系被告应履行之义务，原告在继承张三的出资额后根据法律规定继承了股东资格，被告不得以其未进行程序性的变更而抗辩原告享有的实体权利，故被告不得以工商局未作出变更登记而否定原告的股东资格。原告张旭作为公司股东应依法行使其股东权利。根据《公司法》的相关规定，有权召集股东会议的主体为董事会、执行董事、监事会、监事、代表 1/10 以上表决权的股东，故本案被告并无召集股东会议的权利及义务，原告该项诉讼请求并无法律依据，应予驳回。原告请求被告向股东公布公司财务审计结果及公司财务账目，因《公司法》仅规定，有限责任公司的股东有权查阅、复制公司章程、股东会议记录、董事会会议决议，可以要求查阅公司会计账目，并无股东可以要求公司公布财务状况及会计账目之规定。故原告作为公司股东行使其知情权时仅可通过单独查阅公司文件进行，而不得要求公司公布其文件，故该项诉讼请求应予以驳回。依照《民法通则》第 6 条之规定，判决驳回原告要求被告开元公司召开股东会，向股东公布公司财务审计结果和 2006 年公司收支账目的诉讼请求。

由于还不能行使股东权，2007 年 11 月张旭向某中级人民法院提起诉讼，要求解散开元公司。但法院在立案审查中指出，张旭尚未取得股东资格，因而无权提起解散公司之诉，拒绝受理此案，建议张三之父应先提起确权之诉，确认其股东身份及所占股份，然后再提起解散开元公司诉讼。

张旭陷入了欲进不能欲罢不休的困境！

【提示问题】

1. 张三的四个继承人是否可继承取得其在开元公司的股东资格？你认为因继承取得公司股东资格的程序是什么？

2. 某区人民法院在执行开元公司与张旭的侵权之诉的调解协议时，通过裁定确认了张旭等四人对张三在开元公司股份的继承权。请分析该裁定书存在的问题，提请注意但不限于下面的表述："根据《中华人民共和国民事诉讼法》第 230 条的规定，裁定：将张三在开元公司的 48% 股份和相应的出资额 500 万元，由张三的四个继承人各继承 125 万元，占公司股权的 12%。但开元公司仍不履行协助过户的义务"。

3. 法院判决中认为张旭虽具有股东身份，但却驳回其要求开元公司召开股东会，向股东公布公司财务审计结果和 2006 年公司收支账目的诉讼请求，为什么？

4. 张旭能否向某中级人民法院提出要求解散开元公司的诉讼请求？为什么？

5. 某中级人民法院以张旭不具有股东身份而拒绝受理此案时，还建议其先提起确权之诉，然后再提起解散公司的诉讼。法院应否受理？该建议是否正确？为什么？

6. 请评估张旭的诉讼过程，给出你认为有效的诉讼策略。

【编者评析】

1. 张三的四个法定继承人可继承取得其在开元公司的股东资格。因为：

（1）我国《公司法》第 76 条规定："自然人股东死亡后，其合法继承人可以继承股东资格；但是，公司章程另有规定的除外。"本案开元公司并没有通过章程限制股东资格的继承取得，张三的合法继承人愿意继承其在开元公司 48% 的股份，且对继承份额作出了分割约定，从而既具备法律规定的条件，又不存在其他障碍，应该可顺利地成为开元公司的股东。

（2）开元公司不协助对张三股份进行变更登记，反而以工商局未登记为由说明张旭不具有开元公司股东资格，是对《公司法》关于有限责任公司股东资格登记要素的曲解，也是对股东资格判断标准的窄化理解。我国《公司法》第 33 条第 3 款规定："公司应当将股东的姓名或者名称及其出资额向公司登记机关登记；登记事项发生变更的，应当办理变更登记。未经登记或变更登记的，不得对抗第三人。"可见，股东姓名和名称的登记（包括变更登记）是对抗要件，而非成立和生效要件。从公司法理论来讲，确认股东资格的参考要素分为形式要件和实质要件两类，实质要件就是有作为公司股东的意思表示，表现为签署出资协议和实际缴纳出资；形式要件则包括公司章程的记载、股东名册的记载和公司登记文件的记载。在形式要件与实质要件不一致时，区分对内关系和对外关系而有所区别，对公司和股东而言，更重实质，而对第三人而言更重形式。对于原始取得股东资格而言，缴纳出资是实质要件，对继受取得之继承而言，实质要件就是可依法继承作为被继承人遗产的股份。因而，张旭等继承人与开元公司之间，应当属于股东与公司的内部关系，登记只是对抗要件。假如张旭等未经登记就以自己（作为股东）的名义处分该股份，第三人即可不予认可。

2. 该裁定存在以下不妥之处：

（1）《民事诉讼法》第227条规定："在执行中，需要办理有关财产权证照转移手续的，人民法院可以向有关单位发出协助执行通知书，有关单位必须办理。"而在张旭申请执行的调解协议中，开元公司就是履行义务人，既不存在"需要办理有关财产权证照转移手续"，也不需要"有关单位协助办理"，因而该裁定适用法律不当。

（2）张旭等四人因继承而取得张三在开元公司的股份，基于《公司法》第76条的规定，如果说还要法院进一步确认的话，该调解书的第2项"原告须于被告给付上述证照后7日内协同被告到工商局办理开元公司相应股东变更手续"，已经在事实上认可了张旭的继承取得股东资格问题，即使其具体继承的份额未定，那也是继承人协商的问题，不是法院应当"主动出击"，在无诉讼请求的情况下，积极干预和裁定的问题。

（3）退一步讲，当事人有请求法院确认继承人各自份额的要求，那也是对实体权利的裁判，不能够通过程序意义的裁定解决。因而，其在程序上是有问题的。

（4）将张三在开元公司的48%股份与出资额500万元"等量齐观"，因而表现为既将出资作为继承标的，又将股权份额作为继承标的，没有注意到"股份"与"原始出资额"在本质上的同一性和解释意义及具体运用时的差异性。每个股东的原始出资额，在公司资本的范畴，表现为出资所占公司资本的股份；随着公司的发展，原始出资额可能因公司营业状况的不同而有所增值或贬值，但如果没有增资扩股，股东的股份作为一个比例数字是不变的。公司股东资格的继承，所针对的应当是股份（权），而不能对股份对应的原始出资额进行分割继承，更不能对两者同时分割继承。

3. 张旭诉请法院判令开元公司召开股东会，向股东公布公司财务审计结果和2006年公司收支账目，其诉讼路线是失败的。因为，依据我国《公司法》第41条的规定，有权召集公司股东会的主体为董事会、执行董事、监事会、监事、代表1/10以上表决权的股东。因而，公司不是适格的被告。同时，我国公司立法未确立司法机关、证券监管机关等外部力量责令公司依法召开股东会的外部强制制度，打这样的官司，能得到什么样的判决？如何执行？就股东会的召集而言，本案开元公司只有张三和牛四两位股东，张旭等继承张三的48%的股份，在牛某不主持董事会召集股东会的情况下，完全有权自行召集召开股东会。但问题是，牛某不到场参会，这样的股东会又有什么意义？

至于要求公布公司财务审计结果和2006年公司收支账目，法院的认识也是正确的，张旭完全可以通过请求查阅公司会计账目来达到，如此诉请徒劳无益。

但是，必须说明的是，法院在驳回其诉讼请求时适用《民法通则》第6条的规定，让人摸不着头脑。

4. 张旭向某中级人民法院提出要求解散开元公司的诉讼请求可以成立，法院应予以受理。原因有二：①如前所述，张旭因继承而取得了开元公司的股东身份，无需再专门通过一个确认之诉确认他们的股东资格，所需要的只是公司协助完成变更登记的程序；②张旭等虽然继承取得了开元公司48%的股份，但并不能切实地行使股东权，公司继续存续将会使其股东利益受到重大损失，而又不能通过其他途径予以解决，开元公司已经陷入僵局。因而，依据我国《公司法》第183条的规定，提起解散开元公司的诉讼，法院应当受理。

某中级人民法院关于张旭应先提起确权之诉，然后再提起解散公司诉讼的建议是不适宜的。因为：张旭已依法取得了股东资格，某区人民法院的调解书、驳回诉讼的判决都认定了张旭的股东资格。退一步讲，即使再来一个确权之诉，确认了张旭的股东资格，如该开元公司不协助办理股权过户，原已存在的问题仍然存在，大大增加诉讼成本，使权利人陷入逻辑怪圈，利益得不到法律的保障，于情于理皆不通。

【深度思考】

有限责任公司股东资格的继承
——兼评我国《公司法》第76条的规定

一、观点点评

当有限责任公司的自然人股东死亡时，其股东资格可否由继承人继承而取得，学界争论不一，主要有以下观点：

1. 如果公司在章程对股权（股东资格）的继承作出禁止性、限制性规定，由于法律允许公司在此问题上意思自治，则从其规定。根据我国《公司法》第76条的规定，原则上认可股权的可直接继承性，体现了对公司章程即公司自治管理的充分尊重，允许通过公司章程作出个性化设置。公司章程一旦作出禁止股权继承或者限定股权继承的条件和程序（如继承股东资格必须获得其他股东一致同意）等相关特别规定时，其法律效力则高于公司法的一般规定而应当优先适用，各股东均负有遵守执行的义务。

2. 如果公司在章程中对股权继承没有作出禁止性规定，当发生自然人股东死亡之事实时，如果继承人欲继承股东资格，该如何处理？

（1）直接继承。继承人得依法律的规定而取得被继承人在公司的股份（股权）的同时，取得股东资格。公司应当协助变更登记股东，未完成变更登记，所继承取得的股东资格不能对抗第三人。

根据我国《公司法》第76条的规定，没有采用"继承股权"的表述，而是用"继承股东资格"，表明在公司章程未作出禁止性规定时，股东资格可因继承而直接取得。

（2）不能继承股东资格，只可继承股权的财产权。该观点认为，继承权继承的是财产权，而非人身权。股权作为一种特殊的权利，除了具有财产权内容，同时还具有基于股东身份而产生的人身权。《继承法》之所以规定股权等有价证券可以继承，是基于其财产权属性，所要继承的也是股权中的财产权，而非人身权。人身权是特定人身固有的权利，是随着人身的消灭而消灭的，是不能被继承的。所以，当股权发生继承事由时，继承人可以当然地继承被继承人股权中的财产权，而不能继承股权中的人身权。[1]

由于不能继承股东资格，死亡股东的股权应由公司回购，或内部股东收购，所得价款由继承人继承。但问题是，股权的回购、收购的价款由谁来确定？继承人是否可以参加谈判？当不能够协商定价时，是否只有通过诉讼解决？最后只能交由法院主持，由评估机构定价。如此制度设计，增加讼累，无论对于当事人诉讼成本还是司法资源来说都是一种浪费。

（3）可以继承股东资格，但继承人取得股东资格不是直接基于继承，而是另有以下解说：

第一，如果公司的其他股东同意继承人代替被继承人成为公司股东，不是基于其继承权的行使，而是股东与继承人之间达成的一个新的合意。当股权发生继承事由时，继承人可以当然地继承被继承人股权中的财产权，而不能继承股权中的人身权。

如果其他股东不同意呢？岂不是在法定的章程约束之外，又加上了其他股东的"事后"阻拦？一方面于法无据；另一方面，即使是一种观念，这样的强加，对于继承人和被继承的股权而言都是不公平的。

第二，继承人取得股东资格，并不是继承取得，而是因股东变更取得。实

---

[1] 北京市高级人民法院《关于审理公司纠纷案件若干问题的指导意见（试行）（一）》规定："有限责任公司的自然人股东死亡后，其继承人依法可以继承的是与该股东所拥有的股权相对应的财产权益。"上海市高级人民法院《关于审理涉及公司诉讼案件若干问题的处理意见（一）》规定："继承人、财产析得人或受赠人因继承、析产或者赠与可以获得有限责任公司的股份财产权益，但不当然获得股东身份权，除非其他股东同意其获得股东身份。未取得股东身份的继承人、财产析得人或受赠人将股份对外转让的，其他股东在同等条件下享有优先购买权。"

际上是死亡股东退出公司，其继承人由于继承了死亡股东在公司中的权利和义务，基于公司章程或其他股东的同意而成为股东。

"股东变更说"仍然是一种模糊的或者说比较概括的表述，股权转让、继承、赠与等继受取得股东资格的形式，均属于股东变更。另外，这种说法无非在继承的事实理由之外，再加上了章程允许、其他股东同意的理由。但就《公司法》第76条的规定本身来看，就包含着"章程赋权"或"章程不禁止"的意思。至于其他股东同意之观点，和前一种"新合意说"比较相似。

第三，继承人取得股东资格，其实质是无需支付对价的股权转让。自然人股东死亡后，包括自益权和共益权在内的具体权利都丧失其行使主体，其名下的股权不再是真正意义上的股权，而被遗产化，体现为一定份额的遗产。当继承发生后，继承人先继承"遗产化的股权"，随着这部分"遗产化的股权"归属于特定的继承人（主体），"遗产化的股权"再次脱胎为"股权"，只不过是被一个新的"主人"拥有。实现了股权从一个自然人向另一个自然人的转让。因而，股权继承的实质是无需支付对价的股权转让——有别于普通转让基于双方协议的法律事实，而是基于法定的被继承人死亡之法律事实，基于公司其他股东同意这份"股权"更换其主人。

我们可以将上述观点的核心，简化为"股权——股权遗产化——新股权"的思维逻辑，具有一定的解释说明性和合理性。在此逻辑上，再细分是否还要加上其他股东同意的因素，如果以其他股东同意为前提，其在本质上类似于"合意说"。况且，从观念上将其视为股权转让（尽管不需要支付对价），当然就得受《公司法》第72条的制约，那么"经其他股东过半数同意"就是逻辑必然。否则，就不能继承取得股东资格。

如果这一"转让"过程，不需要其他股东同意（选用"转让"则用词不当），而将其视为一个自然过程，犹如新陈代谢，是一个"无需支付对价的且无需考察主体意思的股权主体更替"，那么，继承取得股东资格就是基于法律规定即可成就的、当然的和不受任何意思干扰的单方法律行为。那么，这种观点在本质上属于"直接继承说"。

（4）不能当然继承取得股东资格，应尊重"其他股东的优先购买权"后，再继承取得。继承取得股东资格，是外部人取得公司股权的一种，应当坚持股权流动中的内外有别原则。该观点认为，应当将我国《公司法》规定的股权转让中的"其他股东的优先购买权"规则作广义或扩大理解——凡外部人继受取得股份时都应遵循的规则，即对购买、继承和赠与取得股份都应当适用。那么，继承人作为相对于其他股东的"外部人"，即使其可基于法定事由而继承取得该股份（因而无需征得其他股东过半数同意），但也应当尊重对外转让股权时的

"其他股东的优先购买权"。

"股权流动，内外有别"的观念没错。但是，这种观点的根本错误是将"支付对价的交易"与"不支付对价的流动"等同了，有对价的交易，才存在同等条件（主要是价格）下的有限购买问题，无支付对价的继承、赠与如何比较"价格更优"的问题？

（5）不能当然继承取得，除了章程的限制外，还需考察被继承人的股份（出资）在公司设立中是否属于专属性出资，如果这部分出资与出资者的身份不可分离，如即以该股东的人力资本作价出资形成的股份，不可以继承而取得股东身份。对有专属性的股权投资，继承人只可以继承由公司支付的被继承人投资的对价款（或者称为投资的货币化价值）。这种支付相当于公司回购股份，最终核销该部分股本。

二、几个需要探讨的问题

1. 如果公司在章程中对股权继承作出了禁止性的规定，发生了自然人股东死亡之事实时，虽不发生该股权的继承问题，但又该如何处理？

（1）公司章程在禁止继承股东身份的同时，对其名下的股份的处理作出了有效的预设，如由其他股东收购该股份，或由公司回购，所得价款归继承人继承。除非这种预设违背法律的禁止性规定，或违背公序良俗，从而显失公平，损害继承人的利益，则应尊重公司意思自治，依章程的规定办理。

（2）如果公司章程仅有禁止继承股东资格的规定，但缺少如何处理该部分股份的制度预设，如何处理？从理论上讲，公司禁止股东资格继承取得，无非是公司的封闭性使然，那么，死亡股东的股份就应由公司的其他股东购买，或者由公司购买而后注销。因而，继承发生时，为了满足股权的遗产（财产）化，继承人可要求其他股东购买，或请求公司回购。至于其他股东的收购或公司回购价款，继承发生时被继承人名下的股份，与公司的经营效果密切关联，也就是与公司的资产而不是公司的资本相关联，继承发生时的股份已经不是原来的出资，其价值与出资额也不相等。因此，对于股份的"变现"价格，可由继承人作为一方当事人与购买人股东或收购者公司通过谈判确定价格，或由双方认可的评估机构评估作价。如果不能通过协商确定，可考虑"推定"适用我国《公司法》第75条的规定，由继承人向法院起诉确定。当然，这又涉及第75条规定的股东股份回购请求权适用事项的拓展问题。

这里还有一个问题，可否将所继承的股份，在其他股东不愿意购买或价格不够高，公司不愿意回购或出价太低的情况下，继承人与股东以外的人协商，在满足其他股东的优先购买权的前提下，由外部人购买被继承人的股份？我们认为，如果公司章程限制、禁止股东资格的继承取得，则意味着公司欲严格保持封闭性，不愿意"新人"加入公司。依此推定公司的意思以及股东的意思，也就不接受向外"转让"该股份。

2. 公司章程未对股东资格继承作出规定，继承事实发生后，其他股东能否通过修改章程作出禁止继承股东资格的规定？如果公司章程没有禁止继承人取得股东资格，也没有对继承股东资格的条件、程序等作出限制性规定，那么，就应当认定公司章程没有就股东资格继承事项作出特别规定，在理论上，可以推定全部股东已经放弃了这种另行约定的权利，从而直接适用《公司法》的原则规定，默许继承人可以直接取得股东资格。在继承事实发生之后，如果公司的其他股东为了阻止继承人取得公司股东资格，恶意修改公司章程，增加特别规定，则修改后的章程对继承人不具有法律约束力。

3. 无民事行为能力人和限制民事行为能力人能否继承股东资格而成为有限责任公司股东？我国现行《公司法》和《公司登记管理条例》均未对自然人股东资格作出明确规定，导致公司注册登记实践中分歧较大，做法不一。从理论上讲，作为原始股东，投资设立公司，通常要订立出资协议、拟定公司章程、实际缴纳出资，而这些行为都以主体具有完全民事行为能力为条件，甚至要具有可以自由处分的财产作为相应出资为前提。但是，对继承、接受赠与而继受取得公司股东资格而言，属于权利增加性质的行为，并不需要行为人"明白其行为的意思"，推定是愿意接受的，完全可以由限制民事行为能力人、无民事行为能力人的法定代理人代为接受。从民事权利能力之方面讲，主体一律平等，完全民事行为能力人可以进入的活动领域（包括进入经济活动领域），无民事行为能力人和限制民事行为能力人亦可以以自己名义进入，只是其进入方式有所不同，即可借助监护和代理制度，以自己的名义，通过监护人代理行使有关权利。因此，根据"法无禁止皆可为"的私法原则，在公司章程未对继承人的条件作出特别限定的情况下，无民事行为能力人和限制民事行为能力人可以继承股东资格而成为公司股东，但其不能独立行使股权，依法应由其法定代理人代理行使，或者征得法定代理人的同意。

4. 出资不实的股东死亡后，其继承人能否继承股东资格？继承人继承股东资格，其前提是被继承人所享有的股东资格真实和合法。在因继承死亡股东的资格而发生该股东资格的"真假"与"合法"问题的争议时，该股东是否缴纳出资，是一个较为关键的因素。公司法理论及实务上关于有限责任公司股东资格认定的标准多有争论，[1] 我国《公司法》第33条规定："记载于股东名册的股东，可以依股东名册主张行使股东权利。公司应当将股东的姓名或者名称及

---

[1] 关于有限责任公司股东资格的认定，本书有专文探讨，请参阅。

其出资额向公司登记机关登记；登记事项发生变更的，应当办理变更登记。未经登记或者变更登记的，不得对抗第三人。"据此，公司的股东名册具有股东资格的直接推定效力，是认定股东资格的法律凭证。公司工商注册登记虽不具有创设股东资格的效力，但其具有向善意第三人宣示股东资格的功能，一旦涉及第三人利益时，工商注册登记则是股东资格的具有公信力的法律证明。至于出资证明，不是股东资格的外观凭证，而是处理显名股东与匿名出资人纠纷的重要依据。

股东按期足额向公司缴付出资是其法定义务。但在公司实务中，股东出资不实的情形大量存在，通常表现为未实际出资（包括部分未缴纳出资）、出资标的物评估不实、未按期足额缴付出资、公司成立后又抽走出资等多种情形。我国《公司法》规定，股东可以分期缴纳认缴出资，因而，公司可以催告未如实出资的股东按约缴足出资，若能按期补足出资，当然取得了完整的股东资格。就出资不实而言，我国《公司法》虽然明确了股东的如实出资义务及相关的民事责任和行政责任，并没有对出资不实的股东资格作出否定性规定。因此，出资不实的股东资格问题应该通过公司自治来作出判断和确认。如果公司章程未对股东资格继承作出禁止性规定，则出资不实的股东资格是可以继承的，但由于死亡股东的出资存在瑕疵，在继承发生时，公司有权要求继承人在补足被继承人许诺的出资后再继承取得股东资格，否则，公司有权否认该股东资格，从而否定继承取得股东资格的可能性。

三、我国立法上的欠缺和建议

（一）现行法律的不足之处

1. "可以继承股东资格"的规定，有违《继承法》之精神。被继承人的"合法财产"才可以作为遗产继承，与人身相结合的身份权和名誉权不可以继承。股东资格是与股东人身紧密相连的一种身份权，不可直接继承取得。如果说法律需要给出一个指引性和一般性的规定，那也只能是可以直接继承被继承人在公司的股份（或股权或出资）。

2. "可以继承股东资格"，与有限责任公司的人合性特征不符，且与公司意思自治的精神相左。有限责任公司的人合性和封闭性决定了其对股东资格的严格限定，包括对取得其股东资格的限制。虽然我国《公司法》第76条在规定"可以继承股东资格"的后半句，附带有"公司章程另有规定的除外"的限定，但就有限责任公司的特点而言，从道理上讲，可否继承股东资格的决定权应当在公司，除非公司章程规定可以继承外，不能直接继承股东资格。换句话说，能否取得股东资格，由公司自治意思决定，法定或者说法律推定可取得股东资格的前提是公司不禁止，而不是公司只要"未置可否"，就法定"可以继承"。

3. "可以继承股东资格，公司章程另有规定的除外"的规定，逻辑上不够严谨。公司章程若限制继承取得股东资格，则继承人可继承什么？如果说是继承"股权"或者是"股权中的财产性权利"，则与法条用词"股东资格"不一致；进一步讲，"股权继承"的法律规定又是什么？这使得《公司法》第76条在解决实践中问题时，要么"碍手碍脚"，要么"无所可用"。

4. 继承人为多人时，所有继承人作为一个"共同体"继承，还是每个人划分份额继承？如果是后者，可能由于继承导致公司股东人数超过法定的50人上限，如何约束？依前者，解决了一个股东到一个"共同体"的一一对应，不会产生股东人数"超限"，但这一"共同体"在法律上是一个什么样的主体？其意思自治和表达要遵循什么样的规则？如何治理？都是未解难题，这样的继承制度安排，对于有限责任公司的正常运行，势必造成不必要的麻烦。依后者，"超限"时公司当然可以拒绝，或由继承人商定削减人数来解决"超限"问题，但因继承导致公司股东人数增加，对于公司的运行而言，必然会增加其运行的成本，公司"抵触"是理性选择。因而，这是可预见的容易导致纠纷的制度安排。

（二）对我国《公司法》第76条的修改建议

1. 改良建议。

（1）保持"授权章程事先特别规定"模式，而不采"继承发生时的其他股东的同意"模式。章程如没有限制股权的继承，推定股东同意继承取得，不能在继承发生时修改章程，作出限制性规定，也无需在继承发生时，再由股东半数甚至其他股东全体同意，来决定能否继承。

（2）应当对章程未禁止时，继承取得股东资格的时间、程序作出原则性补充规定。建议加上："公司有义务在合理的时间内办理股东变更手续，在继承人或继承执行人提出股东资格继承请求10日内（2个工作周内），公司无正当理由拒不协助变更登记的，推定继承人取得股东资格。未作变更登记的，不得对抗第三人。"

2. 改革建议。

（1）明确可继承的标的为"股权"，将"可以继承股东资格"改为"可以继承其股权"，从而避免资格继承的逻辑错误和实现障碍。这里的股权也就是被继承人原始出资份额在继承发生时所占公司财产的份额，是一个可以货币化的财产权。至于股权的作价，可以由继承人与拟购买的其他股东协商，或在公司回购时与公司协商，协商不成时，可向法院起诉，由法院裁定。

相应地，放弃"授权章程事先特别规定"的模式，因为继承被继承人的合法财产是继承人的法定权利，不容任何组织、个人予以剥夺。但是，并不妨碍公司章程在股权继承时，对所继承股份的退出机制、价款的取得、公司是否回购以及如何回购作出规定。

（2）关于是否可以继承取得股东资格，授权公司章程规定；在公司章程未作规定时，待继承发生时，其他股东半数以上股东同意的，可以继承取得股东资格。如果其他股东半数以上股东不同意继承股东资格的，则按照股权继承对待。

第一部分

四、秦童诉西安宏信有限责任公司
确认股东身份并分红案

【课前导读】

概念重温：出资协议，注册资本，股东权，股东名册，出资证明书，股东卡，股金证，股权证，股权与债权的区别。

知识回顾：有限责任公司股东会决议的事项，股东会决议的效力，股东的出资缴纳义务与抽逃出资的禁止。

【重点法条】

《中华人民共和国公司法》

第32条　有限责任公司成立后，应当向股东签发出资证明书。

出资证明书应当载明下列事项：

（一）公司名称；

（二）公司成立日期；

（三）公司注册资本；

（四）股东的姓名或者名称、缴纳的出资额和出资日期；

（五）出资证明书的编号和核发日期。

出资证明书由公司盖章。

第33条　有限责任公司应当置备股东名册，记载下列事项：

（一）股东的姓名或者名称及住所；

（二）股东的出资额；

（三）出资证明书编号。

记载于股东名册的股东，可以依股东名册主张行使股东权利。

公司应当将股东的姓名或者名称及其出资额向公司登记机关登记；登记事项发生变更的，应当办理变更登记。未经登记或者变更登记的，不得对抗第三人。

第36条　公司成立后，股东不得抽逃出资。

第201条　公司的发起人、股东在公司成立后，抽逃其出资的，由公司登记机关责令改正，处以所抽逃出资金额5%以上15%以下的罚款。

【案情介绍】[1]

原告：秦童，男，1961年×月×日出生，汉族，住西安市新城区×楼×单元×号

被告：西安宏信有限责任公司，住所地：西安市朱宏路68号

法定代表人：皮某，该公司董事长

原告诉称：2003年5月，原告与49名股东共同出资1000万元（原告出资20万元），成立了被告西安宏信有限责任公司，并被选举为公司监事。2003年12月25日，原告因个人经营需要分两次从公司借款20万元。2005年7月，被告对公司股东按每1万元分红1500元的比例进行了第一次分红，但未给原告分红，现要求确认原告的股东地位，被告支付原告2004年度股东分红30 000元并承担本案诉讼费。

被告辩称：原告确曾入股20万元，系被告股东并被选为监事，但在2003年9月3日原告就向被告书面申请退股。经公司全体董事、监事开会研究，同意原告退出。随后，原告以领取现金的形式将20万元股金抽回。现原告得知公司经营状况好转，要求参与公司分红，其行为于法无据。故不同意原告的诉讼请求。

法院查明：被告西安宏信有限责任公司（以下简称宏信公司）于2003年5月注册成立，原告秦童系该公司的股东之一，出资人民币20万元，并担任宏信公司监事，有公司章程以及工商登记档案记载为证。2003年9月，秦童向宏信公司递交退股申请，经公司董事、监事（秦童未参加）会议研究，同意秦童退股，为了回避退股的法律障碍，在公司的财务账目上，以借款的形式列支。秦童于2003年11月、12月份两次从宏信公司领取现金共计20万元。在本案诉讼中，宏信公司工商档案中仍记载秦童为股东。

本案审理中争议较大，有以下三种观点：

第一种观点认为：秦童具有股东资格，亦可主张盈余分配权利。

---

[1]　本案以《西安审判》2007第3期登载的李小萍法官编写的一则案例分析为原型，特此感谢李小萍法官。

其理由是公司章程中有秦童的签名和盖章,工商档案中有登记,并已实际出资 20 万元,且股东名册上有记载。2005 年 5 月 23 日,宏信公司召开股东会议变更住所地及经营范围时,工商档案中仍有秦童的签名和盖章。虽然秦童递交了退股申请,并经董事、监事会议研究同意,但其行为违反了法律的禁止性规定,故秦童退股行为无效,据此,应确认秦童股东资格,支持其诉讼请求。

第二种观点认为:判决驳回原告秦童的诉讼请求。其理由是原告秦童递交了退股申请,并经宏信公司董事、监事会议研究同意其退股,且秦童将 20 万元分两次已实际领取,宏信公司的财务账目上亦有明确记载,虽然原告辩称退股申请的签名非本人书写,但有多人证明退股申请是秦童递交的,可见退股是秦童的真实意思表示,故应驳回原告的诉讼请求。

第三种观点认为:原告秦童具有宏信公司的股东资格。基于存在出资瑕疵问题,根据公平原则和权利义务对等原则,原告只能取得出资期间的分红。

一审法院认为:公司章程应当记载股东的姓名或名称,股东应在公司章程上签名盖章。股东签署公司章程的行为说明行为人有成为公司股东的真实意思表示,股东签署的公司章程经工商登记记载,对内是确定股东及权利义务的主要根据,对外具有公示效力。原告秦童在公司章程中签名并盖章,应具有股东资格。被告称秦童已退股,因退股行为违反了注册资本不得减少原则,故退股行为于法无据,不应支持。既然原告具有股东资格,必然享有相关的股东权利,被告应按照支付其他股东借款利息的标准向原告支付 2003 年 5 月至 2003 年 12 月间的借款利息 11 250 元。原告要求过高部分,于法无据,不予支持。据此,依照《中华人民共和国公司法》第 22 条(现修订为第 25 条)之规定[1],判决如下:

(1) 原告秦童具有被告西安宏信有限责任公司股东资格。

(2) 被告西安宏信有限责任公司于本判决生效后 5 日内按原告出资份额支付原告秦童 2003 年 5 月至 2003 年 12 月之间的借款利息 11 250 元。逾期按《中

---

[1] 虽然本案起诉发生在《公司法》实施后,但本案事实却发生在 2003 年,依据《最高人民法院关于适用〈中华人民共和国公司法〉若干问题的规定(一)》第 1 条规定:"公司法实施后,人民法院尚未审结的和新受理的民事案件,其民事行为或事件发生在公司法实施以前的,适用当时的法律法规和司法解释。"故本案应适用原《公司法》。本案一、二审法院引用《公司法》均为 2005 年修改前的《公司法》。

华人民共和国民事诉讼法》第232条（现修订为第229条）规定执行。

宣判后，宏信公司不服，以下列理由向西安市中级人民法院提出上诉：①原审判决认定事实不清，秦童退股后，其他未除名股东已受让了该股份，不存在公司注册资金减少的问题；②本案秦童收回其出资是在2003年，原审以2005年修订的《公司法》判决系适用法律错误；③秦童提起的是确认其股东身份之诉；④秦童编造事实，为了逃避风险抽回出资，现又要求分红，违背了诚实信用和公平原则。

二审查明的事实与一审相同。

二审法院认为：秦童在宏信公司设立时，履行了出资义务并在工商机关登记注册时进行了登记，是宏信公司的合法股东之一。但在宏信公司设立不久，其又从公司将其出资款抽回，虽然秦童否认退股申请书系其所写，但有多人证明退股申请书系秦童向宏信公司送交，且秦童实际已将20万元从公司领取，秦童自称其领取的20万元系从宏信公司借款没有证据，其行为应认定为变相抽逃资金。秦童既然诉请主张确认其股东资格，则应向宏信公司补交出资。秦童变相抽逃资金的行为，违反了公司法的强制性规定，应当承担抽逃出资的法律责任。原审判决确认秦童仍系宏信公司股东以及判决宏信公司应按照支付其他股东利息的标准支付其使用秦童出资期间的利息是正确的，但未让秦童承担抽逃出资的法律责任不妥，本院将予民事制裁。依照《中华人民共和国公司法》第34条（现修订为第36条）"股东在公司登记后，不得抽回出资"、第209条（现修订为第201条）"公司的发起人、股东在公司成立后，抽逃其出资的，责令改正"和《中华人民共和国民事诉讼法》第153条第1款第1项"原判决认定事实清楚，适用法律正确的，判决驳回上诉，维持原判决"之规定，判决如下：

驳回上诉，维持原判。

【提示问题】

1. 秦童是否能够退股？其是否还是宏信公司的股东？

2. 秦童的20万元是出资还是给公司的借款，或者属于"以出资的名义，变相借贷（集资）"？

3. 评析一审法院的判决（结合法院认为部分和判决项来分析）。

4. 评析二审法院的判决（结合法院认为部分和判决项来分析）。除了关注判决结果的正确与否的同时，提示关注二审法院判决书中的如下叙述：

"原审判决确认秦童仍系宏信公司股东以及判决宏信公司应按照支付其他股东

利息的标准支付其使用秦童出资期间的利息是正确的，但未让秦童承担抽逃出资的法律责任不妥，本院将予民事制裁。"

秦童作为股东还是债权人，20万元是出资还是借款？法院是否有权对其"抽逃出资"的行为进行制裁？可能依据的法律是什么？

5. 假设本案中，秦童与其他30位职工成立了职工股金会，股金会以1万元为单位，每人以1万元整倍数向公司认股，但公司章程中并没有如实反映职工持股的事实，而是统一以某一位职工的名义，记载于章程，并在工商登记中予以登记。秦童中途退回20万元，是否属于"退股"？可否主张股东身份并要求分红？

6. 社会生活实践中，特别是在国有中小企业改制中，有一种职工持股会或股金会，是由公司职工集资入股形成，对职工而言，其名为入股，但公司章程、公司股东名册和公司登记均不予以记载，而是以股金会或持股会作为"一个团体股东"（而不是法人股东）存在。持股的职工对公司而言承认其是股东，但对公司外的第三人而言，或者说站在公司外部立场看，其并不具有股东地位，其入股行为本质上应属于借贷——享受高于贷款的利率或称之为分红利，但不参与公司的经营决策，不承担公司经营的风险，且退"股"自由。

假设公司集资入股的规章规定：凡公司职工，均可以以1万元为最小单位，以1万元的整倍数资金入股，公司每年按照至少1万元分红1500元的回报分红。集资入股者，由公司发给出资证明书，但不记载于工商登记档案。集资入股者，中途可以退股。如果秦童不是宏信公司的原始股东，而是照此规章入股20万元而成为股东。秦童中途申请退回20万元，公司准许并以现金支付，其行为是否属于退股？可否主张股东身份并要求分红？

【编者评析】

本案原告的诉讼请求有两项：一是确认其股东地位，二是要求被告支付其2004年度的分红30 000元。就法理而言，股东的分红权是以具有股东身份为前提的，也就是说，针对股东身份应当没有争议。否则，应当首先确认股东权，然后再以股东身份为基础请求分配红利。因为前者是确认之诉，后者是给付之诉。当然，在民商事案件的审理中，给付之诉中往往也涉及确认权利的正当基础亦即权利请求人的身份问题，但并不是以独立的请求为基础，而属于审理中的基本事实——原告的权利正当性——的查（证）明。

本案原告秦童在起诉时，明知被告的反驳理由是其已经不是公司股东了，因而不具备分红的资格，但又不能顺利地举证证明其分红权的基础——作为西安宏信有限责任公司的股东，因此，首先请求确认其股东身份，其次才请求2004年度的分红。显然，本案的重点是秦童是否还具有西安宏信有限责任公司的股东身份。

1. 关于有限责任公司股东资格（身份）判断标准。关于股东身份的确定，理论上的认识还未统一到某个唯一的标志性证据或者说证书。一般来说，股东之间的协议（包括真假股东、实名与匿名股东间协议）、公司章程、出资名册（公司留存）、出资证明（个人持有）、股金证、公司的股东名册以及工商局的公司注册登记档案等，都可以作为确认股东身份的参考因素和判断依据。

我国《公司法》并没有严格意义上的有关股东身份证明依据的规定。但我国《公司法》第32、33条的规定，可以被视为是对股东身份加以判断的立法依据。

据此，有人解读为：出资证明书、股东名册以及工商登记都是判断和证明依据，出资证明书与股东名册是具有实质意义的判断标准，工商登记仅是公示意义之外在形式意义的标准。也有人认为，出资证明书作为股东身份确认依据，是多种证明方式中排位靠前的依据，甚至被认为是根本（实质）标准。

上述观点，究竟是对立法的误读误解，还是立法的含糊规定所传达的逻辑关系——出资证明书与股东名册是具有实质意义的判断标准，工商登记仅是公示意义之外在形式意义的标准？我们认为，将出资证明书作为股东身份确认依据，甚至被认为是根本（实质）标准，是不恰当的，出资证明书就是出资的证明，而实际出资者，往往是个影子，未必就是真实的享受股东权益的股东，而背后的实际控制人、匿名股东可能才是公司的股东。因而，出资证明书只能是证明股东身份的辅助依据。

出资证明书，从最直接意义上讲，就是股东向公司出资的证明。从因果关系和逻辑顺序来看，先有股东资格（预备），才有出资的可能与必要。由于出资可分批缴纳，这使得股东资格的获得与出资的缴纳存在时间上的不同步，因而，不能以未出资而否认股东身份。相反，未出资的股东不仅有如实缴纳出资的义务，还要对其他实际如期出资的股东负违约责任（《公司法》第28条）。

理论上讲，从一个公司的设立过程看，公司股东资格的原始取得，记载、表彰和能够用来证明股东资格的法律文书，先有股东（或称发起股东）的协议（签名最重要），复有公司章程关于公司股东的记载，后有公司登记档案的记载；在公司成立后，公司向股东签发股东资格证书或股金证书。在股东已缴纳认缴的出资后，公司也可能以出资证明书作为股金证、股东资格证的替代文书（据）。如此看来，协议、公司章程、出资证明、股金证、股东名册以及公司登记记载，是一系列的可用来证明股东资格的证明。比较而言，依据商事法的外观主义原则，具有公示效力的工商登记记载，应当是具有最高证明效力的证据。但在实务上，公司的设立过程，并不是都遵从上述理论化的路径，尤其是企业改制过程中设立的公司，多以出资证明书、股金证作为股东身份和享有股东权的依据，但在公司章程、公司登记文件中则没有记载。因而，需要结合多种因素,辩证地对待股东身份的证明问题。

就股东资格的转让取得而言,可能存在着转让协议、公司决议以及支付对价的行为证明,甚至于,作为受让人的第三方,已经以新股东的身份进入公司,行使股东权利和履行股东义务——主要是参与公司的经营管理活动,但还未完成变更登记,这时,股东身份的确认则复杂一些。

有人提出,不妨将股东资格的取得标准划分为实质要件和形式要件两大类。实质要件就是有取得股东资格的真正意思表示,实际履行出资义务,签署公司章程等。形式要件就是指在工商机关登记,在股东名册上有记载等。从理论上讲,内容与形式的完美结合,即形式要件与实质要件都具备,才能确认股东身份。反之,不论实质要件还是形式要件存在欠缺,都将会导致股东资格的丧失。但是,在实践中,面对形形色色的纠纷,理论上的完美只能是奢求,或者说,照此理论予以处理,则无法解决纠纷,甚至造成更多的麻烦,徒增诉讼成本,浪费社会资源。因此,上述形式与实质要件的分类方式及其确认的僵化标准,需要反思、矫正,需要秉承公司法的立法宗旨,遵循公司法的基本法理与基本原则,树立有限责任股东身份甄别标准的(多元化与层次化的)体系和逻辑序列,从而在个案中,综合考虑多种因素,多元标准依次灵活运用。[1]

2. 本案还需要澄清下列问题。

(1) 法律适用问题。虽然本案起诉发生在《公司法》实施后,但本案原告诉请的是 2004 年的分红,本案事实也发生在新《公司法》实施之前。依据《最高人民法院关于适用〈中华人民共和国公司法〉若干问题的规定(一)》第 1 条规定:"公司法实施后,人民法院尚未审结的和新受理的民事案件,其民事行为或事件发生在公司法实施以前的,适用当时的法律法规和司法解释。"故本案应适用原《公司法》。

(2) 秦童能否向公司要求退股问题。根据资本维持原则,投资者认购股份后不能退股。因为,一旦股东退股,公司资本就会减少甚至完全"退光",从而可能导致公司债权人利益的损害,也给交易安全带来损害。我国旧《公司法》第 34 条规定:"股东在公司登记后,不得抽回出资。"而 2005 年《公司法》第 36 条规定:"公司成立后,股东不得抽逃出资。"虽然秦童向公司递交了退股申请,宏信公司也召开了董事、监事会议,决议同意秦童退股,但在退股问题上,法律不是放任当事人意思自治,而是强制规范——股东不得抽逃出资。显然,宏信公司董事、监事会议决同意秦童退股,因违背法律的强制规定而无效。另外,根据《公司法》关于有限责任公司股权转让的规定,即使宏信公司要讨论

---

[1] 关于有限责任公司股东资格确认的理论、方法与路径,参见"深度思考"部分。

决定秦童所持股权的转让问题，也不应该通过公司董事、监事会决议的形式，而应当通过股东会议决议的形式。

3. 依据认定股东资格标准，再结合本案具体事实，确认秦童股东资格的理由是充分的。秦童的股东资格在工商机关档案中有记载，股东名册上有记载，且秦童实际履行 20 万元出资义务，签署了公司章程，并实际履行了股东权利（为公司监事）。秦童申请退股，宏信公司亦准许退股，违反了法律禁止性规定，属无效民事行为，秦童仍然是宏信公司股东。但是，秦童已经将出资的 20 万元股份变相抽回，从而使其出资存在瑕疵。根据原《公司法》第 25 条（修改后《公司法》第 28 条）的规定，秦童应在一定期限内填补出资。否则，公司有权要求其追缴。在其填补出资前，根据公平原则以及权利义务对等原则，其所主张的盈余分配权利应受到限制，即只能主张 20 万元在宏信公司账户上存留期间的盈余分配。可见本案的第三种观点是可取的。

但是，本案一审和二审法院在判决中，将投资与借贷混淆，都提到了支付借款利息的问题，11 250 元到底是依据借款利息计算所得还是股息分红数额？本案是股东资格与股东分红权纠纷，股东与公司之间是投资（设立公司）法律关系，股东因投资而对公司享有分红请求权。"借款利息"反映的则是债权法律关系，既然秦童的 20 万元是其出资，借款利息的提法违反公司法常识，是错误的。判决中的"借款利息"之表述应当改为：被告向原告支付股息（或分红）11 250 元。

【深度思考】

有限责任公司股东资格（身份）的确认

一、股东及股东资格的含义

对"股东"或"股东资格"的定义，各国法律大多无明确规定，我国公司法也不例外。一般而言，股东资格又称股东地位或股东身份，是对股东的法律地位或身份的一种称谓，是投资人取得和行使股东权利、承担股东义务的基础。对"股东"的含义，理论界未形成统一看法，我国学理界大致有以下几种说法：① "有限责任公司的股东就是因向公司直接出资而依法享有股权的自然人、法人和国家。股份有限公司的股东就是股份有限公司的股份持有人。"[1] ② "一

---

〔1〕 覃有土：《商法学》，高等教育出版社 2004 年版，第 153、171 页。

般地说，有限责任公司的股东是向公司投入资金并依法享有权利、承担义务的人。因出资、继承、赠与等形式而持有公司股份的人为公司股东。"[1]　③"有限责任公司的股东是指在公司成立时向公司投入资金或在公司存续期间依法继受取得股权而享有权利和义务的人。股份有限公司的股东就是在公司成立时或在公司成立后合法取得公司股份并对公司享有权利和承担义务的人。"[2]　④"有限责任公司的股东是指在公司成立时或成立后增资时向公司投资及在公司存续期间因依法继受而取得股东权利的民商法主体。股份有限公司的股东是指依法持有股份有限公司股份的主体。"[3]　⑤"一般而言，股东是指向公司出资或取得公司股份，并以其出资或所持股份对公司承担责任并享受权利的人。"[4]

上述各种表述看似有所不同，但都包括两层基本含义：①股东是公司法上相对于公司的一个特有的概念，二者相互依存。一方面，特定的股东只因特定的公司而存在；另一方面，公司的存在不能没有股东，从一定意义上说，"公司是股东获利的工具"，股东是公司利润及公司剩余财产的获得者，股东组成的股东会是公司的权力机构，决定公司的生存与发展。②股东是公司股份或公司出资额的主体，是对公司投资者身份的一种称谓，投资者因向公司投资而获得股东身份从而享有公司的股权。

二、有限责任公司股东资格的取得

根据股东是否直接向公司出资以及取得股东资格的时间及原因，通常将股东资格取得的方式分为原始取得和继受取得。

（一）原始取得

原始取得是指投资者在公司成立时因创办公司而成为公司股东或在公司成立后因认购增资发行的股份而成为公司股东的情形。原始取得包括设立取得和增资取得两种情形。

设立取得是指投资者在公司成立时因创办公司而成为公司股东的一种情形。根据我国《公司法》和《公司登记管理条例》的规定，投资者因设立取得股东资格须经过以下程序：①适格的投资者签订出资协议；②共同制定公司章程并在公司章程上签名、盖章，公司章程中记载股东的姓名或者名称、股东的出资方式、出资额和出资时间；③按期足额缴纳公司章程中规定的各自所认缴的出资；④在公司成立后取得出资证明书；⑤公司置备股东名册，记载股东的姓名

〔1〕　江平：《新编公司法教程》（第二版），法律出版社 2000 年版，第 137、203～204 页。

〔2〕　石少侠：《公司法教程》，中国政法大学出版社 1999 年版，第 141 页。

〔3〕　雷兴虎：《商法学》，人民法院出版社 2003 年版，第 103、133 页。

〔4〕　毛亚敏：《公司法比较研究》，中国法制出版社 2001 年版，第 122 页。

或者名称及住所、股东的出资额、出资证明书编号；⑥公司将股东的姓名或者名称及其出资额向公司登记机关登记。

增资取得是指在公司成立后，因公司增加注册资本，认购新增资本或增资发行的股份而成为公司股东的一种情形。根据我国《公司法》及《公司登记管理条例》的规定，投资者因增资取得股东资格一般经过如下程序：①股东会经代表2/3以上表决权的股东同意作出增资决议；②购买新增资本的投资者与公司签订入（参）股协议；③投资者认缴出资并按出资协议实际出资；④公司修改章程中股东和资本的记载事项；⑤公司变更股东名册；⑥公司申请变更登记、修改工商登记中注册资本数额并列明新股东。

（二）继受取得

继受取得是指因转让、继承、法院强制分割等方式而成为公司股东的情形。

在继受取得方式中，转让取得是继受取得中最常见的一种方式。根据《公司法》及《公司登记管理条例》的规定，有限责任公司受让人通过转让取得股东资格应经过以下程序：①转让人与适格的受让人签订股权转让协议。②股东之间自由转让股权。股东向股东以外的人转让股权时，转让人应就其股权转让事项书面通知其他股东征求同意，其他股东半数以上不同意转让的，不同意的股东应当购买该转让的股权；不购买的，视为同意转让。经股东同意转让的股权，在同等条件下，其他股东有优先购买权。③受让人如约缴纳股权转让款，公司注销原股东的出资证明书，向新股东签发出资证明书。④公司修改公司章程，反映股东变动的内容。⑤公司变更股东名册，记载受让股权者的姓名或名称。⑥公司申请变更登记，反映股东变动的内容。

除转让取得外，继承取得也是继受取得的一种常见方式。根据《公司法》及《公司登记管理条例》的规定，继承人取得股东资格应经过以下程序：①公司章程无另外规定的情形下，合法继承人不经股东会同意直接继承股东资格；②公司修改公司章程；③公司变更股东名册；④公司申请变更登记。

三、有限责任公司股东资格认定的基本原则

我国《公司法》并未明确规定应当如何确认股东的资格——尽管有关于股东资格的相关规定。如前所述，有限责任公司股东资格既有原始取得，又有继受取得，且环节程序多，涉及因素也多。在公司实务中，一般都不具有完备的且相互一致的股东身份证明证据，在能证明股东资格的协议、章程、出资证明书、股东名册以及公司登记档案的记载等诸多环节与因素中，往往也有遗漏，甚至有互相矛盾之处。股东资格的确认，不仅事关股东与公司之间、股东与股东之间的权利义务关系，有时也涉及股东与公司以外的第三人之间的权利义务关系。因此，需要归纳和总结股东资格认定的部件、元素，需要理清股东资格认定的基本思路，遵循一些基本原则，建构既有逻辑层次又有先后序位的股东资格认定体系。

1. 坚持内外有别原则。所谓内外关系，并非绝对的划界。相对而言，股东与公司之间以及股东与股东之间的权利义务关系，相对于公司以外的人，都属于公司关系的范畴，可称其为公司内部法律关系；而股东向股东以外的第三人转让股权引发的股东资格纠纷则是外部法律关系，公司债权人和公司之间的纠纷若涉及股东责任的承担，继而牵扯某个股东的资格问题时，亦属于公司外部法律关系。由于这两类法律关系的当事人不同，背后所蕴藏的理念以及坚守的价值不同，因而应当内外有别。

处理公司内部关系遵循的理念。对于公司内部关系，由于较少殃及交易安全，因而在股东资格的确认时，价值关注点应当是尊重意思自治，以当事人的真实意思为准，如公司内部文件、当事人之间的协议等，而外观记载如工商登记档案等公示性文件，可能并不是真实意思，而是"虚假的外在表示"。当二者不一致时，以当事人的真实意思表示为准。比如，匿名股东纠纷，当事人之间的协议、公司的内部文件以及真实"股东"的出资和参与公司经营管理的事实，都可以作为确认股东的依据，从而否定工商登记档案记载的股东之资格。再比如，当股东之间转让股份时，只要公司知道（有股东会决议即可），公司的其他股东也知道，完成了股份转让的"交付（接）"手续，即使未完成变更登记，甚至未完全支付对价，只要受让人已接受该部分股份并行使相应的股东权利，特别是决策权，就应确认出让人股东地位的丧失（以全部转让为讨论对象，部分转让并不涉及股东地位的丧失问题），受让人取得该股份的股权。

处理外部关系遵循的理念。处理股东、公司与第三人的外部关系，以交易安全和善意第三人优先保护为准则，应当坚持公示主义与外观主义。所谓公示主义是指交易当事人对于涉及利害关系人利益的营业上事实，负有公示告知义务的要求。外观主义是指交易行为的效果以交易当事人的外观效果为准，表现在股东资格确认上，就是以公司登记的变更记载为公示和外观表现，从而作为对抗第三人的依据。

2. 坚持权利义务对等原则。权利义务对等是民商法中的一个重要原则，其在股东资格认定问题上体现就是：公司设立中的股东协议、章程、股东名册以及公司登记文书关于股东的记载，应当与股东的实际出资相一致。在不一致的场合，尤其是出资不到位（出资不实）时，享受股东权利，需以完成认缴出资的真实缴纳为前提。如果仅有股东的名义，没有实际的出资，也未参与公司的活动，则属于挂名股东，不应认定股东身份。反过来，如果有真实出资，有公司出具的出资证明书，也实际参与了公司的经营管理活动（也即行使了股东权），在其他文书的记载有所欠缺时，亦应认定其股东资格，但应补正完善相应的文书记载。

3. 维护社团性法律关系的稳定性原则。公司所涉及的利益主体甚多，法律关系十分复杂，保持公司各种法律关系的相对稳定，是公司法立法的一个根本价值取向。因此，认定股东资格时，应当尽可能维护基于公司而发生的各种内部法律关系的相对稳定性，不轻易否认公司已成立的事实，不轻易否认股东资格。这样才不会因公司内部法律关系的不稳定而影响公司与债权人的外部法律关系的稳定，并进而影响公司正常的生产经营活动，乃至某个范围内社会经济秩序的稳定。

4. 禁止规避法律原则。股东资格的认定固然应维护公司法律关系的稳定，但如果投资者利用虚假的股东身份（即所谓公司的股东表里不一，名义与实际不符），恶意规避法律（特别是法律、法规对一些人投资资格的限制性规定），在匿名与真实股东的判断出现纠纷时，不应姑息和容忍以所谓真实出资和享受股东权益为由，固守"企业维持原则"而偏重公司的继续存在和公司法律关系的稳定，而应坚持禁止规避法律的民商事法律的基本原则，处理和规范资格的认定问题。

四、有限责任公司股东资格的认定：参酌因素及其意义

有限责任公司股东资格的认定是司法实务中经常遇到的问题。由于我国《公司法》并没有严格意义上的有关股东身份证明依据的规定，犹如《物权法》关于物权的权利证明规定为物权登记。因而，有限责任公司股东资格的认定，涉及多方面因素。一般来说，对于主张原始取得股东资格的，在司法认定中应当参酌和考量因素包括：主体的适格性、设立公司的发起人协议（也可能有出资协议、委托投资协议、实名与匿名股东间协议等）、参股协议、章程记载、持有公司发放的出资证明（股金证）、股东名册记载、工商局的公司注册登记档案、实际享受股东权利承担股东义务（实际控制）等，但以上因素皆不具有绝对的法律意义。至于转让取得股东资格的，也应考察受让人作为公司股东的适格性、股权（出资）转让的协议的效力、是否支付对价、是否实际参与公司的经营管理活动（实际享受股东权）、是否完成公司股东变更登记等因素。我们按照私法上法律行为的构成与表达的思维范式，结合商法的外观主义，将股东资格确认考量因素列表如下：

确认股东资格的参酌因素

类型		参酌和考量因素/可兹证明的事实依据
原始取得	主体适格	没有法定或公司章程禁止作为股东的情形
	成为股东的真实意思	作为股东的真实意思协议，发起设立公司协议（出资协议、委托投资协议、实名与匿名股东间协议等），参股协议
	意思表示的外观表达	公司章程记载，公司股东名册（出资人名册）记载，公司登记档案记载。
	意思的实现	缴纳出资（拥有出资证书或股金证），实际享受股东权
继受取得	主体适格	没有法定或公司章程禁止作为股东的情形
	真实意思	股权转让协议，股东会决议
	意思表示的外观表达	公司章程（变更后）记载，公司股东名册的记载，公司变更（股东）登记
	意思的实现	支付股权转让对价款，实际享受股东权

由于各种因素的意义和作用各不相同，在司法实务中，确认股东资格时，需要对其加以比较权衡，依照相对优势或形成证据链条的证明规则加以确认。

（一）主体适格

主体适格是股东资格取得的前提条件，因而投资者身份是股东资格认定中考察的必要条件。投资是自然人、法人的一种固有权利，任何人都享有投资的自由，他们享有通过投资为自己获取财富的权利。[1] 因此，各国公司立法一般不对投资者身份作过多的限制性规定，无论是自然人还是法人都可以向公司投资成为股东。但是，基于有限责任公司和股东本身的性质要求以及对债权人利益的保护，法律对投资主体要有所限制，这些限制主要表现在以下几方面：①自然人作为有限责任公司发起人股东应当具有完全民事行为能力，无民事行为能力或限制民事行为能力的人不能成为发起人股东；②党政机关、军队、武警部队、政法机关和国家公务员以及其他从事特定职业的人（如军人）不可成为公司的股东；③特别类型的有限责任公司的股东，必须符合有关特别法或行政法规规定的条件，如金融、保险类公司；④公司章程约定不得成为股东的人不可成为公司的股东，例如，限制未成年人、未经董事会一致同意的人成为公

---

[1] 施天涛：《公司法论》，法律出版社2005年版，第8、277页。

司股东。[1] 我国新《公司法》第72条第4款规定："公司章程对股权转让另有规定的，从其规定。"

（二）愿意作为股东的意思表示

是否是股东，首先应当具有成为股东的真实意思表示。意思表示是法律行为（私法行为，也即民商事行为）的决定性要素[2]。股东资格的取得属于法律行为，因而，作为公司股东的真实意思表示是投资者原始取得和继受取得股东资格的决定性要素。设立公司的协议或出资协议、参股协议和股权转让协议均反映了投资者有成为公司股东的真实意思表示，是认定股东资格（身份）的关键性证据，最起码是原始证明。

设立公司的协议或出资协议是原始股东之间为组建公司而签订的协议。虽然理论上关于出资协议的法律性质，有合同行为说和入社契约说的区别，但均认可出资协议反映了当事人出资组建公司从而成为公司股东的真实意思表示。参股协议，一般是在公司成立后，公司决议增资扩股时，由老股东与投资人签订的投资协议（也可能表现为股东会决议），即表达投资者欲成为某公司股东的真实意思，也反映了公司和原股东愿意吸收和接纳的意思。随着投资者向公司转移其财产权而取得股东资格（身份）。通过参股取得股东身份，也应当属于原始取得。股权转让协议，主要是指股东对外转股时与受让人之间针对其出资（我国公司法称为股权）转让的协议，也反映了受让人欲成为公司股东的真实意思。

因此，在股东资格的确认方面，此三方面的协议具有可资证明其真实意思的意义，是判断所谓真假股东的有力凭证。

（三）公司章程

公司章程是公司的设立人制定的，对公司、股东和公司经营管理人员具有约束力的调整公司内部组织关系和经营行为的自治规则。关于公司章程的性质，有契约说和自治法说两种观点[3]。但无论将其定位于自治法规还是私人契约，有一点是共同的，即公司章程是公司设立人就公司的重要事务所作的规范性和长期性的安排，这种安排体现了很强的自治性色彩。

根据《公司法》第23、25、30条和《公司登记管理条例》第20、27条之规定，有限责任公司的公司章程由全体股东共同制定，公司章程应当记载股东的姓名或名称、出资方式、出资额和出资时间等，股东应当在公司章程上签字、

---

[1] 江平：《新编公司法教程》（第二版），法律出版社2003年版，第1、138页。

[2] 寇志新：《民法总论》，中国政法大学出版社2000年版，第9、185页。

[3] 赵旭东：《新公司法条文释解》，人民法院出版社2005年版，第12、24页。

第
一
部
分

盖章。在公司设立时，应当将记载有股东姓名或名称的公司章程提交公司登记机关核准；在转让出资时，要变更公司章程并要进行变更登记。由此可知，公司章程是以书面形式固定下来的全体股东共同一致的意思表示，公司章程载明的股东签署章程的行为，进一步外观地表达了行为人欲作为公司股东的真实意思表示。因此，股东签署并经工商局登记记载的公司章程，对内是确定股东及其权利义务的重要根据，对外具有公示的效力，是相对人据以判断公司股东资格的重要的外在的形式化依据。

然而，司法实践中，公司章程记载不规范、不及时、不准确，与股权实际持有情况发生矛盾的问题时有发生，当公司章程记载、公司章程上签名盖章这二者不一致时，或当公司章程因各种原因漏记部分股东姓名或名称时，又该如何处理？我们认为，当公司章程记载、公司章程上签名盖章这二者不一致时，一般应以公司章程上的签名、盖章来确定股东资格，但允许例外通过其他证据加以排除。因为，公司章程记载具有外观化，只是证明股东资格的一个表面证据，章程对股东姓名或名称的漏记行为并不具备否定股东资格的效力。当公司章程因各种原因漏记部分股东姓名或名称时，可由当事人根据《公司法》规定的修改公司章程的途径予以补救，而不必然导致公司章程无效。[1] 在股东资格的确认上，应结合其他有效证据如出资协议、股东名册、公司登记等来判断当事人的股东资格。

（四）股东名册

根据我国《公司法》第33条的规定，有限责任公司应当置备股东名册，记载股东的姓名或者名称及住所、股东的出资额和出资证明书编号。记载于股东名册的股东，可以依股东名册主张行使股东权利。公司应当将股东的姓名或者名称及其出资额向公司登记机关登记；登记事项发生变更的，应当办理变更登记。未经登记或者变更登记的，不得对抗第三人。《公司法》第74条规定："依照本法第72条、第73条转让股权后，公司应当注销原股东的出资证明书，向新股东签发出资证明书，并相应修改公司章程和股东名册中有关股东及其出资额的记载。对公司章程的该项修改不需再由股东会表决。"根据以上条文，结合公司法理论，可知股东名册具有以下效力：①对抗公司的功能。在无其他人向公司提交有效的相反证据的情况下，凡在股东名册上记载为股东的，仅凭该记载就可以主张自己是股东，行使自己的股东权利。换言之，股东名册的记载具有权利推定力。但是，"股东名册并不是以其记载来确定股东权本身，即股东名册

---

[1] 李国光、王闯："审理公司诉讼案件的若干问题——贯彻实施修订后的公司法的司法思考"，载奚晓明：《民商事审判指导》，人民法院出版社2006年版，第1、57页。

不是确定谁为真正股东的'权利所在的根据',而不过是确定谁可以无举证地主张股东权的'形式上资格的根据'"[1]。因而,股东名册的记载不能对抗拥有其他有效证据的真实股东,"实体法上没有取得股份者,即使进行了名义更换,也不能取得股东权"[2]。可见,股东名册只是证明股东资格的一个表面证据。②公司免责的功能。公司在已尽保管、登记义务的前提下,可根据股东名册来确认股东,认定盈余分派请求权、表决权、新股认购权等权利,即使股东名册上的股东非真正的股东,公司也可免除自己的责任,不需向真正的股东承担任何责任。③除以上两个功能外,股东名册也"附带地履行使股份的受让人及外部人员认知谁是股东的公示功能"[3]。

总之,股东名册是证明股东资格的一个表面证据,凡在股东名册上记载的股东通常可确认其股东资格。但是,股东名册的记载不能对抗拥有其他有效证据的真实股东,也不能对抗善意第三人。

(五) 实际出资

股东缴纳出资是公司资本的原始构成,是公司人格赖以独立的财产基础,也是股东对公司债务承担有限责任的边界和物质前提。若股东都不履行出资义务,则公司因无财产而丧失存在的合法基础;公司不存在,公司的股东也就无从谈起。

股东缴纳出资是其许诺出资和成为公司股东意思的落实,既是股东对其他股东的义务,也是对公司的义务。我国《公司法》第28条规定:"股东应当按期足额缴纳公司章程中规定的各自所认缴的出资额。股东以货币出资的,应当将货币出资足额存入有限责任公司在银行开设的账户;以非货币财产出资的,应当依法办理其财产权的转移手续。股东不按照前款规定缴纳出资的,除应当向公司足额缴纳外,还应当向已按期足额缴纳的股东承担违约责任。"此外,根据《公司法》第26条的规定,有限责任公司股东认缴的出资可分期缴纳,要求全体股东的首次出资额不低于注册资本的20%,这就意味着个别股东在公司设立时,可能是在零出资的情况下就登记为股东。由此可见,交纳出资不是成为股东的前因和条件,不能决定股东身份的有无。但是,缴纳认缴的出资是投资者愿意成为股东所必须"支付的对价",没有出资的缴纳,仅凭承诺出资、订立章程产生不了公司。换句话说,股东身份的取得,不是由协议、章程这些诺成行为产生,而是伴随着股东缴纳出资,从而在坚实的资本基础上经登

〔1〕 [韩] 李哲松:《韩国公司法》,吴日焕译,中国政法大学出版社 2000 年版,第 242 页。

〔2〕 [韩] 李哲松:《韩国公司法》,吴日焕译,中国政法大学出版社 2000 年版,第 243 页。

〔3〕 [韩] 李哲松:《韩国公司法》,吴日焕译,中国政法大学出版社 2000 年版,第 242 页。

记生成公司，才有了与公司相对而存在的法律意义。因此，交纳出资被许多人看做是具有股东身份的"实质要件"。[1] 汉密尔顿提出，认购或者同意购买股份的人在完全支付认购价款之前不能成为股东。[2]

我们认为，股东缴纳出资是证明其股东身份的证据之一，尽管是具有实质意义的重要证据，但不是标志性的外观事实证据。其仍然需要与协议、章程、股东名册、登记等证据结合分析确定股东身份。

在我国公司的运营实践中，对于实际出资的表征应采宽泛解释。在公司在成立后往往不给股东出具出资证明书的情形，凡可以以其他方式证明出资确实存在且已构成注册资本的一部分时，如出资收据、会计师事务所出具的验资报告等证据可证明投资人已向公司履行了出资义务时，不应以没有规范的出资证明书之类的理由，来否认事实出资者的股东资格。

（六）出资证明书

出资证明书，有的公司用"股单"、"股金证"来表示，是指有限责任公司成立后，由公司向股东签发的，确认股东向公司投资额大小的凭证。根据我国《公司法》第 32 条的规定，有限责任公司成立后，应当向股东签发出资证明书。出资证明书应当载明公司名称、公司成立日期、公司注册资本、股东的姓名或者名称、缴纳的出资额和出资日期、出资证明书的编号和核发日期。出资证明书由公司盖章。由此可知，出资证明书是一种"物权性"凭证（但不可以视其为物权），是股东履行出资义务的直接且表面化的证据。同时，出资证明书上对股东姓名或名称有记载，因而也可间接证明所记载者的股东资格。但是，在当事人以出资证明书为证据要求确认其股东资格时，应注意：①此类证书的持有者所主张的权利只能对抗公司和股权的转让方，但不能对抗任何善意第三人，因为此类证书的效力只发生于公司与股东或转让双方之间，不具有任何公示性；②凡可以以其他方式证明出资确实存在时，不应以没有规范的持股证明书之类的理由，来否定事实持股者的股东资格。[3]

总之，出资证明书是股东实际出资的初步证明，确认股东资格的一个形式要素，不能仅以出资证明书即认定持有人具有股东资格；持有出资证明书不是认定股东资格的必要条件，未持有出资证明书者也可能是股东。

---

〔1〕刘阅春："有限责任公司股东身份认定的法理分析"，载《人民司法》2003 年第 12 期；江苏省高级人民法院民二庭："有限责任公司股东资格的认定"，载《法律适用》2002 年第 12 期。

〔2〕[美] 罗伯特·W. 汉密尔顿：《公司法概要》，李存捧译，中国社会科学出版社 1999 年版，第 8、54 页。

〔3〕冯旭峰："瑕疵股东与虚假股东的区分"，载赵旭东：《公司法评论》（三），人民法院出版社 2006 年版，第 1、121 页。

（七）工商登记

《公司法》第 33 条第 3 款规定："公司应当将股东的姓名或者名称及其出资额向公司登记机关登记；登记事项发生变更的，应当办理变更登记。未经登记或者变更登记的，不得对抗第三人。"据此规定，股东的姓名或者名称登记是"应登事项"，而不是"必登事项"，登记仅产生对抗效力，而不是生效或设权效力。因而，如果关于股东身份发生争执，只有登记股东才具有对抗相对人（匿名股东、公司）和第三人的效力，而未登记的，仅仅在公司内或对合同当事人有股东的身份。

但是，也有人认为，股东姓名和名称是公司登记的必登事项。我国《公司登记管理条例》第 9、35 条规定，有限责任公司股东姓名或者名称属于"必登事项"。登记具有公示效力，是确认股东身份的官方文件。

那么，股东资格的登记到底是设权性登记还是证权性登记？就公司设立登记而言，我国《公司法》、《公司登记管理条例》和《企业法人登记管理条例》均规定，公司营业执照签发日期为公司成立日期。公司不经设立登记，无从取得法人资格，因此设立登记具有设权登记的效力。但是，这并不表明属于设立登记事项之一的股东登记也具有创设股东资格的效力。诚然，工商登记使设立中的公司取得法人资格，也使设立中的公司的投资者具有股东的身份，但是，这个股东资格并不是工商登记这个行为本身赋予的，而只不过是公司取得法人资格的"副产品"。登记发照对于设立中的公司有如罗马法上的人格面具，使其人格从无到有；但对于股东而言，登记并没有"赋予资格"的功能。一句话，股东登记是内在（含）于公司登记，不具有独立的"设权性"。这样，股东登记就具有证权性——登记具有证明股东资格的外在、权威和官方证据性。但是，不能反推，认为工商登记资料中没有列入股东名单者就不是股东。

由此可知，工商登记具有公示股东信息的作用和对善意第三人宣示股东资格的证权功能，是证明股东资格、对抗第三人的外观证据。即使登记内容有瑕疵，按照商法的公示主义和外观主义原则，第三人仍可以认为登记内容真实。但是，必须明白，工商登记并无创设股东资格的效果，未经登记的也未必不是股东，只是不能对抗第三人。

（八）实际享有股东权利

由于种种原因，公司章程、股东名册以及公司登记记载的股东，往往是"徒有其名"，是挂名或被冒名甚至是"虚拟"的股东，其背后有匿名的"股东"实际出资，享有股东权利，参与公司的经营管理，分配公司盈余。因此，在必要时，需要弄清楚真正的股东，尤其是在追究股东责任时。从逻辑上讲，实际享有股东权利，是取得股东资格的结果，而非取得股东资格的条件或原因。

因而，实际享有股东权利并不能作为认定股东资格的依据。但从保持公司关系稳定的角度考虑，如果否定已实际享有股东权利的当事人的股东资格，将使许多已确定的公司法律关系发生改变，影响交易安全和社会稳定。而且，从保护投资者的角度，公司只能对实际出资和实际从事经营管理活动的人分派红利。如果我们进一步从实质上而不是从形式上认可"只有股东才能享有股东权利"的命题，那么，其逆命题"享有股东权利的是股东"也成立。因此，实际享有股东权利，也是股东资格的重要证明方式。

五、有限责任公司股东资格的认定路径

基于以上理念以及对股东资格认定要素的分析，当涉及股东资格认定的纠纷出现时，如前文所述，公司内部法律关系和公司外部法律关系所蕴藏的理念是不同的，应区分内部纠纷和外部纠纷，然后根据争议法律关系所蕴藏的理念，在考虑各利害关系人之间的利益平衡基础上，选择适用相应的证据，对股东资格作出正确认定。

1. 公司内部纠纷的处理。股东与公司之间、股东与股东之间的权利义务关系属于公司内部法律关系。对围绕该类法律关系发生的股东资格之争，应在体现交易简便、迅捷原则的基础上，在体现维护社团性法律关系的稳定性原则和禁止规避法律原则的同时，按照意思自治原则、权利义务对等原则，优先根据投资者与公司之间权利与义务状况、投资者的真实意思表示等反映股东资格实质要素的证据来对股东资格作出认定。具体可按以下规则处理：

（1）根据公司章程、股东名册和公司登记的记载等表面证据来确认股东资格。这是商事外观主义和公示公信原则的体现，一般情况下三者应当一致。

（2）当公司章程、股东名册和公司登记的记载不一致，或有其他证据证明事实与表面记载不一致时，即这些表面证据与反映股东资格实质要素（实际出资、实际享受股东权）相冲突时，则应根据投资者与公司之间的协议、签署出资协议和章程、实际出资和实际享受股东权等事实来综合确定。这是意思自治原则、权利义务对等原则的客观要求，也是维护社团性法律关系的稳定性的集中反映。例如，仅有公司章程、工商登记的记载，但未签署公司章程、未实际出资、未实际享有股东权利的当事人，应认定其为"挂名"股东，不具有股东资格，因为该种当事人无相关证据证明其具有成为股东的真实意思表示。据前文论述可知，作为股东的真实意思表示，是公司内部法律关系中认定股东资格的必要条件。相反，投资者已签署公司章程和出资协议，并实际以股东身份行使过股东权利的，即使没有股东名册及工商登记的记载，也应当认定其具有股东资格。再如，当争议发生在股东主体已经合法有效地发生变动，但公司的股东名册、公司章程、公司登记却未得到应有记载时，如果权利人将股权变动情况告知了公司，公司因未及时履行法定义务而不予承认新股东资格，则有违公平，此时应当根据股权转让合同、赠与合同、遗嘱、夫妻财产分割协议、共有财产分割协议等证明当事人之间真实的转让、赠与、继承等民商事法律关系的实质证据来判定新股东的资格并办理相应的变更手续。

（3）审查当事人有无违反法律的强制性规定及规避法律的情形，运用相关规则对违反法律的强制性规定及规避法律的行为加以规范和制裁。例如，当国家公务员为了规避法律而采取隐名方式投资时，对其股东资格应不予认可。

2. 公司外部纠纷的处理。公司或其股东与第三人（包括股权受让人、股权质权人、股权继承人、债权人）之间的权利义务关系属于公司外部法律关系。围绕该类法律关系发生争议时，争议股东是否具有成为股东的真实意思表示、是否实际履行了出资义务，股东、公司外的第三人往往无从得知，只能将工商登记、公司章程的记载、股东名册的记载等公示性资料作为判断股东姓名或名称的凭据（也是商业判断准则的体现）。因而，处理此类争议时，具备公示功能的反映股东资格形式要素的证据处于优势地位，具有更强的证明力。其中，工商登记比其他几种书面文件具有更强的公示性、官方证据的证明力。

3. 公司内部纠纷与外部纠纷并存时的处理。当公司内部纠纷与外部纠纷两类纠纷并存时，在程序方面，应首先处理外部纠纷，然后再处理内部纠纷；在实体方面，则应分别按上述规则对相应的纠纷进行处理。

第一部分

五、达能和娃哈哈互诉竞业禁止案

【课前导读】

概念重温：董事的注意义务，董事的忠实义务，竞业禁止，公司商业机会。

知识回顾：董事对公司的法定义务及其法律基础，竞业禁止义务与董事忠实义务的关系，商业机会与公司营业类型及营业范围的关系，我国 2005 年《公司法》关于董事竞业的规定与原《公司法》的异同。

【重点法条】

《中华人民共和国公司法》

第 148 条　董事、监事、高级管理人员应当遵守法律、行政法规和公司章程，对公司负有忠实义务和勤勉义务。

董事、监事、高级管理人员不得利用职权收受贿赂或者其他非法收入，不得侵占公司的财产。

第 149 条　董事、高级管理人员不得有下列行为：

（一）挪用公司资金；

（二）将公司资金以其个人名义或者以其他个人名义开立账户存储；

（三）违反公司章程的规定，未经股东会、股东大会或者董事会同意，将公司资金借贷给他人或者以公司财产为他人提供担保；

（四）违反公司章程的规定或者未经股东会、股东大会同意，与本公司订立合同或者进行交易；

（五）未经股东会或者股东大会同意，利用职务便利为自己或者他人谋取属于公司的商业机会，自营或者为他人经营与所任职公司同类的业务；

（六）接受他人与公司交易的佣金归为己有；

（七）擅自披露公司秘密；

（八）违反对公司忠实义务的其他行为。

董事、高级管理人员违反前款规定所得的收入应当归公司所有。

第150条 董事、监事、高级管理人员执行公司职务时违反法律、行政法规或者公司章程的规定，给公司造成损失的，应当承担赔偿责任。

【案情介绍】

自1996年以来，法国达能集团通过达能（亚洲）有限公司及其控股的子公司（以下简称"达能"）与杭州娃哈哈集团有限公司及其关联公司（以下简称"娃哈哈"）先后直接或间接在中国共同设立了39家合资公司（以下简称"合资公司"），持股比例均为达能51％，娃哈哈49％。

达能向这些合资公司先后派出了多位外籍董事，其中，秦鹏先后担任了全部39家合资公司的董事，范易谋和嘉柯霖先后担任了其中29家合资公司的董事。在担任合资公司董事期间，范易谋担任了达能（亚洲）有限公司的董事，而达能（亚洲）有限公司在中国市场投资了包括乐百氏在内的若干家与娃哈哈没有关联的子公司，娃哈哈知晓合资公司与乐百氏之间的姐妹公司关系。秦鹏和嘉柯霖曾先后担任了达能投资的前述子公司的董事，但秦鹏和嘉柯霖在其兼职期间并未从上述兼职公司取得任何报酬或收入。

娃哈哈也向这些合资公司先后派出了多位中方董事，其中，宗庆后曾长期担任该39家合资公司的董事长。2007年6月，宗先生宣布辞去其在合资公司所担任的董事长一职，娃哈哈随后委派了多位新董事作为39家合资公司的董事，但宗庆后仍在作为合资公司股东的娃哈哈集团公司任职。在担任合资公司董事期间，宗庆后先后担任了多家与合资公司经营同类业务的竞争公司的董事长和/或总经理，也在其中一些公司中持有股权，获得了持续性的报酬和/或投资性收益。

2007年7月以来，娃哈哈和达能分别提起了一系列股东代位诉讼，包括娃哈哈作为股东代表合资公司起诉达能委派至该合资公司之董事即范易谋、嘉柯霖和秦鹏的系列有违竞业禁止案件，以及达能作为股东代表合资公司起诉娃哈哈委派至该合资公司的董事宗庆后的系列有违竞业禁止案件。据报道，达娃互诉以竞业禁止为焦点的股东代表诉讼案件，共有28件。其中15件由达能方诉宗庆后，13件由娃哈哈诉达能董事。[1] 在此特选沈阳娃哈哈与达能的诉讼即沈阳陵东实业发展总公司诉秦鹏竞业禁止案，作为讨论文本。

---

〔1〕 参见新浪网"达能诉宗庆后竞业禁止案再遇败局"，http://finance.sina.com.cn/chanjing/b/20081229/15195697395.shtml.

　　沈阳娃哈哈饮料有限公司成立于 1997 年，达能和娃哈哈集团的合资公司——杭州娃哈哈饮料有限公司持股 95%，沈阳陵东实业发展总公司持股 5%。

　　2007 年 6 月 26 日，沈阳陵东实业发展总公司为维护沈阳娃哈哈饮料有限公司利益及自身的股东权益，向沈阳娃哈哈饮料有限公司监事会发出了《提请合资公司监事会对秦鹏损害合资公司利益的行为提起诉讼的函》，但沈阳娃哈哈饮料有限公司监事会于 2007 年 7 月 1 日回复拒绝对秦鹏提起诉讼。2007 年 7 月 5 日，根据《公司法》第 152 条第 2 款关于股东代位诉讼的规定，在沈阳娃哈哈饮料有限公司拒绝起诉的情况下，沈阳陵东实业发展总公司作为股东以秦鹏为被告，以沈阳娃哈哈饮料有限公司为第三人，向沈阳市中级人民法院提起股东代位诉讼。

　　原告认为，法国籍人士秦鹏先后在不同时期担任沈阳娃哈哈饮料有限公司的董事至今。秦鹏在担任董事期间，未经董事会批准，同时兼任了乐百氏（广东）饮用水有限公司、上海正广和饮用水有限责任公司等 20 多家与沈阳娃哈哈饮料有限公司有业务竞争关系的公司的董事、董事长等高管，违反了竞业禁止规定，违规在与沈阳娃哈哈有竞争关系的其他公司中担任职务，给沈阳娃哈哈造成损失。原告提出如下诉讼请求：

　　（1）判令被告立即停止担任与第三人有竞争关系的公司的董事及董事长职务，停止损害第三人利益的一切行为；

　　（2）判令被告立即停止担任第三人董事；

　　（3）判令被告因担任与第三人有竞争关系的公司董事及董事长而获得的收入 300 万元归第三人所有；

　　（4）判令被告另行向第三人赔偿损失 100 万元人民（暂计至 2007 年 6 月 22 日）；

　　（5）判令被告向原告赔偿损失 100 万元人民币（暂计至 2007 年 6 月 22 日）；

　　（6）判令被告承担本案的全部诉讼费、财产保全费及原告为本案而支出的律师费。

　　法院经审理查明，秦鹏 1997 年开始先后担任上海达能酸乳酪有限公司、中山乐百氏食品有限公司等 25 家公司的董事和董事长职务，2007 年以后，秦鹏先后辞去上述部分公司的职务，但现在除在沈阳娃哈哈担任董事以外，仍保留在中山乐百氏食品有限公司、中国汇源果汁集团有限公司、达能食品贸易（中国）有限公司、达能亚太（上海）有限公司的职务。而这些公司与沈阳娃哈哈的生产经营范围均为饮料产品。在此期间，秦鹏既参与沈阳娃哈哈的经营管理与决策，同时又在乐百氏的系列公司及其他公司任职并参与经营管理，掌握各公司

第一部分

的经营战略和重要信息。而沈阳娃哈哈的利润和市场占有率近年来却呈下降趋势。

法院认为，本案为侵权之诉，秦鹏虽为法国籍公民，但被控的侵权行为在中国，因此应以中华人民共和国法律作为审理依据。按照查明的事实，法院认为秦鹏违反了《公司法》中关于竞业禁止的规定，判决秦鹏停止在沈阳娃哈哈担任董事职务，其在担任其他竞业公司职务期间所得收入 20 万元人民币归沈阳娃哈哈所有，并另需赔偿沈阳娃哈哈经济损失 20 万元人民币。

【提示问题】

1. 董事竞业何以构成，如何判断？
2. 沈阳市中级人民法院判决是否正确？其判决秦鹏停止在沈阳娃哈哈担任董事职务的法律依据是什么？判决将其在担任其他竞业公司职务期间所得收入 20 万元人民币归沈阳娃哈哈所有的法律依据是什么？
3. 作为达能的子公司（如潍坊的乐维公司），在诉宗庆后担任达娃合资公司（如潍坊娃哈哈公司）董事长和法定代表人期间，在未取得公司股东或董事会许可的情况下，私下与他人合资设立公司（达娃合资公司之外的"非合资公司"），并以股东、董事长和法人代表的身份经营多家"非合资公司"，严重侵害了达娃合资公司的利益。但都已被当地法院驳回诉讼请求。请分析，宗庆后担任非合资公司董事长职务，其与达娃合资公司之间是不是存在竞争关系？是否存在宗庆后利用职务便利为非合资公司谋取本属于合资公司的商业机会的情形？宗庆后与秦鹏的行为相同——兼任其他公司董事，且其他公司与本公司存在竞争关系，为什么会出现不同判决的结果？
4. 在董事竞业的诉讼中，公司归入权与损害赔偿权可否同时存在？

【深度思考】

董事擅为竞业的构成与认定
——《公司法》第 149 条第 1 款第 5 项的理解与适用

一、董事不擅为竞业义务的法理基础

"擅为竞业"是指董事未经公司同意，从事了与公司竞业的行为，就是对"不竞业义务"的违反。董事的不擅为竞业义务（竞业限制义务）是董事不竞业义务（竞业禁止义务）的当代发展。因此，讨论董事的不擅为竞业义务的法律基础，毋宁说是讨论竞业禁止义务的法律基础。民商法的基本理论告诉我们，任何法律上的权利义务，都是在具体的法律关系中主体之间的权利与义务。因此，董事对公司负有的竞业禁止义务，是由董事与公司关系中董事所处的法律地位所决定的。

关于董事与公司之间的法律关系，英美法系与大陆法系的解释不同。在大陆法系国家，董事与公司关系属民法上的委任关系。股东的选任行为与被选任人的承诺表示构成两者之间的委任关系，董事处于受任人地位。在普通法系国家，董事与公司关系属信托关系（fiduciary relationship）：一方对另一方产生法律上或事实上的信任并有所依赖，另一方接受他人信任而负有诚实信用、谨慎、勤勉义务。[1] 此外，还有以下三说：①代理说。董事与公司之间为代理关系，董事作为公司的代理人，对公司负代理人之义务与责任。[2] ②受信说。董事既不是受托人，也不是代理人，而是一种独立的被信任人（fiduciary）。受信关系有很多种表现，信托中的受托人与受益人的关系、代理中的代理人与委托人的关系以及公司中的董事经理与公司的关系都是受信关系。[3] ③双重说。董事与公司之间的关系不好用单一的法律关系界定，董事兼有公司"代理人"和"财产受托人"的双重身份。[4]

英美法系以董事的受信义务为根由，通过判例法确立了不篡夺公司机会的义务，作为处理董事与公司利益冲突的法律原则。大陆法系则以善管义务为基础，分化出"忠实义务"与"勤勉义务"，因而，不竞业义务是忠实义务的具体表现。[5] 但也有人认为，"忠实义务"来源于英国信托法中的古老原则，即受托人不得从委托事务中谋利，它只能为受益人或代表受益人的利益行事，这一原则在衡平法中被称为"不冲突原则"。[6]

忠实义务要求董事对所任职公司忠诚，不得利用职权谋取私利，不得使个人利益与其职责相冲突，在处理个人利益与公司利益的关系时，坚持"公司利益至上"；除了取得自己应得的报酬外，不得追求其他个人利益。[7] 我国新

---

〔1〕 江平：《新编公司法教程》，法律出版社1994年版，第208页。

〔2〕 刘俊海：《股东权法律保护概论》，人民法院出版社1995年版，第134页。

〔3〕 陈东："英国公司法上的董事'受信义务'——兼与王保树、孔祥俊、梅慎实等诸位先生商榷"，载《比较法研究》1998年第2期。

〔4〕 石少侠：《公司法》，吉林人民出版社1994年版，第242页；另参见梅慎实："董事义务判断之比较研究"，载《外国法译评》1996年第1期。

〔5〕 有人认为竞业禁止义务是忠实义务的派生义务，参见刘俊海：《股东权法律保护概论》，人民法院出版社1995年版，第164页；也有人认为，竞业禁止义务是一项与忠实义务、勤勉义务并列的独立义务，参见赵旭东：《公司法学》，高等教育出版社2003年版，第360页。

〔6〕 周友苏：《新公司法论》，法律出版社2006年版，第389页。

〔7〕 张民安：《现代英美董事法律地位研究》，法律出版社2000年版，第176页。

《公司法》第148条明确规定董事对公司负有忠实义务和勤勉义务，而第149条被认为是对董事、高级管理人员违背忠实义务情形的具体列举与概括规定，那么，该款第5项规定的不擅为竞业义务，自然是董事忠实义务的体现。

二、董事擅为竞业的构成与认定：《公司法》第149条第1款第5项的解释

（一）未经公司股东会或者股东大会同意

多数国家和地区的公司法均认为，经公司特定机关同意，董事可以为自己或他人与公司进行竞业。但具体的解禁时间、方式、批准机关不尽相同。在日本和韩国，董事竞业解禁的批准机关是董事会。在德国，批准机关是监事会。我国《公司法》第149条第1款第5项明确规定，须经股东会或者股东大会同意，但仅此一句，至于股东会同意的时间、形式、内容以及董事应否事先告知均无规定，参酌法理及域外规定，应作如下理解：

1. 股东会同意的时间。"未经股东会或者股东大会同意"，应理解为董事须在为竞业之前征得股东会的同意，即应事前承认，而不能"先斩后奏"。事后的追认、默许，与其说是对董事竞业行为的承认，不如说是对违反义务董事责任的不予追究。[1] 既然要求事前承认，就应当以董事对其与公司竞业（可能竞业）的行为之事先披露为前提。

2. 股东会同意的形式。根据我国《公司法》第42、108条的规定，股东会议应当对所议事项的决定作成会议记录，所以，公司对董事为竞业行为的同意，须是明示同意——可以是专门的股东会议决议，也可以是会议记录，不存在公司"默示同意"的问题。如公司明知董事担任其他与本公司有竞业关系的公司企业的董事、高管而不反对，明知董事为自己、为他人为竞业行为而不予以制止，不能理解为公司同意。至于公司同意的表达是否一定要作成书面形式，由于视频电话、多方同时通话、网络会议以及电子签名等信息技术的运用，股东会同意的形式自然不必局限于书面形式，但公司最好制作书面记录以备查。

3. 母子公司兼任董事的股东会同意问题。在实践中，母公司委派董事兼任子公司的董事，以加强对子公司的控制是惯常做法。如果将母、子视作两个"人"（彼此是否应作"他人"对待，下文将专门讨论），该两公司又经营同类业务，从形式上看，在母子公司相互之间也就符合"为他人经营与公司同类的业务"之情形。为了避免该董事遭受来自于母公司或子公司擅为竞业的问责，其兼任董事就应以公司股东会、股东大会的同意为前提。这里涉及母子公司两方面的股东会同意，分别论之。

（1）母公司对派董事兼任子公司董事的同意。在实践中，公司选派董事到

---

[1]　[韩]李哲松：《韩国公司法》，吴日焕译，中国政法大学出版社2000年版，第502页。

第一部分

子公司任职，往往仅有董事会的决议或会议记录，而很少有经股东会同意的。那么，未经股东会同意之程序，能否视为公司同意？从解释论之角度，事实即是证明（据），尽管该董事可能是由母公司董事会选拔，但却由公司委派到子公司，母公司派董事去子公司任职的事实本身就说明公司同意。只要是母公司委派的董事，母公司就不能在该董事为子公司利益经营与母公司同类业务时，"反咬"其违背竞业禁止义务，追究该董事的擅为竞业之责。

（2）子公司明知母公司选派的董事还继续担任着母公司董事职务，而将其选任为自己公司的董事，子公司以后能否针对该董事在母公司继续任职董事的行为，主张其擅为竞业？是否须经子公司股东会对该董事继续任职母公司董事之事宜履行"反向"的同意程序，才可避免子公司的日后问责？这也正是由娃哈哈与达能纠纷引发的问题。肯定的理由只有一条，即：没有理由不经股东会同意，因为《公司法》第149条第1款第5项中的"经股东会同意"，没有任何例外。要想避免擅为竞业的指责，唯有经股东会同意的程序。否定的理由则有：①从经济关系的伦理逻辑而言，母子公司关系犹如人间母子纲常伦理，"子"对"母"没有选择、决定权，母公司选派董事在先，子公司委任在后，母子关系和先后次第决定，"子辈"公司无权决定而只有"承认"；②子公司明知母公司选派的董事继续担任母公司董事之职，仍然选举委任其为自己公司的董事，应当解释为包含了同意其在股东公司继续任职董事的意思。因而，无需在选任之时或事后专门履行股东会同意的程序。相反，若要禁止该董事的兼任董事，则需股东会表决同意。

（二）自营或者为他人经营与所任职公司同类的业务

1. 经营的含义及竞业性经营的构成。自营或者为他人经营，是指以营利为目的活动，而不以该行为事实上是否盈利为标准。日本学者认为，竞业行为必须是通过该行为可获得经济利益的行为，此正是对竞业的经营性描述。[1] 如果董事为自己或他人实施的一项交易，虽在其所任职公司的营业范围之内，但并不以营利为目的，则不属于公司竞业。

"竞业性经营"的构成，不以持续的、常业性的经营即商事营业活动为限。经营与营业并非一码事，后者强调持续地从事某一类商事经营活动。除了营业性经营外，断断续续的、偶然而为的经营性交易行为也构成竞业性经营。简单地说，不论经营发生"频度"，但凡从事了与所任职公司同类的业务即构成竞业性经营。

2. "经营"是否要求具名？"自营或者为他人经营"是否具名，有名义说与

---

〔1〕〔日〕末永敏和：《现代日本公司法》，金洪玉译，人民法院出版社2000年版，第147页。

计算说之别。"名义说"强调以自己名义经营或者以他人名义经营；"计算说"则强调为自己计算（谋划）而经营或者为他人计算（谋划）而经营，不问以谁的名义，只要行为之经济上效果归属于自己或他人即属之。[1] 学界倾向于"计算说"。我国台湾学者也认为"为自己或他人"系指为自己或为他人计算而言。[2] 韩国学者认为，董事竞业禁止所禁止的是"以自己或者第三人的计算进行属于公司营业范围的交易"。[3]《德国股份法》第88条第1款前段规定，"董事会的成员不经监事会允许，既不得经营商业，也不得在公司的营业部类以自己或他人的计算成立行为"，以立法明确了应以"计算"考察。

3. "他人"的甄别。所谓"他人"，顾名思义就是除自己以外的人。因此，《公司法》第149条第1款第5项中的"他人"应当理解为除公司以外的自然人、法人和其他组织。他人可分为有一致利益关系的他人与无一致利益关系的他人。有一致利益关系的公司之间相互不需将对方当做"他人"而是"一家人"，多表现为纵向控股、参股（包括相互参股）的公司间。[4] 从经济生活的逻辑而言，投资设立公司旨在为股东谋取营业收益，所设立的公司与股东的利益具有一致性（尽管可能是间接的），母子公司被看做利益一致关系，他们彼此不把对方当做"他人"，因而就不存在竞业禁止的适用问题。有利益一致关系既然可以说是"一家人"而"无他"，就没有适用该条款的必要。从另一个角度来说，即使将这些有一致利益关系的公司被视作"他人"，如前文所述，由于公司之间有控股、参股关系，往往存在某一董事在数个公司兼任董事、高级管理人员的情形，兼任董事又是经过了本公司股东会同意的，因而被排除在擅为竞业之外。

4. "自营或者为他人经营"的表现形式。董事以自然人身份为与公司同类的业务活动，易于识别，但该种形式的竞业活动并非常态；董事的竞业行为往往是隐名所为——通过其他商事主体的名义而为，所以不易察觉。以"计算说"为准，根据商事营业种类及其表现的基本原理，自营或者为他人经营的具体的表现形式有：

（1）自营的表现形式：①董事以自然人身份为与公司同类的业务。由于自然人不具有商事人格，没有经营的组织体，一般来说，这种情形的"营"，多属

[1] 刘俊海：《股东权法律保护概论》，人民法院出版社1995年版，第165页。
[2] 柯芳枝：《公司法论》，中国政法大学出版社2004年版，第256页。
[3] ［韩］李哲松：《韩国公司法》，吴日焕译，中国政法大学出版社2000年版。
[4] 有人认为关联公司之间也可被认为是利益一致人。然而，关联关系是一个较为宽泛的语汇，关联关系未必就是利益一致关系，如同属于某集团公司的多家兄弟公司之间虽有关联关系，但却常常是竞争关系，利益不尽一致。

于断续性经营或偶然经营。②董事通过投资或实际控制的独资企业、一人公司或合伙企业，经营与公司同类的业务。在这种情形下，董事实际上充任了不具有独立责任能力的商事组织体的无限责任者或无限连带责任者。③通过具名投资或实际控制的公司，经营与公司同类的业务。在此种情形，董事充任了该具有独立法人地位之公司的有限责任股东。如果董事在其所投资或控制的公司中有控制权（如股份占多数），则与该公司就具有利益一致性，可作一体化看待。

（2）为他人经营的形式应当包括：①通过担任其他与公司有竞业关系的公司、企业的代理人（即商业代理人），经营与公司同类的业务；②通过担任其他与本公司有竞业关系的公司、企业的董事、高管，并实际地参与了该公司、企业所为的与本公司具有竞业性活动的经营管理。如果仅是挂名董事，不参与公司经营管理活动，则其对他人与本公司竞业的经营行为，没有参与，也无所"贡献"，可排除在为他人经营之外。

实际上，担任其他与本公司有竞业关系的公司的董事、高管，与公司法上的"董事兼业"问题相关联。为了保证董事忠心不二地为公司服务，公司法上有"董事兼业禁止"的理论及立法例。广义上的兼业禁止，是指公司董事不得担任其他经济组织的董事、经理、无限责任成员等；狭义上的兼业禁止，是指公司董事不得担任与所任职公司同类营业的其他经济组织的董事、高管。狭义的兼业禁止亦属于董事竞业禁止义务的范畴（两者有所重叠）。我国台湾学者柯芳枝指出："董事若单为他公司之董事，甚至于担任他公司之董事长，并非问题之所在。唯若担任同类业务之他公司之董事长时，因董事长须代表公司为法律行为，其行为势必成为为他人为属于公司营业范围内之行为，而须受到竞业禁止之规范。同理，董事长如担任另一经营同类业务公司经理时，亦应受竞业禁止之规范。"[1]《德国股份法》在"禁止竞争"条款下明文禁止董事兼业，该法第88条规定："未经监事会许可，董事会成员既不允许经商，也不允许在公司业务部门中为本人或他人的利益从事商业活动。未经许可，他们也不得担任其他商业公司的董事会成员或者业务领导人或者无限责任股东。监事会的许可只能为某些商业部门或商业公司或某种商业活动而授予。"法国公司法则对兼任董事的数量加以限制，《法国商事公司法》第92条第1款规定："一个自然人不得同时担任8个以上的公司住所设在法国领土的股份有限公司的董事会的董事。"

我国《公司法》对国有独资公司的董事兼任加以限制，[2] 至于其他公司的

---

〔1〕　柯芳枝：《公司法论》，中国政法大学出版社2004年版，第256～257页。
〔2〕　《公司法》第70条规定："国有独资公司的董事长、副董事长、董事、高级管理人员，未经国有资产监督管理机构同意，不得在其他有限责任公司、股份有限公司或者其他经济组织兼职。"

第

一

部

分

董事兼任问题，法律未明文禁止、限制。在私法领域，"法不禁止则可为"，但在公司法上，还须看公司章程是否准许。如果公司的章程对董事兼业没有规定，则董事兼业的问题就应受《公司法》第149条第1款第5项规定的规制，成为一个禁止（限制）董事竞业的问题。

5. "与所任职公司同类的业务"的判断。"与所任职公司同类的业务"乃竞业禁止（限制）的标的（或者称为对象）[1]。所谓"公司的业务"，从商事法的观念看，就是以营利为目的的"营业"，这便与"公司营业范围"密切相关。问题是，我国《公司法》第149条第1款第5项中的"公司同类业务"与"公司营业范围"相同吗？法律所要禁止（限制）的董事为自己或者为他人经营行为的边界是以"公司营业范围"为边界吗？

（1）"公司同类的业务"与"公司营业范围"的关系。关于"公司同类的业务"与"公司营业范围"的关系，肯定者认为，同类业务仅指公司章程所载公司经营范围内的目的事业，而该营业是在执行或仅仅载于公司章程则在所不问。[2] 相反观点则认为，同类的营业与董事所任职公司章程所规定的营业范围并无必然联系。[3] 我国《公司法》竞业禁止的对象与《日本商法》、《韩国公司法》的规定基本一致，因此，他们的认识对我们有借鉴意义。在日本，董事竞业禁止义务的对象，是以交易是否属于公司的营业部类为基准，但又稍广于公司的营业部类，董事为自己或他人进行公司的目的事业、与公司经营相同或类似商品、相同或类似服务也会构成竞业。甚至于，董事为自己或他人进行与公司事业有关的附带交易也属竞业范围。[4] 韩国学者认为，属于"营业范围"的交易并不局限于公司章程中的事业目的，事实上成为公司营利活动对象的交易均应包括在这一范围之内。对公司的营业带来替代性质或市场分割效果的营业也会妨碍公司利益的实现，因此也应放在"属于公司营业范围的交易"的范畴。[5]

如此看来，作为竞业边界的"公司同类的业务"与"公司营业范围"并不

[1] 《韩国公司法》及我国台湾地区现行"公司法"用"公司营业范围"表述，澳门特别行政区现行《澳门商法典》用"公司所营事业范围"表述，《日本商法典》则用"公司营业部类"来表述。
[2] 苏义保："论公司董事的竞业禁止义务"，载《法学探索》1997年第3期。
[3] 顾功耘主编：《公司法律评论》，上海人民出版社2003年版，第68页。
[4] ［日］北村雅史：《取缔役の竞业避止义务》，有斐阁2000年版，第111页。
[5] ［韩］李哲松：《韩国公司法》，吴日焕译，中国政法大学出版社2000年版，第502～503页。

相同，前者是一个边界不断扩展的领域，而后者相对固定。[1] 随着"公司可为任何法律不禁止的营业事项"准则的推行，尤其是随着公司的转投资，公司实际的营业事项都大大超出了章程载明的营业范围。因此，只要董事为自己或为他人所为的行为与公司的"业务"有市场上的竞合，对公司的营业有替代可能或分割其市场，以及其他情形之妨碍公司利益的实现，均应包括在"公司同类的业务"范围之内。

（2）"与所任职公司同类的业务"——竞业的判断。"公司同类业务"在事实上是公司可为的一切法律所不禁止的经营活动，较之于"公司营业范围"的客观性和相对确定性，其具有主观性和变动性。这样，必然给在司法中判断董事所为之行为是否属于"公司同类业务"带来麻烦。因此，必须为"与公司同类的业务"确定一个合理的主观见之于客观的判断准则或指引。

日本学者认为，"公司实际进行的事业与董事的行为之间具有市场的竞合，公司利益与董事利益存在冲突的可能性"是判断是否构成竞业的尺度。[2] 我们认为，判断董事为自己或为他人进行的一项营业是否属于"与其所任职公司同类的营业"，首先，应当以公司的营业范围为基准，兼顾"公司实际经营的业务"以及"公司可能经营的业务"，以客观现实的能为性作为基础性标准，以主观将来的可为性为辅助标准。其次，在对超出公司营业范围的业务活动进行判断时，有两条证明和判断路径：一条是通过证明某项业务与公司"同类"，来确认其构成同类业务，即属于竞业。此路径可坚持普通商人的判断准则——以市场上具有该项经营活动之商业常识的一般人的判断为标准。另一条是通过证明某项业务与公司的业务具有竞争性，来证明和判断其竞业性。从该业务是否与董事所任职公司具有经营竞争性、是否对公司的营业带来替代、对公司的市场产生分割等妨碍公司利益的实现，以及最根本的准则——公司利益与董事利益是否存在冲突等方面加以判断。

（三）谋取属于公司的商业机会

1. 公司机会：一个源自英美法上的规则。所谓公司机会，是指公司对其具有利益或预期，或者对公司来说不可少的商业机会。[3] 在现代英美公司判例法

---

〔1〕 有人认为，公司的营业范围在当代已成为一个变动的"范围"。一方面公司在设立时，即可以留下开放的边界范围；另一方面，公司运行中，还可以通过修改章程扩大其营业范围，公司经营的任何业务，都可归入公司营业范围。这样，"公司业务"与"公司营业范围"就一致了。这种认识虽然有点牵强，试图说明区分两者的意义不大，但却无意间证明了"公司营业范围"变动相对于"公司业务"的先实践性具有滞后性。因此，我国《公司法》采用"公司同类业务"的表述是比较准确和科学的。

〔2〕 ［日］北村雅史：《取缔役の竞业避止义务》，有斐阁2000年版。

〔3〕 ［美］罗伯特·C. 克拉克：《公司法则》，胡平等译，工商出版社1999年版，第188页。

和制定法中，公司机会受到特别的重视，被看做公司的财产形式之一，并被赋予受托财产的性质。[1] 作为整体性忠实规则（undivided loyalty rule）的一个组成部分，董事不得将公司拥有权利、财产利益或者正期待的机会或者理应属于公司的机会予以篡夺自用。[2] 英国公司法理论认为，董事之所以不能利用公司的机会，本质在于英国衡平法上的"无利润"（no profit）规则——该规则适用于所有处于信义地位的人，未经事先披露给股东并经他们同意，董事不能从其董事任职或者在董事任职过程中获取利润。[3]

关于公司机会的认定，英美国家通过判例发展出了各种各样的检验标准，包括：目前利益标准（present interest test）、公平检验标准（fairness test）、经营范围标准（Line of business test）及权力滥用理论（misuse of powers）。[4] 面对公司机会认定中的"多重标准"以及"标准让位与判例法"的结果，美国公司法专家罗伯特·C. 克拉克教授提出，应当注意封闭公司与公开公司的区别，从而对不同的公司采用不同的公司机会认定规则——公开性公司选用绝对规则，封闭性公司则可以适用选择性规则。绝对性规则是一个单一、精确的规则。单一意味着这种规则对变化、例外和辩护的请求采取了严格的立场；精确意味着其并不依赖于诸如"案件的特殊事实或环境"等不明确的和模糊的因素。选择性规则是不精确和不明确的规则。在案件的处理上允许有更大的差别，大量存在例外和辩护，是一个大的、无固定答案的和不能精确指明的种类。[5]

美国法学研究所的《公司治理原则：分析与建议》第5.05条（b），对公司机会给予了高度概括的描述，即公司机会是指以下任何一种从事商事活动的机会（包括取得、使用任何契约权利或任何其他有形、无形财产）：①对于一个高级主管或任何董事而言，这一机会是指下述情况下他被告知或能够得知的任何机会：其一，与他作为高级主管或董事而履行其应尽的义务相关，或根据情况合理地判断，他应该知道，向他提供这一机会的人是期望他把这一机会告知该公司；其二，通过使用公司信息或财产得到的、该高级主管或董事根据合理的判断应该相信这一机会是对公司有利的机会。②对于一个专职的公司高级主管或董事而言，这一机会是指"他知道或应该知道该机会与其公司所从事或依合

〔1〕　张民安：《现代英美董事法律地位研究》，法律出版社2000年版，第390页。

〔2〕　Harry G. Heen & Joh R. Alexander, *Law of Corporations*, Horn Book Series, West Publishing Co., 1983, p. 632.

〔3〕　[英] 保罗·戴维斯：《英国公司法概要》，樊云慧译，法律出版社2007年版，第195~196页。

〔4〕　张民安：《现代英美董事法律地位研究》，法律出版社2000年版，第396~398页。

〔5〕　[美] 罗伯特·C. 克拉克：《公司法则》，胡平等译，工商出版社1999年版，第195~197页。

理的预计能够从事的业务有密切的联系。"[1]

2. 如何理解"谋取公司商业机会"与"经营与公司同类业务"的关系。我国旧《公司法》没有明确规定董事的不侵夺公司机会的义务。有学者认为，旧《公司法》对公司机会的认识尚处于无意识状态，但从法律解释学上分析，第59条的规定包含了对公司机会的规范。[2] 也有学者认为，利用公司的商业机会，本身就是董事、经理违反竞业禁止义务的行为表现之一。[3] 新《公司法》在第149条第1款第5项中加入了不侵夺公司机会的义务，有学者还坚持以"竞业禁止"对该项规定加以概括和"命名"；[4] 有学者则认为，该项规定可称为"谋取公司商业机会限制义务和竞业限制义务"。[5] 那么，到底应如何理解"不谋取公司商业机会"与"不经营与公司同类业务"的关系？

(1) 不同义务说。"不谋取公司商业机会"是有别于"不经营与公司同类业务"的另一忠实义务的表现形态。首先，从概念及历史渊源来看，两者各异，自不待言。其次，董事的竞业活动未必都借助于公司机会，董事篡夺公司机会未必都用于和企业竞争营业。[6] 为自己或者为他人经营与公司同类的业务，不一定利用公司的商业机会，更多地表现为对公司"营业地盘"的侵犯，公司的商业机会也可能并非公司的营业范围——既不是章程载明的，也不是公司事实上实施的。诚然，董事有可能通过篡夺公司机会而与公司竞业——通过谋取属于公司营业范围（公司业务）的商业机会，为自己或为他人营业，就构成对不篡夺公司商业机会义务和不与公司竞业义务的同时违背，形成竞合。[7] 最后，从《公司法》第149条第1款第5项规定的文义来看，"不谋取公司商业机会"与"不经营与公司同类业务"，两者并非包含关系，更不能将前半句的"谋取公司商业机会"解释成是对后半句"自营或者为他人经营与所任职公司同类的业务"的限定语——手段的限制，而是在一个条款，同时规定了董事、高管的两项义务。

(2) 同一义务说。"不谋取公司商业机会"与"不经营与公司同类业务"本质上没有区别，前者为后者所包含。首先，两者目标、功用相同——都在于

〔1〕 张开平：《英美公司董事法律制度研究》，法律出版社1998年版，第275页。

〔2〕 施天涛：《公司法论》，法律出版社2005年版，第500页。

〔3〕 赵旭东：《公司法学》，高等教育出版社2003年版，第363页。

〔4〕 江平、李国光：《最新公司法理解与适用》，人民法院出版社2006年版，第202页。

〔5〕 周友苏：《新公司法论》，法律出版社2006年版，第403页。

〔6〕 刘俊海：《股东权法律保护概论》，人民法院出版社1995年版，第171页。

〔7〕 董事与公司竞业的手段、途径多种多样，往往形成违背不竞业义务与违背其他义务的竞合。例如，董事利用了公司的商标、专利、商业秘密，而与公司竞业，则其行为同时违反了不侵犯公司财产权、不泄露或非法利用公司商业秘密的义务，构成了对公司其他权利的侵权。

落实和体现"公司利益至上"（甚至唯一）、不与公司争利的受信人义务，是体现董事"无利润"、"不冲突"的原则。其次，两者有一个共同的边界——公司营业范围（公司业务）。[1] 公司商业机会为公司的营业所囊括，竞业禁止所禁止的亦是"为与公司同类的营业"，两者都与公司的营业范围以及所实际从事的、可能从事的业务密切关联，公司的营业范围（公司业务）之边界就是该两项义务的共同边界。换句话说，篡夺公司商业机会就是经营了公司的营业事项，也就是与公司竞业。因此，竞业禁止义务吸收、包含着不篡夺公司机会的义务。最后，从大陆法系的传统理论以及我国公司立法秉承的理念来说，《公司法》第149 条第 1 款第 5 项的规定，即使加上了"不谋取公司的商业机会"的文句，也还是对董事、高管不竞业义务的规定，竞业禁止义务统辖不谋取公司的商业机会义务，英美法上的不篡夺公司机会的规则，并没有演化、成长为我国《公司法》上独立的义务形态。

我们认为，"不谋取公司商业机会"与"不经营与公司同类业务"本是两大法系规制董事行为的不同规则（工具），以使得董事对公司忠实，不与公司争利，可谓殊途同归。通过具有共同边界的富有弹性和扩张性的营业范围媒介，两者可以"通约"，甚至走向"混同"，从而交相辉映地发挥规范董事信义义务、忠实义务的功能。我国《公司法》第 149 条第 1 款第 5 项的规定，已经将两大法系的"规制工具"整合在一起，将董事的不与公司争利的义务，具体化为"不谋取公司商业机会"和"不经营与公司同类业务"，从而更全面更有力地保护公司利益。

3. "谋取公司商业机会"的认定。有学者认为，判断公司机会时应同时考虑以下三个要素：首先，公司机会是董事在执行公司职务过程中获得的；其次，公司机会必须是董事有义务向公司披露的；最后，公司机会必须是与公司经营活动密切相关的机会。[2] 上述判断公司机会的三个方面，基本概括出了英美法判例所发展出来的公司机会判断准则，简洁明了，但仍有两方面问题需要讨论：①将公司机会限定于执行职务过程中获得的机会，显得太窄。执行职务必定是在担任董事、高管期间，而"在担任董事的过程中"这一英国判例法确定的公司机会认定标准，已经被认为"太窄了"。[3] 况且，执行职务过程是否有一个确定的衡量标准——如工作日和工时——也还有待讨论。在现代商务活动中，

---

〔1〕　这里所指的公司营业范围不仅仅局限于公司章程和公司登记所记载，还应当是一个弹性、开放的系统，公司的营业"一切皆有可能"——只要法律、法规不禁止和限制，那么，董事在任职期间得到的任何能够创造财富的机会都是或可能是公司的营业事项。因而，营业范围与公司业务可同等看待。

〔2〕　刘俊海：《股东权法律保护概论》，人民法院出版社 1995 年版，第 173 页。

〔3〕　［英］保罗·戴维斯：《英国公司法概要》，樊云慧译，法律出版社 2007 年版，第 199 页。

休闲与工作很难分开，人们往往是在休闲娱乐中开展商务公关。现实中，就董事获知某商业机会的时间、地点而言，我们很难判断其是否是在执行职务过程中获得的。再说，公司的非执行董事、独立董事是通过出席公司董事会来执行公司职务的，如此限制，有何意义？②哪些机会必须是董事有义务向公司披露的，难于把握。如果公司章程或公司董事、高管义务守则有明确、清晰的规定，则可进行具体判断。否则，董事向公司披露的义务难免不被束之高阁。

正如公司机会的认定标准在英美判例法上是不断通过判例发展的一样，试图给出一个清晰精确和刚性的标准，反而令公司机会的认定难于左右逢源甚至于捉襟见肘。本文认为，不应给公司机会的认定框定一个一成不变的标尺，而是应给司法中具体考量提供参照因素和判断路径，因为：

（1）公司商业机会是公司利益之所在。至于某一商业机会是否属于公司利益（可能获利的机会），要么是落入公司现有营业范围，要么是公司已经决定从事的业务，要么是根据董事的披露，公司决定可能将要尝试的业务。此乃利益标准、营业范围（公司业务）标准和公平标准的综合。

（2）公司商业机会是董事利用职务便利获得的。"利用职务的便利"相比"在执行公司职务过程中获得"的表述，开放而又富有弹性，尽管只是简洁通俗的一句话，其包含的意思与美国法学研究所的《公司治理原则：分析与建议》第5.05条（b）对公司机会所进行的描述基本相一致。

（3）公司商业机会的判断是由公司"主观"决定的。一个商业机会是否属于公司的机会，公司是否愿意放弃，是否属于公司不能有所作为的机会等都有待公司决定。

根据公司法上的"无利润"和"不冲突"规则，董事有义务向公司披露任何与公司构成（包括可能构成）利益冲突的事项和自己可能获得利润的事项。就解释论而言，董事向公司披露的时间，应当在其已经察觉某商业机会之时，不论其能否确定该机会属于公司同类业务，都应首先披露并告知公司。简单讲，即"有商机，报公司"。至于是否属于公司的商业机会，公司是否愿意放弃或不能利用，交由公司决定。结合《公司法》第149条第1款第5项的规定，公司同意的，应当以股东会或者股东大会的决定为意思表达形式，但这种对待商业机会"迟缓"的股东会或者股东大会决定，不禁让人质问其效率何在？

第二部分

证券法案例

六、陈丽华等诉大庆联谊公司、申银证券公司虚假陈述侵权赔偿纠纷案

【课前导读】

概念重温：证券欺诈，虚假陈述，归责原则。

知识回顾：证券民事责任的类型及特点，证券民事责任的归责原则，证券民事责任的构成要件，虚假陈述损害赔偿的特别规定。

【重点法条】

1.《中华人民共和国证券法》

第63条 发行人、上市公司依法披露的信息，必须真实、准确、完整，不得有虚假记载、误导性陈述或者重大遗漏。

第69条 发行人、上市公司公告的招股说明书、公司债券募集办法、财务会计报告、上市报告文件、年度报告、中期报告、临时报告以及其他信息披露资料，有虚假记载、误导性陈述或者重大遗漏，致使投资者在证券交易中遭受损失的，发行人、上市公司应当承担赔偿责任；发行人、上市公司的董事、监事、高级管理人员和其他直接责任人员以及保荐人、承销的证券公司，应当与发行人、上市公司承担连带赔偿责任，但是能够证明自己没有过错的除外；发

行人、上市公司的控股股东、实际控制人有过错的，应当与发行人、上市公司承担连带赔偿责任。

第193条　发行人、上市公司或者其他信息披露义务人未按照规定披露信息，或者所披露的信息有虚假记载、误导性陈述或者重大遗漏的，责令改正，给予警告，并处以30万元以上60万元以下的罚款。对直接负责的主管人员和其他直接责任人员给予警告，并处以3万元以上30万元以下的罚款。

发行人、上市公司或者其他信息披露义务人未按照规定报送有关报告，或者报送的报告有虚假记载、误导性陈述或者重大遗漏的，责令改正，给予警告，并处以30万元以上60万元以下的罚款。对直接负责的主管人员和其他直接责任人员给予警告，并处以3万元以上30万元以下的罚款。

发行人、上市公司或者其他信息披露义务人的控股股东、实际控制人指使从事前两款违法行为的，依照前两款的规定处罚。

2. 司法解释

最高人民法院《关于审理证券市场因虚假陈述引发的民事赔偿案件的若干规定》（以下简称《证券赔偿案件规定》）。

【案情介绍】[1]

原告：陈丽华等23名投资人（名单略）

被告：大庆联谊石化股份有限公司，住所地：黑龙江省大庆市

法定代表人：李秀军，该公司董事长

被告：申银万国证券股份有限公司，住所地：上海市常熟路

法定代表人：王明权，该公司董事长

原告陈丽华等23名投资人因认为被告大庆联谊石化股份有限公司（以下简称大庆联谊公司）、被告申银万国证券股份有限公司（以下简称申银证券公司）的虚假陈述行为给其投资股票造成了损失，侵犯其民事权益，向黑龙江省哈尔滨市中级人民法院提起诉讼。

原告诉称：被告大庆联谊公司和被告申银证券公司在证券市场实施虚假陈述行为，已经受到中国证券监督管理委员会（以下简称中国证监会）的处罚。这不仅有中国证监会的处罚决定证实，大庆联谊公司1999年4月21日发布的董事会公告中也承认。二被告的虚假陈述行为使原告在投资大庆联谊公司股票中遭受了损失，应当对给原告造成的损失承担赔偿责任。故请求判令大庆联谊公

---

[1]　最高人民法院公报案例，检索自北大法律信息网，编写时个别地方有改动。

司赔偿原告经济损失 960 063.15 元，申银证券公司对此承担连带赔偿责任；由
二被告负担本案诉讼费和诉讼成本。

被告大庆联谊公司辩称：①本案所涉虚假陈述行为，是大庆联谊公司石化
总厂（以下简称联谊石化总厂）以大庆联谊公司名义实施的；大庆联谊公司是
在 1998 年 5 月 6 日才依法取得法人资格和营业执照的，不应对此前联谊石化总
厂实施的违法行为承担民事责任。②中国证监会的处罚决定是于 2000 年 4 月 27
日公布的，也就是说，2000 年 4 月 27 日是大庆联谊公司虚假陈述行为的揭露
日。1999 年 4 月 20 日大庆联谊公司的董事会公告，仅是对投资者进行风险提
示。原告方将这个日期作为大庆联谊公司虚假陈述行为的揭露日，不符合法律
规定。③原告方投资大庆联谊公司股票的交易损失，主要是受系统风险及影响
股价走势的多种因素所致，与大庆联谊公司被揭露的虚假陈述行为没有显而易
见的因果关系。④原告既然主张其于 1999 年 4 月 21 日从大庆联谊公司董事会公
告中知道了虚假陈述行为的存在，其提起本案侵权之诉时，就超过了法律规定
的 2 年诉讼时效期间，其诉讼请求不应得到支持。故应当驳回原告的诉讼请求。

被告申银证券公司除同意被告大庆联谊公司的答辩理由外，另辩称：原告
起诉的虚假陈述事实，包括《招股说明书》、《上市公告》以及其他所谓"侵权
事实"，均系大庆联谊公司所为，依法应由实施欺诈者自行承担责任。对大庆联
谊公司的虚假陈述，申银证券公司既不明知也未参与。要求股票承销商和上市
公司推荐人识别、查验和阻断这些制假造假现象，超出了申银证券公司的审核
能力与义务。原告的诉讼请求应当驳回。

经质证、认证，哈尔滨市中级人民法院查明：被告大庆联谊公司正式成立
于 1998 年 5 月 6 日。1997 年 4 月 26 日，联谊石化总厂以被告大庆联谊公司的名
义发布《招股说明书》。该说明书载明被告申银证券公司是大庆联谊公司股票的
上市推荐人和主承销商。1997 年 5 月 23 日，代码为 600065A 的大庆联谊公司股
票在上海证券交易所上市。1998 年 3 月 23 日，联谊石化总厂又以大庆联谊公司
的名义发布《1997 年年报》。1999 年 4 月 21 日，根据有关部门要求，大庆联谊
公司在《中国证券报》上发布董事会公告，称该公司的《1997 年年报》因涉嫌
利润虚假、募集资金使用虚假等违法、违规行为，正在接受有关部门调查。
2000 年 3 月 31 日，中国证监会作出《关于大庆联谊公司违反证券法规行为的处
罚决定》（证监罚字［2000］第 15 号）和《关于申银证券公司违反证券法规行
为的处罚决定》（证监罚字［2000］第 16 号）。处罚决定认定大庆联谊公司有欺
诈上市的行为、《1997 年年报》有虚假的内容，认定申银证券公司在为大庆联
谊公司编制申报材料时，有将重大虚假信息编入申报材料的违规行为。上述处
罚决定均在 2000 年 4 月 27 日的《中国证券报》上公布。

从 1997 年 5 月 23 日起，原告陈丽华等 23 人陆续购买了大庆联谊公司的股票，直至 2000 年 4 月 27 日前后[1]，这些股票分别被陈丽华等 23 人卖出或持有。因购买大庆联谊公司股票，陈丽华等 23 人遭受的实际损失为 425 388.30 元，其中 242 349.00 元损失发生在欺诈上市虚假陈述行为实施期间。

另查明：从 1999 年 4 月 21 日披露被告大庆联谊公司《1997 年年报》虚假行为起，大庆联谊公司股票累计成交量达到可流通部分 100% 的日期是同年 6 月 21 日，其间每个交易日收盘价的平均价格为 9.65 元；从 2000 年 4 月 27 日披露大庆联谊公司上市虚假行为起，大庆联谊公司股票累计成交量达到可流通部分 100% 的日期是同年 6 月 23 日，其间每个交易日收盘价的平均价格为 13.50 元。上海证券交易所股票交易的佣金和印花税分别为 3.5‰、4‰。

本案争议焦点为：①大庆联谊公司应否对联谊石化总厂以其名义实施的虚假陈述行为承担民事责任？②原告的股票交易损失与虚假陈述行为之间是否存在因果关系？③申银证券公司应否对虚假陈述行为承担连带责任？④原告的经济损失如何确定？⑤原告向法院主张权利，是否超过诉讼时效期间？

哈尔滨市中级人民法院认为：

本案是因《中华人民共和国证券法》（以下简称《证券法》）施行前实施的证券虚假陈述行为引发的侵权纠纷，审理本案应当适用 1993 年 4 月 22 日以国务院第 112 号令发布的《股票发行与交易管理暂行条例》（以下简称《股票管理暂行条例》）和最高人民法院《关于审理证券市场因虚假陈述引发的民事赔偿案件的若干规定》（以下简称《证券赔偿案件规定》）。

关于第一点争议。《招股说明书》、《上市公报》和《1997 年年报》，都是联谊石化总厂以被告大庆联谊公司名义发布的。这些行为已被中国证监会依照《股票管理暂行条例》的规定认定为虚假陈述行为，并给予相应的处罚，本案各方当事人对此均无异议。《证券赔偿案件规定》第 21 条第 1 款规定："发起人、发行人或者上市公司对其虚假陈述给投资人造成的损失承担民事赔偿责任。"第 22 条第 1 款规定："实际控制人操纵发行人或者上市公司违反证券法律规定，以发行人或者上市公司名义虚假陈述并给投资人造成损失的，可以由发行人或者上市公司承担赔偿责任。发行人或者上市公司承担赔偿责任后，可以向实际控制人追偿。"大庆联谊公司是上市公司和大庆联谊公司股票的发行人，大庆联谊公司的实际控制人联谊石化总厂以大庆联谊公司的名义虚假陈述，给原告陈丽华等 23 名投资人造成损失，陈丽华等人将大庆联谊公司列为本案被告，要求大庆联谊公司承担赔偿责任，并无不当。

---

[1] 证监会［2000］第 15、16 号处罚决定，载《中国证券报》2000 年 4 月 27 日。

关于第二点争议。《证券赔偿案件规定》第 18 条规定："投资人具有以下情形的，人民法院应当认定虚假陈述与损害结果之间存在因果关系：①投资人所投资的是与虚假陈述直接关联的证券；②投资人在虚假陈述实施日及以后，至揭露日或者更正日之前买入该证券；③投资人在虚假陈述揭露日或者更正日及以后，因卖出该证券发生亏损，或者因持续持有该证券而产生亏损。"原告陈丽华等 23 人购买了与虚假陈述直接关联的大庆联谊公司股票并因此而遭受了实际损失，应当认定大庆联谊公司的虚假陈述行为与陈丽华等人遭受的损失之间存在因果关系。大庆联谊公司所举证据不足以否认这种因果关系，其关于不存在因果关系的主张不予采纳。

关于第三点争议。《股票管理暂行条例》第 21 条规定："证券经营机构承销股票，应当对招股说明书和其他有关宣传材料的真实性、准确性、完整性进行核查；发现含有虚假、严重误导性陈述或者重大遗漏的，不得发出要约邀请或者要约；已经发出的，应当立即停止销售活动，并采取相应的补救措施。"《证券赔偿案件规定》第 27 条规定："证券承销商、证券上市推荐人或者专业中介服务机构，知道或者应当知道发行人或者上市公司虚假陈述，而不予纠正或者不出具保留意见的，构成共同侵权，对投资人的损失承担连带责任。"根据中国证监会《处罚决定书》的认定，本案存在两个虚假陈述行为，即欺诈上市虚假陈述和《1997 年年报》虚假陈述。这两个虚假陈述行为中，欺诈上市虚假陈述与被告申银证券公司相关。作为专业证券经营机构、大庆联谊公司股票的上市推荐人和主承销商，申银证券公司应当知道，投资人是依靠上市公司的《招股说明书》、《上市报告》等上市材料对二级市场投资情况进行判断的；上市材料如果虚假，必将对股票交易市场产生恶劣影响，因此应当对招股说明书和其他有关宣传材料的真实性、准确性、完整性进行核查。申银证券公司编制被告大庆联谊公司的上市文件时，未经认真审核，致使申报材料含有重大虚假信息，已经构成共同侵权，应当对投资人的损失承担连带责任。

关于第四点争议。《证券赔偿案件规定》第 30 条规定："虚假陈述行为人在证券交易市场承担民事赔偿责任的范围，以投资人因虚假陈述而实际发生的损失为限。投资人实际损失包括：①投资差额损失；②投资差额损失部分的佣金和印花税。"第 31 条规定："投资人在基准日及以前卖出证券的，其投资差额损失，以买入证券平均价格与实际卖出证券平均价格之差，乘以投资人所持证券数量计算。"第 32 条规定："投资人在基准日之后卖出或者仍持有证券的，其投资差额损失，以买入证券平均价格与虚假陈述揭露日或者更正日起至基准日期间，每个交易日收盘价的平均价格之差，乘以投资人所持证券数量计算。"第 20 条第 1 款规定："本规定所指的虚假陈述实施日，是指作出虚假陈述或者发生虚假陈述之日。"第20条第2款规定："虚假陈述揭露日，是指虚假陈述在全国范围发行或者播放的报刊、电台、电视台等媒体上，首次被公开揭露之日。"第33条规定："投资差额损失计算的基准日，是指虚假陈述揭露或者更正后，为将投资人应获赔偿限定在虚假陈述所造成的损失范围内，确定损失计算的合理期间而规定的截止日期。基准日分别按下列情况确定：①揭露日或者更正日起，至被虚假陈述影响的证券累计成交量达到其可流通部分100%之日。但通过大宗交易协议转让的证券成交量不予计算。②按前项规定在开庭审理前尚不能确定的，则以揭露日或者更正日后第30个交易日为基准日。③已经退出证券交易市场的，以摘牌日前一交易日为基准日。④已经停止证券交易的，可以停牌日前一交易日为基准日；恢复交易的，可以本条第1项规定确定基准日。"

被告大庆联谊公司实施了欺诈上市、虚假陈述和《1997年年报》虚假陈述，前者表现在1997年4月26日公布的《招股说明书》和《上市公告》中，后者表现在1998年3月23日公布的《1997年年报》中。因此，两个虚假陈述行为的实施日分别为1997年4月26日、1998年3月23日。1999年4月21日，大庆联谊公司首次在《中国证券报》上对该公司《1997年年报》涉嫌虚假的问题进行了公告，应当确认此日为《1997年年报》虚假陈述行为的揭露日。2000年4月27日，《中国证券报》上公布了中国证监会对大庆联谊公司虚假陈述行为作出处罚的决定，应当确认此日为欺诈上市虚假陈述行为首次被披露日。自上述两个虚假陈述行为被揭露之日起，至大庆联谊公司股票累计成交量达到可流通部分100%的日期，分别为1999年6月21日、2000年6月23日，这是确定两个虚假陈述行为损失赔偿的基准日。

现已查明，前一个基准日的大庆联谊公司股票交易平均价格为9.65元，后一个基准日的平均价格为13.50元，而股票交易的佣金和印花税分别按3.5‰、4‰计算。按此方法计算，在虚假陈述实施日以后至揭露日之前，原告陈丽华等23人购买大庆联谊公司股票，因卖出或持续持有该股票遭受的实际损失为425 388.30元。这笔损失与被告大庆联谊公司的虚假陈述行为存在因果关系，大庆联谊公司应当承担赔偿责任。其中在欺诈上市虚假陈述行为实施期间发生的242 349.00元损失，应当由被告申银证券公司承担连带责任。

关于第五点争议。根据《证券赔偿案件规定》第5条第1款第1项的规定，投资人对虚假陈述行为人提起民事赔偿的诉讼时效期间，从中国证监会或其派出机构公布对虚假陈述行为人作出处罚决定之日起算。中国证监会对本案所涉虚假陈述行为人作出的处罚决定于2000年4月27日公布。自此日起算，原告陈丽华等23人提起本案侵权之诉时，并未超过法律规定的2年诉讼时效期间。

另外，原告陈丽华等23人请求判令被告给付诉讼成本，该主张没有法律依据，不予支持。

据此，哈尔滨市中级人民法院于 2004 年 8 月 19 日判决如下：

（1）被告大庆联谊公司于本判决生效之日起 10 日内赔偿原告陈丽华等 23 人实际损失 425 388.30 元（每人具体赔偿金额详见附表，本文略）；

（2）被告申银证券公司对上述实际损失中的 242 349.00 元承担连带赔偿责任。

案件受理费 14 610.63 元，由原告陈丽华等 23 人负担 5 719.81 元，被告大庆联谊公司负担 8 890.82 元。

一审宣判后，大庆联谊公司和申银证券公司不服，分别向黑龙江省高级人民法院提出上诉。

大庆联谊公司的上诉理由是：①《证券赔偿案件规定》是根据《中华人民共和国民法通则》（以下简称《民法通则》）、《证券法》、《中华人民共和国公司法》（以下简称《公司法》）以及《中华人民共和国民事诉讼法》（以下简称《民事诉讼法》）等法律制定的司法解释，其中的《证券法》于 1999 年 7 月 1 日起才施行。本案所涉虚假陈述行为，一个在 1997 年 4 月 26 日实施，一个在 1998 年 3 月 23 日实施，均早于《证券法》施行之日。在《证券法》施行前用于规范证券市场的《股票管理暂行条例》，是国务院证券委员会发布的行政规章，不具有行政法规效力，这个条例从《证券法》施行之日起已经作废。中国证监会根据《股票管理暂行条例》的规定，已经对本案所涉虚假陈述的责任人进行了处罚。一审判决判令与虚假陈述行为无关的上诉人承担《证券法》规定的赔偿责任，上诉人在承担了这个赔偿责任后，必然要再向实际控制人（也就是虚假陈述的责任人）追偿。这对已经接受了处罚的虚假陈述责任人来说，是重复的、追加的民事处罚。故一审既依据已经废止的《股票管理暂行条例》、又引用根据《证券法》制定的司法解释来判决上诉人承担赔偿责任，是适用法律不当，应当免除上诉人的民事赔偿责任。②在一审中，上诉人举出其他法院对类似案件的判决以及 K 线图等大量证据，用以证明揭露日之前的股票市场价格未受虚假陈述行为的影响，投资者在二级市场的获利或损失均与上诉人未披露的信息和募集的资金无关，被上诉人的损失是其在二级市场的投机行为造成的，虚假陈述行为与被上诉人的损失之间不存在因果关系。原判虽然将有无因果关系列为争议焦点之一，但无视上诉人所举的大量证据，以证据不足为由，仍然作出被上诉人损失与虚假陈述行为之间存在因果关系的判断。至于证据充分的标准和依据是什么，他们不作说明，这种做法不符合审理和认定因果关系的诉讼程序规则。③原判认定《1997 年年报》虚假陈述的揭露日为 1999 年 4 月 21 日。既然这个日期是揭露日，那么所有投资者自该日起都应当知道虚假陈述行为已经发生。根据《民法通则》的规定，被上诉人在 2001 年 4 月 21 日以后对《1997 年年报》虚假陈述提起诉讼，显然超过了诉讼时效期间。原判不采纳上诉人关于超过诉讼时效的观点，但不说明自己的理由。④原判认定联谊石化总厂是本案两个虚假陈述行为的实施者和上诉人的实际控制人。虚假陈述行为实施者和上市公司的实际控制人，是两个不同的概念，其诉讼权利义务及赔偿责任承担应有明显区别。原判没有说明这两者之间的区别。⑤对投资人已卖出的股票，应当按先进先出原则计算买入均价。而本案有些被上诉人的股票买入均价超过最高买入价，甚至超过股票历史最高价，明显与事实不符。此外，股民利息损失不应由上诉人赔偿。原判认定的赔偿数额有误。请求二审撤销原判，改判驳回被上诉人的诉讼请求，由被上诉人负担一、二审诉讼费。

申银证券公司的上诉理由是：①上诉人制作的《招股说明书》仅针对一级市场，又被不断披露的信息所覆盖，被上诉人在二级市场不断地以投机为目的进行股票买卖，原审判决对此未涉及，对上诉人显然不公；②上诉人不是重大虚假信息的发布主体，信息的真假系法律事实，此事实的出现并不依赖于上诉人是否认真审核，原审判决认定上诉人"未经认真核查，致使申报材料含有重大虚假信息"不当；③原审判决将本应由会计师事务所承担的责任也一并判归上诉人承担不公。除此以外，同意大庆联谊公司的其他上诉理由。请求二审撤销原判，改判驳回被上诉人的诉讼请求，由被上诉人负担一、二审诉讼费。

被上诉人陈丽华等人辩称：①《股票管理暂行条例》是国务院发布的行政法规，不是行政规章，至今未被废止。原审判决适用法律并无不当。②本案不存在系统风险导致股价随大盘波动的情形，上诉人没有提供存在系统风险的有力证据。根据《证券赔偿案件规定》第 18 条的规定，只要投资人符合该条规定的情形，应当认定虚假陈述行为与投资人损失之间具有因果关系。③本案诉讼时效期间起算日为中国证监会对大庆联谊公司作出行政处罚公布之日即 2000 年 4 月 27 日，投资人起诉没有超过诉讼时效期间。④《招股说明书》不仅是一级市场、也是二级市场投资人投资的重要依据。被上诉人投机是证券市场的正常交易行为，应受法律保护。申银证券公司虽然不是《招股说明书》的发布主体，但因《招股说明书》由其制作、审核并签字，其是责任主体。申报材料含有重大虚假信息，申银证券公司应当承担赔偿责任。

二审庭审中，上诉人大庆联谊公司提交以下新的证据：

（1）哈尔滨市中级人民法院（2003）哈民三初字第 403 号民事调解书，即原告严伟虹与被告联谊石化总厂达成的调解协议。

（2）2004 年 8 月 4 日《上海证券报》刊登的《股民败诉 ST 渤海案皆因"系统风险"》以及山东省济南市中级人民法院（2002）济民二初字第 12 号民事

判决书，内容为判决驳回原告张鹤诉银座渤海集团股份有限公司虚假陈述民事赔偿诉讼请求案。

（3）大庆联谊公司股票在1999年4月20日至1999年6月21日的K线图。

大庆联谊公司提交上述证据用以证明：证券市场存在系统风险，投资人的损失是系统风险所致，与大庆联谊公司的虚假陈述无关，应当追加联谊石化总厂为本案被告。

被上诉人对上诉人提交证据的真实性无异议，但认为民事调解书的原告选择了调解权利，与本案无关，对上诉人的主张无证明力。

黑龙江省高级人民法院经审理确认了一审查明的事实。

二审应解决的争议焦点是：①关于本案法律适用的问题；②关于是否存在系统风险的问题；③关于是否让申银证券公司承担会计师事务所审核责任的问题；④关于虚假陈述行为人与上市公司实际控制人的责任问题；⑤关于诉讼时效期间的起算问题；⑥关于损失数额的计算问题。

黑龙江省高级人民法院认为：

关于第一点。作为司法解释，《证券赔偿案件规定》制定的依据和解释的对象，既包括《证券法》，也包括《民法通则》和《公司法》等法律。本案所涉虚假陈述行为虽然发生于《证券法》施行前，不能依照《证券法》追究行为人的责任，但任何民事行为均须遵循《民法通则》确立的诚实信用原则，履行法律、行政法规以及相关行业规则确定的义务，否则就应依据《民法通则》和相关法律、行政法规的规定承担民事责任。《股票管理暂行条例》是国务院颁布的旨在监管证券市场的行政法规，其中不仅明确规定了证券发行人、上市公司和承销商等证券市场主体在证券市场中的信息披露义务，规定了对虚假陈述行为的行政处罚，而且还规定了虚假陈述行为人应当承担民事赔偿责任。该行政法规及相关行政规章、行业规则，是确定当事人是否违反《民法通则》诚实信用原则并构成侵权的具体标准。本案所涉虚假陈述行为，发生于《股票管理暂行条例》颁布施行之后，中国证监会依据该条例对虚假陈述行为作出认定和处罚，原判也将该条例作为法律依据，并根据《证券赔偿案件规定》作出裁判，并无不当。上诉人大庆联谊公司称原判以《证券法》为依据来确定行为人的赔偿责任，经核对原判文本，并无此事，这是大庆联谊公司对原判的误读。大庆联谊公司又称《股票管理暂行条例》不具有行政法规效力、已经被废止，该理由没有任何法律依据。如前所述，《股票管理暂行条例》对虚假陈述行为人不仅规定应予以行政处罚，还规定应承担民事赔偿责任，而且《民法通则》第110条也有"对承担民事责任的公民、法人需要追究行政责任的，应当追究行政责任"的规定。行政责任与民事责任是两种不同的法律责任，不存在重复或追加处罚的问题。大庆联谊公司因虚假陈述行为被中国证监会予以行政处罚，不影响其因给投资者造成损失而承担民事赔偿责任。大庆联谊公司称原判令其承担民事责任属于重复处罚，对其于《证券法》生效前实施的虚假陈述行为应免除民事赔偿责任的上诉理由，不能成立。

关于第二点。《证券赔偿案件规定》第 19 条第 4 项规定，被告举证证明原告的损失或者部分损失是由证券市场系统风险等其他因素所导致的，人民法院应当认定虚假陈述与损害结果之间不存在因果关系。此条虽将系统风险作为免除民事责任的条件之一，但对系统风险这一概念未作明确定义，双方当事人也对系统风险有不同的理解，故应依据通常理解确定系统风险的含义。证券业通常理解，系统风险是指对证券市场产生普遍影响的风险因素，其特征在于系统风险因共同因素所引发，对证券市场所有的股票价格均产生影响，这种影响为个别企业或行业所不能控制，投资人亦无法通过分散投资加以消除。上诉人大庆联谊公司上诉时认为，原判未考虑系统风险造成被上诉人损失的影响，并为此提交了相关股票价格和上证指数变动等证据支持自己的这一主张。大庆联谊公司既然提出这一主张，首先应当举证证明造成系统风险的事由存在，其次应当证明该事由对股票市场产生了重大影响，引起全部股票价格大幅度涨跌，导致了系统风险发生。但纵观大庆联谊公司向一审和二审法院提交的所有证据，并不能证明 1999 年 4 月 21 日至 2000 年 4 月 27 日期间，证券市场存在着足以影响所有股票价格下跌的合理事由，更不能证明该事由与股市价格波动之间的逻辑关系。对虚假陈述行为和所谓系统风险如何影响股价变动以及各自影响的程度，大庆联谊公司也没有提出具体的区分判断标准和有说服力的理由。经考查，1999 年 4 月 21 日至 2000 年 4 月 27 日期间，股票市场的大盘走势图反映股票交易比较平稳，上证综合指数并未发生大幅度下跌。在此期间，大庆联谊公司欺诈上市虚假陈述行为持续影响着股票价格，股民在信息不对称的情况下继续投资购买大庆联谊公司股票，由此形成的投资损失，当然与虚假陈述行为之间存在因果关系。至于大庆联谊公司在二审提交的其他法院关于虚假陈述侵权赔偿案民事判决，不仅因该判决尚未发生法律效力，而且因该案投资人股票交易时间段、虚假陈述行为对投资人影响程度均与本案不同，均不能作为处理本案的依据。由于大庆联谊公司提交的证据不能证明系统风险确实存在，原判以证据不足为由，否决大庆联谊公司关于存在系统风险，应当免除赔偿责任的抗辩主张，并无不当。

关于第三点。上诉人申银证券公司上诉认为，对《招股说明书》进行审核是会计师事务所的职责，其无能力承担此项义务，况且《招股说明书》仅针对一级市场并不断被后续披露的信息所覆盖，投资人在二级市场是以投机为目的进行股票买卖，不是根据《招股说明书》介绍的情况进行投资，因此主张不应由其对虚假陈述承担共同侵权的连带责任。

根据《证券赔偿案件规定》，对发行人或者上市公司的上市文件，证券承销商、证券上市推荐人或者专业中介服务机构都有责任审核，都可能对发行人或者上市公司的虚假陈述行为承担连带责任。以上述主体为被告的诉讼，属于普通共同诉讼。在一审诉讼中，原告基于其诉讼利益的判断而选择其中某些人为被告，不违反法律规定。法院根据原告的请求确定诉讼参加人，是尊重当事人的诉讼选择权，并无不当。在虚假陈述行为被完全揭露前，即使其他信息披露义务人后续披露了其他虚假信息，也不能排除投资人对在先披露信息的信赖。投资人进行股票交易以期获取收益，是合法行为；投资人的投资动机，并非法定的免除损害赔偿责任的条件。虚假陈述行为给从事合法股票交易的投资人造成损失，不能因投资人交易动机的不同而免除虚假陈述行为人的赔偿责任。上诉人申银证券公司作为证券经营机构，推荐并承销上诉人大庆联谊公司股票发行，是法定的信息披露义务人。申银证券公司未尽到法律所要求的勤勉、审慎注意义务，不仅没有对源于大庆联谊公司的虚假陈述予以纠正或出具保留意见，而且自己还编制和出具了虚假陈述文件。同时，申银证券公司没有向法院证明其存在法定的免责事由。申银证券公司违法行为的内容和性质，已被中国证监会的行政处罚予以确认。申银证券公司就原判认定其"未经认真审核、致使申报材料含有重大虚假信息"提出的异议，与已经生效的行政处罚相矛盾，明显不能成立。原判依据《证券赔偿案件规定》第27条的规定，判令申银证券公司承担共同侵权的连带责任，并无不当。申银证券公司关于其不应承担责任的上诉理由，没有法律依据和事实根据，不予支持。

关于第四点。经查，本案所涉虚假陈述行为，确实是在上诉人大庆联谊公司成立之前由联谊石化总厂以大庆联谊公司名义实施的。大庆联谊公司是联谊石化总厂以其部分下属企业组建成立的公司。因此，联谊石化总厂不仅是虚假陈述行为人，也是上市公司大庆联谊公司的实际控制人。被上诉人在一审中仅起诉了大庆联谊公司和上诉人申银证券公司，未起诉联谊石化总厂，故联谊石化总厂不是必须参加诉讼的主体。作为上市公司，大庆联谊公司可以在先行承担赔偿责任后，再根据《证券赔偿案件规定》第22条的规定向实际控制人联谊石化总厂追偿。大庆联谊公司与其实际控制人联谊石化总厂之间的责任分配或转承关系，属另一法律关系，不在本案审理范围。

关于第五点。尽管上诉人大庆联谊公司的《1997年年报》虚假陈述行为于1999年4月21日披露，而在原审诉讼中部分被上诉人也称其于该日知道虚假陈述行为发生，但是根据《证券赔偿案件规定》第6条的规定，投资人以自己受到虚假陈述侵害为由，对虚假陈述行为人提起民事赔偿诉讼的，必须以有关机关的行政处罚决定或者人民法院的刑事裁判文书为依据，人民法院才予以受理。在有关机关的行政处罚决定或者人民法院的刑事裁判文书没有作出和公布前，投资人无从提起诉讼。所以，如果按《民法通则》第 137 条的规定，"从知道或者应当知道权利被侵害时起"计算投资人提起的虚假陈述侵权损害赔偿案的诉讼时效期间，对投资人是不公平的。原判根据《证券赔偿案件规定》第 5 条第 1 款第 1 项的规定，从中国证监会对虚假陈述行为人作出的处罚决定公布之日起计算本案的诉讼时效期间，是正确的。大庆联谊公司此项上诉主张没有依据，不予支持。

关于第六点。经查，原判计算买入证券平均价格的方法是：以实际交易每次买进价格和数量计算出投资人买进股票总成本，再减去投资人此间所有已卖出股票收回资金的余额，除以投资人尚持有的股票数量。按此种方法计算，不排除个别投资人买入证券的平均价格高于股票历史最高价的可能。这只是计算投资人投资差额损失过程中可能出现的一个数据，而且这个数据在很大程度上取决于投资人在揭露日前后的股票持有量。这个数据不等于投资人购买股票时实际成交的价格，其与大庆联谊公司股票历史最高价之间没有可比性。由于证券交易的复杂性，目前用于计算投资人投资差额损失的方法有多种。只要这些方法符合《证券赔偿案件规定》第 30、31、32 条确定的原则，结果公平合理，使用哪种方法计算，就在法院的自由裁量范围之内。原判采用的计算方法符合《证券赔偿案件规定》，有利于保护多数投资人的利益，故不予变更。上诉人大庆联谊公司关于原判确定的损失赔偿数额不当的上诉理由，不予采纳。同时由于《证券赔偿案件规定》第 30 条第 2 款已明确规定，虚假陈述行为人在证券交易市场承担民事赔偿责任的范围包括利息，即所涉资金利息自买入至卖出证券日或者基准日，按银行同期活期存款利率计算，故对大庆联谊公司不同意给付投资差额损失部分利息的上诉主张，也不予支持。

据此，黑龙江省高级人民法院依照《民事诉讼法》第 153 条第 1 款第 1 项规定，于 2004 年 12 月 21 日判决如下：

驳回上诉，维持原判。

【提示问题】

1. 本案涉及哪些法律关系？我国证券民事赔偿规范都有哪些？
2. 上市公司虚假陈述与投资者交易损失的因果关系应当如何划定？如何举证？
3. 一审法院的法律适用是否得当？

4. 虚假陈述民事赔偿诉讼的行政前置程序有必要吗？

【深度思考】

虚假陈述民事责任的构成

一、虚假陈述民事赔偿案件的定性：特殊侵权

所谓虚假陈述民事赔偿案件，是指证券市场上证券信息披露义务人违反证券法规定的信息披露义务，在提交或公布的信息披露文件中作出违背事实真相的陈述或记载，侵犯了投资者合法权益而发生的民事侵权索赔案件。

关于证券市场虚假陈述行为的性质，学术界存在不同的认识。有的学者认为，应当区分证券发行市场与证券交易市场这两个不同的阶段分别对其加以界定。证券发行阶段的虚假陈述行为属违反合同行为；证券上市交易阶段的虚假陈述行为属侵权行为。[1] 还有的学者认为，虚假陈述在一定条件下是侵权行为与违约行为的竞合，而大多数情况下只是一种侵权行为。

我们认为，虚假陈述行为是侵权行为。其一，从行为人的义务来看，无论是发行阶段的虚假陈述还是上市交易阶段的虚假陈述，其违反的主要是《证券法》确定的法定义务，其本质上并非属于当事人的意思自治范畴。即使将发行市场上的招股说明书理解为要约邀请，将投资者的认购行为和上市公司的发行行为理解为合意，《证券法》已经将这一民商事法律关系体现为国家干预性的强制规范，发行人与投资者的行为已经不是缔结一般合同的私法自治，而是履行《证券法》等特别法规定的法定义务。其二，虚假陈述是法定（通过最高人民法院司法解释）的特殊侵权行为形式。虚假陈述民事责任构成，不是一般民事侵权的过错归责，而是针对不同主体采用两种形式的过错推定：对发起人、发行人或上市公司，以其行为的客观违法后果推定过错，也就是理论上的违法即为过错，这种过错既不需要原告举证，也不容被告通过反证推翻。从结果来看，相当于不问过错的无过错责任，因而有人称之为无过错责任。[2] 而对发行人、上市公司负有责任的董事、监事、经理等高级管理人员，证券承销商、证券上市推荐人及其负有责任的董事、监事、高级管理人员，专业中介服务机构及其直接责任人，则是另一种过错推定责任，允许其通过举反证推翻。其三，虚假

---

〔1〕　郭锋主编：《虚假陈述证券侵权赔偿》，法律出版社2003年版，第149～150页。

〔2〕　郭锋："从大庆联谊股东诉讼案谈中国证券民事赔偿制度的构建"，载《法学杂志》2006年第1期。

陈述民事赔偿是特殊主体的行为致人损害，以法律（司法解释）的规定为限。其四，在一般侵权行为责任的构成中，应当由原告证明侵权行为与损害后果之间存在事实上的因果关系，而针对虚假陈述民事赔偿，《证券赔偿案件规定》参考了美国的市场欺诈理论和信赖推定原则，对虚假陈述行为与投资者损害之间事实因果关系的认定采用了（客观）推定的方式。

因此，虚假陈述民事赔偿案件，其性质为特殊民事侵权案件。

二、虚假陈述民事责任的构成

虚假陈述为特殊民事侵权案件，依据侵权法一般原理，虚假陈述民事责任的构成要件包括以下几个方面：损害事实、特殊主体的行为违法（推定过错）和因果关系三个方面。正如前面分析，由于《证券赔偿案件规定》采取了过错推定，违法即有过错，因而虚假陈述民事责任的构成不再是传统的四要件，而是三要件。

（一）违法与过错

虚假陈述民事责任承担，以发行人、上市公司等主体的行为违背了《证券法》规定的义务为前提，违法也被推定为有过错。只不过《证券赔偿案件规定》第 21~28 条明确了发行人、上市公司的推定过错类似于无过错规则的"质量"，不允许举证推翻，而实际控制人、董事、监事、经理、承销商及其高管推定过错，可以举反证推翻，从而不构成侵权。

（二）损害后果：投资者损失的认定与计算[1]

在我国研究和启动证券民事赔偿制度的过程中，学术界、司法界、律师界为此提出了多种方案。[2] 从国际上来看，美国的直接损失计算法最为成熟，对我国最具有参考价值。

直接损失法是普通法中确定侵权损害赔偿大小的传统方法。[3] 《证券法》中的直接损失法要求被告只负责欺诈因素给投资者造成的损失，而对其他因素导致的损失不承担责任。直接损失法按照股票价值（value）与实际交易价格（price）之间的差额来确定原告的损失。对于受欺诈的卖方来说，其损失数额为股票在出售时的真实价值（fair value）减去所得到的价款或者其他形式的对价（指不以金钱方式付款或换股等情形）在当时的公平价值；对于受欺诈的买方来

---

[1]　参见郭锋："从大庆联谊股东诉讼案谈中国证券民事赔偿制度的构建"，载《法学杂志》2006 年第 1 期。

[2]　主要方案包括：交易价差法、系统风险法、打折加折法、分幅分期加权定额法、均价法、机会盈利替代法或买入价确定法、机会亏损替代法或卖出价确定法、事件研究法、区分计算法。参见李国光、贾纬编著：《证券市场虚假陈述民事赔偿制度》，法律出版社 2003 年版，第 167~175 页。

[3]　D. L. Ratner, *Securities Regulation: Examples & Explanations*, 4th ed., Aspen Publishers, Inc., 2008, p. 143.

说，其损失数额则为他支付的购买价（或者其他形式的对价在当时的公平价值）与股票当时的真实价值之间的差额。

适用直接损失法的关键在于如何确定股票在交易时的真实价值。美国主要存在市场价值法、公司盈利资本化法、账面资产法等方法。市场价值法适用于上市公司，并且简单实用，因而被普遍采用。对于上市公司股票而言，一般参照正常情况下（即假设当时被告没有实施欺诈行为或者市场未受到欺诈因素的影响）该股票本应具备的市场价格来确定其真实价值。在10B－5规则项下的集团诉讼中，为确定股票真实价值和每股所受损失，通常都要根据时间序列分别画出该股票的价格线和价值线，通过两者的对比来计算损失大小。原告在诉讼实践中援用较多的价格线和价值线模型主要有两种：恒差法和真实价值不变法。

尽管确定直接损失的恒差法和真实价值不变法在实践中获得了广泛的应用，但它们还是无法精确地将欺诈因素从引起股价波动的其他因素中区分出来。美国国会在围绕制定诉讼改革法而展开的辩论中，也注意到了这一点，并就设计一个更为精确的损失线型之必要性达成了共识：借助"后续期间"的概念，来改变损失核算结果缺乏确定性的现状，从而将可索赔的损失限定在欺诈而非其他市场因素所造成的范围之内。如果原告在诉讼中参照市场价格来确定损失数额时，其大小不应超过原告购买或出售该证券的价格与发布更正原来的不当陈述或重大遗漏的新信息之日起90日内的平均交易价之间的差额。如果原告在上述90日内已将该证券卖出或卖空后又买进该证券，则按照自新信息发布之日至买卖证券之时该股票的平均交易价（"平均交易价"，是指以该证券每日的收市价为基础计算得出的90日内的平均值）与实际买卖价格之间的差额来确定损失大小。

《证券赔偿案件规定》对交易市场投资者可索赔的损失规定为：①投资差额损失；②投资差额损失部分的佣金和印花税；③上述两项所涉资金利息（自买入至卖出证券日或者基准日，按银行同期活期存款利率计算）。《证券赔偿案件规定》所采用的损失计算方法，可称之为"交易价差额计算法"，是按照原告在虚假陈述实施期间从事证券交易而引致的买入价与卖出价之差额作为损失额。原告必须是在虚假陈述发生日至揭露日期间买入证券，并在该期间内或揭露日以后的合理时间内卖出或继续持有证券而形成负数价差损失。

《证券赔偿案件规定》第33条规定了投资差额损失计算的基准日。该基准日是指虚假陈述揭露或者更正后，为将投资人应获赔偿限定在虚假陈述所造成的损失范围内，确定损失计算的合理期间而规定的截止日期。基准日的基本确定方式为：自揭露日或者更正日起，至被虚假陈述影响的证券累计成交量达到其可流通部分100%之日（按该项规定不能确定的，则以揭露日或者更正日后第

30 个交易日为基准日）。根据《证券赔偿案件规定》起草者的解释，以虚假陈述被揭露或更正后累计成交量达到上市公司流通股部分 100% 所需的时间段作为合理期间比较符合我国市场实际情况。因为当受虚假陈述影响的证券在虚假陈述被揭露后，其股价会发生波动，而在成交量达到流通股数量 100% 时，就可以大致推定上市公司的股票价格基本上摆脱了虚假陈述行为的影响，也表明投资者在此期间完全有机会实施减损。[1]

（三）因果关系

投资者因虚假陈述而遭受的损失能否得到赔偿，关键在于如何判定虚假陈述行为和投资损失之间的因果关系。《证券赔偿案件规定》明确规定，具备以下情形的，认定虚假陈述与损害结果之间存在因果关系：投资人所投资的是与虚假陈述直接关联的证券；投资人在虚假陈述实施日及以后，至揭露日或者更正日之前买入该证券；投资人在虚假陈述揭露日或者更正日及以后，因卖出该证券发生亏损，或者因持续持有该证券而产生亏损。如被告能证明投资人存在以下事由的，认定虚假陈述与损害结果之间不存在因果关系：在虚假陈述揭露日或者更正日之前已经卖出证券；在虚假陈述揭露日或者更正日及以后进行的投资；明知虚假陈述存在而进行的投资；损失或者部分损失是由证券市场系统风险等其他因素所导致；属于恶意投资、操纵证券价格的。

《证券赔偿案件规定》关于因果关系及其举证责任的规定是在侧重保护普通投资者利益的前提下，充分借鉴和参考了美国立法和司法中关于因果关系的若干理论和做法。具体体现在以下几个方面：[2]

1. 对"But for"规则的否定。"But for"规则是英美侵权行为法中用来判定事实因果关系的标准。该标准通过提出一个假设的问题来判定被告的侵权行为是否属于造成损害的必要条件。依据"But for"规则，如果原告能够证明没有被告的虚假陈述，其交易不会发生或者会按照其他条件进行，那么被告的虚假陈述行为与原告的交易行为之间就具有因果关系。然而，证券市场交易双方当事人通过集中市场的中央电脑主机自动撮合配对成交，完全不同于普通的"面对面的交易"（face - to - face transaction）。将面对面交易中要求原告必须证明的信赖一概适用于现代证券市场很难行得通。在证券集团诉讼中，"如果要求依据10B - 5 规则提起集团诉讼的成千上万的原告中的每一位都必须确定性地证明其信赖了一项虚假陈述，那么该集团要么因为个别的问题远远超过共同的问题而无法适格，要么丧失其初衷——诉讼经济。"

---

〔1〕 李国光、贾纬编著：《证券市场虚假陈述民事赔偿制度》，法律出版社 2003 年版，第 160 页。

〔2〕 郭锋："从大庆联谊股东诉讼案谈中国证券民事赔偿制度的构建"，载《法学杂志》2006 年第 1 期。

2. 采用"欺诈市场理论"作为理论基础。欺诈市场理论认为，在一个有效率的资本市场，通过证券的价格可以反映欺诈行为。通常情况下，投资人由于信赖公平、诚实的证券交易，从不怀疑证券的适当价格的形成过程会受到违法行为的影响，进而愿意从事相关交易。当被告就重大事实进行虚假陈述之时，该虚假陈述必定为相关证券的市价所反映出来，此时的价格是不公正的，而许多信赖该价格为公正价格而进行交易的无辜投资者将因此遭受财产损失。这就足以表明原告的损害与被告的虚假陈述行为之间具有事实因果关系，至于原告是否曾经直接信赖被告的虚假陈述，在所不问。因此，通过原告对有效资本市场中证券价格的信赖而推导出其所受损害与被告虚假陈述行为之间的事实因果关系。

3. 引入"重大性"标准。如何判断虚假陈述的事实是否重大非常重要，它不仅是证券民事赔偿诉讼中证明事实因果关系的必备要素，而且也决定了证券立法中强制性信息披露的要求。美国证券法中的重大性标准经由法院的各种判例而不断的变化。该标准最早在 1969 年由 Friendly 法官提出，并于 1976 年在 TSC Industries，Inc. v. Northway，Inc. 一案中为美国联邦最高法院所采纳。联邦最高法院在本案的判决中指出："如果存在这样一种重大可能性，即一位理性的股东在决定如何投票的时候认为该事实是重要的，那么此项被遗漏之事实就属于重大事实。" 1988 年，联邦最高法院在 Basic v. Levison 一案中再次明确表示，它将采纳"TSC"案中的重大性标准，即"必须存在着理性投资者将会认为披露被遗漏的事实会明显地改变已获取信息总和的重大可能性"。美国证管会也采纳了联邦最高法院的判定标准。

《证券赔偿案件规定》第 17 条第 2 款采用了"重大事件"的概念，但未对重大事件的含义进行诠释，仅仅规定："对于重大事件，应当结合证券法（1998年证券法）第 59～62 条、第 72 条及相关规定的内容认定"。而原证券法的上述相关条文并未明确界定重大的含义和属于重大事件的事项。但从条文所隐含的内容来看，实质上是将可能会影响股东权益和证券交易价格的事项视为重大事件。

4. 因果关系与"介入力"的排除。在法律因果关系阶段必须考虑的一个问题是"介入的原因"。所谓介入的原因，是指在被告行为发生之后介入原先因果关系链条的第三人行为或外在事件。如果该介入的原因中断了原先存在的被告行为与原告损害之间的因果关系，则此种情形被称为"新原因的介入（new actus interveniens）"，该介入的原因被称为"介入力"（interveining force），该介入力的作用使得被告先前的过失行为并非原告损害的法律原因。[1] 在证券市场虚假陈述法律因果关系中同样存在这个问题。例如，当发行人在发行证券过程中实施虚假陈述，诱使投资者认购其股票之后，发生了大规模的金融危机导致整个股市下跌，此时金融危机这一事件就属于介入力，被告对于因金融危机给原告造成的那部分损失不应承担赔偿责任。

《证券赔偿案件规定》第19条第4项属于对介入原因的规定。在证券市场虚假陈述侵权诉讼中，如果被告主张其虚假陈述行为发生之后出现的第三人行为或外在事件属于介入力，中断了原先存在的被告行为与原告损害之间的因果关系，则应由被告承担相应的举证责任。如果被告不能举证证明，则该介入原因并非介入力，不中断因果关系，法院不能因此而减轻或者免除被告的损害赔偿责任。

在大庆联谊股东诉讼案中，因果关系始终是原、被告双方争议的焦点。被告认为，原告的交易损失主要是受系统风险及影响股价走势的多种因素所致，与被告的虚假陈述没有显而易见的因果关系。特别是在大盘持续走低的情况下，原告的损失是股价普遍下跌的必然结果，而与被告的虚假陈述无关。但被告的这一主张并未得到法院的认同。法院认为，系统风险，是指对证券市场产生普遍影响的风险因素，其特征在于系统风险因共同因素所引发，对证券市场的所有的股票价格均产生影响，这种影响为个别企业或行业所不能控制，投资者也无法通过分散投资加以消除。被告并没有举证证明造成系统风险的事由存在，以及因该事由导致了系统风险的发生，从而对股票市场产生重大影响，引起全部股票价格大幅度涨跌。被告对虚假陈述行为与所谓系统风险因素各自对股价变动影响的关联程度也没有提出具体的区分判断标准和有说服力的理由。因此，法院认为被告所提出的系统风险因素的影响并不成立。而虚假陈述信息对股票价格始终构成影响，投资者在信息不对称的情况下仍投资购买大庆联谊的股票，由此形成投资损失与虚假陈述行为之间的因果关系。由此可见，虽然《证券赔偿案件规定》规定了被告可以以损失或者部分损失是由证券市场系统风险等其他因素所导致作为不存在因果关系的抗辩理由，但由于《证券赔偿案件规定》采用了有利于原告的因果关系推定，被告要成功否定因果关系的存在事实上不太可能，立法和司法审判中关于因果关系举证的价值取向显然对普通投资者有利。

---

[1]　参见郭锋主编：《虚假陈述证券侵权赔偿》，法律出版社2003年版，第315～320页。

第三部分
保险法案例

七、机动车保险合同纠纷案

【课前导读】

概念重温：超额保险，再保险与重复保险，保险竞合，第三者责任险。

知识回顾：代位求偿，不真正连带之债。

【重点法条】

1. 《中华人民共和国保险法》

第30条 再保险接受人不得向原保险的投保人要求支付保险费。

原保险的被保险人或者受益人，不得向再保险接受人提出赔偿或者给付保险金的请求。

再保险分出人不得以再保险接受人未履行再保险责任为由，拒绝履行或者迟延履行其原保险责任。

第40条 保险标的的保险价值，可以由投保人和保险人约定并在合同中载明，也可以按照保险事故发生时保险标的的实际价值确定。

保险金额不得超过保险价值；超过保险价值的，超过的部分无效。

保险金额低于保险价值的，除合同另有约定外，保险人按照保险金额与保险价值的比例承担赔偿责任。

第41条　重复保险的投保人应当将重复保险的有关情况通知各保险人。

重复保险的保险金额总和超过保险价值的，各保险人的赔偿金额的总和不得超过保险价值。除合同另有约定外，各保险人按照其保险金额与保险金额总和的比例承担赔偿责任。

重复保险是指投保人对同一保险标的、同一保险利益、同一保险事故分别向2个以上保险人订立保险合同的保险。

第45条　因第三者对保险标的的损害而造成保险事故的，保险人自向被保险人赔偿保险金之日起，在赔偿金额范围内代位行使被保险人对第三者请求赔偿的权利。

前款规定的保险事故发生后，被保险人已经从第三者取得损害赔偿的，保险人赔偿保险金时，可以相应扣减被保险人从第三者已取得的赔偿金额。

保险人依照第1款行使代位请求赔偿的权利，不影响被保险人就未取得赔偿的部分向第三者请求赔偿的权利。

第46条　保险事故发生后，保险人未赔偿保险金之前，被保险人放弃对第三者的请求赔偿的权利的，保险人不承担赔偿保险金的责任。

保险人向被保险人赔偿保险金后，被保险人未经保险人同意放弃对第三者请求赔偿的权利的，该行为无效。

由于被保险人的过错致使保险人不能行使代位请求赔偿的权利的，保险人可以相应扣减保险赔偿金。

2.《中华人民共和国民法通则》

第23条　公民有下列情形之一的，利害关系人可以向人民法院申请宣告他死亡：

（一）下落不明满4年的；

（二）因意外事故下落不明，从事故发生之日起满2年的。

战争期间下落不明的，下落不明的时间从战争结束之日起计算。

3.《中华人民共和国道路交通安全法》

第17条　国家实行机动车第三者责任强制保险制度，设立道路交通事故社会救助基金。具体办法由国务院规定。

第76条　机动车发生交通事故造成人身伤亡、财产损失的，由保险公司在机动车第三者责任强制保险责任限额范围内予以赔偿；不足的部分，按照下列规定承担赔偿责任：

（一）机动车之间发生交通事故的，由有过错的一方承担赔偿责任；双方都有过错的，按照各自过错的比例分担责任。

（二）机动车与非机动车驾驶人、行人之间发生交通事故，非机动车驾驶人、行人没有过错的，由机动车一方承担赔偿责任；有证据证明非机动车驾驶人、行人有过错的，根据过错程度适当减轻机动车一方的赔偿责任；机动车一方没有过错的，承担不超过10%的赔偿责任。

交通事故的损失是由非机动车驾驶人、行人故意碰撞机动车造成的，机动车一方不承担赔偿责任。

【案情介绍】

2002年11月26日，李某与保险公司甲签订财产保险合同一份，该合同约定，李某将自己于2001年以25 900元购买的汽车（厂牌型号为SC1011AG，发动机号为992034882），在甲保险公司入保。其中车辆损失险和第三者责任险的保险金额分别为30 000元、50 000元，盗抢险以及司机意外险保险额为26 250元。双方还约定了玻璃险等其他附加险。保险期限从2002年11月26日0时至2003年11月25日24时。合同签订后，李某按约交付了保险费3 009.87元。2003年5月26日晚，李某停放在宿舍楼旁的保险车辆被盗后，在24小时内向当地公安部门报案，在48小时内通知了保险人。

李某与甲保险公司因赔偿问题产生分歧，遂诉至法院。李某提供了保险证、购车发票、车辆购置税缴税收据、车辆被盗证明书、机动车保险出险通知书等证据材料，并经公开开庭查证，可以采信。

李某请求法院依法判令被告赔偿车辆盗抢险损失21 000元，要求被告赔付其余保险金，并承担本案诉讼费用。

【提示问题】

1. 李某与甲保险公司签订财产保险合同时存在什么问题？应如何处理？

2. 如果李某与甲保险公司签订保险合同后，该保险公司将其承担业务转让给乙保险公司。另外，李某为使保险责任发生后能确定获得补偿，就相同保险期间、标的、利益及相同的保险事故又与丙保险公司签订了保险合同，并支付了保险金额。那么当保险情况发生后，李某是否有权向甲、乙、丙三家保险公司都请求支付其保险金？

3. 假若2003年1月，李某驾驶其投保车辆为避让后面的车辆超车，不慎驶入非机动车道撞上了正在送货的王某。王某系某棉衣加工厂聘用的职工，该厂已为其聘用的所有的职工向丁保险公司投保了雇主责任险。该雇主责任险的签订日期是2002年12月，合同期限为1年。王某住院期间花去医疗费8 300元。经交通事故管理部门认定，李某负完全责任。李某付清医疗费及事故鉴定费8 500元。后李某向甲保险公司提出赔偿请求，棉衣厂以王某负工伤向丁保险公司索赔。本案中，该由哪家保险公司负责赔偿损失？

4. 若李某于 2003 年 4 月驾驶投保车辆在公路行驶，与对行面包车相撞，致面包车上乘客受伤。同年 8 月，交警大队作出责任认定，认定面包车所载货物的重量超过了行驶证上核定载重量，且没有在确保安全的情况下通行，应负事故的全部责任。在交警部门的主持下，双方分别达成赔偿协议，接受赔偿事故损失。接受赔偿后李某是否可以向保险公司要求支付保险金？若李某没有受到面包车方的赔偿，李某与保险公司和面包车方又将形成怎样的法律关系？

5. 如果李某于 2003 年 1 月 8 日独自一人驾车外出。外出前，曾告知家人当晚即归，但不知是何缘故，当日李某并未返家。其家人于次日到公安机关报案。一周后又到保险公司报案。3 个月后其家人向保险公司提供了公安局出具的机动车盗抢案件证明。李某家人要求保险公司履行盗抢险和司机意外险的赔偿责任。保险公司拒绝了其家人的请求。保险公司是否可以不履行赔偿责任？

【深度思考】

一、超额保险合同的效力与处理

李某与保险公司签订的财产保险合同的问题在于，双方在协商确定保险金额时，对投保车辆未按同类型新车购置价和使用年限折旧，致使保险金额与实际价值不符。

本案中李某的情况构成了超额保险。所谓超额保险，又称超值保险，是指投保人以高于保险标的价值的金额投保，致使保险金额大于保险财产的实际价值的保险。对此类情况应当加以区别处理。如果是出于投保人善意行为所致的超额保险，保险人在保险标的的实际价值范围内承担赔偿责任，而对于其超额部分则归于无效，保险人不负保险责任。相反，如果是基于投保人恶意行为导致的超额保险，则保险人有权解除所订立的财产保险合同。[1]《保险法》第 40 条第 2 款规定："保险金额不得超过保险价值；超过保险价值的，超过的部分无效。"保险法禁止订立保险金额超过保险标的价值的财产保险合同。

保险价值是保险标的在投保时或出险时的实际价值。投保时就约定了保险价值的合同为定值保险，也称定值合同。这种合同计算赔偿金是以约定的保险价值为计算依据。保险价值的估计方法有两种：一是投保人和保险人按市场价格估定；二是在具体保险标的项目繁多或无可靠市场价格作为依据的情况下，可依面值方法估定。保险价值条款成立要件有两点：一是经投保人和保险人协商确定；二是必须在投保单和保险单或保险凭证上注明。在投保时未记载保险价值，而在事故出险时才由保险双方当事人根据市价确定保险价值的合同为不

---

〔1〕 贾林青：《保险法》，中国人民大学出版社 2006 年版，第 229 页。

定值合同，也称为不定值保险。保险价值应该按照保险事故发生时的实际价值确定，因为实际价值在出险时的数额最能说明投保人最实际的利益。保险事故导致保险价值的丧失是投保人最实际的损失，故不定值保险不能以投保时间，而应以出险时间为基准日确定保险价值。

在本案中，李某与保险公司所签订的机动车辆保险合同是双方当事人在自愿的基础上所达成的，合同主要内容有效。但协商确定保险金额时，未进行必要折旧，致使保险金额与实际价值不符。被告负有一定过错责任，且投保人并非是恶意。另外参照机动车辆保险条款全车盗抢险第 5 条和基本险第 15 条第 1 项的规定，全车损失保险金额高于实际价值时，保险人应当以出险当时的实际价值计算赔偿金额，并实行 20% 的绝对免赔率。

二、再保险与重复保险

甲保险公司将其承担的业务转让给乙保险公司形成再保险。所谓再保险合同是指原保险合同中的保险人，为了避免或减轻其在原保险合同中承担的保险责任，将其承保的危险的全部或一部分再转移给其他保险人所订立的保险合同。原保险合同的保险人在再保险合同中处于投保人的地位，而接受分保的保险人则作为再保险人。再保险合同是承保危险在保险人之间再次转移的法律形式，再保险合同的订立应当以原保险合同的存在为前提。

原保险合同与再保险合同是两种相互独立的保险合同。这两种保险合同的保险人均独立地承担保险责任，即原保险合同中的原保险人向该合同的被保险人或受益人承担保险责任，这也是合同相对性的表现。再保险合同中的再保险人则向再保险分出人，即原保险合同的保险人承担保险责任。《保险法》第 30 条第 2 款规定："原保险的被保险人或受益人，不得向再保险接受人提出赔偿或者给付保险金的请求。"

甲保险公司应对李某承担保险责任，乙保险公司对李某不承担保险责任。故在本案中，即使甲保险公司不支付李某保险费用，李某也没有权利向乙保险公司请求支付保险费。

李某就同一保险标的又与丙保险公司签订了保险合同，是重复保险。我国《保险法》将重复保险定义为：投保人对同一保险标的、同一保险利益、同一保险事故分别向 2 个以上保险人订立保险合同的保险。

重复保险的构成条件应当包括以下几个方面：

（1）保险标的是同一的。即涉及的数个保险合同的标的应当是相同的，属于同一范围。

（2）保险利益是同一的。对于同一保险标的，基于不同保险利益订立的保险合同，不构成重复保险。

（3）保险事故是同一的。保险事故范围不同，是各自独立的单保险合同。

（4）保险期间是同一的。数个保险合同的保险期间或完全重合或部分重合。

（5）重复保险合同由数个保险人分别承保，并且无事先约定。若为数个保险人事先约定承保一笔保险业务的，构成共同保险并非重复保险。

各国保险法往往要求投保人在投保时应向保险人告知有关重复保险的情况。《保险法》第41条第1款规定："重复保险的投保人应当将重复保险的有关情况通知各保险人。"

重复保险合同的法律效力状态分两种情况：一种是投保人出于善意而产生的重复保险，法律承认其合同有效。相反，出于恶意的投保人，为了取得多重赔偿而实施的重复保险，许多国家法律否定了其效力，保险人可以拒绝。这是财产保险与人身保险的重要区别之一。人身保险无论投保人重复几次投保，其保险合同均有效。各保险人在保险期限届满或保险事故发生时，都应向被保险人或受益人支付保险金。

在本案中，李某与丙保险公司订立的保险合同，符合重复保险的构成要素，但李某是出于善意，所以李某与丙保险公司订立的重复保险合同有效，在保险责任产生后，保险人不得拒绝支付。

但是，在本案中应当注意的是，李某重复保险的保险金额已经超过了保险标的的实际价值，所以甲、丙两家保险公司支付时，都应以保险价值为限给予赔偿。依照《保险法》第41条第2款的规定："重复保险的保险金额总和超过保险价值的，各保险人的赔偿金额总和不得超过保险价值。除合同另有约定外，各保险人按照其保险金额与保险金额总和的比例承担赔偿责任。"

三、第三者责任险与雇主责任险竞合时的处理

本案是一起机动车辆保险第三者责任险和雇主责任险发生竞合的保险纠纷。保险竞合是指同一保险事故发生导致同一保险标的受损时，两个或两个以上的保险人对此均负保险责任的情形。保险竞合通常发生在以下两种情况：投保人以自身为被保险人投保两个以上种类不同的险种；不同的投保人投保不同种类的险种，在保险事故发生时导致两个以上的保险人对同一保险事故所致同一保险标的物的损失都应对同一人负赔偿责任。本案则是属于第二种情况。保险竞合在人身保险和财产保险中都会发生。典型的保险竞合必须是保险事故发生时，数个保险人应给付保险金的对象均为同一被保险人。

在此应当将保险竞合和重复保险相区分，重复保险通常发生在财产保险中。保险竞合与重复保险的明显不同在于：保险竞合的投保人可以是不同的投保人，重复保险的投保人一定是同一投保人；保险竞合的投保人对同一保险标的可以具有不同的保险利益，重复保险的投保人对同一保险标的具有同一保险利益；

第三部分

保险竞合产生的原因在于保险条款及险种在承保标的及风险上的交叉及被保险人在特定情形上身份的重叠，重复保险产生的原因则是投保人对保险认识不清或是基于营利的心理。对重复保险的处理，我国《保险法》第 41 条有明确规定，在赔偿不超过保险价值时，通常是由保险人进行分摊。我国法律规定的赔偿方式是比例分摊的方式。而对保险竞合的处理，法律没有明文规定，通常的做法是被保险人可以有两种以上的索赔方式进行索赔。在保险竞合的情况下提供保险保障的保险人都有赔偿的义务，被保险人可以依据任何一张保单提出索赔请求。在实践中，被保险人一般依据先签发的保险单据索赔。依据保险的补偿原则，被保险人从某一保险人处获得相应的补偿后，同时就丧失了向另外其他保险人索赔的权利。如果被保险人从某一保险人那里没有获得损失的完全补偿时，针对不足的部分，可以向其他的保险公司请求赔偿。

保险竞合与民法上的法律责任竞合。民法中的法律责任竞合，是指由于某种法律事实的出现，导致两种或者两种以上的责任的产生，这些责任之间是相互冲突的，其核心在于对受害人提供更有效法律救济。保险竞合的目的在于一方面防止被保险人获得不当得利，另一方面在于不同的保险人之间寻求合理的赔偿责任的分配。

在本案中，王某因受伤而导致的损失，已由李某全部支付，所以棉衣厂就丧失了向丁保险公司请求赔偿的权利。因李某支付了相应的医疗费和事故鉴定费，故其可以向甲保险公司要求索赔。

在《道路交通安全法》以及《机动车交通事故责任强制保险条例》颁布实施后，同时随着我国私人汽车保有量的不断增加，我们应对机动车第三者责任险的相关问题给予必要关注。《道路交通安全法》第 17 条中明确规定："国家实行机动车第三者责任强制保险制度……"

关于《道路交通安全法》中的机动车第三者责任强制保险制度，首先应当对第三者的范围进行界定。本保险制度中的第三者包括：被保险人及其财产和保险车辆上所有人员与财产以外的他人、他物。所谓"所有人员"，即指车上的驾驶员、售票员、装卸工、乘客、搭客等，这些人不属于第三者，但下车后除驾驶员外，均可视为第三者。私人车辆的被保险人及其家属成员都不属于第三者。至于保险车辆上的财产，是指被保险人及其驾驶员所有或其代管的财产，这些财产均不属于第三者责任。

机动车第三者责任强制保险的法律特征有：首先它是责任保险。责任保险是指以被保险人依法应当向第三人承担的民事赔偿责任作为保险标的的一种财产保险合同。其次它是强制的保险。机动车第三者责任强制保险是由法律直接加以规定、所有应当投保的机动车的所有人都必须参加的保险，而不是当事人自愿购买的保险。

国家按照《道路交通安全法》实行机动车第三者责任强制保险制度前，或者说，在国务院就机动车第三者责任强制保险制度的实行办法作出规定前，保险公司承保机动车第三者责任险是保险合同关系，因此产生的保险事故赔偿属于保险人的合同义务，因而其赔付时应遵循合同相对性原则，赔偿请求权限于投保人或保险合同约定的受益人。道路交通事故受害人与道路交通事故责任人之间是侵权法律关系，其提出赔偿请求的对象应为侵权人，而在保险人与道路交通事故受害人之间并无直接法律关系。

《道路交通安全法》所称的机动车第三者责任强制保险与此前投保人与保险人以保险合同约定的机动车第三者责任险的区别主要有以下两点：①两者的法律性质完全不同。《道路交通安全法》所称的机动车第三者责任强制保险是一种法定保险。法定保险是通过立法设立的，它产生的是机动车所有人、管理人的法定投保义务和保险人的法定赔付义务。对保险公司赔偿责任的规定则是基于该法定保险的设立。而此法颁布前的机动车第三者责任险则是由投保人与保险人以保险合同约定的，由此产生的是投保人与保险人的合同义务。②二者所形成的赔偿请求权不同。基于法定保险赔付义务而对应地产生的直接对保险公司的赔偿请求权是由法律确立的。因为法定，所以权利主体可以不特定；同样也因为法定，所以只有在《道路交通安全法》所称的机动车第三者责任强制保险按照国务院规定的办法，即《机动车交通事故责任强制保险条例》施行以后，才会产生道路交通事故受害人对保险公司的赔偿请求权；在诉讼程序上，还是因为法定，道路交通事故受害人对保险公司提起赔偿诉讼才不会导致不同的诉在一个诉中处理的问题。而依据投保人与保险人保险合同约定而产生的保险事故理赔，则是一种合同责任，其相对应的赔偿请求权是基于合同的约定而形成的，只能由保险合同投保人或受益人行使。在受害人提起损害赔偿诉讼时，只能以第三者责任险的被保险人作为被告，不能将保险人列为共同被告。

现行《道路交通安全法》第76条规定了受害人的直接请求权，在保险责任限额内保险人对受害人负有直接支付义务。这种请求权是法定的请求权，并且独立存在。一旦发生诉讼，保险公司为直接共同被告。我们也应该看到，保险人与道路交通事故受害人之间并无直接法律关系，将保险人与道路交通事故责任人列为共同被告，将两种不同的法律关系放在同一个诉中处理，违背了民事诉讼法的基本原则。而且，这种处理还导致法院在对保险合同关系没有进行实质审查的情况下，直接以判决结果对保险合同义务作出认定，实际上剥夺了保险人在该合同义务承担方面的实体抗辩权和程序诉权。但是这一规定的积极意义是不可否认的。该制度设立的目的不仅是为了通过分散风险的方式解脱被保险人的赔偿责任，而且还是为了填补受害人的损害，使其得到快捷、公正的赔偿；保险公司开办此项保险业务不以营利为目的，在保费与赔付之间总体应做到保本微利；保险公司不得拒绝特定人群的投保（拒绝交易）。我国台湾地区1996年制定的"强制汽车责任保险法"中第5条规定："因交通事故致受害人伤、残或死亡者，加害人不论有无过失，在相当于本法规定的保险金额范围内，受害人均得请求保险赔偿给付。"该规定也赋予受害人以直接请求权。

四、保险法损失补偿原则与本案的处理

李某接受赔偿后，应以其接受赔偿的数额确定是否能就该保险事由向保险公司要求支付保险金。如果民事赔偿的额度大于或等于保险人承担的责任范围，保险人就免除了保险赔偿之责；反之，若数额小于保险人责任范围，保险人在其责任范围内可以减少被保险人已经获得的赔偿。

这是保险法损失补偿原则的体现。损失补偿原则是指保险人对于保险标的因保险事故造成损失在保险金额范围内进行保险赔偿，用以补偿被保险人遭受的实际损失。其原因在于财产保险合同是一种补偿性合同。财产保险合同的适用目的在于通过赔付保险赔偿金来补偿被保险人财产的损失。依照损害补偿原则可知，财产保险合同是被保险人寻求保险保障的方法，而不是获得额外利益的手段。相应地，排除了被保险人的双重受赔权。所以在李某接受赔偿金后，其能否向保险人请求赔偿应当视其接受民事赔偿的数额和其投保的保险额度而定。

在李某没有受到必要赔偿时，其可以以侵权法律关系为基础，要求侵权人（面包车方）给付相应的物质赔偿和精神赔偿。李某也可以基于保险合同法律关系，请求保险人对其支付保险金。在保险公司对李某进行支付后，保险公司就取得了相应的代位求偿权。但应当注意的是，这两种请求权不能一起行使，只能择一进行请求。

代位求偿是指保险人在向被保险人进行保险赔偿之后，取得了该被保险人所享有的依法向负有民事责任的第三人追偿的权利。代位求偿是财产保险合同补偿性的具体表现，是保险人履行保险赔偿责任后的必然结果。

据考证，最早关于保险代位权的表述是1748年英国法官 Lard Hardwiche 在 Randal 诉 Cacjran 一案中确立起来的。[1] 英国1906年的《海上保险法》率先以成文法形式规定了保险代位权。德国《保险合同法》第67条规定："被保险人对第三人享有的损害赔偿请求权，对于保险人给付保险金的赔偿额度内，转移

---

〔1〕 王利萍："保险代位法律制度研究"，载赵中孚主编：《民商法理论研究》（第一辑），中国人民大学出版社1999年版，第250页。

于保险人。"我国《保险法》第 45 条第 1 款规定:"因第三者对保险标的的损害而造成保险事故的,保险人自向被保险人赔偿保险金之日起,在赔偿金额范围内代位行使被保险人对第三者请求赔偿的权利。"

代位求偿由以下三个要件构成:

(1) 保险事故的发生必须是由于第三者的违法行为所引起。第三者违法行为导致保险事故发生是第三者承担民事责任的前提,此时被保险人才享有求偿权。适用代位求偿的情形包括:侵权行为、第三者违约的合同责任、不当得利、共同海损。

(2) 被保险人必须向第三者享有赔偿请求权。我国《保险法》第 46 条规定:"保险事故发生后,保险人未赔偿保险金之前,被保险人放弃对第三者的请求赔偿的权利的,保险人不承担赔偿保险金的责任。"另外,"保险人向被保险人赔偿保险金后,被保险人未经保险人同意放弃对第三者请求赔偿的权利的,该行为无效"。如果"由于被保险人的过错致使保险人不能行使代位请求赔偿的权利的,保险人可以相应扣减保险赔偿金"。

(3) 代位求偿一般应在保险人向被保险人进行保险赔付之后开始实施。被保险人未获得保险人赔付或先行向保险人索赔时,经保险人进行保险赔付后,才有转让赔偿请求权给保险人的必要,代位求偿才得以适用。

在行使代位求偿时,应当注意以下几个方面的问题:①关于代位求偿以谁的名义进行的问题。各国规定不一,我国实践中,习惯以被保险人名义。②行使的对象应该是对保险财产的损失负有民事赔偿责任的第三者,可为自然人亦可为法人。同时我国《保险法》又有例外规定,"除被保险人的家庭成员或其组成人员故意造成本法第 45 条第 1 款规定的保险事故以外,保险人不得对被保险人的家庭成员或者其组成人员行使代位请求赔偿的权利。"③代位求偿的范围限定于被保险人享有的赔偿请求权,追偿的货币金额不得超过向被保险人实际支付的保险赔偿金的范围。④行使的时间应在向被保险人进行赔付,且从被保险人处取得"权益转让证书"之后,才可向第三者行使代位求偿权,法律另有规定的除外。另外,被保险人在获得保险赔偿后,对保险人向第三者行使代位权有相应的协助义务。

与民法上的代位权一样,保险法上的代位权必须具有可代位性。只有财产性的债权才具有可以与债权人分离的特点,可以由他人代位行使;相对的,专属于债权人自身的债权则不存在代位行使的情形。

保险标的损失是归于第三者过错所致,被保险人享有向第三者的赔偿请求权,若保险标的的损失是因保险事故发生所导致,那么被保险人同时享有向保险人请求给付保险金的权利。在实践中,保险人以被保险人应当先向第三者主张损害赔偿为由拒绝履行保险金的给付义务，显然构成违约。对于第三者而言，其承担的是实际损失的全部赔偿，但第三者不能因保险合同的存在而拒绝对被保险人的赔偿。保险人与第三者本无任何法律关系。但实际上，如果第三者向被保险人进行赔偿后，就必然全部或部分免除了保险人的赔偿责任，这就使得保险人和第三者的关系相互"牵连"起来，构成了民法上的不真正连带之债的一种。

不真正连带之债是指数个债务人基于不同的发生原因而对债权人承担的同一给付的数个债务，其中一个债务人完全履行时，其他债务即因债权人的目的得到实现而消灭债的关系。依照我国学者的归纳，能够引起不真正连带之债的情形中包括合同上的损害赔偿债务与侵权行为之债的并存状况。[1] 不真正连带之债在各国的制定法上很少有规定，德国、日本的判例对不真正连带之债予以承认。不真正连带债务成立时，各债务人间并不存在连带关系，各债务人对债权人所负的债务是由于他们各自与债权人所发生的法律关系所产生的独立的债务，虽然他们的给付标的是同一的，但各债务人之间不存在任何法律关系，故其所负的债务不具有同一目的。由此可以看出，不真正连带之债本质是数个单一主体之债，不是多数人之债。所以这类债不同于连带之债中各债务人之间的追偿关系。不真正连带之债中是否存在追偿，应当依法律的规定。

通过上述分析可以看出，第三者仍是法律上的终局责任人。但是，假如被保险人从保险人处获得赔偿后，无人向第三者进行追偿的话，就等于第三者在保险金范围内获得了赔偿责任的免责，保险制度为第三者提供了逃避责任的便利，有违民事赔偿的原则。因此，法律只能在保险人在对被保险人进行赔偿后，赋予保险人保险代位权，使第三者依旧处于被追偿地位。第三者应承担的责任范围不因债权人的变更而有所变化。保险法赋予保险人保险代位权，使得这种追偿具有法定性，从而在结果上产生了与真正连带之债中对债务人的追偿极为相似的结果。保险代位权是保险人在支付保险金后，所享有的权利。

到此，有人必然会提出这样的问题：保险人既然已经收取了保险费，又可以从第三者处获得足以支付保险金的补偿，是否存在不公平的情况？从最终结果来看，保险人的确因此获得了额外的利益。如果法律不赋予保险人保险代位权，无异于放任第三者的法律责任，不利于维护社会稳定。这种保险代位权，是通过权利的行使，用保险人的追偿行为免去第三者逃脱赔偿责任的法律尴尬，实现公平价值目标。将保险人这项权利以及这项权利的行使的实际结果放置一边，保险代位权的存在，还是完成了法律制度的平衡性设计。

---

〔1〕　张广兴：《债权总论》，法律出版社 1997 年版，第 155 页。

五、司机意外险的赔付

这是一起机动车辆保险合同纠纷，其主要问题是，车主李某及其车辆同时失踪的情况下，保险公司是否应该进行赔偿。本案中投保人李某和保险公司签订的保险合同系双方当事人真实意思表示，同时也不违反法律、法规的禁止性规定，因此该合同合法有效。该合同包括车辆盗抢险和司机意外险，这两个险种的条款也自然生效。合同订立后，保险公司理应依照保险合同的约定履行自己的合同义务，对于李某及其车辆在保险期间内发生的意外事故承担保险责任。

在本案中，李某独自一人驾车外出，一直未归，对于李某及其车辆的事实真相不清，公安机关也仅是说明了失主曾经报案，对人车走失的原因及车辆是否被盗抢并没有作出定论。那么是否能确定保险车辆已被盗抢呢？若无法证明保险车辆已遭盗抢，那么本案是否还属于盗抢险的保险责任呢？答案是肯定的。严格来说，保险公司受理的盗抢案中，大部分在赔偿的时候都无法确定保险车辆已遭盗抢，在刑事案件结案前，一切都仅是怀疑和推测，而认定事实需要有确凿的证据，同时还应经过法定程序，由司法机关最终确认。但如果等到车辆被盗抢的事实从法律上得到确认时再给予赔付，盗抢险就失去了其意义。在实际执行的过程中，只要投保人因车辆失踪向公安机关报了案，经公安机关立案侦查，满3个月未查明下落且出具了书面证明的，就构成了盗抢险的保险责任。故本案属于盗抢险保险责任范围，即保险公司应当对李某车辆遭盗抢导致的损失承担保险责任。

司机责任险是以机动车辆驾驶员为保险标的，承担保险车辆在使用过程中，因意外事故致使车上驾驶员遭受人身伤亡，依法应当由保险人承担经济损失的一种附加险。只有在确认驾驶员发生伤亡时，司机责任险才会发生作用。但是，驾驶员的人身伤亡不能简单地以本案中的"下落不明"为主观判断，须由医疗、司法鉴定机构经过对驾驶员身体的检查、勘验，作出鉴定结论，并出具书面证明才能确定。在本案中，在李某的家属索赔时，虽然李某下落不明有3个月，但这并不表明李某已经伤亡，且李某家人又无法提供能证实李某伤亡情况的鉴定报告或证明文件。因此，不能说明本案属于司机责任险的保险责任。但是，当李某下落不明达到法律规定的时限时，在法律上对其人身伤亡会有一定的确认。此时，这种确认就会成为保险公司的司机责任险保险责任成立与否的法律依据。我国《民法通则》第23条规定："公民有下列情形之一的，利害关系人可以向人民法院申请宣告他死亡：①下落不明满4年的；②因意外事故下落不明，从事故发生之日起满2年的。战争期间下落不明，下落不明的时间从战争结束之日起计算。"公民下落不明达到法定期限的，就可以在法律上宣告失踪者死亡，宣告死亡的效力等同于死亡证明，可以作为保险公司赔付的依据。

　　综上所述，在本案中，保险公司应当首先赔偿李某家人的车辆损失款。在 4 年后，若李某仍然处于下落不明的情况时，其家人可以宣告其死亡，持法院出具的宣告死亡证明及其他相关证明，要求保险公司依照司机责任险进行赔偿，并依照我国《继承法》的有关规定，将赔偿款交由被保险人李某遗产的法定继承人手中。

第
三
部
分

八、汽车消费贷款保证保险合同案

【课前导读】

概念重温：保证保险，信用保险合同，按揭，房地产抵押，保证。

知识回顾：财产保险合同，机动车消费贷款保证保险。

【重点法条】

1.《中华人民共和国担保法》

第25条　一般保证的保证人与债权人未约定保证期间的，保证期间为主债务履行期届满之日起6个月。

在合同约定的保证期间和前款规定的保证期间，债权人未对债务人提起诉讼或者申请仲裁的，保证人免除保证责任；债权人已提起诉讼或者申请仲裁的，保证期间适用诉讼时效中断的规定。

第34条　下列财产可以抵押：

（一）抵押人所有的房屋和其他地上定着物；

（二）抵押人所有的机器、交通运输工具和其他财产；

（三）抵押人依法有权处分的国有的土地使用权、房屋和其他地上定着物；

（四）抵押人依法有权处分的国有的机器、交通运输工具和其他财产；

（五）抵押人依法承包并经发包方同意抵押的荒山、荒沟、荒丘、荒滩等荒地的土地使用权；

（六）依法可以抵押的其他财产。

抵押人可以将前款所列财产一并抵押。

第41条　当事人以本法第42条规定的财产抵押的，应当办理抵押物登记，抵押合同自登记之日起生效。

第42条　办理抵押物登记的部门如下：

（一）以无地上定着物的土地使用权抵押的，为核发土地使用权证书的土地管理部门；

（二）以城市房产或者乡（镇）、村企业的厂房等建筑物抵押的，为县级以上地方人民政府规定的部门；

（三）以林木抵押的，为县级以上林木主管部门；

（四）以航空器、船舶、车辆抵押的，为运输工具的登记部门；

（五）以企业的设备和其他动产抵押的，为财产所在地的工商行政管理部门。

2.《中华人民共和国物权法》

第180条　债务人或者第三人有权处分的下列财产可以抵押：

（一）建筑物和其他土地附着物；

（二）建设用地使用权；

（三）以招标、拍卖、公开协商等方式取得的荒地等土地承包经营权；

（四）生产设备、原材料、半成品、产品；

（五）正在建造的建筑物、船舶、航空器；

（六）交通运输工具；

（七）法律、行政法规未禁止抵押的其他财产。

抵押人可以将前款所列财产一并抵押。

第188条　以本法第180条第1款第4项、第6项规定的财产或者第5项规定的正在建造的船舶、航空器抵押的，抵押权自抵押合同生效时设立；未经登记，不得对抗善意第三人。

3.《中华人民共和国合同法》

第210条　自然人之间的借款合同，自贷款人提供借款时生效。

4.《汽车消费贷款管理办法》

第10条　贷款人发放个人汽车贷款，应综合考虑以下因素，确定贷款金额、期限、利率和还本付息方式等贷款条件：

（一）贷款人对借款人的资信评级情况；

（二）贷款担保情况；

（三）所购汽车的性能及用途；

（四）汽车行业发展和汽车市场供求情况。

5. 山东省高级人民法院《关于审理机动车消费贷款保证保险案件适用法律若干问题的意见》

一、机动车消费贷款保证保险是指投保人依据保证保险合同约定，向保险人支付保险费，保险人对于保证保险合同约定的由于投保人不按期限偿还购买机动车的借款所引发的保险事故给被保险人所造成的损失承担赔偿责任的一种具有担保性质的保险。

机动车消费贷款保证保险案件所涉法律关系包括贷款人与借款人之间的借款合同法律关系和投保人（借款人）、保险人与被保险人（贷款人）之间的保证保险合同法律关系。

…………

九、当事人在保证保险合同中约定被保险人对投保人负有资信调查义务内容的，只要被保险人按规定履行了审查义务，保险人即应按保证保险合同约定承担责任。被保险人没有按规定尽到审查义务，保险人主张免责的，应予支持。

【案情介绍】

2001 年 4 月 17 日，谢某与中国银行某支行签订一份《个人汽车按揭贷款合同》，约定：谢某向银行借款 155 000 元，期限 3 年。谢某从 2002 年 5 月起每月 20 日供款，月供款 4 679.67 元。借款合同签订前两天，即 2002 年 4 月 15 日，谢某为自己的借款向某保险公司投保了机动车辆保险及机动车消费贷款保证保险，中国银行某支行为被保险人（受益人）。根据约定，投保人逾期未能按机动车消费贷款合同约定的期限偿还欠款的，视为保险事故发生。保险事故发生后 3 个月，投保人不能履行约定的还款义务，保险人负责偿还投保人所欠的贷款本金以及偿还贷款期间的利息。

贷款合同签订后，中国银行某支行于当日将贷款发放给谢某。可是，谢某还款 4 679.67 元后，就不再还款。中国银行某支行多次催收，毫无效果，甚至连谢某也"失踪"了。后据调查，谢某并没有把借款用来购置车辆。中国银行某支行以某保险公司为第一被告、谢某为第二被告向法院提起诉讼，请求法院判令谢某归还借款，某保险公司负连带清偿责任。

中国银行某支行认为：谢某向该银行借款，某保险公司为谢某的还款保险，谢某不还款就发生了保险事故，保险公司应当赔偿。中国银行某支行提供了一份填写了谢某所购车辆的发动机号码、车架号码、厂牌、车型的保险单，作为支持其起诉的主要证据。

某保险公司提供了一份该省公安厅交警总队交通管理科的证明，证实车管部门并没有谢某声称已经购买的车辆的登记资料，谢某并没有把借款用来购置车辆，因此谢某没有履行投保人如实告知的义务，保险合同无效。

【提示问题】

1. 谢某与某保险公司签订的机动车消费贷款保证保险合同是否有效?
2. 某保险公司是否应当对谢某的债务承担连带清偿责任?
3. 若谢某与银行签订的是分期付款的信用贷款合同。同时,谢某除与保险公司就该信贷合同订立了保证保险合同外,还由甲以其一辆汽车作为抵押担保,由乙作为履行信贷合同的一般保证人,并已办理抵押登记。当谢某不履行付款义务时,银行可以向哪些主体请求承担损失?

【深度思考】

一、保证保险合同与个人汽车按揭贷款合同的效力

某保险公司对谢某的债务承担连带清偿责任的基础是谢某与某保险公司的保险合同有效,所以应当先讨论保证保险合同的效力问题。

保证保险合同,是指由商品交易活动的债务人向保险人投保并交纳保险费,而保险人则以债权人作为被保险人向其提供保险,保障财产的保险合同,即被保险人(债权人)在保险期限内因债务人实施违法行为或者违约行为而遭受经济损失的,保险人承担保险赔偿责任。与保证保险合同相类似的还有信用保险合同。信用保险合同是指以信用作为保险标的的财产保险合同,即保险人接受商品交易活动的债权人的投保,承保其在商品交易中面临的信用风险。这两者均是以信用作为保险标的,存在着下列不同:

(1)信用保险合同中的投保人与被保险人是同一主体,即债权人。而在保证保险合同中投保人是债务人,被保险人则为债权人。

(2)两者的保险标的不同。信用保险合同是以该保险合同中承保保险合同以外的债务人不履行义务的信用风险为标的。但在保证保险合同中则是以基于债务人的信用风险而形成的一种经济利益作为保险标的,即以债务人实施违法行为或者违约行为给债权人造成的经济损失为对象。

(3)在责任承担方式上也有所不同。信用保险合同中,由于投保人与被保险人是同一人,所以保险责任,只能由保险人进行赔偿。而保证保险合同强调损失的共同承担,即由保险人与被保险人各承担一定比例的损失责任。

(4)保证保险合同的保险人,在向被保险人,即债权人,履行了保险赔偿责任后,适用代位求偿制度。保险人向债权人进行赔偿后,就当然取得了债权人对债务人的权利,由保险人向债务人追偿。但在信用保险合同中则不适用代

位求偿的制度。

保证保险合同主要有履约保证保险合同和产品保证保险合同两大类。履约保证保险合同的内容要义是承保债务人不履行合同约定的债务而给债权人造成的经济损失。产品保证保险合同则是以保险人承保产品的生产商或销售商制造或者销售的产品存在质量缺陷给用户造成的经济损失为内容。

机动车消费贷款保证保险就属于履约保证保险合同。机动车消费贷款保证保险是指投保人依据保证保险合同约定，向保险人支付保险费，保险人对于保证保险合同约定的由于投保人不按期限偿还购买机动车的借款所引发的保险事故给被保险人所造成的损失承担赔偿责任的一种具有担保性质的保险。在机动车消费贷款保证保险合同中，形成了投保人（借款人）、保险人与被保险人（贷款人）之间的法律关系。

谢某与某保险公司签订的机动车消费贷款保证保险的效力，取决于谢某与中国银行某支行的个人汽车按揭贷款合同的效力。如果谢某与中国银行某支行的个人汽车按揭贷款合同有效，则谢某与某保险公司签订的机动车消费贷款保证保险的保险标的合法存在，保证保险合同有效；相反，保险合同的保险标的不存在，该保证保险必然无效。

个人汽车按揭贷款是指银行向借款人发放的、以购买汽车为目的、分期偿还的贷款，借款人所购汽车可以为自用车（含家用轿车）和商用车。关于按揭贷款的法律性质，有以下几种学说：

一是所有权保留说。个人汽车按揭贷款适用分期付款之买卖，亦可称为分期购买和出售。这是在罗马帝国时期就已出现的一种古老的习惯做法。

附条件买卖，即所有权保留买卖，就是"约定买受人先占有动产，到支付一部或全部价金或完成特定条件时，始取得该标的物所有权之契约"。它的法律性质为"附停止条件的所有权移转"。所有权保留制度建立之初衷在于：一方面使买受人于价金清偿之前，能先占有使用标的物；另一方面使出卖人之价金债权得到切实保障。

按揭不同于所有权保留的买卖。德国学者曼弗雷德·沃尔夫是这样解释所有权保留的：如果卖方允许在没有立即付款的情况下将买卖物交给买方，那么实际上卖方就给买方提供了信贷，它可以是一般的迟延付款，也可以是专门约定分期付款。对此他需要一种担保，这种担保就是所有权保留，即卖方在买方未完全付清价款之前仍然保留着物的所有权。可能从外观上看，按揭与所有权保留买卖有相似之处，但沃尔夫同时指出，在转移不动产时，不能约定所有权保留。

二是抵押说。按揭是英美法系内生的一项制度，源自英文"mortgage"，而

"mortgage"又是"抵押"一词的英文单词。尽管英文中的"按揭"和"抵押"同为一词，但在深受英美法系影响的香港，两个概念却有所差别。在香港的法律及有关的法学著作中，按揭与抵押所指代的含义各异。按揭的定义是：以合同构成的担保……是由按揭人完全交出他所有的任何产权权益，以致在交易后他留下的只是合同性质的权利。按揭分为两大类：一类为普通法按揭，一类为衡平法按揭。普通法按揭是指把担保物的所有权转予受按揭人，按揭人留有赎回权。衡平法按揭是指在衡平法允许的程度上，把担保物的受益权转予受按揭人，按揭人留有赎回权。

大陆法系的按揭确为抵押，但与英美法系不同的是：①抵押操作时，大陆法系中抵押物的所有权不发生转移，英美法系则相反；②当债务人不履行债务时，大陆法系规定债权人"可卖却抵押物受清偿"，英美法系则规定"受押人可以通过提起取消抵押品的赎回权的诉讼来取得对抵押物的绝对所有权"。

按揭在我国主要运用于商品房按揭贷款，购房人在商品房买卖中以按揭形式作为付款方式的比较多。我国商品房买卖按揭涉及购房人、开发商、银行三方。本质上，这种按揭属于"名为按揭，实为不动产抵押"的担保形式，既有别于英美法系的按揭，也不同于大陆法系的让与担保。"中国式按揭"实质上是不动产抵押，但仍然要把它归入"非典型担保"，基于两个原因：①"中国式按揭"与英美法系中的权利证书占有式按揭近似，贷款银行不满足于购房人以其所购房屋抵押作为担保，而且要占有购房人购房合同正本以及此后办理的产权证；②在我国没有法律直接规定按揭关系，按揭涉及买卖合同关系、借款合同关系、抵押合同关系等多个法律关系，当事人权利义务不稳定，符合"非典型担保"的特征。

个人汽车按揭贷款主要指的是分期付款。机动车购买人对其购买的机动车设定担保物权，向商业银行申请贷款。

关于本案中个人汽车按揭贷款合同的效力的确认问题，涉及我国民事法律中关于担保物权的规定。

在我国《物权法》未颁布前，我国《担保法》关于抵押财产范围，第34条第1款第4项规定为："抵押人依法有权处分的国有的机器、交通运输工具和其他财产。"关于抵押合同的效力，《担保法》第41条规定："当事人以本法第42条规定的财产抵押的，应当办理抵押物登记，抵押合同自登记之日起生效。"《担保法》第42条第1款第4项规定："以航空器、船舶、车辆抵押的，为运输工具的登记部门。"在《担保法》中，机动车抵押是将登记作为抵押合同的生效要件，即登记生效主义。而在《物权法》颁布后，《物权法》第188条规定："以本法第180条第1款第4项、第6项规定的财产或者第5项规定的正在建造的船舶、航空器抵押的，抵押权自抵押合同生效时设立；未经登记，不得对抗善意第三人。"《物权法》则是将登记作为对抗第三人的要件，即登记对抗主义。另外，山东省高级人民法院《关于审理机动车消费贷款保证保险案件适用法律若干问题的意见》的第9条规定："当事人在保证保险合同中约定被保险人对投保人负有资信调查义务内容的，只要被保险人按规定履行了审查义务，保险人即应按保证保险合同约定承担责任。被保险人没有按规定尽到审查义务，保险人主张免责的，应予支持。"这条规定与我国《物权法》的规定不谋而合。

对于登记的效力，立法者已经发觉到动产抵押准用不动产抵押是有一定风险的，所以立法的上述改变使得制度得到完善，将债权人的利益保护作为首要考虑，符合交易迅捷、安全的需要。

但本案的发生时间是2002年4月，《物权法》尚未颁布生效，因而应适用《担保法》关于担保物权的规定，即以交通运输工具设立抵押的，应当在运输工具的登记部门办理抵押登记后，抵押合同生效。本案中的个人汽车按揭贷款合同应当是无效的。

谢某与中国银行某支行之间的按揭贷款合同无效，致使谢某与某保险公司之间签订的汽车消费贷款保证保险合同的保险标的不存在，使得该保证保险当然无效。故某保险公司不用承担相应的保险责任，中国银行某支行不能要求某保险公司分公司对谢某的债务承担连带责任，仅能要求谢某承担债务不履行的合同责任。

二、保证保险合同与保证合同

依据"提示问题"的第3问所假设之情况，本案主要涉及谢某与银行之间的借款合同，以谢某作为投保人、保险公司作为保险人、银行作为被保险人的保证保险合同，以甲作为抵押人与以银行作为抵押权人而订立的合同以及以乙为一般保证人而与银行订立的保证合同。下面对这四个合同的效力进行剖析：

（1）谢某与银行之间的借款合同。我国《合同法》第210条规定："自然人之间的借款合同，自贷款人提供借款时生效。"自然人之间的借贷合同是实践性合同，自然人同金融机构之间的借款合同是诺成性合同，即自然人之间订立的借款合同以交付为生效要件，而自然人与金融机构之间订立的借款合同只要双方意思表示一致就生效。所以本案中谢某与银行之间的借贷合同已经生效。

（2）投保人谢某、保险人保险公司和被保险人银行之间的保证保险合同。保证保险是以保险利益为客体，对应本案，其具体的保险利益是银行所享有的债权。

（3）甲与银行之间的抵押合同。甲与银行之间的抵押合同是双方以汽车作为抵押物而达成的合意，且对抵押物进行了抵押登记，抵押合同生效，抵押权产生。

（4）保证人乙与债权人银行之间的保证合同。鉴于保证合同是诺成合同，保证人与债权人之间意思表示一致，合同即告成立。

当谢某不向银行偿还借款时，银行首先可以对甲抵押的房屋行使抵押权。在就抵押物变卖后，不足以清偿谢某的债务时，银行可以被保险人的身份，直接向保险公司请求支付赔偿金。

若银行在行使抵押权后，没有向保险公司请求赔偿，而是要乙履行保证责任的话，基于乙是一般保证人，依照我国《担保法》第 25 条第 2 款关于一般保证人的先诉抗辩权的规定，"在合同约定的保证期间和前款规定的保证期间，债权人未对债务人提起诉讼或者申请仲裁的，保证人免除保证责任；债权人已提起诉讼或者申请仲裁的，保证期间适用诉讼时效中断的规定"。中国银行某支行，应当以先对谢某提起诉讼或者申请仲裁为前提，才能要求乙承担保证责任。

由于这里涉及担保中的保证合同和保证保险合同，故我们有必要对二者作一比较。

保证保险合同是指商品交易活动的债务人向保险人投保并交纳保险费，而保险人则以债权人作为被保险人向其提供保险保障的合同。而保证合同是指保证人与债权人约定，当债务人不履行债务时，保证人按照约定履行债务或者承担责任的合同。

客观地讲，保证保险合同与保证合同是存在一定的相似之处：

（1）两者都以"保证"命名。保证是我国《担保法》明文规定的担保方式之一，是由保证人以其自身的信用能力为债务人债务的履行作担保，当债务人不能履行债务时，保证人履行保证责任，以实现债权人的债权。保证保险合同的"保证"，旨在确保该保险业务所涉及的买卖合同有效实现。

（2）这两者都有保障之功能。保证合同的适用目的就是为了担保债权人债权的实现，以保证人承担保证责任来增强债权实现的可能性。保证保险合同的目的也是通过保险赔偿责任的承担使得买卖合同中债权人债权得以实现。

（3）无论是保证合同的履行，还是保证保险合同的履行，都不是必然的、确定的。这两者的履行都需要具备一定的前提条件。在保证保险合同中，只有当投保人不履行买卖合同中的义务时，才发生保险人向被保险人履行赔偿责任，否则就不发生保险责任之承担。在保证合同中，则分两种情况：一种是在连带保证中，在债务人不向债权人履行相应债务时，直接发生保证人履行保证责任。另一种是在一般保证中，依照我国《担保法》规定要同时满足债务人不向债权人履行债务，且债权人已经对债务人提起诉讼或者申请仲裁这两个条件。

虽然保证合同与保证保险合同之间存在上述相似之处，但二者仍然存在着巨大的本质区别：

（1）合同的主体不同。保证保险合同的主体包括投保人、被保险人和保险人。其中，投保人和被保险人也就是本案购车借款合同中的债务人和债权人。涉及保证担保合同的法律主体是债权人、债务人和保证人。保险人履行保险责任是以收取保险费为前提；而保证人履行保证责任则无需对价条件。

（2）合同的内容不同。保证保险作为一种保险手段，是以转嫁被保险人（即债权人）所面临的投保人（即债务人）不能履行债务的风险为目的的一种保险，保证保险合同以经营信用风险为合同的主要内容。保证担保是指保证人和债权人约定，当债务人不履行债务时，保证人按照约定履行债务或者承担责任的一种法定担保形式。保证合同作为保证担保的法律形式，是以保证人承担保证责任作为合同的核心内容。

（3）合同的性质不同。保证保险合同一经成立便产生独立的权利义务关系，属于双务有偿合同。保证担保合同则表现为单务无偿合同。保证担保合同作为购车借款合同（即主合同）的从合同，与主合同之间存在着主从关系。保证担保合同以主合同的存在为前提，其本身不能独立存在。而保证保险合同与购车借款合同之间不具有主从关系。

（4）保证的范围不同。保证保险合同中，被保险人履行保证保险责任仅限于保险合同约定的保险金额限度内的贷款本金和利息，违约金、逾期利息、罚息等均不属于赔偿范围。保证担保的范围则包括主债权及利息、违约金、损失赔偿金以及实现债权的费用。当事人对保证担保的范围未作约定或约定不明确时，保证人应当对全部债务承担责任。

（5）保证的程度不同。保证保险合同中，首先保险人承担保险责任取决于合同约定的保险事故即投保人未能按期履行约定的还款责任事实是否发生；其次保险人在履行赔偿义务时，对合同约定的免责事项如战争、行政或执法行为以及被保险人未对投保人作资信调查等情况均可免除保险责任。而根据《担保法》的规定，在一般保证的情况下，当债权人向保证人请求履行保证责任时，保证人在主合同纠纷未经审判或仲裁，并就债务人财产依法强制执行仍不能履行债务前，保证人可以拒绝承担保证责任，保证人享有先诉抗辩权。除了法律或保证合同另有约定的情形外，保证人一般没有实体法上的免责事由。

（6）在法律适用方面，由于保证保险的保险合同的属性，保证保险合同应当首先适用《保险法》。而保证合同则应受《担保法》调整。

综上可以看出，保证保险合同与保证合同存在本质区别，不能将两者相混淆，保证保险合同应属具有保证性质的保险合同，其归根结底是保险合同。

三、消费信贷保证保险合同的完善

消费信贷作为一种新的消费模式逐渐被我们所接受，并在购房、买车等领域中慢慢被普及。与这种新的消费模式同时产生的，就是各保险公司相继开展的针对消费信用贷款的保证保险业务。这一新兴的保险业务旨在通过与买受人订立保险合同，以保证在买受人不履行债务时，由保险公司向被保险人承担保证保险责任，向被保险人偿付剩余欠款。

作为汽车消费信贷的重要辅助，汽车消费信贷保险在很长一段时间里对国内消费信贷的快速发展起到了推动作用。1999 年中国保监会批准中国人民保险公司在全国开办"机动车消费贷款保证保险"，正式启动了中国保险公司汽车消费信贷保险业务。中国人民银行还于 1999 年制定出台了《汽车消费信贷管理办法》，以加强对汽车消费信贷业务的规范和推进。但在 2004 年年初，中国保监会发出通知，正式叫停汽车消费信贷保险。其目的在于整顿汽车消费信贷保险市场，以便更好地推行汽车消费信贷保险。2004 年 4 月，修改后的新汽车消费信贷保险出台，消费者、保险公司、银行均采取观望的态度。究竟是何原因制约我国汽车消费信贷保险业务进一步发展呢？

1. 在现实社会生活中，由于我国的信用体系尚不完善，社会公众的信用意识普遍较为薄弱，拖欠应还款项的事件时有发生，一些人将消费信贷作为获取暴利的手段，致使保证保险合同的出险率较高。相关调查数据显示，2003 年起，私车贷款约 30% 违约还贷，10% 的汽车贷款难以收回，多数保险公司在汽车消费信贷保险上亏本经营，使得保险公司纷纷退出履约保证保险，最终导致该业务停办。

面对这一现实状况，我们可以从相关主体的角度进行相应的完善。

（1）作为保证保险的保险人，即保险公司，在经营车贷险时，应当建立较为完善的风险管理体系。这种管理体系应当由事先管理、事中管理和事后管理三方面共同构成。事先管理要做到保险条款的完善、妥善地对投保人的资质进行评估；事中管理就是要做到定期和不定期对投保人及保险标的进行检查，以达到排除隐患的目的；事后管理就是进行科学准确的理赔，防止出现欺诈等现象。另外，各保险公司经营汽车信贷保证保险业务应该统一管理、专业化经营。专业的经营当然要具备有专业知识的人员，这样才可以使汽车消费贷款的事中风险获得更为有效的控制。

（2）对作为保证保险合同的投保人和分期付款买卖合同的买受人，可以通过建立完善的个人资信档案进行风险管理。一方面要包括完善的个人信用调查机制。个人信用调查是开展个人信用业务活动的基础。另一方面要有规范的个人资信评估机制。对个人资信进行评估是个人资信档案的应用和进一步深化，是消费者获取银行信贷的必经步骤。完整的资信档案有助于保证信贷业务质量，并能应用到该客户以后再办理的其他业务中。完善的个人资信档案有利于方便、迅捷、安全地掌握买受人的具体信用情况，以降低风险的发生几率。

（3）作为借款合同贷款人以及保证保险合同的被保险人的银行。对银行而言，其最为关注的是借款合同的借款人（分期付款合同的买受人）的还款能力。因而，银行在借贷程序上，应该加强贷前调查和完善贷款手续，严防借款人信用风险、能力风险和汽车经销商欺诈风险。具体包括：充足的还款来源；加强对贷款发放后的检查和管理，确保贷款真实性和及时做好问题贷款保全，防止借款人一车多贷、一人多车多贷现象的发生；同时加强对贷款质押物、抵押物的检查和借款人还款来源情况的检查。

2. 在司法实践中，消费信贷保证保险中被保险人向保险人索赔引起的纠纷也呈现出增多的趋势。在这种情况下，由于我国《保险法》关于保证保险的规定尚不具体，致使法院在审理此类案件时，对相关法律的认识存在分歧，审理上存在相当大的随意性，再加之执法依据不一，必然导致审理结果相异。

对保证保险合同的法律性质的正确认识，对我国司法实践有重大指导意义。

保证保险合同是否具有从属性不仅在理论上意义重大，而且对司法实践的指导意义也极大。如果认为保证保险合同具有从属性，就意味着保证保险合同是依赖于消费信用贷款合同的从合同，有担保之属性；反之，就得出这样的结论：保证保险合同是与消费信贷合同相并列的独立性保障合同。保证保险合同的从属性问题，直接决定着该合同的地位。坚持保证保险合同从属性的观点，保证保险合同则处于从属地位，其虽然是独立的合同，但却不具有独立存在的价值意义，只能依附于主合同。主合同的变更、消灭，直接影响到保证保险合同的效力。相反坚持否定说的观点，保证保险合同就与其他的保险合同一样，具有独立的法律地位，其设立、履行均具有独立性。再者，如果认为保证保险合同是从合同，则其应当适用我国《担保法》的相关规定（在《物权法》颁布后，也应当适用《物权法》的相关规定）。若将保证保险合同作为独立的保险合同看待，自然应当适用我国《保险法》的相关规定。

保证保险合同应当是具有独立性的保险合同，这已在本案例第二个问题中详细论述了其不具有从合同性质的原因，并与具有从合同性质的保证合同作了较为详细的区分，在此就不再赘述。因此，我国应当尽早形成比较完善的法律体系。完善的法律制度正是车贷险得以迅速发展的重要基础。

综上所述，鉴于汽车信贷保险风险的复杂多样，如果要单凭保险公司或者贷款银行的能力来加以应对是远远不够的，应当加强多方的共同协作。为了减少风险，可以实行由贷款银行、保险公司以及汽车经销商相结合的三方信贷模式。三者共同拟订合作协议，共同承担风险，利益共担。这样有助于减少风险，化解危机，维护汽车、金融市场的繁荣与稳定。贷款银行、保险公司、经销商和消费者四者的相互沟通，共享利益，共担风险，是推动汽车消费信贷的好办法。同时，应进一步建立健全法律制度，使在贷款人发生违约责任事故时，银行和保险公司在申请法律执行时有据可依，司法机关在处理案件时有章可循。

第三部分

九、人身保险合同纠纷案

【课前导读】

概念重温：人身保险，近因，保险金，损害赔偿金，故意犯罪。

知识回顾：人身保险中的被保险人明确的特别授权，人身保险合同中的被保险人自杀除外约定，人身保险合同受益人过错对受益权的影响。

【重点法条】

《中华人民共和国保险法》

第56条 以死亡为给付保险金条件的合同，未经被保险人书面同意并认可保险金额的，合同无效。

依照以死亡为给付保险金条件的合同所签发的保险单，未经被保险人书面同意，不得转让或者质押。

父母为其未成年子女投保的人身保险，不受第1款规定限制。

第65条 投保人、受益人故意造成被保险人死亡、伤残或者疾病的，保险人不承担给付保险金的责任。投保人已交足2年以上保险费的，保险人应当按照合同约定向其他享有权利的受益人退还保险单的现金价值。

受益人故意造成被保险人死亡或伤残的，或者故意杀害被保险人未遂的，丧失受益权。

第66条 以死亡为给付保险金条件的合同，被保险人自杀的，除本条第2款规定外，保险人不承担给付保险金的责任，但对投保人已支付的保险费，保险人应按照保险单退还其现金价值。

以死亡为给付保险金条件的合同，自成立之日起满2年后，如果被保险人自杀的，保险人可以按照合同给付保险金。

第67条 被保险人故意犯罪导致其自身伤残或者死亡的，保险人不承担给付保险金的责任。投保人已交足2年以上保险费的，保险人应当按照保险单退还其现金价值。

第68条 人身保险的被保险人因第三者的行为而发生死亡、伤残或者疾病等保险事故的，保险人向被保险人或者受益人给付保险金后，不得享有向第三者追偿的权利。但被保险人或者受益人仍有权向第三者请求赔偿。

【案情介绍】

张三与中国平安人寿保险股份有限公司南平中心支公司于2001年3月26日签订人寿保险单，保险项目为投保主险："平安鸿盛（752）"，保险期限终身；附加短险："意外伤害（191）"，保险期限为1年，保险费为15元，保险金额为10 000元。其中，《平安附加意外伤害保险条款》第3条第1款第3项规定："被保险人因遭受意外伤害事故，并自事故发生之日起180日内进行治疗，保险人就其实际支出的合理医疗费用超过人民币100元的部分给付意外伤害医疗保障金。"第4条第3款规定："对于公费医疗管理部门规定的自费项目和药品，保险人不负给付保险金责任。"合同签订后，张三按约定于2003年3月21日续缴人身险保险费人民币1 709元（含意外伤害保险费15元）。2003年3月24日，张三因道路交通事故入住南平市第一医院治疗，至同年4月18日出院。张三的医疗费用为人民币6 021元。致张三伤害的道路交通事故经过南平市公安局交通警察大队直属大队认定，肇事者王五负事故的全部责任。王五已经向张三全部赔偿。此后张三向平安保险南平支公司索赔，其主要理由是：本人投保的意外伤害和意外医疗保险虽然是人身保险，但属于短期保险，与财产保险同样具有补偿性，所执行的是补偿性原则。[1]

【提示问题】

1. 张三已经从王五处获得医疗费用的补偿，此后还能否向保险人主张保险金即医疗费的给付？

2. 如果张三为其妻投保，其妻为张三写了一份委托书（一般的授权书），投保以死亡为给付条件的人身保险合同，张三为其妻签字，保险人未提出异议并予以接受。该合同效力如何？

3. 如果张三以自己为被保险人向一家保险公司投保一份人身保险，保险金额为20万元，受益人是其妻与其弟张四，后来张三与其妻发生纠纷，其妻将张三谋害，后其妻自杀。问张四是否可以得到这20万的保险金？

---

[1] 案例来源：福建省南平市延平区人民法院（2003）延民初字第127号判决书。

4. 如果张三为自己投了一份人身保险，后来因违法犯罪行为而被人防卫误杀，请问保险人是否还需承担赔偿责任？

5. 张三为其母亲向本市的保险公司购买了价值 50 万元的终身人寿保险以及价值 20 万元的平安险。某天其母外出买菜时被撞伤后随即入院，手术后消除脑血肿，术后无异常。一个月后，其母觉得不舒服，经检查发现其以前得过的肝炎转化为肝硬化。转入内科住院治疗，后因肝昏迷导致全身衰竭死亡。保险公司认为其母死亡之近因为肝炎而非车祸，而疾病不属于此人身意外伤害保险的保险责任范围，故拒绝给付保险金。请问：保险公司这样做对吗？

6. 张三 2006 年为其妻投了一份人身保险，妻子生完孩子后得了产后忧郁症，2008 年精神失常两次自杀未遂，第三次投水死亡。请问张三是否可获得保险公司的赔偿？

【深度思考】

一、非人寿保险的人身保险合同中保险人能否行使代位权？被保险人或者受益人能否获得双重给付？

（一）非人寿保险的人身保险合同中，保险人不能行使代位求偿权

我国《保险法》第 68 条规定："人身保险的被保险人因第三者的行为而发生死亡、伤残或者疾病等保险事故的，保险人向被保险人或者受益人给付保险金后，不得享有向第三者追偿的权利。但被保险人或者受益人仍有权向第三者请求赔偿。"该条的前一句，已经非常明确地禁止了任何类型的人身保险合同的保险人对代位求偿权的享有和行使。对此，学说上亦基本达成一致意见。[1] 但是，对于保险人代位求偿权的禁止，只解决了人身保险合同中一个方面的问题，即保险人不得向第三人进行追偿，但它没有直接解决如果被保险人或者受益人已经从第三人那里获得赔偿，保险人是否还需要给付保险金的问题。而该条后一句对于被保险人或者是受益人在领取保险金后对第三人仍有权要求赔偿的规定，只解决了人身保险合同中被保险人或受益人在领取保险金之后对第三人享有请求赔偿的权利的问题，它没有直接回答在人身保险合同中，如果被保险人或者受益人已经从第三人那里获得赔偿，保险人是否还需给付保险金的问题。

（二）被保险人或者受益人能否获得双重给付

有如下两种情况可能导致被保险人或者受益人获得双重给付：

第一，被保险人或者受益人已经从保险人处获得保险金，之后又向侵权行为人即第三人请求赔偿。在此场合下，被保险人或者受益人将获得双重给付，并且为我国《保险法》第 68 条所明确肯定。

第二，被保险人或者受益人已经从侵权行为人即第三人处获得赔偿，之后

---

〔1〕 徐卫东：《保险法学》，科学出版社 2004 年版，第 283 页。

又向保险人提出索赔请求。在此场合下，被保险人或者受益人也将获得双重给付。对此我国《保险法》无明文规定，学理上对此进行探究得比较少，而司法实践中此类问题则屡见不鲜。

（一）肯定说

肯定说认为：被保险人或者受益人已经从侵权行为人处依据侵权行为法获得赔偿，其仍可依据保险合同的约定，请求保险人给付约定的保险金。对此又有两种不同的处理办法：

（1）如果保险合同未约定被保险人由于遭受第三者伤害，依法应负赔偿责任时，保险人不负给付医疗费的责任，则保险人对于已从第三者处获得赔偿的被保险人或者受益人，仍承担给付保险金的责任。中国人民银行总行（1998年）第63号文中关于医疗费用重复给付问题的答复规定，如果在意外伤害医疗保险条款中无关于"被保险人由于遭受第三人伤害，依法应负赔偿责任时，保险人不负给付医疗费责任之约定，保险人应负给付医疗费的责任。"[1] 本案中，张三虽然已经从侵权行为人王五处依据侵权行为法获得赔偿，但是由于张三与保险人并未在保险合同中进行前述约定，则保险人仍须对张三承担保险责任。如此，客观上导致被保险人获得多于其实际医疗费用损失的补偿。

（2）保险合同中即使约定"被保险人遭受意外伤害而支出的医疗费用依法应由第三人负责赔偿的，被保险人应向第三人要求赔偿。被保险人请求保险公司予以给付时本公司可予给付，但被保险人必须将其依法对第三人的医疗医药费用追偿权移交给本公司"。但是由于此种约定违反了我国《保险法》第68条的强制性规定，属于无效条款。

（二）否定说

否定说认为：被保险人或者受益人已经从侵权行为人处依据侵权行为法获得赔偿，因此其不可依据保险合同的约定请求保险人给付约定的保险金。该说的主要理由是：短期健康保险和意外伤害保险虽是人身保险业务，但是属于短期保险，与财产保险同样具有补偿性，精算基础和财务会计处理原则也相同，在国际上通常被称为"第三领域"[2] 医疗费用保险一般属于费用损失保险，它也像财产保险一样，以损失的程度来确定赔偿的数额，如果被保险人得到了超过其实际损失额的赔偿，就属于不当得利，应当返还给多支付的一方。在此情况下，不能使用一般人寿保险的"人身无价"原则，即不能以"人身无价"

---

〔1〕 周玉华：《最新保险法法理精义与实例解析》，法律出版社 2003 年版，第 378 页。
〔2〕 周玉华：《最新保险法法理精义与实例解析》，法律出版社 2003 年版，第 376 页。

为由不受限制地得到损害赔偿。[1]

针对否定说，有以下两点必须说明：

（1）否定说否定的只是"被保险人或者受益人已经从侵权行为人即第三人处获得赔偿，之后又向保险人提出索赔请求"。换言之，如果被保险人或者受益人还没有从侵权行为人即第三人处获得赔偿，则依照我国《保险法》第68条的规定，"被保险人或者受益人仍有权向第三人请求赔偿"。因此，如果被保险人或者受益人采取如下的路径主张自己的权利，则依据否定说同样可以获得重复的赔偿。被保险人或者受益人先向保险人主张保险金权利，之后被保险人或者受益人再依据我国《保险法》第68条的规定向侵权第三人主张侵权之债，两者都能获得支持。换句话说，在我国《保险法》现有规范的框架以内，否定说贯彻得并不彻底，并且将直接引起索赔过程中更多的纠纷。因为如果侵权人尚未向被保险人或者受益人进行了赔偿，则保险人应按照合同约定承担保险责任，并且被保险人或者受益人在领取保险金之后还可以向侵权者主张赔偿请求。这将直接导致如下结果：一方面，被保险人或者受益人希望先向保险公司索赔；另一方面，保险人希望被保险人或者受益人先向第三人索赔，不足部分再由保险人依照保险合同约定承担。如此相争，必然发生冲突，导致被保险人或者受益人无法获得及时理赔。

（2）否定说坚持的所谓补偿原则值得商榷。因为虽然被保险人的医疗费的损失是可见的，但是保险事故的发生，对于被保险人的身体或者健康而言，其所造成的肉体上损失和精神上的痛苦，是无法以单纯的医疗费用来衡量的。从这个角度而言，被保险人一方面依照侵权行为法主张侵权之债，另一方面依照保险合同向保险公司主张合同之债，并不一定能起到弥补被保险人损失的作用。与此相关的另一种情况是，在多险种并存时，比如投保了学生团体平安险以及附加乘客意外伤害保险的学生，发生了保险合同所约定的保险事故，同样是基于人身利益不适用填补损害原则的理论，被保险人或者受益人既可依据学生团体平安险获得保险金，又可依据附加乘客意外伤害险获得保险金。并且，如果学校对于学生所发生的保险事故存在民事侵权责任，被保险人还可向学校主张侵权责任。可见，在我国人身保险纠纷的司法实务中，完全可能存在多险种并存，侵权责任以及保险责任并存的情况，并且这些民事责任得同时适用。

因此，非人寿保险的人身保险合同中的保险人不得行使代位求偿权。同时，被保险人或者受益人已经从保险人处获得保险金，之后又向侵权行为人即第三人请求赔偿，具有现行法的明确依据。但是，被保险人或者受益人已经从侵权

〔1〕 黄景清：《保险理赔疑难争议案例精解》，中国水利水电出版社2003年版，第69～71页。

行为人即第三人处获得赔偿，之后又向保险人提出索赔请求，现行法并无明确规定。这便导致司法实践中类似的案件出现了不同的判决结果的现象。同时，对于当事人在保险合同中明确约定"被保险人由于遭受第三人伤害，依法应负赔偿责任时，保险人不负给付医疗费"这样一项条款的效力，保险法没有明确界定。因此，对《保险法》第68条作出更明确的司法解释，显得尤为必要。

《保险法》之所以作此规定，除了考虑到对被保险人利益的维护外，还兼顾侵权行为法对于侵权人侵权责任的承担所设置的规范。如果以保险人给付保险金的形式满足了被保险人的索赔请求，就相应地免除了侵权人的侵权责任，让侵权人"逍遥法外"，无论是在学理上还是在法治推行上都说不通。至于如果被保险人已通过其他途径获得赔偿，则保险人则可在此部分赔偿范围内免除其保险责任。

二、人身保险合同需被保险人的同意

对于人身保险合同，如果该合同未经被保险人同意，则整个合同无效。但是，关于被保险人的同意方式以及保险合同当事人承担相应的过错责任问题还需研究。

（一）必须经过被保险人明确的同意

我国《保险法》第56条规定："以死亡为给付保险金条件的合同，未经被保险人书面同意并认可保险金额的，合同无效。依照以死亡为给付保险金条件的合同所签发的保险单，未经被保险人书面同意，不得转让或者质押。父母为其未成年子女投保的人身保险，不受第1款规定限制。"

1. 被保险人的明确同意必须是书面的明确的特别授权。所谓被保险人明确的特别授权，就是被保险人必须明确表示同意投保人为其订立以死亡为给付保险金条件的保险合同，并明确认可保险金额为多少元。这不能是一般的授权，比如被保险人同意投保人为其订立保险合同，或者是同意第三人为其订立任何险种的合同，由其确定保险金额等。[1] 也就是说，被保险人必须明确其所同意的保险险种、保险金额才能发生被保险人同意的法律后果。否则如果被保险人只是用一纸委托书，泛泛地说由投保人代为投保，则投保人投保的以被保险人的死亡为给付保险金条件的保险合同，仍应被宣布为无效。

2. 投保人未取得被保险人同意，签订以被保险人死亡为给付保险金条件的人身保险合同，无论是谁的过错都不影响保险合同的无效。在投保人与被保险人非同一人的场合下，投保人未经过被保险人同意就与保险人签订以被保险人的死亡为给付保险金条件的人身保险合同，其原因可能有很多，比如保险代理

---

[1]　祝铭山：《保险合同纠纷》，中国法制出版社2004年版，第336～337页。

人未明确告知投保人被保险人必须亲自签字等。有人以此不同的情况来具体区分保险合同的效力，换句话说，如果是保险人明知是非被保险人的签名仍然承保的话，则是对投保人代签字的认可，因此就构成了对未经被保险人书面同意的以死亡为给付保险金合同在发生死亡事故时予以拒付的权利的放弃。根据弃权和禁止反言的原则，既然保险人已经放弃权利，其就不得向投保人提出反悔，重新主张原先放弃的权利。因此，保险公司不得拒付保险金。实质上，此观点乃是对人身保险合同中的同意原则的错误理解，因缺乏被保险人同意而导致以被保险人死亡为给付保险金条件的人身保险合同无效，并不因合同当事人的过错分配而发生改变。当事人的过错影响的只是保险合同无效后的责任承担。如果因为保险人的过错导致签订以被保险人的死亡为给付保险金条件的人身保险合同未经被保险人同意，便使得该保险合同有效成立，保险人须承担保险责任，这表面上是对保险人过错的惩罚，而实质上它不但违反了我国《保险法》第56条的强制性规范，而且将引发巨大的道德风险。同理，因投保人的过错导致没有获得被保险人书面同意，则该保险合同也一概无效。

（二）未经被保险人明确同意，则该保险合同无效

以死亡为给付保险金条件的合同，未经被保险人书面同意并认可保险金额的，合同无效。所谓无效，指的是不发生该保险合同有效情形下的法律后果，而并非指不发生任何法律效果。"合同被确认无效或者被撤销以后，虽不能产生当事人所预期的法律效果，但是并不是不产生任何法律后果。无效合同的违法性，决定了法律不仅要使这些行为无效并使当事人承担返回财产、赔偿损失的民事责任，而且当事人订立无效合同侵犯了法律所保护的社会秩序和社会公共利益，因此应使当事人承担其他法律责任。"[1] 我国《合同法》第58条规定："合同无效或者被撤销后，因该合同取得的财产，应当予以返还；不能返还或者没有必要返还的，应当折价补偿。有过错的一方应当赔偿对方因此所受到的损失，双方都有过错的，应当各自承担相应的责任。"因此，保险合同当事人如果对造成保险合同无效都是有过错的，应当各自承担相应的责任。有的人甚至主张，如果双方是故意违法的话，应该考虑是否收缴违法所得的问题，只有这样才能真正体现《保险法》第56条的立法意图。但对此我国《保险法》未作规定。

三、人身保险合同受益人过错对受益权的影响

当存在数个受益人时，因其中一个受益人的故意行为导致被保险人死亡，其丧失受益权是否将导致其他受益人相应地丧失受益权。如果受益人全部都丧

---

〔1〕 王利明、崔建远：《合同法新论总则》，中国政法大学出版社2000年版，第307页。

失受益权，是否意味着保险人无需承担保险责任？

（一）因投保人故意行为导致道德风险者，保险人不承担保险责任

我国《保险法》第65条第1款规定："投保人、受益人故意造成被保险人死亡、伤残或者疾病的，保险人不承担给付保险金的责任。投保人已交足2年以上的保险费的，保险人应当按照合同约定向其他享有权利的收益人退还保险单的现金价值。"

1. 投保人和受益人为同一人时的情况。投保人即受益人的故意行为引发的道德风险，即被保险人死亡、伤残或者疾病的，保险人不承担给付保险金的责任。既然道德危险因受益人的故意行为引发的，保险人便不承担给付保险金的责任，自然也就不存在受益人受益权丧失的可能，因为本身受益人就不存在所谓受益权。在此情况下，便无适用我国《保险法》第65条第1款规定（即受益权的丧失）的可能和必要了。法律之所以在受益人同时为投保人的情况下，免除保险人的给付义务，无非是基于三点考虑：①投保人谋杀被保险人属于除外危险；②保险合同在成立之初具有欺诈性质；③投保人为保险合同利益的唯一权利人。

2. 投保人与受益人非同一人时的情况。因投保人故意行为引发道德风险，按照我国《保险法》第65条第1款的规定，保险人亦不承担给付保险金的责任。而实质上，在此情况下，受益人并无故意行为引发道德风险。我国《保险法》第65条第2款规定："受益人故意造成被保险人死亡或者伤残的，或者故意杀害被保险人未遂的，丧失受益权。"既然受益人无丧失受益权的因素存在，因此，受益人的受益权不应因投保人的故意行为而受影响。比如丈夫以妻子的生命投保寿险，指定儿子为受益人，丈夫谋杀妻子但儿子则可请求保险人给付保险金。因此，有学者建议应将我国《保险法》第65条第1款中的"受益人"删除，如此便可以消除法律条文之间的歧义了。[1]

总之，我国《保险法》第65条第1款既然规定受益人的故意行为所引发的道德风险将直接导致保险人不承担给付保险金的责任，则第65条第2款便无规定受益人丧失受益权的必要了。

（二）因受益人故意行为导致道德风险者，受益人丧失受益权

根据我国《保险法》第65条第2款的规定，因受益人故意行为导致道德风险者，受益人丧失受益权。但是，与受益人丧失受益权相关的三个问题应该引起我们的注意。

1. 保险人的给付义务。受益人丧失受益权，并非意味着必然免除保险人的

---

[1] 周玉华：《最新保险法法理精义与实例解析》，法律出版社2003年版，第364页。

给付义务，除非符合我国《保险法》第 65 条第 1 款的规定，否则即使受益人丧失受益权，保险人亦不得以此为由免除其给付义务。

2. 其他受益人受益权是否随之丧失，需法律明文规定。在受益人为数人时，其中部分受益人的故意行为引发道德风险，这部分受益人的受益权固然丧失，并且不论其故意行为的动机是否为了谋取保险金；但是对于剩余部分未为故意行为的受益人来讲，他们的受益权是否也同样消灭呢？我国《保险法》第 65 条第 2 款并未明文规定。学理上认为，部分受益人的故意行为导致他们丧失受益权并不能牵连其他无故意行为的受益人，即其他受益人的受益权并未因之而丧失。但是，在我国保险法未就此点模糊规定进行解释之前，法院仍应坚持适用保险法的现行规定，一旦部分受益人存在故意行为引发道德风险，则其他受益人亦受牵连，丧失受益权。但是，即使如此，亦不能推断出保险人就可以免除其给付义务。应该将保险金作为被保险人的遗产，支付给被保险人的法定继承人。

3. 丧失受益权的受益人不一定丧失继承权。我国《继承法》第 7 条的规定："继承人有下列行为之一的，丧失继承权：①故意杀害被继承人的；②为争夺遗产而杀害其他继承人的；③遗弃被继承人的，或者虐待被继承人情节严重的；④伪造、篡改或者销毁遗嘱，情节严重的。"可见，丧失继承权的条件比丧失受益权的条件严格得多。也就是说，丧失受益权的人，很可能仍然享有对被保险人遗产的继承权。反过来说，如果其他受益人因部分受益人的故意行为而丧失受益权的话，则有些受益人就不可能再依照继承法的规定继承被保险人的遗产了（因为某些受益人不是第一顺序的继承人）。这也就说明了部分受益人故意行为导致受益权丧失不得牵连其他受益人受益权的必要性和合理性了。

四、被保险人自身故意犯罪导致其死亡或者伤亡的保险金责任

本问题涉及人身保险合同中的故意犯罪条款。所谓故意犯罪条款，是指被保险人因自身故意犯罪而导致其死亡或者伤亡的，保险人不承担给付保险金责任的约定。我国《保险法》第 67 条规定："被保险人故意犯罪导致其自身伤残或者死亡的，保险人不承担给付保险金的责任。投保人已交足 2 年以上保险费的，保险人应当按照保险单退还其现金价值。"故意犯罪条款的适用与否，对于保险人是否承担保险责任有重大的影响。

（一）我国《保险法》第 67 条的规定属于强制性规定

我国《保险法》第 67 条属于强制性规范，保险合同当事人不得以双方协议而否定其适用。法律之所以作此强制性规定，主要是否定被保险人因犯罪行为而导致保险事故的发生并以此为由主张保险人承担保险责任，即行为人不能因犯罪行为而获得补偿或者利益。需注意的是，我国《保险法》第 67 条所谓的故

意犯罪与我国现行刑法的规定相等同。根据我国《刑法》第 14 条第 1 款规定："明知自己的行为会发生危害社会的结果，并且希望或者放任这种结果发生，因而构成犯罪的，是故意犯罪。"这里的故意包括直接故意和间接故意。因此，被保险人过失犯罪，保险人不能依据我国《保险法》第 67 条免责。所谓的过失犯罪，是指应当预见自己的行为可能发生危害社会的结果，因为疏忽大意而没有预见，或者已经预见而轻信能够避免，以致发生这种结果的。但是，如果严格按照《刑法》所规定的故意犯罪概念来解释我国《保险法》中的故意犯罪条款，可能会导致被保险人滥用故意犯罪条款。比如某些犯罪行为属于自诉案件，或者由于其他原因导致案件无法由法院判决认定，则保险人不得援引故意犯罪条款来免除自己的保险责任。因此，保险人可以在保险合同中明确约定被保险人的违法行为而导致保险事故发生的，则保险人可以免除其保险责任。但是，保险人如果将此一般的违法行为作为除外责任的，必须采取明确列举的方式进行。否则，按照保险合同疑义解释原则，将要作出不利于保险人的解释。

（二）故意犯罪行为与保险事故发生有因果关系

保险人要主张适用故意犯罪条款，必须注意以下问题：

1. 被保险人的行为是否构成故意犯罪。保险法认为，所谓的犯罪须经法院认定后保险人方可免责的规定过于绝对化。某些犯罪行为，由于受害人不告诉、检察院不起诉等原因无法由法院判决认定，但只要根据犯罪构成要件判断该犯罪具有故意不法性，保险人仍可免责。所以根据合同法意思自治的原则，保险条款中的约定与法律、法规中的授权性或任意性规范虽有不同或重叠，但不抵触的，约定有效，对保险合同当事人有约束力。因此保险人完全可以在保险合同中明确地列举出一般违法行为所指为何，这样就可以在被保险人发生违法行为导致保险事故发生时，由保险人主张免责。

2. 被保险人的故意犯罪行为与保险事故的发生须有直接因果关系。如依本案例"提示问题"所假设之情况，被保险人张三的行为构成故意犯罪行为，并不一定意味着保险人可以适用故意犯罪条款主张免除其保险责任。因为如果保险人要以此主张免责，还必须具备被保险人故意犯罪与其自身伤残或者死亡之间存在直接因果关系这样一个条件。也就是说，被保险人的故意犯罪行为是被保险人死亡的近因或主因，期间无其他原因介入。因果关系的认定，在民法上可分为责任成立的因果关系与责任范围限制的因果关系。但在保险法中，对于损害赔偿的范围几乎都由保险法或保险合同条款个别明确地规定，因此保险法上的因果关系讨论的重点仅在于"责任成立的因果关系"。本问题中，张三因故意犯罪导致自身死亡，所以保险人可以免责。

五、近因原则与保险责任

保险事故发生时，损失原因的确定对于决定保险人是否应承担合同约定的保险责任至关重要。保险人对保险合同项下赔付责任的履行，既不完全取决于是否发生了承保风险，也不完全取决于是否产生了承保损失，而是取决于在符合保险合同规定的前提下，承保风险和承保损失之间是否有因果关系。概括而言，保险人仅对以承保风险为近因造成的损失承担赔偿责任，对非承保风险为近因造成的损失不承担责任。这就是现代各国保险法上的一个基本原则——近因原则。

（一）近因原则的含义及其作用

所谓近因不是最初的原因，也不是最终的原因，而是一种能动而有效的原因。近因既表示原因与结果之间有直接的联系，又表示近因的作用十分强大有力，以致在一连串的事件中，人们从各个阶段可以逻辑地预见下一事件，直到发生意料中的结果。如果有数种原因同时起作用，近因则是导致该结果起决定作用的或者强有力的原因。[1] 损失的近因是最接近损失的原因，不一定是时间上的，但必须最有效。近因原则被英美法系国家所采纳和承认，保险人在处理保险理赔时，法官在判决保险案件时，如果涉及因果关系，均以近因原则为依据。在著名的蒙托亚诉伦敦保险公司一案中，阿诺德法官认为：在航行中，一艘满载皮革和烟草的货船突然船舱进水，海水腐蚀了皮革，但并没有浸湿烟草，也没有浸湿包装烟草的纸箱；尽管如此，腐烂皮革散发的臭气仍然损坏了烟草。因此法庭宣布，船舱进水事故是导致烟草和皮革损失的原因。因为在这个案件中，从船舱进水事故延伸出来的因果关系从来没有中断过。[2]

（二）近因的认定标准

近因的认定没有明确的标准，在实践中的具体应用也较为复杂，总的说来有四种不同形式：

1. 致损原因只有一个，即造成财产损失或者人身伤亡的原因有且只有一个，这个原因就是近因。如果这一原因属于保险公司承保的风险范围，那么保险公司就应当承担赔偿或给付保险金的责任；否则，保险人不负赔偿或给付责任。[3]

2. 致损原因有多个，它们同时发生或先后发生，但却是相对独立的。由于致损原因相对独立，它们中每个原因都可视为近因。如果这些致损原因均属于

---

〔1〕 李毅："论保险近因原则及其应用"，载《福建金融》2003年第4期。

〔2〕 李毅："近因原则是理赔的基本原则"，载《保险研究》2003年第2期。

〔3〕 彭虹：《保险法》，中山大学出版社2003年版，第61~62页。

保险责任范围内，保险人应予以赔偿。倘若都不属于承保责任的，就不赔偿。要是有的原因属于承保责任，有的却不是，而损失是可以分别估计出来的，保险人仅对属于承保责任的那部分损失负责赔偿。有学者主张保险人对损失概不负责，特别是其中一项原因是除外责任时；[1] 也有人主张按比例分摊。[2]

3. 致损原因有多个，它们连续发生，后因是前因直接的必然的结果，是前因的合理的连续。在这种情况下，致损原因之间存在因果关系，前一个损因就是致损的近因。前后损因都属于保险责任的，保险人当然要对损失负责。如果前一个损因不属于承保风险，而后一个损因却是，保险人对损失不必负责，反过来，前一个损因属于承保责任，而后一个损因却不是，则保险人仍然负责赔偿损失。总而言之，保险人是否承担赔偿责任主要取决于主因（近因）是否属保险危险。

4. 致损原因有多个，它们间断发生。造成损失的危险事故先后出现，但前因与后因之间互相关联，后发生的危险是完全独立的一个原因，既不是前因的合理连续，也不是前因自然延长的结果。在这种情况下，应当对这些间断发生的原因进行仔细分析，从中找出致损的近因。因为尽管它们对造成的损失都起到作用，但一般来说不会完全一样，终究有主次之分和作用大小之差别。如果所有损因都属于保险责任范围内，则不必判定近因，保险人直接负责赔偿即可。如果多个致损原因中有的损因不是保险人承担的风险，就必须先找出近因，再运用近因原则来确定保险人是否要对损失负责赔偿。例如，后因是近因，且属于保险危险，而且前因为不保危险，则由该近因所造成的损失仍须由保险人赔偿，但由于连锁中断，对前因不保危险造成的损失，保险人不负责任。总之，这种情况较为复杂，保险人在理赔过程中必须认真、细致、慎重地对待之。

本案"提示问题"中所假设的情况就属于第四种情况，即多种原因间断发生造成损失的情况。对此，保险人应找出致损的近因，在判定近因是否属于保险责任范围内的基础上，来确定保险公司是否承担责任。分析本案的具体情况，肝病是导致张三母亲死亡的直接原因，而非车祸的原因。

六、被保险人自杀与除外责任

根据《保险法》第 66 条的规定，以死亡为给付保险金条件的合同，被保险人自杀的，除该条第 2 款规定外，保险人不承担给付保险金的责任，但对投保人已支付的保险费，保险人应按照保险单退还其现金价值。以死亡为给付保险金条件的合同，自成立之日起满 2 年后，如果被保险人自杀的，保险人可以按

---

〔1〕 彭虹：《保险法》，中山大学出版社 2003 年版，第 62 页。

〔2〕 邹辉：《保险纠纷案例——投保与理赔的规则技巧》，经济日报出版社 2001 年版，第 180~181 页。

照合同给付保险金。自杀是否属于保险公司的免责条款，既包含对《保险法》第66条自杀含义的解释，也包括对保险合同是否明确了自杀归责范围的认定。如何对有争议的条文作出正确的解释？自杀就是故意杀害自己的行为。就如台湾学者郑玉波所认为的：人寿保险之被保险人自杀指被保险人以终止自己生命为目的而为自尽之行为，其手段如何，虽非所问，但必须是故意行为。[1] 对本案中"提示问题"中所假设的情况主要有两种意见：第一种意见认为，张三妻是一个正常人，能正常上班，有一点精神抑郁，也并不影响她的思维能力，否则，她就不会选择跳水自杀。张三妻是在总结前两次自杀未遂的基础上所进行的第三次自杀，有明确结束自己生命的意图和动机，所以属于故意自杀无疑。第二种意见认为，张三妻的自杀行为固然不应受到鼓励，但是对她的家庭来说，毕竟因此而遭受到了经济上和精神上的双重损失，且异常沉重。其妻在死亡时已参加保险2年，她的自杀完全是产后忧郁所致，并非有意图谋保险金。为了维护保险受益人的利益，又避免产生变相鼓励道德危险的副作用。所以，拒绝给付保险金于法于理都说不过去，正确的做法是通融给付。这样处理既符合保险条款的要求，又安慰了死者家属，还有助于树立保险公司的良好形象。

（一）被保险人自杀与除外责任的关系

所谓自杀，系指自己结束自己生命的行为，但有故意自杀和非故意自杀之分。故意自杀是指被保险人的自杀是有意识的故意行为。故意自杀的特点是，被保险人自杀之前，能意识到自杀的后果，也能防范其行为的发生，自杀不是本人的必须行为。而非故意自杀则是指被保险人在主观上的心理状态并非故意，如在心智丧失、神志不清时所为的自杀。这类自杀的特点是，被保险人的思维纯属非故意死亡；被保险人通常是无民事行为能力人或限制民事行为能力人，对其自杀后果的认识模糊不清。据此，我们认为张三妻死亡系非故意自杀所致。因为其妻的产后忧郁症并没有得到彻底治愈，她一直是一个精神病患者，在自杀时不能辨清自己的行为，也不能正确认识其行为的后果，因此说其妻是非故意自杀理由较充分。自杀是人寿保险所不包括的危险，各国保险法一般都加以明文规定，在未作明文规定的国家，其判例也作如此解释。但各国的规定却因自杀的原因不同而有所不同，条款的掌握也不一样。一种是采取一刀切的方法，即所有自杀，不论出于什么动机，也不论自杀时是否神志清醒，统统列为除外责任。其理由是：保险危险的发生应该是非本意的，认为故意造成的危险不应列为保险责任；自杀是违反社会公德的，不论出于什么动机都是应该反对的。还有一种一刀切的做法是，不论被保险人在什么情况下的自杀，保险公司一律

---

〔1〕　郑玉波：《保险法论》，台湾三民书局1984年版，第170页。

负责任。毕竟自杀的人数微乎其微，且不说过失自杀是非本意的，有意外的性质，就算是故意自杀，被保险人也遭受了巨大的生理痛苦，其家属也承受了巨大的精神痛苦，且许多情况下故意自杀和非故意自杀难以区分，故采取一律给付保险金的做法。另一种做法是对自杀时间上的限制，即在保险起期或保险复效的若干年后，通常为 2 年，对自杀所致的死亡或残废负给付责任。我国保险法顺应了世界保险立法潮流，规定自杀仅指故意自杀。

对于自杀是否应当截然地作为保险除外责任，学者和立法人员的意见并不一致。自杀死亡是组成整个死亡的若干原因之一，这种自杀造成的死亡是可以包括在据以计算保险费的思维表内的。因而，将自杀截然排除在保险责任之外没有必要，而且人寿保险的目的是保障受益人或者被保险人遗属的利益，如果对不是由于图谋保险金的原因而发生的故意自杀一概不予给付保险金，也将影响受益人及其遗属的生活。因此大多数人认为，为了防止道德危险，保护保险公司的正常利益，只要限制在保险单生效后若干年内所发生的自杀行为，作为除外责任就可以了。超过这个时间之后，自杀应该列入保险责任，这样规定也可以防止道德危险发生。所以，各国保险法均对作为保险人除外责任的自杀作了时间限制。我国规定了 2 年的缓解期。

（二）我国现行保险法的相关问题解释

根据我国《保险法》规定，保险合同成立并已经过了 2 年后被保险人自杀，按合同条款可以给付保险金。如何理解此处的"可以"呢？学界几乎都持肯定态度。例如，覃有土就认为，自杀条款是指人身保险的被保险人，在投保一定期限内自杀者，保险人不承担保险金的给付义务，仅退还保险单的现金价值；但法定期间经过后的自杀，保险人应当承担保险责任。[1] 根据国际上通行的做法，合同期满 2 年，被保险人自杀死亡可以推定为被保险人在订立合同时没有自杀意图，保险人给付保险金是一种义务，而不是"可以给付"保险金。[2]

根据字面上解释，给付好像不是必须行为，要根据自杀的诸方面因素进行综合分析：①对于非故意自杀行为应给付保险金，因为这类自杀，自杀者并不能清楚地意识到他的行为将产生什么样的结果，但死亡的结果却的确是直接由死者本人的行为所致的；②对于非为牟取保险金而发生的故意自杀，只要保险合同成立并已经 2 年，保险人亦应给付保险金；③假若确是为图谋保险金而为的故意自杀，即便保险单生效已满 2 年，保险人也应拒付保险金。但依据国际通行做法，严格来说，应将此处改为"应该"才能最大保护被保险人家属和

〔1〕　覃有土：《保险法概论》，北京大学出版社 2001 年版，第 383 页。

〔2〕　孙蓉："论保险法律规范在适用中存在的问题与思考"，载《保险研究》2002 年第 1 期。

受益人的利益。

综上所述，张三妻子的自杀行为并非故意为之，且保险单自成立之日起已满 2 年，故保险公司应对其死亡负全额给付保险金的责任。

第四部分

票据法案例

十、恶意串通取得银行承兑汇票
被拒绝付款案

【课前导读】

概念重温：票据变更，票据代理，利益返还请求权，恶意串通，票据保证，票据质押。

知识回顾：票据基础关系与票据关系，票据抗辩的原则，票据的无因性。

【重点法条】

1.《中华人民共和国票据法》

第5条　票据当事人可以委托其代理人在票据上签章，并应当在票据上表明其代理关系。

没有代理权而以代理人名义在票据上签章的，应当由签章人承担票据责任；代理人超越代理权限的，应当就其超越权限的部分承担票据责任。

第9条　票据上的记载事项必须符合本法的规定。

票据金额、日期、收款人名称不得更改，更改的票据无效。

对票据上的其他记载事项，原记载人可以变更，更改时应当由原记载人签章证明。

第10条　票据的签发、取得和转让，应当遵循诚实信用的原则，具有真实的交易关系和债权债务关系。

票据的取得，必须给付对价，即应当给付票据双方当事人认可的相对应的代价。

第12条　以欺诈、偷盗或者胁迫等手段取得票据的，或者明知有前列情形，出于恶意取得票据的，不得享有票据权利。

持票人因重大过失取得不符合本法规定的票据的，也不得享有票据权利。

第18条　持票人因超过票据权利时效或者因票据记载事项欠缺而丧失票据权利的，仍享有民事权利，可以请求出票人或者承兑人返还其与未支付的票据金额相当的利益。

第31条　以背书转让的汇票，背书应当连续。持票人以背书的连续，证明其汇票权利；非经背书转让，而以其他合法方式取得汇票的，依法举证，证明其汇票权利。

前款所称背书连续，是指在票据转让中，转让汇票的背书人与受让汇票的被背书人在汇票上的签章依次前后衔接。

第35条　背书记载"委托收款"字样的，被背书人有权代背书人行使被委托的汇票权利。但是，被背书人不得再以背书转让汇票权利。

汇票可以设定质押；质押时应当以背书记载"质押"字样。被背书人依法实现其质押权时，可以行使汇票权利。

第50条　被保证的汇票，保证人应当与被保证人对持票人承担连带责任。汇票到期后得不到付款的，持票人有权向保证人请求付款，保证人应当足额付款。

第51条　保证人为2人以上的，保证人之间承担连带责任。

2.《中华人民共和国担保法》

第75条　下列权利可以质押：

（一）汇票、支票、本票、债券、存款单、仓单、提单；

（二）依法可以转让的股份、股票；

（三）依法可以转让的商标专用权，专利权、著作权中的财产权；

（四）依法可以质押的其他权利。

第76条　以汇票、支票、债券、存款单、仓单、提单出质的，应当在合同约定的期限内将权利凭证交付质权人。质押合同自权利凭证交付之日起生效。

【案情介绍】

1998 年 9 月 11 日，农行某营业部签发了两张银行承兑汇票，出票人均为甲公司，收款人均为乙公司，票面金额均为 500 万元，汇票到期日均为 1999 年 3 月 11 日，其他各项必要记载事项齐全。农行某营业部在汇票上加盖钢印予以承兑。

乙公司取得上述两张汇票后背书转让给丙公司。丙公司于 1998 年 9 月 10 日与供销公司签订了一份购销镀锌板 1761T 合同，为支付货款将上述汇票又背书转让给了某供销公司。同年 9 月 15 日，供销公司向工行某分理处申请贴现。

工行某分理处经审查两张汇票以及供销公司提供的贴现申请书、工矿产品购销合同及增值税发票复印件等文件后，于同月 17 日为供销公司办理了贴现手续，支付了贴现款，并由此取得了汇票。

另查明：丙公司与供销公司签订的工矿产品购销合同未实际履行，供销公司在扣除了违约金和查验费后，已将 9 562 000 元退给了丙公司。后查明供销公司提供的增值税发票是虚假的。

农行某营业部诉称：丙公司与供销公司系恶意串通取得票据，其目的是为了套取银行资金。丙公司是由本案所涉汇票的收款人乙公司的期货部组建而成，两者实际是两块牌子，一套人马。因而，丙公司应对乙公司取得票据后未向甲公司履行合同也未给付对价的情形有所了解。丙公司在向其开户银行光大银行申请贴现遭到拒绝后，由光大银行的刘某找到供销公司向工商银行申请贴现。供销公司为此伪造了虚假增值税发票，即将该公司在 1998 年 9 月自用的增值税发票空白复印后填写再复印以交给工行某分理处作为贴现证明。这一违法行为已经被国家税务局查证并作了处罚。工行某分理处违法违规贴现，依法不应享有票据权利。某分理处在办理贴现时，没有按照中国人民银行《支付结算会计核算手续》第二部分第 3 条和《支付结算办法》第 92 条的规定要求供销公司提供商品发运单据复印件进行审查。而供销公司提交的增值税发票的次联是购货方丙公司的"抵扣联"，而非正常商品交易中应由售货方保存的"存根联"；工行某分理处为供销公司违规办理贴现后即向供销公司开出了两张银行本票，收款人均为丙公司，这显然是套取银行资金的行为。这一行为违反了中国人民银行《贷款通则》和《商业汇票承兑、贴现与再贴现管理暂行办法》等规章关于"票据贴现系贷款人以购买借款人未到期商业票据的方式发放的贷款，借款人不得用贷款在有价证券、期货等方面从事投机经营。贴现人选择贴现票据应当遵循效益性、安全性、流动性的原则，贴现资金投向应符合国家产业政策和信贷政策"的规定。由此，工行某分理处属于重大过失取得票据。

工行某分理处则称：根据票据的无因性原则，持票人工行某分理处的前手供销公司与丙公司之间的商品交易关系是否真实合法，两者之间是否存在恶意串通的主观故意，均不影响持票人票据权利的合法有效。作为贴现行，工行某分理处仅应对交易的真实性作形式审查，只需审查合同的复印件。工行某分理处在办理贴现手续时对供销公司提供的购销合同和增值税发票的复印件按照有关规定进行了审查，已经切实履行了法定的审查义务，不存在重大过失。

【提示问题】

1. 农行某营业部向人民法院提起诉讼，以丙公司与供销公司之间无真实的商品交易关系和债权债务关系，工行某分理处违法违规贴现为由，请求判定丙公司、供销公司、工行某分理处不享有票据权利，并解除承兑人的付款责任。对于农行某营业部的诉讼请求法院能否给予支持？

2. 假如两张汇票是由甲公司签发，收款人为乙公司，约定通过银行承兑的方式付款。但是甲公司财务人员王某在填写票据的过程中，将"万"字错写成为"方"，在乙公司经办人员的要求下，王某将"方"字涂掉后改为"万"，并在下方加盖甲公司的财务专用章以及王某的签章。1998 年 7 月 1 日，乙公司又将该汇票转让给丁公司。次日，丁公司向其开户银行申请贴现，开户银行以票据金额被改写为由，不予贴现。丁公司遂向其前手追偿。更改后的票据是否有效？

3. 如果甲公司向乙公司签发、承兑一张人民币 500 万的商业承兑汇票，汇票背面由戊公司于 1998 年 9 月 11 日签章，并注明"我公司愿为本笔商票作担保"。乙公司向工行某分理处申请贴现。同日，戊公司向工行某分理处出具了工行某分理处提供的格式化的《保证人核保书》。主要内容为："我公司于 1998 年 9 月 11 日为乙公司向你行申请贴现，金额 500 万元，所提供的连带责任保证，系我公司的真实意愿……"该核保书形式要件齐全。工行某分理处同日同意贴现。汇票到期后，工行某分理处向甲公司提示付款，因其存款不足被退票。在本案中，哪些公司应当向工行某分理处承担责任？各应当承担怎样的责任？

4. 假若甲公司经理王某与乙公司签订买卖合同，甲公司向乙公司购买货物，以汇票结算。王某派人到达乙公司提走货物后，向乙公司交付了盖有甲公司印章的，并有经理签名的汇票。汇票到期后，乙公司持票据到有关银行承兑，银行不予承兑。乙公司于是要求甲公司给付票款。甲公司告知乙公司王某未获得公司授权，王某为无权代理。现王某已经携货离开公司。乙公司能否向甲公司请求票款？

5. 若丙公司没有将两张汇票背书转让给供销公司，而是将其中的一张汇票质押给供销公司。但丙公司在汇票质押时，未在汇票上记载"质押"字样，而是与供销公司另行以书面形式将汇票质押，该汇票上是否成立质押权？

【深度思考】

一、票据无因性原则

本案中两张汇票形式完备，各项必要记载事项齐全，是有效票据。这两张汇票所涉及的票据关系主要有：丙公司经乙公司背书转让后取得票据，后又背书将票据转让给供销公司，工行某分理处在办理相关贴现手续后以背书转让的方式取得票据。因而，工行某分理处是本案两张汇票的最终持票人即票据权利人。丙公司和供销公司在将票据背书转让给其后手后，已经不是该汇票的持票人。因此，这两者不享有票据权利。而工行某分理处通过贴现的办法以及背书转让的方式取得票据，且支付了对价，且不存在重大过失的情形，理应享有票据权利。农行某营业部应当承担到期付款义务。故对农行某营业部的请求，法院不予支持。

本案是一涉及票据行为无因性的案件。无因性是指行为的效力不受其基础行为效力的影响，不因基础行为不成立、无效或被撤销而受牵连。换言之，行为的效力不以其基础行为的有效为依据。在票据法中，票据关系一旦成立，就与其基础关系相分离。票据关系与票据基础关系各自独立存在，分别由不同的法律制度进行规范。基础关系是否存在，是否有效，是否履行，对票据关系都没有影响。票据关系的无因性，即票据关系与票据基础关系相分离原则，是票据关系与票据基础关系之间相互关系的基本原则。

票据无因性原则已经成为现代各国票据法上的共同原则。此原则是信用经济高度发达和充分发展的产物，对促进票据流通，保护交易安全以及保障合法持票人的票据权利有十分重要的意义，各国立法和国际条约均将该原则纳入其中。《德国票据法》第17条规定："任何被凭汇票要求付款的人，不得以持票人与出票人或与前持票人有直接关系为理由向持票人提出抗辩。但持票人在取得汇票时知晓该交易不利于债务人时，不在此限。"《日本票据法》第17条规定："汇票之受票人，不得以对出票人或其他持票人之关系为理由而以抗辩对抗持票人。但持票人知晓对其债务有损害而取得票据者，不在此限。"日内瓦《统一汇票本票法公约》第17条规定："因汇票而被诉之人，不得以其与出票人或前手持票人间的个人关系发生的抗辩，对抗持票人，但持票人在取得汇票时明知其行为有损于债务人者除外。"

相反，若不使票据行为具有无因性，必定会导致将票据基础关系，特别是将票据原因关系扩大到整个票据行为和票据关系领域中，必定会导致票据基础关系对票据上每个票据行为、对票据关系中的每一个环节都加以干涉或施加影响的情况发生。此时，当事人在签发或转让票据时，就必须考虑其前手的基础关系，而后手又不得不要求其前手对票据基础关系的有效性负举证责任。如若在票据流通中存在数个票据背书，这种关系会变得更加复杂，使票据权利人对其票据权利能否实现产生怀疑，这对票据流通和使用的安全性不利。

票据行为无因性原则的内容主要体现在以下几个方面：①即使票据发行或转让的原因不存在或者无效、被撤销，只要在票据上所为的票据行为是依法成立的，持票人就享有票据权利，票据行为人就必须承担票据义务。②票据关系中的权利义务内容应当依据票据文义，也就是说即使票据上的记载内容与票据原因关系的内容不一致或不完全一致，也不能以票据以外的事实来改变票据关系的内容。③票据行为无因性原则在当事人之间的举证责任上也会产生不同的法律效果。持票人主张票据债权时，无需证明原因关系的存在，只要依票据上记载内容即可向票据债务人主张相应的票据权利。反之，如果票据债务人欲对抗权利人的权利主张，则须举证证明存在符合《票据法》规定的、足以对抗权利人权利主张的抗辩事由。[1]

在本案中，农行某营业部认为，丙公司与供销公司之间不存在真实的商品交易关系，它们之间签订的产品购销合同并未实际履行，而且供销公司所出具的增值税发票也是虚假的，其与丙公司实际上是为了套取银行资金而恶意串通。因此，工行某分理处作为持票人不应当享有票据权利。但实际上，根据票据行为无因性原则，票据关系一经产生即与原因关系相分离，持票人工行分理处的前手甲公司与乙公司之间、丙公司与供销公司之间的商品交易关系是否真实合法，两者之间是否存在恶意串通的主观故意，都不会影响工行某分理处票据权利的合法有效。

农行某营业部还认为，工行某分理处不享有本案票据权利的另一个理由是工行某分理处违法违规贴现，属于重大过失取得票据，即使依据票据行为无因性原则，也不应当享有票据权利。这就涉及票据无因性原则的例外情况。

票据无因性原则例外包括以下三个方面：

（1）在授受票据的直接当事人之间，票据原因关系的效力直接影响他们之间票据关系的效力。其原因在于：在授受票据的直接当事人之间，不牵涉票据转让的第三人的问题，也无关票据的流通，法律允许票据债务人对票据债权人以基于原因关系所生的事由进行抗辩。本案中，依票据无因性原则，工行某分理处不受丙公司与供销公司之间的买卖关系影响，但若票据权利纠纷发生在丙公司与供销公司之间，它们则可以基于不存在真实买卖关系进行抗辩，而拒绝

〔1〕　于莹："论票据的无因性原则及其相对性"，载《吉林大学社会科学学报》2003年第4期。

承认对方享有票据权利。

（2）持票人取得票据未给付对价或相当对价的，票据债务人可以与持票人前手之间的抗辩事由，对抗持票人。我国《票据法》第10条第2款规定，"票据的取得，必须给付对价"，即应当给付票据双方当事人认可的相应的对价。在本案中，工行某分理处作为持票人通过对供销公司进行贴现而取得票据，其支付对价的行为是显而易见的。

（3）持票人取得票据手段不合法即不享有票据权利，票据债务人得对该持票人提出"恶意抗辩"。我国《票据法》第12条规定："以欺诈、偷盗、胁迫等手段取得票据，或者明知有前列情形，出于恶意取得票据的，不得享有票据权利。持票人因重大过失取得不符合本法规定的票据的，也不得享有票据权利。"本案中的农行某营业部认为工行某分理处在办理贴现时，没有按照中国人民银行《支付结算会计核算手续》和《支付结算办法》规定，要求供销公司提供商品发运单据复印件进行审查，且其未发现供销公司提供的增值税发票存在问题，工行某分理处属于重大过失取得票据，依据我国《票据法》第12条的规定不应当享有票据权利。事实上，工行某分理处作为贴现行，仅应对交易的真实性作形式审查，工行某分理处已按照中国人民银行颁布的《商业汇票承兑、贴现与再贴现管理暂行办法》以及《支付结算办法》的有关规定，履行了必要的审查义务。因此，持票人工行某分理处取得票据时并不存在重大过失的情形，应当享有票据权利。

二、票据记载事项的更改对票据效力的影响

甲作为出票人，对其签发的票据原记载事项有一定的更改权，其依法可以对票据金额、出票日期、收款人名称以外的事项按照法定款式进行更改；但票据金额、日期、收款人名称属于法定不得更改事项，更改的票据无效。因此，王某在填写票据的过程中，将"万"字错写成"方"，后又将"方"字改写为"万"，该行为已经导致票据无效，即使原记载人在被改写文字下面加盖甲公司的财务专用章以及王某的签章，也不能改变票据无效的属性。乙公司取得一张无效的票据后又背书转让给丁公司，他们所持有的票据因为票据更改不符合法律规定已经无效，所以，都不能行使票据权利。因此，丁公司的开户银行拒绝其贴现的申请，是符合法律规定的。持票人可以通过行使利益偿还请求权实现其票据权利，也可基于基础关系向出票人请求赔偿。

票据为文义证券，票据上记载的相关事项的情况，对于确定票据当事人的权利义务有至关重要的作用。出票人或者背书人在记载票据事项的过程中可能会因为各种原因出现记载事项记载错误，也可能是出于实际情况的需要对记载事项进行必要的变更。这时，就必然会涉及票据法上的一项重要的制度，即票

据更改制度。

票据更改是指有变更权的人变更票据上的记载事项的行为。票据记载事项的变更，有两种情形：第一种是对票据记载事项有变更权的人依法对票据记载事项的变更，称为票据更改。票据更改不影响票据的效力，故不属于票据瑕疵行为。第二种是对票据记载事项无变更权的人对票据上记载事项的更改，称为票据变造。票据变造对票据的效力发生影响，其属于票据瑕疵行为。

我国《票据法》第9条对票据的更改作了规定，"票据上的记载事项必须符合本法的规定。票据金额、日期、收款人名称不得改变，更改的票据无效。对票据上的其他记载事项，原记载人可以更改，更改时应当由原记载人签章证明"。其他国家票据法对票据更改规定不一。日内瓦《统一汇票本票法公约》以及大陆法系各国票据法仅规定了票据的伪造和变造，没有规定票据的更改。英美票据法虽然有关于更改的条款，但其更改是指实质变更，实际上是关于票据变造的规定，所以也没有规定票据的变更。我国台湾地区"票据法"则对票据更改作了规定，并将票据更改与票据变造相区别。

依照我国《票据法》的规定，票据更改的构成要件有以下三个：

（1）票据更改应当由原记载人进行。票据的原记载人因某种原因需要改变票据记载事项时，可对其进行变更但应在更改处签章证明。

（2）票据的原记载人进行票据更改时，应当在记载完毕后，票据交付之前进行更改。如果原记载人记载完毕后已交付了票据，然后再进行票据变更，则应取得全体票据当事人的同意。否则，即构成票据的伪造或票据的变造。票据更改与票据变造是有区别的。票据更改是有变更权的人依法对票据记载事项的变更，票据变造是无更改权的人对票据上记载事项的变更。两者的不同点在于：①行为性质不同。票据更改是合法行为，票据变造属于违法行为。②行为人有无更改权不同。票据更改人有更改权，票据变造人无更改权。③行为款式不同。票据更改时在款式上应由有更改权的人签章证明，票据变造时一般不显露痕迹，无签章证明形式。

（3）票据法特别规定不得更改的记载事项，不得更改。如我国《票据法》第9条规定，"票据金额、日期、收款人名称不得更改，更改的票据无效"。如果这几项记载事项确属错误记载或确实需要更改，只能由出票人重新签发票据。

我国台湾地区"票据法"仅规定不能对票据金额进行更改，其他事项，如日期、收款人名称等可以更改。

票据更改的效力在于对票据记载事项进行的更改，若是具备法定票据更改的要件，即能发生票据法上的效力。任何债务人不得以此更改作为抗辩的事由。此处涉及票据抗辩。

票据抗辩是指票据债务人根据票据法的规定对票据债权人拒绝履行义务的行为。票据债务人行使抗辩权的目的是为了阻止票据权利人行使票据上的权利，此权利包括付款请求权和追索权。

根据抗辩原因及效力的不同，票据抗辩被大陆法系学者划分为两大类：一类是物的抗辩，另一类是人的抗辩。物的抗辩是基于票据本身的内容（票据上记载的事项以及票据的性质）发生的事由而进行的抗辩。这种抗辩事由来源于票据自身，能对抗一切持票人，不因票据债权人的变更受到影响，即使该持票人善意或无重大过失取得票据，仍不得主张善意取得而认为票据有效。人的抗辩主要是基于债务人与债权人之间的特定关系发生的事由而进行的抗辩，这种抗辩只能向特定的债权人行使，债权人一旦变更，这种抗辩便被切断，债务人不得再以原来的事由对新的持票人行使抗辩权。

因票据更改发生的抗辩，主要是对不可变更的记载事项进行更改而发生的抗辩。此种情况属于物的抗辩的事由，是一切票据债务人可以对一切持票人主张的抗辩。

票据抗辩与民法上的抗辩权有所不同，民法上抗辩权的效果在于对相对人给付请求权之行使，得予排除的权利，其作用在于对抗请求权的行使，并非否认其请求权的存在，如同时履行抗辩权等，在学理上称为权利抗辩。而票据抗辩除涉及上述抗辩事由外，还包括根本否认债权人请求权存在的抗辩事由在内。票据抗辩是一种广义的抗辩，既包括事实抗辩，也包括权利抗辩。在票据关系中，票据债务人的抗辩是与票据债权人的票据权利相对应的。票据抗辩则是票据债务人的一种防御方法，是债务人用以保护自己的一种手段。票据债务人所能行使的抗辩事由越多，对票据债务人就越有利。

丁公司权利可通过行使利益偿还请求权来实现，也可基于基础关系向出票人请求赔偿。利益返还请求权，是票据权利消灭的民法补救措施。利益返还请求权是票据法中规定的非票据权利，是指票据权利因票据时效或者手续欠缺而消灭时，持票人对出票人或承兑人，在其所受利益的限度内，请求返还其利益的权利。我国《票据法》第18条规定："持票人因超过票据权利时效或者因票据记载事项欠缺而丧失票据权利的，仍享有民事权利，可以请求出票人或者承兑人返还其与未交付的票据金额相当的利益。"

对于利益返还请求权的性质，学界有几种不同的看法。有学者认为这是一种不当得利返还请求权。德国采用此说。《德国票据法》第89条规定："如出票人或承兑人的票据债务由于时效而消灭或因持票人怠于进行为维护票据权利所必不可少的处理而免除，则只要其有可能从持票人的损失中获得利益，就负有向持票人的不当得利返还义务。"此种说法的缺点在于出票人或承兑人并非无法

第四部分

律依据而取得利益。另有学者认为利益返还请求权的性质是"票据上的权利"，认为这种权利是基于票据关系而产生的，但这种权利并非因票据行为而产生，且其法律关系也不是票据关系，并且利益返还请求权是在票据权利消灭后才产生的，与票据权利没有多大关系。还有学者认为利益返还请求权的性质是损害赔偿请求权。但利益返还请求权并非债务人的积极或消极行为所致，是票据权利人自己怠于行使或保全权利所致，责任在债权人。故此种说法没有说服力。还有学者认为这种权利应当作为一种独立的请求权。其理由是票据法为促进票据流通采取短期时效制度，多有因时效经过而丧失票据权利的情况，如果因为时效经过就使票据权利人得不到利益弥补的话，就失去了公平。出于公平，才规定了这种救济票据权利人的制度。

利益返还请求权的构成要素应当包括以下几点：①利益返还请求权的请求权人必须是持票人；②返还义务人应当是出票人或承兑人；③票据权利必须曾有效存在；④必须是出票人或承兑人受有利益；⑤出票人或承兑人的责任范围应以所受利益为限，而非以现存利益为限。

在本案"提示问题"所假设之情况中，甲公司开出的汇票因为手续欠缺而使票据权利消灭。故丁公司可以基于该原因获得相应的赔偿。

三、票据保证与民事保证的区别

在本案"提示问题"所假设之情况中，工行某分理处依法取得票据，享有票据权利。甲公司、乙公司、戊公司均负有票据责任，这三家公司应当承担连带责任。

本案中，戊公司存在既在票据上签章保证，又向工行某分理处提供书面保证的情形。但应当看到，这两者属于不同的法律关系。前者是票据保证，后者是民事保证。前者的签章由于缺乏被保证人的名称，故而只能认定是本案汇票承兑人即甲公司为被保证人。但民事保证《保证人核保书》上却又以乙公司为被保证人，其保证范围为该汇票贴现申请人乙公司因贴现而发生的全部债务。这两者是可以同时并行不悖的。

这涉及票据保证和民事保证的区别。票据保证是指为保证特定债务人债务的履行，由票据债务人以外的第三人以负担同一票据义务为目的而作出的一种附属票据行为。它与民事保证的区别有以下几点：

1. 法律性质不同。票据保证是一种单方法律行为，只要保证人在有关票据或其粘单上记载《票据法》所规定的事项并签章，票据保证行为即有效成立，保证人无需征求债权人的意见或取得债权人的同意。而民事保证则是一种典型的契约形式，保证人和债权人之间必须签订保证合同。

2. 适用范围不同。票据保证的适用范围限于票据债务。它仅指汇票和本票债务，包括承兑人的付款债务和出票人、背书人等的偿还债务（被追索债务）。支票则适用保付制度，而不适用保证制度。民事保证的适用范围则较为广泛。在借贷、买卖等经济活动中，只要债权人需要他人以保证方式来担保债务履行的，即可以与保证人订立保证合同，约定保证的方式、保证期间及担保的范围等事项，以保证其债权的实现。

3. 成立方式不同。票据保证既是一种要式法律行为，又是一种特殊的票据行为，法律对其成立的形式要件有严格的要求。保证人应当在票据或其粘单上载明"保证"字样、保证人姓名和住所、被保证人的名称、保证日期，并须有保证人签名或盖章后，票据保证关系才可有效成立。若保证人在票据或其粘单之外另立文书载明"保证"字样进行保证，即使保证的是票据债务，也不能确定为票据保证，其仅属于民事保证，发生民事保证的效力。在民事保证中，保证人和债务人只要以书面形式依法订立保证合同，保证关系就成立。该合同的形式可以是单独订立的书面合同，也可以是合同中的保证条款。

4. 保证效力不同。票据保证是票据附属行为，但有较强的独立性。被保证的债务因实质要件欠缺消灭时，保证责任依然存在。票据保证以被保证债务形式上有效为前提，不以实质上有效为必要，仅以保证人所保证的票据债务欠缺法定形式要件为例外。民事保证是一种从合同行为，不具有独立性。主债务消灭，保证责任也解除。

5. 保证人是否必然承担连带责任不同。票据保证为法定的连带保证。我国《票据法》规定，保证人提供票据保证，与被保证人一起对持票人共同承担连带责任。民事保证的保证责任可以约定为连带保证或为一般保证，无约定的推定为连带保证。多个保证人的，保证人之间可以约定按保证份额承担保证责任，无约定的，保证人承担连带责任。

6. 保证能否附条件不同。票据保证不得在保证人的债务之外另附条件。民事保证是否附条件，法律允许当事人自行协商确定。

7. 保证人是否享有先诉抗辩权不同。票据保证人应当单独对持票人负票据上的责任，无先诉抗辩权。传统民法上的保证方式分为一般保证和连带责任保证。一般保证的保证人享有先诉抗辩权，而连带责任保证的保证人无先诉抗辩权。

关于票据保证的效力，我国《票据法》第50条规定："被保证的汇票，保证人应当与被保证人对持票人承担连带责任。汇票到期后得不到付款的，持票人有权向保证人请求付款，保证人应当足额付款。"该条规定了保证人不享有先诉抗辩权。同时，汇票保证使得保证人负有与被保证人性质和范围等同的连带责任，即保证人为承兑人提供保证，他将负有与第一债务人债务范围等同的连带责任，持票人可直接向其行使付款请求权。如果保证人为出票人或特定背书人提供保证，他将负有与该第二债务人债务范围等同的连带责任，持票人可依票直接向其行使追索权。对于共同保证人的责任，我国《票据法》第 51 条规定："保证人为 2 人以上的，保证人之间承担连带责任。"也就是说，每一个保证人均得对被保证人的债务负全部责任，这种责任是法定的。当事人不能以特约排除或更改此项连带责任。多个保证人均不享有先诉抗辩权。

四、票据行为的代理

本案"提示问题"所假设之情况中王某作为甲公司的经理，有为公司进行签名的权利。虽王某未经甲公司授权，但其签发票据的行为，足以使乙公司相信其有权签发票据，符合表见代理的特征。所以甲公司负有向乙公司赔偿的责任。

本案涉及票据行为代理。票据代理是指代理人根据本人即被代理人的委托，在票据上记载本人的名称，并在票据上签章的行为。我国《票据法》第 5 条规定："票据当事人可以委托其代理人在票据上签章，并应当在票据上表明其代理关系。没有代理权而以代理人名义在票据上签章的，应当由签章人承担票据责任；代理人超越代理权的，应当就其超越权限的部分承担票据责任。"

票据代理的构成要件有以下四点：①票据代理人必须是有代理权限的；②票据代理应当在票据上载明被代理人的名义，以使得被代理人承担票据责任；③票据代理应当载明代理的意思表示，即应表明代理的意思或表明代理关系存在；④在票据上须有代理人的签章。

谈及票据代理就不得不和一般民事代理进行区分。两者相同点在于：①都是使被代理人承担相应法律行为的后果；②代理人应当以被代理人的名义为法律行为；③代理人的代理行为都应当在被代理人的授权范围内；④代理人所为的意思表示有独立性，不受被代理人的约束。但是两者还是存在差异的：一是票据代理和一般民事代理对显名主义的严格性要求不同。民法关于代理采取的是显名主义代理；票据代理则是采用了比一般的民事代理更为严格的显名主义，不仅要求以被代理人名义，还要求在票据上载明代理关系。如果未在票据上载明代理关系的，不发生票据代理的效力，由代理人承担相应的责任。二是票据无权代理和民法中的无权代理的后果不同。票据无权代理不存在民法无权代理中由被代理人追认、善意相对人撤销的规定，而是直接发生由无权代理人自负责任的后果。

票据代理主要涉及票据的无权代理和越权代理的责任承担问题。票据无权代理是指代理人在被代理人没有授予代理权的情况下所为的票据代理行为。其构成要件有三点：①无权代理的行为必须被记载于票据上；②无权代理人自己签章于票据上；③代理人无代理权。通常是代理人欠缺代理权，但自己签章于票据上并表明自己是代理人。在发生票据无权代理时，票据无权代理人应当自己承担票据上的责任。也就是说，这种票据代理行为无效，但代理人为的票据行为是有效的，相应的票据责任由无权代理人承担。票据越权代理是代理人超越代理权所为的无权代理行为。其有三个构成要件：①超越代理权的行为必须显示于票据上；②必须有票据代理授权；③必须是已超越票据代理授权。这种情况常表现为增加票据金额，提早到期日等。越权代理部分的责任由代理人自己承担。本案件是涉及表见代理的票据代理。民法中的表见代理制度的精神在于保护善意第三人，并非是要保护被代理人利益。其实质是民法中的基础关系对票据关系发生影响的体现，无需在票据法中加以规定。所谓表见代理是指代理人虽然没有代理权，但在外观上有足以使第三人相信其有代理权的代理行为。构成表见代理有主观和客观两方面的要件：主观方面相对人必须是善意；客观方面是有能使第三人相信代理人有被代理人授予的代理权。具备这两者，由被代理人承担与有权代理相同的后果；缺乏主观要件的，持票人不享有票据权利；客观要件不具备的，则应当依照无权代理由无权代理人承担相应责任。所以，在票据行为代理业务中，当事人应诚实信用，完善必要手续，同时，也应谨慎审查，履行义务。

五、票据质押

本案"提示问题"所假设之情况中质押权是否成立，应当取决于该行为是否符合票据质押的生效要件。我国《票据法》第 35 条第 2 款规定："汇票可以设定质押；质押时应当以背书记载'质押'字样。被背书人依法实现其质权时，可以行使汇票权利。"我国《担保法》第 75 条规定，下列权利可以质押：汇票、支票、债券、存款单、仓单、提单……第 76 条规定："以汇票、支票、债券、存款单、仓单、提单出质的，应当在合同约定的期限内将权利凭证交付质权人。质押合同自权利凭证交付之日起生效。"汇票质押是权利质押的一种。

从上述条文中不难看出我国《票据法》和《担保法》关于票据质押的规定是不一致的。《票据法》第 35 条要求汇票质押必须在汇票上背书"质押"字样，强调在票据上背书和"质押"字样。而按照《担保法》的要求，质押权的成立须有质押合同存在，同时还应进行交付出质票据，质押自交付时生效，强调质押合意和交付票据的行为。那么票据质押，是否仅符合两部法律中的一部法律规定的要件时，质押就可生效呢？本案中的票据质押完全符合《担保法》关于权利质押的规定，但票据质押作为一种票据行为，从票据行为的特征出发，应当具有严格的要式性，即以票据质押时必须在票据上为质押背书，否则不构成票据质押。

第四部分

有观点认为：我国《票据法》和《担保法》的调整对象不同，不是特别法和普通法的关系。[1] 但在最高人民法院《关于适用〈中华人民共和国担保法〉若干问题的解释》第 98 条规定："以汇票、支票、本票出质，出质人与质权人没有背书记载'质押'字样，以票据出质对抗善意第三人的，人民法院不予支持。"依据该司法解释，说明票据质押即使没有进行背书并记载"质押"字样，质押关系仍然成立，但只是在当事人之间有效，不可对抗善意第三人。另一方面，《担保法》关于质押的规定，由于以动产和权利为标的，因此不要求公示，在第三人保护的方面存在不足。《票据法》的相关规定，并没有否认《担保法》的效力，只是更加强调票据的自身特性。但这种强调要式性也是有例外的，在非经背书转让，而以其他合法方式取得汇票的，能提供充分证据证明的，则享有票据权利。所以持票人只要能证明其票据权利的，当然可以向特定当事人主张票据权利。依此观点，本案中的票据质押有效。

另有观点认为：这种情况只能成立担保法上的质押关系。此种观点认为《票据法》相对于《担保法》而言是特别法，依照特别法优于普通法的原则，应当优先适用《票据法》。[2] 所以，在本案中，双方订立了质押合同且交付了质押票据，形成了担保法上的质押法律关系，但由于没有背书"质押"字样故不具有票据法上的效力，也不得对抗善意第三人。持票人可以基于质权合同要求行使质权，其基础是普通的债权质押实现的方法，与票据质押实现方法不同。

还有观点认为：此情况中不存在质押法律关系。依据票据的特征，一切票据行为必须严格按照《票据法》的规定来完成，否则不产生票据法上的效力。票据权利与票据不可分离。如果将背书和"质押"字样作为对抗第三人的要件，就抹杀了质权的对世权的效力，有违传统民法的相关理论。另一方面，对《票据法》第 31 条第 1 款理解错误，导致逻辑推理的错误。《票据法》第 31 条第 1款的背书转让，是对票据权利移转的规定，而票据质押的背书则是非转让背书。票据上只能成立票据权利，在票据权利不能取得的情况下，只有利益返还请求权的存在。像本案这种情况，质权人可以向出质人要求或向人民法院申请补充设立质权的背书和相关记载事项。这种观点是主流观点。

票据质押是一种债权质押，但其与普通的债权质押还是存在区别的。普通债权的质权人的权利实现仅以质押合同为依据。票据质押的债权人请求票据债务人付款的前提是依据法定形式成为票据权利人。依据上述第三种观点，质权的实现方式只能是通过法院或其他程序使得质权人取得票据权利人的地位，再

---

[1] 陈芳、虞燕飞："票据质押中的若干法律问题"，载《法学》1998 年第 9 期。

[2] 于永芹：《票据法前沿问题研究》，北京大学出版社 2003 年版，第 147 页。

向付款人请求付款，以所得款项优先受偿。但这种做法的实践意义较小，当事人可以直接选择向人民法院申请补充设立质权的背书和相关记载事项。

所以在本案中，当事人双方的票据质押关系不成立，但供销公司可以申请在票据上补充设置质权的背书。

十一、银行承兑汇票背书瑕疵
被宣告无效案

【课前导读】

概念重温：票据背书，空白背书，票据追索权，善意取得。

知识回顾：票据背书的规则，票据权利的善意取得，公司催告程序。

【重点法条】

1. 《中华人民共和国票据法》

第12条　以欺诈、偷盗或者胁迫等手段取得票据的，或者明知有前列情形，出于恶意取得票据的，不得享有票据权利。

持票人因重大过失取得不符合本法规定的票据的，也不得享有票据权利。

第30条　汇票以背书转让或者以背书将一定的汇票权利授予他人行使时，必须记载被背书人名称。

第35条　汇票可以设定质押；质押时应当以背书记载"质押"字样。被背书人依法实现其质权时，可以行使汇票权利。

第36条　汇票被拒绝承兑、被拒绝付款或者超过付款提示期限的，不得背书转让；背书转让的，背书人应当承担汇票责任。

第57条　付款人及其代理付款人以恶意或者有重大过失付款的，应当自行承担责任。

2. 《中华人民共和国物权法》

第173条　担保物权的担保范围包括全债权及其利息、违约金、损害赔偿金、保管担保财产和实现担保物权的费用。当事人另有约定的，按照约定。

第224条　以汇票、本票、支票、债券、存款单、仓单、提单出质的，当事人应当订立合同。质权自权利凭证交付质权人时设立；没有权利凭证的，质权自有关部门办理出质登记时设立。

第229条 权利质押除适用本节规定外，适用本章第1节动产质权的规定。

3.《最高人民法院关于适用〈中华人民共和国担保法〉若干问题的解释》

第98条 以汇票、支票、本票出质，出质人与质权人没有背书记载"质押"字样，以票据出质对抗善意第三人的，人民法院不予支持。

4.《最高人民法院关于审理票据纠纷案件若干问题的规定》

第49条 依照票据法第27条和第30条的规定，背书人未记载被背书人名称即将票据交付他人的，持票人在票据被背书人栏内记载自己的名称与背书人记载具有同等法律效力。

第69条 付款人或者代理付款人未能识别出伪造、变造的票据或者身份证件而错误付款，属于票据法第57条规定的'重大过失'，给持票人造成损失的，应当依法承担民事责任。付款人或代理付款人承担责任后有权向伪造者、变造者依法追偿。

持票人有过错的，也应当承担相应的民事责任。

【案情介绍】

2006年10月9日，A公司为履行与B公司的购销合同货款义务，通过A公司所在的甲中行签发了一张面额为15万元的银行承兑汇票，收款人为B公司所属单位C公司，汇票到期日为2007年4月20日。C公司收票后，在将汇票背书给B公司时，在背书栏中格签章，但未写时间，也未写背书人姓名。B公司收票后，为偿还欠D公司的货款，便在汇票背书栏的首格签章予以背书，也没有注明时间和背书人姓名。D公司受票后，因急需业务资金，遂于2006年12月24日向D公司所在乙工行申请贴现，但其仅在背书栏末格签章，而未填写时间和背书人之名。乙工行验票后，因缺乏信贷资金，便报请其支行丙支行再贴现，获准后，即于2006年12月27日向D公司转账划款。后产生纠纷。

2007年4月，A公司因B公司不履行发货义务且有欺诈之嫌，遂诉请本地法院诉讼保全，申请冻结该汇票的兑付资金。受诉法院审查认为B公司确有欺诈之嫌，其在汇票上的背书不规范，该汇票应属无效票据，遂裁定冻结兑付资金。2007年4月21日乙工行通过工行丙支行划转该到期汇票的兑付资金，丙支行以汇票款已被法院扣押为由拒付，本市中级人民法院得知后，认为冻结已背书转让的汇票兑付资金不当，函请该法院撤销裁定，解除冻结。但在法院解除冻结令下发后，甲中行仍于2007年5月14日向乙工行发出电报，称银行承兑汇票"因背书有误不能解付"。乙工行在多次兑付请求被拒绝的情况下，遂于2007年5月21日诉至人民法院。

【提示问题】

1. 请问空白背书具有什么样的效力？

2. 请问背书不连续可否影响汇票的效力？

3. 2006年5月4日，A公司向B公司购买一批货物，支付了一张金额为10万元的银行承兑汇票，收款人为B公司，票据到期日为同年9月4日。票据到期后，B公司由于财务管理混乱，未及时去银行提示付款。后B在业务往来中将该汇票背书转让给C公司，并注明背书时间是9月20日。C公司持票向承兑银行要求付款，遭银行拒绝。请问C公司是否享有票据权利？

4. A公司为担保自身债务，以其银行汇票质押给B公司，但没有在汇票上记载"质押"字样，而另行以书面形式将汇票质押，在该汇票上是否成立质押权？

5. 2007年4月6日，A公司签发了一张以A公司的开户行甲银行为付款人，B公司为收款人，票面金额为20万元，出票后3个月付款的汇票，并在当天交付给B公司。4月10日，B公司准备拿该汇票到银行提示承兑，发现汇票遗失。后查明，该汇票于4月9日被张三盗窃。张三伪造B公司的签章将该汇票转让给自己，再由自己签章后，于4月18日将该汇票背书转让给C公司。C公司持票到甲银行提示承兑时被拒绝，C公司遂将此汇票背书转让给D公司。C、D公司可以善意取得该票据权利吗？B公司要不要承担票据责任？

【深度思考】

一、背书与空白背书

空白背书是指由背书人签名，不记载被背书人姓名或名称的背书。空白可否构成连续背书的问题要考查各国对于空白背书的不同规定。日内瓦《统一汇票本票法公约》和《联合国国际汇票和国际本票公约》均允许空白背书。其采取的是反面认定的方法，即后一次背书的背书人视为前一次背书的被背书人，因此一切空白背书都被认为是形式上连续的背书。我国《票据法》第30条规定："汇票以背书转让或者以背书将一定的汇票权利授予他人行使时，必须记载被背书人名称。"据此，我国不承认空白背书的效力。被背书人名称是我国票据法上规定的背书绝对记载事项，一旦欠缺将导致背书的无效，而对持票人来说则属于背书不连续，票据债务人可以此为抗辩事由。我国不承认空白背书，囿于当时的社会经济背景而没有像国外一样采取宽泛的定义，但现实生活中又有大量空白背书票据出现。并且，付款人又严格依照《票据法》的规定，即对背书不连续的持票人拒绝付款，在主要付款人这个关键点卡死了空白背书票据制度的存在。

背书主要有以下两种方式：

完全背书。又称记名背书，即背书人必须在票据的背面或粘单上签章，记载被背书人名字或名称，并记载日期的附属票据行为。如果缺少这三项中的一项则背书无效。我国《票据法》第 27 条第 4 款对背书的定义也是如此规定的。

空白背书。也称不完全背书，即背书人仅在票据的背面或粘单上签章，并没有记载被背书人名称的行为。空白背书转让的方式有以下三种：

1. 以直接交付的方式转让。因空白背书上未载明被背书人的名字，无所谓背书的连续性。因此，持票人再转让时无需在票据上签章、记载被背书人的名字、背书日期，或者持票人不签章，只记载被背书人的名称而直接将票据交付给受让人。

然而，在实际生活中，空白背书有以此形式（虽有记载被背书人名字，但背书人未签章）转让的。此时，持票人提示付款或承兑时，依照我国《票据法》的规定肯定会被拒绝，而向其他背书人主张票据权利时，也会以背书的不连续被拒绝付款。但是，如果持票人能够证明背书的实质连续性，即以基础交易关系证明，那么法院是否支持持票人的请求？我们认为，其一，我国承认因赠与、税收、继承取得票据的，享有票据权利。赠与、税收、继承都以直接交付的形式，持票人就可取得票据权利，不需要在票据上作任何签章和其他事项的记载。《票据法》第 31 条第 1 款规定："以背书转让的汇票，背书应当连续。持票人以背书的连续，证明其汇票权利；非经背书转让，而以其他合法方式取得票据的，依法举证，证明其汇票权利。"这里的"其他方式"即指因赠与、税收、继承而取得票据不是依基础交易关系而取得票据。所以，依照上述分析，虽然持票人能以基础交易关系证明背书的实质连续性，也不得享有票据权利。其二，因无背书人的签章，背书不能满足背书行为的实质内容。背书人必须签章，否则背书无效。持票人虽能以基础关系证明背书的实质连续性，但却因背书不符合背书的实质要件而等同于没有背书，因而持票人也不能取得票据权利。反过来讲，持票人没有尽到要求背书人签章的义务，理应承担因此带来的不利后果。其三，从整个票据制度的价值来考虑，之所以不承认空白背书以直接交付的形式转让票据，是因为票据除了满足便捷性的需要还得兼顾安全性，两者不可偏废其一。"无规矩，不成方圆"，不遵守相关的制度以图便捷反而会带来更大的不便，况且，在进行票据转让时要求背书人在票据上签章是持票人的权利，并不显麻烦。

2. 以空白背书的方式转让。即持票人以在票据上仅签章而不记载被背书人名称的方式转让票据权利。这种方式是典型的空白票据转让方式，在实际中也易被认同，从而持票人可以取得票据权利。如《最高人民法院关于审理票据纠纷案件若干问题的规定》（以下简称《规定》）第 49 条规定："依照票据法第 27

条和第 30 条的规定，背书人未记载被背书人名称即将票据交付他人的，持票人在票据被背书人栏内记载自己的名称与背书人记载具有同等法律效力。"因为依票据外观解释原则来说，只要持票人所持票据从外观上符合背书连续性的要求，付款人则不能就此主张对票据的抗辩，而且票据付款人从票据的外观上根本就无法判断该被背书人名称是背书人记载还是被背书人自己记载，尤其在票据进行了多次背书后更是无法判断。因此，被背书人名称不论是由背书人或者被背书人记载，从形式上均为有效，持票人可以主张票据权利。因此在我国，空白背书经过补记被背书人名称之后在形式上并不影响背书的连续性，但是若持票人或被背书人没有补记被背书人名称，则该票据不具有背书的连续性，票据债务人可以对此进行抗辩。最高人民法院的《规定》第 49 条实际上承认了空白背书的效力，与《票据法》的第 30 条相矛盾。因为《票据法》第 30 条规定，被背书人名称是背书的绝对记载事项，根据票据行为的要式性，如果欠缺绝对记载事项，票据行为无效；而《规定》又规定该绝对记载事项可以事后补记，这与绝对记载事项的规定相悖。鉴于各国对于空白背书效力的认可，票据广泛地使用于国际贸易中，建议我国立法明确认可空白背书的效力，从而修改《票据法》第 30 条。建议规定空白背书后又另接一背书时，其后一背书人视为前一空白背书之被背书人，最后背书为空白背书时，持票人视为空白背书的被背书人。这样的规定有利于票据的流通，也使得我国的票据立法与国际票据立法，避免了许多法律适用的冲突问题，减少票据纠纷的出现。

3. 以完全背书的方式转让。此即为持票人完全符合背书要求转让票据权利。此时票据有可能既有空白背书又有完全背书。处理方法如上述第二种情况。

二、背书连续性及对票据效力的影响

(一) 票据背书连续的概念及其法律效力

1. 票据背书连续的概念。我国《票据法》第 31 条第 1 款规定："以背书转让的汇票，背书应当连续。持票人以背书的连续，证明其汇票权利。"并且该条第 2 款规定："前款所称背书连续，是指在票据转让中，转让汇票的背书人与受让汇票的被背书人在汇票的签章依次前后衔接。"从上述规定可以看出，票据上作第一次背书的人应当是票据上记载的收款人，自第二次背书起，每一次背书的背书人必须是上一次背书的被背书人，最后的持票人必须是最后一次背书的被背书人。但是对于背书连续的理解，国内的许多学者有不同的观点，如有学者认为，票据背书的连续性通常是指票据上为转让票据权利而为的背书中，转让票据的背书人与受让票据的被背书人在票据上的签章具有不间断性。[1]

---

[1] 王小能：《中国票据法律制度研究》，北京大学出版社 1999 年版，第 231 页。

2. 票据背书连续的法律效力。《票据法》第31条规定："持票人以背书的连续，证明其汇票权利"。由此可以看出，在我国票据法中，持票人以背书的连续证明其票据权利。这也就是说，背书连续"具有证明权利效力"的法律效力。有学者认为，虽然从票据法的文义上理解，背书连续只能证明票据权利，但是在实践和理论上，背书的连续还具有证明其他权利的效力。例如，连续的背书也能证明依委托收款背书取得票据持票人所享有的代为收取票据金额的代理权；或依质押背书取得票据持票人所享有的就该票据的质押权。[1]

根据票据法原理，连续背书的权利证明效力，具体体现在以下三个方面：

（1）票据背书的连续能够在形式上证明持票人所取得票据的合法性。只要持票人占有背书连续的票据，立法上就推定其就是合法的票据权利人，除非有恶意或者重大过失存在的场合，都应当承认持票人可以依据票据行使权利，而无需提供另外的证据证明自己的合法地位或者票据权利的合法性。

当然，由于形式上背书连续的票据并不一定在实质上也存在背书的连续，持有形式上背书连续票据的持票人也不一定是真正的票据权利人。比如，持票人取得票据时未支付对价，或依不合法的手段取得票据，或取得票据时主观上对票据上存在的问题或前手在票据权利上的瑕疵有恶意或者重大过失等。在这些情况下，即使票据上的背书具有连续性，持票人也不能享有票据权利。

（2）票据付款人在向背书连续的票据持有人付款时，只需进行形式审查。当持票人以形式上背书连续的票据向付款人要求实现票据权利时，如果没有相反的证明，有关的票据债务人应向该持票人为债务清偿。而且，票据债务人向持有背书连续票据持票人履行债务以后，即发生消灭票据债务的效力。即使以后发现票据背书实质上不连续，或发现持票人实质为无权利人，该债务人及其他票据关系人也可以因其债务的清偿而免除其责任。因为在一般情况下，有关的票据债务人并不过问有关票据背书是否实质连续，也不管持票人是否为真正的票据权利人，而仅仅凭形式上的背书的连续推定持票人为真正票据权利人，并对其履行票据债务。当然，票据债务人在付款时必须是没有恶意或重大过失，如果他在付款时明知或者可得知持票人不是真正的权利人，因付款行为导致的法律后果由付款人自负。正如我国《票据法》第57条第2款的规定："付款人及其代理付款人以恶意或者有重大过失付款的，应当自行承担责任。"但是我国于2000年起实施的《规定》第69条又规定："付款人或者代理付款人未能识别出伪造、变造的票据或者身份证件而错误付款，属于票据法第57条规定的'重大过失'，给持票人造成损失的，应当依法承担民事责任。"这实际上是加重了

---

[1] 王小能："论票据背书的连续性"，载《中国法学》1999年第1期。

付款人的审查义务，要求付款人在付款时进行实质审查，这与票据原理不符，与背书连续性的理论也不符，与我国《票据法》第31条的规定相悖。

（3）依连续背书取得票据之人，当然享有票据权利。不管背书人对票据是否享有权利，也不管该背书行为是否欠缺其他实质上的有效要件，比如背书人欠缺民事行为能力等。原则上票据债务人对背书人得以行使抗辩的理由不得波及后手。也就是说，只要背书在形式上存在着签章连续就可以认定为该背书是连续的。即使在上述背书中存在着因实质理由而无效的背书，比如伪造的背书、无权代理人的背书等，这并不影响背书在形式上的连续性。因为对于连续背书的持票人，其权利是由票据外观和文义记载来确定的，而对于实质的有效要件，例如行为人是否有民事行为能力，无法在票据上体现出来，基于票据的无因性和独立性，某一背书行为的无效并不影响其他背书行为的效力，其目的在于保护善意的被背书人。但是，被背书人在接受票据时，如果明知或者可得知背书人的背书行为在实质上无效，便不能取得票据权利，这就是一般票据法规定的善意取得制度。同时，依据我国《票据法》第13条的规定，持票人明知存在抗辩事由而取得票据的，票据债务人可行使对其前手行使的抗辩理由。

（二）票据背书连续的要件

1. 票据各项背书为形式上有效的背书。关于票据背书连续是指背书形式上还是实质上的连续，各国有着不同的规定。在日内瓦《统一汇票本票法公约》以及《联合国国际汇票和国际本票公约》中，背书在形式上连续，即构成背书连续。英美票据法实行实质上连续的制度，票据上背书的签章存在伪造签章时，将构成背书的不连续，其后取得票据的人不能成为"持票人"。我国《票据法》实行的是形式连续制度。背书连续是以形式连续或实质连续为标准，反映了立法不同的价值取向和风险负担原则。形式连续的判断标准，更有利于持票人的利益与票据流通性的保护，并且形式连续的判断标准与背书连续的推定效力是一致的。[1]

所谓形式上有效是指有关背书具备票据法上所规定的票据背书所应该具备的必要形式。如果欠缺票据法上所规定的形式要件，如欠缺背书人的签名，或在数人共同享有有关票据权利时，欠缺全体票据权利人签名，或在法人进行转让背书时欠缺法定代表人签名都属于欠缺背书行为的形式要件的情况，有关的背书都应该因此被视为无效的背书。至于欠缺被背书人名称时是否绝对无效的问题值得探讨。我国立法不承认空白背书的效力，根据文义性，欠缺被背书人名称的背书应该是无效的背书。但是《规定》第49条规定："依照票据法第27

---

[1] 吕来明：《票据法基本制度评判》，中国法制出版社2003年版，第225页。

条和第 30 条的规定，背书人未记载被背书人名称即将票据交付他人的，持票人在票据被背书人栏内记载自己的名称与背书人记载具有同等法律效力。"此外背书人在背书时记载有票据法上没有规定的事项，或甚至记载票据法上所禁止记载的事项，如附条件的背书记载，或记载有免除担保付款文句时，根据各国票据立法的规定，该有关记载被视为无记载，并不影响有关背书的形式效力，因此也不影响票据背书的连续。

2. 连续背书的当事人签章在形式上前后衔接。连续背书的当事人签章在形式上前后衔接，就意味着第一次背书时的背书人必须是收款人，而第二次背书时的背书人则是第一次背书时的被背书人，依此类推。如：甲—乙，乙—丙，丙—丁，这样的票据背书就是连续背书。我们可以看出，票据背书共发生了三次，第一次背书中的甲被看做第一次背书人，是票据上所记载的收款人，被背书人乙是第一次接受票据转让的人。在第二次背书中，第一次背书中的被背书人乙成为转让票据的背书人，将票据背书转让给新的被背书人丙。同样，在第三次背书过程中，第二次背书中的被背书人丙又成为背书让票据的背书人，被背书人丁成为最后的持票人。从这一过程可以看出，连续的背书，在每次背书过程中，前一背书的被背书人都成为持票人并且成为下一次背书中的背书人，依次衔接，中间没有断层，[1] 最后的持票人必须是最后一次背书的被背书人。

3. 连续背书的当事人签章应具有同一性。签章的同一性是指前一次背书的被背书人与后一次背书的背书人的名称在形式上应当一致。这种一致是绝对的还是公认一致，对此各国立法有不同的确认原则，学者也有不同的观点。采用绝对一致的有我国台湾地区"票据法"：前背书之被背书人与后背书之背书人须具有同一性。前背书之被背书人如使用方形印章，则后背书之背书人亦应使用同一之方形印章，否则姓名或名称虽然一致，尚不能认定前背书人与后背书人系同一人。大多数国家则采取的是公认一致的原则，即前一次背书的被背书人名称与后一次背书的背书人的签章并非绝对相同，甚至形式上不同，只要从一般公众的角度的理解，公认二者是同一当事人，也构成背书的连续。

针对我国的实践情况，对于背书人与被背书人签章的同一性问题应该区分法人与自然人采取不同的原则来确认。我国票据法在规定法人和自然人的签章上采取不同的规定，对于法人或单位则要求盖章加其法定代表人或授权的代理人签章，而且填写票据和结算凭证时，对单位或银行名称的记载，应当记载全称或规范化的简称。对于自然人则只要求签本名或盖章，即本名是被法律或行政法规所认可的身份证件上的姓名。由此得知，我国现行法律的规定实质上是

---

[1]　吕来明：《票据法前沿问题案例研究》，中国经济出版社 2001 年版，第 255 页。

对于法人和单位实行的是公认一致原则，只要其简称是规范化，不会让公众产生误解就应当认定其背书具有同一性。而对于自然人，因为在我国不同的自然人使用完全相同姓名的情况经常出现，而且一个自然人具有两个以上名字的现象也是大量存在的，如果允许以不同的别名、笔名来记载票据的背书，将会导致辨认身份上的困难，因此应该采取严格的绝对一致的原则，只有签章完全一致时才能认定其背书的连续性，否则将导致背书的不连续，票据债务人可以据此拒绝付款。

本案银行承兑汇票的背书签章不规范，确实构成了该汇票形式上的背书不连续，但这并不必然导致该汇票无效，也不必然导致持票人丧失票据权利。背书连续是持票人享有票据权利的法定和直接的证明方式，但这并非是唯一的和具有排他性的方式。持票人在不能以背书连续性证明其票据权利的情况下，若能举出汇票实质上背书连续的其他证据，充分证明其为真正合法权利人，其仍可享有和主张票据权利。本案中，乙工行作为票据关系中的持票人和贴现人，与其直接前手 D 公司之间票据贴现的实质转让关系是连续的和清楚的，且该汇票在到期日前，并无人申请挂失止付或公示催告，汇票上各签章人在知悉本案争议后，亦无一人主张票据权利，故在乙工行举出以贴现方式取得汇票证据后，应确认为真正的合法持有人，并享有票据权利。工行丙支行不是本案票据关系的当事人，且其作为代理付款人是在付款人的授权范围内履行职责，其行为符合法律规定，不应承担票据上的法律责任。

三、超过提示付款期后背书转让的效力

本案关键就是票据背书发生在票据提示付款期后，其背书行为到底有效还是无效？

第一种观点：该票据背书转让发生在票据提示付款期后，票据法禁止票据超过提示付款期后背书，故背书行为无效，C 公司不享有票据权利，银行不承担付款的责任。

第二种观点：票据法禁止票据超过提示付款期后背书，故背书行为无效，C 公司不享有票据权利，但 B 公司已将普通债权转让给了 C 公司，银行应对 C 公司承担付款的责任。

第三种观点：票据法虽禁止票据超过提示付款期后背书，但 B 公司在背书转让时仍享有票据付款请求权，仅丧失追索权，C 公司自愿接受不完整的票据权利不损害公共利益，应认定票据背书转让有效。

我们同意第二种观点：超过提示付款期后背书转让不具有票据权利转让的法律效力，只能发生普通债权转让的效力。

（一）付款期限内提示付款的法律意义

B 公司在付款期限内未向票据债务人提示付款，会产生哪些法律效果，要看在付款期限内提示付款的法律意义。

1. 在付款期限内提示付款是保护票据债权人利益的重要程序。它是票据权利人保全追索权的必要程序。依据《票据法》的规定，持票人应首先向票据上载明的付款人请求付款，取得一次支付；在不能获得一次支付时，才可以向出票人或者背书人行使追索权，取得二次支付。由此可见，只有向付款人提示付款遭到拒绝时，才能向出票人或者背书人进行追索，提示付款实际上是履行追索权的保全手续。

2. 在付款期限内提示付款是保护票据债务人利益的重要程序。对票据上载明的主债务人而言，付款期限是其正常履行票据债务的期间，票据主债务人会在该期间筹集资金，等待持票人前来提示付款，完成票据款项的交付，终结票据的流通过程。若持票人在付款期限内未如期提示付款，在付款期限外票据时效内提示付款则会加大付款人的债务负担。票据时效制度促使票据债务人在票据时效内要兑付该票据款项，否则付款人将处于不利的地位。在票据权利人消极履行债权时，为平衡票据持有人和票据债务人的利益关系，票据法对持票人在付款期限后的票据权利进行了限制，票据持有人不再享有背书转让权，只享有付款请求权，并且要履行书面说明的特别程序。

对票据上载明的背书人而言，付款期限是其担保票据债务的保证期间，是否承担担保义务在付款期限的最后时刻予以决断。持票人在付款期限内提示付款是向票据主债务人行使票据主债权，在票据主债务人履行了票据债务的情况下背书人的保证责任予以免除，若持票人在付款期限内怠于行使付款请求权，则背书人的担保责任也予以免除。

我国《票据法》第 36 条规定："汇票被拒绝承兑、被拒绝付款或者超过付款提示期限的，不得背书转让。"由此可见，B 公司由于财务管理混乱，未及时行使付款请求权，已丧失了票据背书转让的权利。

（二）在票据付款期限之后背书转让产生何种法律效力

既然法律禁止期后背书，B 公司的背书行为就不能产生票据权利转让给 C 公司的效果，那么，B 公司向 C 公司转让的是何种权利呢？

我们认为，票据权利虽是票据法规定的一种特别债权，但它也可以被认为是一种普通债权。它作为特别债权或普通债权转让时，转让的方式是完全不一样的。它作为票据法所规范的特别债权被转让时，必须是转让人在票据背书栏完成背书手续，并将票据交付给被背书人，才能将票据权利转让给被背书人，被背书人凭连续的背书记录才能证明自己具有持票人的合法资格。当票据权利被作为普通债权转让时，只要转让人（持票人）和被转让人协商一致，并且通知票据主债务人即可。这时票据也要交付给被转让人，因为票据债务人在向被转让人履行普通债务时必须收回票据，以消灭票据权利。

一般情况下，票据权利都以背书交付的方式加以转让，因为票据权利作为特别债权其优越性远远大于普通债权。

票据权利是二次性权利，即付款请求权和追索权的复合权利。首先票据持有人享有对票据付款人的付款请求权，在第一序位的请求权不能实现的情况下，票据持有人享有向出票人或者背书人（前手）追索票据款项的第二序位权利。第二序位权利的追索权是对第一序位付款请求权的担保，这使得付款请求权的法律效力得到强化。另外票据权利一经转让，就切断了票据债务人对持票人前手的抗辩权，成为更优质的债权，这大大降低了交易风险，增强了票据的流通性。

票据权利以普通债权的转让方式被转让时，被转让人持有的不再是票据权利，仅享有对票据债务人的付款请求权，不再享有起着担保作用的追索权。其在对票据债务人行使付款请求权时，票据债务人有权以对转让票据人抗辩的理由来抗辩被转让人。

本案中，B 公司没有及时行使提示付款权，丧失了背书转让权，但其仍享有票据权利，只是这种票据权利不完整，仅包含付款请求权。B 公司仍以背书交付的方式转让票据权利是无效的，但 B 公司在与 C 公司协商一致的情况下将付款请求权以转让普通债权的方式予以转让是可行的，B 公司在票据上背书并将票据交付给 C 公司虽是票据权利转让的技术语言，但也能起到普通债权转让的语言说明作用，且 B 公司事后也向银行送去了书面说明，符合普通债权转让的规定，故银行仍应向 C 公司履行支付款项的义务。

四、票据质押

票据质押是权利质押的一种。票据质押是指为了担保债务履行，作为持票人的债务人或第三人将自己的票据作为质物，设立质权的行为[1]。

票据质押是我国《物权法》和《票据法》明示的质押方式，是兼跨《物权法》和《票据法》的法律问题，但《物权法》和《票据法》对这个问题又没有一个统一的规定，致使在司法实践中常常发生冲突，因此探讨票据质押的生效要件、票据质押行为的性质、票据质押的效力以及质权的实现等问题尤为重要。

（一）票据质押的生效要件

票据质押在我国现行法律上有两种：一是根据担保法设定的票据质押；二

---

[1] 辜明安："票据质押基本问题新探"，载《社会科学研究》2002 年第 6 期。

是根据票据法设定的票据质押。《物权法》第 224 条："以汇票、支票、本票、债券、存款单、仓单、提单出质的，当事人应当订立书面合同。质权自权利凭证交付质权人时设立；没有权利凭证的，质权自有关部门办理质权登记时设立。"根据这一规定可知，《物权法》对于票据质押的生效要件强调的是合意和交付，即出质人应与质权人经书面形式订立质押合同，并在约定的期限内交付票据，质押合同自交付票据之日起生效。在实践中，质押合同签订与交付可能出现时间上的不一致，如果规定质押合同在票据交付后生效，则必然导致质押合同对质押双方没有任何约束力。而我国《票据法》第 35 条规定："汇票可以设定质押；质押时应当以背书记载'质押'字样，被背书人依法实现其质权时，可以行使汇票权利。"《票据法》第 80、93 条分别规定本票和支票适用汇票的规定。《规定》第 55 条规定："……出质人未在汇票、粘单上记载'质押'字样而另行签订质押合同、质押条款的，不构成票据质押。"由此可知，《票据法》对票据质押的生效要件强调的是背书记载"质押"字样与交付。显而易见，两部法律对票据质押的生效要件的规定是有区别的，主要区别在于是否以背书"质押"字样为生效要件。依照《票据法》，经背书"质押"的票据质押当然成立，而依照《物权法》，出质人未在票据上记载"质押"字样而是另行签订质押合同或者质押条款并交付票据的，构成票据质押。我们认为，作为票据质押来讲，要具备三个要件：①票据质押必须以背书方式为之。出质人为背书人，质权人为被背书人，出质人作为背书人还要签章，如果出质人作为背书人未签章会导致背书无效。②必须记载"质押"字样。因为票据是文义证券，依照票面记载事项发生法律上的效力，如果没有记载"质押"字样，就不能证明被背书人取得的是质权，我们就会把这种背书看做一般转让背书，出质人的抗辩权会受到限制，即质权人将票据背书转让给善意第三人时，出质人不得以票据仅为质押背书为由进行抗辩。③必须进行票据的交付。因为票据是一种完全有价证券，持有票据才能行使票据权利，所以质权人只有持有票据才能最终行使质权。

依照《物权法》规定的质权设定方式，也就是没有在票据背面记载"质押"字样，而是另行签订质押合同设定的质押，我们可以把它看做以票据为权利凭证的一般债权质押。最高人民法院关于《担保法》的司法解释第 99 条规定："以汇票、支票、本票出质，出质人与质权人没有背书记载'质押'字样，以票据出质对抗善意第三人的，人民法院不予支持。"这一司法解释肯定了"质押"字样的记载只是票据质权的对抗要件，在不存在善意第三人的时候，以票据为权利凭证的一般债权质押权利不应当被否认。它虽不能依照《票据法》产生票据质押的效力，但可以依照《物权法》第 212 条的规定"质权自出质人交付质押财产时设立"发生法律上的效力。因为我国《票据法》第 31 条规定："非经背书转让，而以其他合法方式取得汇票的，依法举证，证明其汇票权利"，所以作为这类质权人实现质权时，必须依法举证，证明自己取得票据权利的合法性，证明自己享有质权。

（二）票据质押行为的性质

票据行为是指能产生票据债权债务的要式法律行为。在理论上把票据行为分为基本票据行为和附属票据行为。出票行为是基本票据行为，是创设票据权利的行为，除此以外所有的票据行为包括背书、承兑、付款等均为附属票据行为。票据的背书分为转让背书和非转让背书。设定票据质权必须根据票据法在票据的背面或其粘单上记载表明出质的文字，并将票据交付给质权人。设质背书不属于票据的转让，是非转让背书的一种，因此，具有票据行为的一般特征。

1. 票据质押行为的要式性。要式性体现为票据质押要以法定方式进行，以便当事人从统一的票据款式中，明了行为的法律性质，清晰辨认票据上的权利义务。出质人必须将出质的意思予以明确记载，同时签名盖章，注明背书的时间和被背书人。缺少法律要求的任何一项都会导致票据质押行为的无效。

2. 票据质押行为具有独立性和无因性。票据质押行为和其他票据行为体现在同一张票据上，但是这些票据行为都各自独立产生效力，不受其他票据行为的影响。票据质押行为的有效性不受前面票据行为的影响，即使前面有的票据行为存在瑕疵或者无效，如票据上签章的伪造，也只会导致该行为不具有法律上的效力，并不影响所有票据行为的效力，更不会波及票据质押行为的效力。票据质押行为只要具备了法定要件就生效，无论当事人之间设立票据质权的基础合同的效力如何，也不论双方对质权的担保范围等有何约定，均不影响票据质押行为的效力。质权人实现质权而向付款人请求付款或向前手追索时，付款人和被追索人不得以票据质押的原因关系或质押的主债务无效而抗辩票据债务的承担。但是，当出质人为付款人或被追索人时，其可以以票据质押的原因关系或质押的主债务无效而抗辩票据债务的承担。

3. 票据质押行为的文义性。票据质押的意思表示只能以票据上记载的内容为准，无论当事人之间有无其他约定，也无论主债权情况怎样，出质人与质权人之间的权利义务只能依照票据上的文字记载认定，不允许以票据以外的其他方式证明。即使当事人由于疏忽而作了错误记载，仍按照错误记载发生法律上的效力，所以当事人不得以票据没有记载的内容主张权利或抗辩票据权利。

4. 票据质押行为的连带性。票据质押的质权人享有的票据权利，既包括付款请求权，也包括追索权。当质权人作为持票人行使付款请求权遭到拒绝后，可以对票据的出票人及其所有前手行使追索权。票据的出票人、背书人、承兑人、保证人等所有在票据上签章的人对持票人承担连带担保付款的责任。持票人可以不依照签章的顺序而自由选择追索的对象，被追索人对持票人遭到拒绝承兑或拒绝付款承担无条件给付票据金额的责任。

（三）票据质押的效力

1. 票据质押担保的效力范围。《物权法》第 229 条规定："权利质押除适用本节规定外，适用本章第一节动产质权的规定。"第 173 条规定："担保物权的担保范围包括主债权及其利息、违约金、损害赔偿金、保管担保财产和实现担保物权的费用。质押合同另有约定的，按照约定。"因此，票据质押的担保范围应适用该规定。但是，《担保法》的此项规定是针对动产质押设定的，在动产质押中质权人要保管质物会支出一些合理的费用，而在票据质押中有没有质物的保管费用呢？笔者认为，如果质权人把票据委托给他人保管需要支出保管费用，只要该费用是合理的，则应该包括在质押担保的范围内，其他情况下则不应包括在内。

2. 对质权人的效力。

（1）质权设定的效力。一经票据质押背书，持票人就取得质权，当背书人到期不偿还债务时，持票人行使票据权利以实现自己的债权。

（2）行使票据权利的效力。设质背书作成后，被背书人或持票人可以以自己名义行使依票据法产生的一切权利，包括票据上的权利、票据法上的权利、票据诉讼上的权利等。这基本上是各国立法的通例。日内瓦《统一汇票本票法公约》第 19 条规定："如背书载有'担保价值'、'抵押价值'，或任何其他抵押的声明，持票人得行使汇票上所有的一切权利，但只能以代理人资格背书。"我国《票据法》第 35 条也规定："被背书人依法实现其质权时，可以行使汇票权利。"但是，我国《担保法》的有关规定是，行使质权需以主债权到期未受清偿为前提。这样就产生一个问题，票据质权人行使质权时是否需要证明其主债权到期未受清偿？笔者认为：如果作这种限制，首先违背了票据的文义性，主债权到期日并非票据法所规定的记载事项，即使记载也不会发生票据法上的效力，因此不能作为能否付款的依据。其次要求付款时主债权到期未受清偿，则会要求付款人审查票据质押的主合同，与票据的无因性相悖。但是票据权利人行使票据上权利应受到一定的限制，因为设质背书并不是以转让为目的而是以担保某一债权为目的，此时真正的权利人还是质押人，所以质权人不得将票据背书转让和作转质背书。

（3）权利证明的效力。在质押背书的情况下，出质人作为背书人记载质权人为被背书人并签章，只是比普通的背书多了"质押"两个字，质权人取得票据后，可以以票据背书的连续性证明自己是真正的权利人，并基于此主张质权，无需提供其他的证明。

（4）切断人的抗辩。所谓人的抗辩是指基于持票人自身或者票据债务人与特定的持票人之间的关系而产生的抗辩。切断人的抗辩是指存在这种人的抗辩的事由，当该票据权利依《票据法》规定的转让方式进行转让时，该抗辩事由不随之转移，票据债务人不得以此对抗后手票据权利人。设质背书的被背书人是以自己的名义、为自己的利益行使票据权利的，享有完全的票据权利，其地位与经转让背书取得票据的持票人相同。因此，票据债务人不得以其与背书人（这里指出质人）之间存在抗辩事由对抗质权人，由此产生抗辩切断的效力。

（5）票据责任的担保效力。票据质押设定后，出质人作为背书人，对票据仍要承担担保责任，在其后手得不到承兑或付款时，要承担付款责任。这是因为质押背书在质权人要实现质权时，和普通背书完全一致，一旦遭到拒绝承兑或付款，可以向其任何一位前手行使追索权，但是出质人可以质押合同中的正当理由来对抗质权人，这也就是票据行为中直接当事人之间的抗辩。但是，设质背书的票据不能再背书转让，否则作为背书人的出质人只对直接后手也就是质权人承担担保责任，不对质权人再转让背书的被背书人及其后手承担责任。

（四）票据质权的实现

票据质押的目的是担保主债权的实现，如果出质人能够依主合同约定履行自己的义务，则质权人的合同利益已经得到实现，质押合同也就失去了担保作用，则质权人应将设质票据完整归还出质人。这种情况不存在质权实现的问题。如果出质人在期满时仍未履行自己的义务，则质权人有权行使票据权利，以实现质权。笔者认为，质权人可以选择以下途径实现质权：

1. 向付款人请求付款，并以此款项优先满足自己的债权。此种情况又分为三种情形。

（1）票据的付款日与被担保债权的清偿期相同时，质权人作为主债权人，可以直接向付款人请求付款。此时不需经出质人的同意，因为行使票据权利以持有票据为必要，质权人持有票据，又能以背书的连续证明自己权利的存在。如果票据已经付款人、第三人承兑或保付，那么付款人、第三人成为主债务人，承担付款责任。若其拒绝付款，质权人可向法院起诉要求其履行义务。

（2）票据的付款日期先于其所担保债权的清偿期届满。这种情况即使被担保的债权未届清偿期，质权人仍可以请求付款人付款。因为票据有提示日期，如不及时行使权利，有可能造成权利上的损失，此时持票人是质权人，其应依票据法的规定来行使权利。《物权法》第225条规定："汇票、本票、支票、债券、存款单、仓单、提单的兑现日期或提货日期先于主债权到期的，质权人可以兑现或提货，并与出质人协议将兑现的价款或者提取的货物提前清偿债务或者提存。"

（3）票据的付款日后于所担保的债权清偿期。笔者认为，质权人可以留置票据到票据到期日以实现票据权利。或将票据提存，或要求出质人另外提供其他有效担保。

2. 行使票据追索权，并以所得款项优先满足自己的债权。追索权又称第二次付款请求权，当票据到期未获付款，或到期日前未获承兑或有其他法定原因的情况下，质权人在行使了保全权利后，可以向票据债务人主张票据权利，包括出质人和出质人前手在内的所有前手行使追索权，请求偿还票据金额及其他法定款项。追索的标的不是主债权的金额，而是票面金额，因为票据金额要求完整转让或支付，不允许部分转让或支付。当然，如果票面金额超过了主债权金额，质权人有义务将超过的部分返还给出质人；如果票面金额小于主债权金额，质权人有权要求出质人清偿不足的部分。在所有的被追索对象中，只有出质人可以依票据原因关系的瑕疵而对质权人进行抗辩。

3. 质权人要求出质人涂销质押背书中关于背书目的的记载。日内瓦《统一汇票本票法公约》规定，涂销之背书，对于背书之连续视为无记载。英国和美国的票据法则规定，重新获得票据的背书人得涂销任何对其所有权无必要的背书，并可将票据再行流通转让。但我国票据法并没有关于涂销的规定。鉴于国际上的通用做法，笔者认为，我国在修改票据法时，应对票据的涂销加以明确的规定。即规定：质权人有权要求出质人涂销有关"质押"的文字。这样质押背书就转变为普通的转让背书，质权人作为被背书人就可以完整的取得票据权利，可以再次背书转让票据以实现质权。

在本案中，主要有以下三种意见：

第一种意见：本案中的票据质押有效。我国《票据法》和《物权法》分别调整票据关系和担保关系，不存在特别法与普通法的关系，两者效力相当，不能因为《物权法》的规定不同于《票据法》而否认其效力。[1] 即使没有进行背书并写明"质押"字样，质押关系仍然成立，只是质权具有相对性，它只在当事人之间有效力，不得对抗善意第三人。

第二种意见：成立担保法上的质押关系。我国《物权法》对于以票据等为标的的权利质权生效要件作出了一般性规定，而《票据法》是对票据的签发、流通和使用等票据行为的专门规定，故《票据法》相对于《物权法》来说属于特别法。按特别法优于普通法的法律适用原则，因此在票据设质的问题上应当优先适用《票据法》。[2] 只有设质背书和"质押"字样可以确定地形成质押法

〔1〕 陈芳、虞燕飞："票据质押中的若干法律问题"，载《法学》1998 年第 9 期。
〔2〕 于永芹：《票据法前沿问题研究》，北京大学出版社 2003 年版，第 147 页。

律关系，而如果当事人双方仅仅缔结了质押合同并交付了出质票据，则形成了债权性质的质押关系，或者也可以称作民法上的质押法律关系，它不具有票据法上的效力，也不能对抗善意第三人，但是持票人可以根据票据和质押合同，向法院起诉要求行使质权。

第三种意见：本案中不存在质押法律关系。票据具有设权性、要式性、文义性等特征。设权证券上的权利在证券作出或记载之前不存在，作出或者记载行为是创设票据权利的必要条件，而不得通过其他途径予以证明；要式性表明一切票据行为必须严格按照《票据法》的规定来完成，否则不产生票据法上的效力；文义性要求票据上所创设的权利和义务，均须依票据上记载的文字来确定，不得以票据以外的证据来变更或者补充其文义。在票据上只成立票据权利，票据质押的标的因此也只能是票据权利，而不存在票据之外的一种债权，不能取得票据权利时，票据上只存在利益返还请求权。质权人在签订了质押合同并占有票据的情形下，可以其占有的质押合同和票据向出质人要求或人民法院申请补充设质背书和有关记载。目前第三种观点为主流观点。

我们也同意第三种意见，本案双方当事人不成立票据质押关系。

五、票据的善意取得

所谓票据权利的善意取得，即"在票据受让人善意且无重大过失的情况下，取得背书连续的票据时，即使该票据的转让人并非真正的票据权利人，票据受让人亦取得该票据权利，而无向票据权利人返还票据的义务"[1] 这一制度的确立，保护了善意第三人的合法权益，维护了交易的动态安全，使票据功能得到了充分的发挥。我国《票据法》第 12 条规定："以欺诈、偷盗或者胁迫等手段取得票据的，或者明知有前列情形，出于恶意取得票据的，不得享有票据权利。持票人因重大过失取得不符合本法规定的票据的，也不得享有票据权利。"虽然第 12 条没有从正面直接规定票据的善意取得，但是依该条的反面解释，可以揭示我国《票据法》对善意取得制度所持的肯定态度。由于并非任何法律条文均可为反面解释，而是以法律条文的构成要件，与法律效果间的逻辑关系、构成内涵的应有之义及外延重合为反面解释的适用条件[2]

（一）票据权利善意取得的特殊性

票据权利善意取得，实质上是债权的取得。一般认为，善意取得原是物权法上的制度，并非债权法上的制度。但是，票据权利为何能适用物权法上的善意取得制度呢？

---

[1] 赵新华：《票据法》，人民法院出版社 1999 年版，第 81 页。
[2] 梁慧星：《民法解释学》，中国政法大学出版社 1995 年版，第 278 页。

就一般债权而言，是不成立善意取得的。因为债权是一种对人的请求权，没有相应的权利外观。善意取得的基础是占有这一物权的现象形态。"占有状态就表明了权利之所在，它无需另行证明，占有权利是一自足命题。"[1] 日本学者我妻荣先生认为，债权因其自身实现了从主观的人身关系到客观的经济关系的推移，致使债权具有完全的财产价值，乃至经济价值，实现了债权的财产化。债权财产化的最突出表现，就是通过指示式债券、证券等特殊债权，或促使抵押制度异常发展，或促使抵押制度与有价证券的结合。使债权脱离其成立时的当事人而自由流转，故已失去当事人的色彩，取得的是纯粹独立的一份财产存在。这样就使得债权在流通过程中即使有无权利人介入，事实上也在连续流通。[2] 而票据作为一种典型的指示债券，具有典型的权利外观，使得票据权利具有类似于物的动产性质。所以完全符合善意取得的基础条件，也就使票据债权完全具有适用善意取得制度的"土壤"。

（二）票据善意取得制度价值之体现

（1）民法上关于动产的善意取得有例外规定，即基于真权利人的意思而丧失占有之物。而占有脱离物则是非基于真权利人的意思而丧失占有之物，如盗品、遗失物等均属于占有脱离物。占有脱离物原则上不发生善意取得，而占有委托物则相反，原则上的发生善意取得。[3] 而票据的善意取得则没有这些限制，为维护票据的流通，则不问真正的权利人丧失票据的原因如何，即使票据为盗赃或遗失物，亦可成立善意取得，这也是票据无因性的必然要求。

（2）票据善意取得弥补的是权利的瑕疵，而不是对行为瑕疵的保护。票据善意取得制度是对权利瑕疵的弥补，即持有人是从无权利人手中得到的票据因而获得了票据权利，治愈了其前手无权利的瑕疵。

（3）票据的善意取得，取得人虽有过失，除重大过失以外，并不妨碍权利的取得，而民法上关于动产的善意取得则不同。

（三）票据善意取得的构成要件

关于善意取得的构成要件问题，我国《票据法》没有作出明确规定，国内学者对此主要有以下学说：①二要件说，即票据善意取得必须具备主观和客观两项要件。主观要件指受让人必须为善意且无重大过失，客观要件指受让人须依背书转让方式取得票据，且依背书连续证明自己为合法持票人。[4] ②三要件

〔1〕 肖国厚："动产善意取得制度研究"，载《民商法论丛》第13卷，法律出版社2000年版，第54页。

〔2〕 ［日］我妻荣：《债权在近代法中的优越地位》，王书江、张霄泽译，中国大百科全书出版社1999年版，第37页。

〔3〕 梁慧星、陈华彬：《物权法》，法律出版社1997年版，第185页。

〔4〕 赵新华：《票据法论》，吉林大学出版社1998年版，第90页。

说，即除上述两个要件外，还须满足受让人从无票据处分权人手中取得票据的要件。[1] ③四要件说，即还必须是付出相当代价而取得票据。[2] ④五要件说，即取得的票据为有效票据。[3] ⑤六要件说，即必须给付对价。六要件说已经取得了通说的地位。

1. 票据权利的善意取得必须符合票据法规定的转让方式。在各国的立法实践中，票据法规定的转让方式一般有两种，即背书转让方式及交付转让方式。

（1）背书转让的方式。根据我国《票据法》的规定，背书是以转让票据权利或将一定的票据权利授予他人行使为目的的附属票据行为。背书必须按照法定的要式在票据的背面或粘单上签名。背书转让方式适用于记名式票据。记名票据的转让须由收款人（第一背书人）在票据背面签名为背书行为后转让，受让人如需再为转让行为，仍须由其再为背书并签章。否则，背书即不连续，而影响转让的效力，进而影响到持票人的票据权利。

（2）交付转让方式。交付转让，亦称单纯交付，一般认为适用于无记名票据的转让。无记名票据仅以交付即可转让，没有背书连续的问题，持票人（受让人）可不在票据背面作任何记载，也不签章，仅将票据交付，转让行为即为完成。因此，受让人通过这种方式取得票据，同时也要符合票据法规定的其他条件，持票人即可主张善意取得。

我国票据法，也有无记名支票的规定。但是，我国《票据法》规定，背书转让为票据转让的唯一方式，所以，在实践中，无记名支票的转让同汇票一样，也必须进行背书。这显然与理论和国际上的通行做法不符。本人认为，我们应采取国际通行的做法，以利于我国的经济发展。

2. 善意取得票据权利必须是从无权处分人处取得票据。从无权处分人处取得票据是善意取得的要件之一。如果票据的让与人，对其所持有的票据有处分权，那受让人取得票据就有正当的权源，无善意取得的问题，应是票据的正常流通。这里的无处分权人，是指善意受让人的直接前手而非他人。

无权处分人，一般包括以偷盗、欺诈、抢夺、拾得等方式取得票据的让与人。因为是以不正当、不合法的手段取得票据的，故不是票据的真正权利人，自然无处分权。

3. 受让人取得的票据须在形式上完整，且符合法律规定。

（1）票据的记载事项。①在票据形式的规定上，要求票据形式上具有完整

---

[1] 刘心稳：《票据法》，中国政法大学出版社 1997 年版，第 90～91 页。

[2] 王小能：《票据法教程》，北京大学出版社 1994 年版，第 64 页。

[3] 姜建初、章烈华：《票据法》，人民法院出版社 1998 年版，第 99 页。

性。我国《票据法》分别规定了汇票、本票、支票的绝对应记载事项和相对应记载事项，这是法律在形式上对票据完整性的规定。并且还规定，票据若欠缺绝对应记载事项之一的，票据应归于无效。票据无效，当然无票据权利可言，自然谈不上成立善意取得。②在票载内容的规定上，要求票载内容必须确定。因为票据是金钱证券债权，以支付一定的金钱为内容和目的，若其内容不确定，权利即不确定。在票据法上，绝对应记载事项欠缺时，票据归于无效，而相对应记载事项欠缺时，票据并不当然归于无效，而由法律另行补充规定。

（2）空白票据。第一种是持票人日后补充的未完成票据。第二种是欠缺票据绝对应记载事项的票据，这种票据属无效票据。

我国《票据法》关于空白票据在本票、汇票部分未作规定，仅在第85条关于支票部分中有规定。该条规定"支票上的金额可以由出票人授权补记，未补记前的支票，不得使用"。在这里，"不得使用"该如何理解？是指不得转让还是不得行使票据权利？如果是不得行使票据权利，则是多余的规定，因为金额空白，票据权利所代表的金钱也不确定，自然就谈不上行使权利了。因此，笔者认为，只能理解为不得转让。因为金额空白，转让时票据权利也不确定。在交易过程中，作为票据基础关系的民事交易关系，要求遵循诚实信用、等价有偿原则，这就排除了金额空白导致票据权利不确定的票据因无法符合等价有偿原则的要求，不能进行转让，进入流通领域。

因此，在我国，空白票据只有补充了空白事项后才可能成立善意取得，取得票据权利。如果补充权人行使补充权与授权不符，票据债务人也不能以这种不符为由对抗善意持票人。票据债务人若以持票人取得票据有恶意或重大过失为由对抗持票人时，应由其负举证责任。

4. 必须有票据丧失占有的事实。票据丧失，是指票据非基于原权利人的意思而脱离其占有的事实状态。票据丧失分为绝对丧失和相对丧失，前者表现为票据的完全损毁，如焚毁；后者表现为票据非基于权利人的意思脱离其占有而由非权利人占有，如遗失、被偷等。因此，善意取得中所指票据脱离原持有人而丧失，仅指票据的相对丧失。

如果原持票人丧失对票据的占有，是出于其内心意思或符合其意愿，实际上是原持票人对其票据权利的处分行为。因而，持有人的占有是合法的，是有权占有。该有权占有人再为背书转让票据，受让人行使票据权利时，则不成立善意取得。

但是，当票据脱离原权利人占有，经法院除权判决后，即使第三人出于善意且无重大过失取得票据，也不得依此主张票据权利。我国《票据法》第15条第3款规定，失票人应当在通知挂失止付后3日内，也可以在票据丧失后，依法向人民法院申请公示催告，或者向人民法院提起诉讼。这种规定，是补救失票人权利的一种法律途径。经过公示催告，法院作出除权判决后，被丧失的票据即被宣告无效，取得票据的持有人所持有的票据形同一张废纸，即使出于善意且无重大过失，亦不得享有票据权利。

那么，在公示催告期间，除权判决作出之前，善意取得票据能否行使票据权利？对此，《票据法》未作规定。但是，根据我国《民事诉讼法》第197条规定，公示催告期间转让票据的行为无效。有学者认为这是不恰当的。因为在公示催告期间，法院除权判决作出前，丧失并被他人占有的票据仍然是合法有效的，当然可以流通。这时受让人取得票据只要能成立善意取得，即应受法律保护，而不应宣告转让人的转让行为无效。况且法律还规定了第三人可在此期限内申报权利，如果宣告在此期间转让票据的行为无效，那么，就没有必要允许第三人申报权利，直接由转让行为的无效当然得出受让无效的结论。另一方面，如果宣告在此期间转让票据的行为无效，在实践中也会增加人们对接受票据的危机感。人们得在接受票据前确实查明，所要接受的票据是否被法院公示催告，这就不利于票据的流通，也不利于交易的安全。因此，法律应允许于除权判决作出前取得票据的善意受让人，随时可向人民法院申报权利，亦可提示付款。在付款人主张已由他人挂失止付为由而拒绝付款时，则该善意受让人即可对所有前手及发票人行使追索权。

票据的善意受让人若在除权判决前行使票据权利，其由于行使票据权利而受的损失，最终应由丧失票据的原权利人承担。票据受让人若在除权判决后取得票据，因其所持票据经法院宣告无效，故票据受让人的受让行为不成立善意取得，即无票据权利。但是该受让人可以依民法上的侵权之诉，要求转让人因其欺诈的侵权行为而承担民事责任。

5. 取得票据无恶意且无重大过失。纵观各国立法，成立善意取得都必须要求受让人受让票据时无恶意且无重大过失，即为善意。

（1）善意的认定。善意的认定，在民法理论上有两种学说，即积极观念说和消极观念说。积极观念说主张受让人必须具有将让与人视为权利人的认识；消极观念说则主张善意是指行为人在从事民事行为时，不知道、无法知道或不应当知道其行为缺乏法律依据，而认为其行为合法或其行为的相对人有合法权利的一种主观心理状态。大多数学者在善意取得的场合倾向于消极观念说，他们认为，积极观念说从正面对行为人的主观状态提出的要求，不仅加重了行为人的注意义务，而且对该主观状态所要求的内容由于难以为外人知晓而不具有可操作性。对于消极观念的证明，受让人只需证明自己为非恶意而无需证明自己的善意，或者原权利人、债务人不能证明受让人为恶意即可视为善意。

（2）重大过失的认定。在民法理论上，重大过失是指当法律对某种行为人在某种情况下，应当注意和能够注意的程度有较高要求时，行为人不但没有遵守法律对其较高的要求，甚至连人们都注意并能注意的一般要求也未达到的过失状态。据此，票据法上的重大过失是指票据取得人未尽票据交易上之简单注意，即只要稍加注意即可知悉票据权利人签发转让权利有瑕疵而没有注意到。例如，违反对必要记载事项不得欠缺、背书应当连续等注意义务，即可认为有重大过失。

（3）恶意的认定。《牛津法律大辞典》称："恶意是用于行为人不诚实心理状态的一个术语，即其明知缺乏权利，或者相反，不相信他的行为具有合法正当的理由。"[1] 在票据关系中，恶意是指受让人在受让票据时，明知其前手并无让与票据的权利或者知道受让这种票据会损害他人的利益而仍然受让票据。行为人是否具有恶意，应根据法律本身的性质、有偿无偿、对价高低等因素来判断，并且主张持票人为恶意的票据债务人负举证责任。

6. 必须给付对价。我国在票据法律中引入的对价概念是我国其他法律中所没有的，对价概念源于英美法系，又称约因，在英美法中占有相当重要的地位。一项合同是否有效必须有赖于"对价原则"是否支持。因为根据这一原则，除非存在法律规定的例外情况，没有对价的合同是不可能被认可的。我国《票据法》第10条的规定："票据的取得，必须给付对价，即应当给付双方当事人认可的相对应的代价。"付出相当代价，是指取得票据时向让与人支付了或提供了相当于票据金额的金钱、实物或劳务，也就是须符合民事法律行为等价有偿的原则。因此，对价即为让与票据时的代价。不相当的对价，是指持票人取得票据金额和为此所付出的代价差别较大，一般认为显失公平。如果两者差别不大，则不能认定没付出相当对价。

对于本案，C公司符合票据权利善意取得的构成要件，C公司应当享有票据权利。D公司从票据权利人处取得票据，不适用善意取得制度，属于正常的、合法的票据转让，当然享有票据权利。

C公司是从张三处善意取得票据权利的。理论界一般认为，在符合构成要件时，票据权利善意取得产生以下效力：①原权利人或原持票人丧失票据权利，无论丧失票据的原因如何，不得向善意取得人请求返还票据，只能根据民法的规定要求加害人承担侵权责任；②善意取得人取得的票据权利一般不受转让人权利存在瑕疵的影响，票据债务人不得以转让无处分权为理由对善意取得人加以抗辩。那么，在善意取得的情况下，原权利人丧失票据权利后，他与善意取

---

[1]　[英] 戴维·M. 维克：《牛津法律大辞典》，光明日报社出版社1989年版，第587页。

得人及其后手是否存在票据权利义务关系，即原权利人在丧失票据权利的同时，是否也就成为票据债务人？善意取得人及其后手在请求付款或承兑遭到拒绝时，对原权利人有无追索权？依通说，原权利人也属于票据上的前手，一般情况下要对后手负担保付款责任，他只能以非法取得为抗辩事由对抗无处分权人，而不能对抗善意取得人。

综上所述，B公司不承担票据责任，至于出票人A是否可以票据被拒绝承兑后又转让为由对票据权人进行抗辩，我国《票据法》对此没有明确规定。我们认为，A作为出票人，是最终承担被追诉责任的票据债务人，其签章是有效的，在法律没有明确规定其可以因票据被拒绝承兑后又转让为由进行抗辩的情况下，就应当承担票据责任。

第五部分
破产法案例

十二、红太阳国际贸易中心有限公司申请破产案

【课前导读】

概念重温：破产，破产重整，破产和解，破产清算。

知识回顾：现代破产法既包括破产清算制度，也包括和解、重整等破产预防制度。重整、和解和破产清算三种程序既可以直接申请而开始，重整与和解还可以在破产清算程序开始以后至破产宣告前的期间内申请，同时重整与和解程序也有可能转化为破产清算程序。我国现行法中的破产清算、重整、和解的流程大体如下图：

从上图可以清楚地看出，宣告破产及清算可以从破产清算申请被受理后直接发生，也有可能在进入重整程序或者和解程序后发生，也就是说进行破产预防程序后债务人仍然有可能被依法宣告破产从而开始破产清算。由此可见，破产清算程序是整个破产制度中的一项基础性程序。

那么，启动破产清算程序的实质性根据是什么呢？答案是"破产原因"。破产原因是破产法中的一个基本概念，是破产程序启动、变更、终结的最重要依据，也是对债务人进行债务清算和破产预防的依据。

【重点法条】

《中华人民共和国企业破产法》

第2条 企业法人不能清偿到期债务，并且资产不足以清偿全部债务或者明显缺乏清偿能力的，依照本法规定清理债务。

企业法人有前款规定情形，或者有明显丧失清偿能力可能的，可以依照本法规定进行重整。

第7条 债务人有本法第2条规定的情形，可以向人民法院提出重整、和解或者破产清算申请。

债务人不能清偿到期债务，债权人可以向人民法院提出对债务人进行重整或者破产清算的申请。

企业法人已解散但未清算或者未清算完毕，资产不足以清偿债务的，依法负有清算责任的人应当向人民法院申请破产清算。

【案情介绍】

红太阳国际贸易中心有限公司于1995年2月开业，注册资金人民币1亿元。因经营管理不善、财务收支严重不平衡，2005年10月红太阳国际贸易中心有限公司以其严重亏损，不能清偿到期债务为由，向法院申请破产。法院立案后，裁定驳回了红太阳国际贸易中心有限公司的破产申请。红太阳国际贸易中心有限公司不服，上诉省高级人民法院。省高级人民法院裁定发回重审。法院重新组成合议庭对本案进行了审理。

法院经审查认为，申请人红太阳国际贸易中心有限公司提供的2004年3月8日A会计事务所追踪验资报告审验结果为：红太阳国际贸易中心有限公司实收资本是以红太阳国际贸易中心有限公司建筑物实物作为资本金注册，该主体建筑物评估值7 500万元，该公司注册资本中的7 500万元已全部到位。2005年7

第五部分

月 3 日，红太阳国际贸易中心有限公司出具《关于我公司资产状况的说明》，称其不动产价值 1 700 万元，向红太阳国际贸易大酒店出资 27 360 491.08 元，两项合计为 44 360 491.08 元，将红太阳国际贸易中心有限公司资产与其他已到位注册资本相对比，二者相差 30 639 508.92 元。对此 30 639 508.92 元资产的去向，该公司法定代表人在回答法庭质询时未能解释清楚。A 会计事务所出具的 2005（214）审计报告中长期投资减少了 31 519 508.92 元，从最高人民法院（2003）民二终字第 190 号判决认定的事实看，投资减少系以投资抵顶违约金 5 639 508.92 元、借款 2 000 万元及利息和其他损失 2 588 万元。此处借款 2 000 万元，在审计报告中从未出现，申请人所提供的判决书、章程、合同等各种证据中也未反映其去向，申请人未能按照本院要求提供财务材料，法院也无法从其财务资料中审查该笔款项的去向。

关于申请人的财产范围，申请人承担连带责任保证担保的债务中有 B 公司 13 996 325.23 元、C 银行 18 080 万元，合计约 1.948 亿元。依照《最高人民法院关于审理企业破产案件若干问题的规定》第 69 条的规定："债务人依照法律规定取得代位求偿权的，依该代位求偿权享有的债权属于破产财产。"所以在计算申请人 1.948 亿元连带债务时，也应将相应数额因担保产生的代位求偿权 194 796 325.23 元计入申请人财产。申请人注册资本为 1 亿元，投资到位 7 500 万元，差额 2 500 万元，对此 2 500 万元，申请人的投资人应予补足，补足部分属于申请人的财产。另外，申请人正在与黑鸭子集团在该法院进行另一场诉讼，申请人为原告，黑鸭子集团为被告，标的额为 22 949 235.64 元，如其胜诉，该部分财产也应计入申请人财产范围。故申请人的资产，应为 194 796 325.20 元代位求偿权加上 2 500 万元应该补足的注册资本，加上现有资产 44 360 491.08 元，加上可能胜诉的 22 949 235.64 元诉讼标的，资产共计至少 264 156 816.31 元。

申请人所负债务中，新星公司代申请人所付欠鹏豪公司的 1 000 万元，申请人陈述系多年经营中发生，但 A 会计事务所出具的 2005（214）号审计报告所审的 2003 年 12 月 31 日前申请人欠款前五名中并未记载欠鹏豪公司债务，申请人陈述与审计报告相矛盾，申请人未能按照本院要求提供财务资料，法院也无法从其财务中审查该笔债务。在认可审计报告的前提下，对鹏豪公司的欠款法院不予认定，故对申请人所欠新星公司的此笔 1 000 万元，法院在本案中不予认定。欠虹桥公司对于汉中国贸公司的装修款 1 200 万元，申请人陈述发生于 2004 年年底，距离申请破产仅 7 个月，而审计报告中显示申请人此时并无经营，在审计报告固定资产项下也未反映有装修所得的资产，申请人陈述与审计报告相矛盾，故对虹桥公司的欠款，法院在本案中不予认定。综上申请人所负的债务为 27 841 万元减去法院不予认定的这 2 200 万元，为 25 641 万元。

【提示问题】

1. 重审法院将债务人对黑鸭子集团的诉讼标的以及1.948亿代位求偿权计入破产财产是否正确？理由是什么？

2. 重审法院对申请人所负债务的认定是否正确？

3. 请根据《企业破产法》的规定和法院查明的事实分析，法院是否应宣告申请人红太阳国际贸易中心有限公司破产？其法理依据是什么？

4. 本案中，若法院驳回了债务人的破产申请，那么自法院受理申请之日起至裁定驳回之日，债务人停止经营所造成的损失以及所花费的破产费用应由谁承担？从法律制度层面分析有没有避免这种损失的方法？

5. 我国企业法人的破产原因与其他大陆法系国家有何区别？你对我国现行的企业法人的破产原因的规定如何评价？

【深度思考】

关于破产原因的法律分析

一、破产原因的含义的界定

我国《企业破产法》中没有使用"破产原因"这一概念，但在破产法理论中这是一个重要的法律术语。在探讨有关破产原因的问题时，首先应当界定作为破产法专门术语的"破产原因"一词的含义。虽然我国现行立法没有对它进行立法定义，但学界基本上对此形成了通说。具有代表性的定义是："破产原因，指认定债务人丧失清偿能力，当事人得以提出破产申请，法院据以启动破产程序的法律事实，即引起破产程序发生的原因。"[1] 还有人将其进一步表述为"申请债务人破产的事实根据，是对债务人依法宣告破产，进行破产清算和破产预防的特定法律事实。"[2]

从上述定义来看，我国学界普遍认为，破产原因既是申请债务人破产的条件，也是法院受理破产申请的条件，同时还是破产宣告的条件，也就是说，之所以能够申请债务人破产，破产申请之所以被法院受理，债务人之所以被法院

---

〔1〕 王欣新：《破产法》，中国政法大学出版社2007年版，第44页。

〔2〕 周美华："我国破产法关于破产界限的规定述评"，载《集美大学学报》（哲学社会科学版）2007年第3期。

宣告破产，均是因为债务人具备了破产原因。可是严格地区分，破产申请的条件，法院受理破产申请的条件，以及破产宣告的条件，是三个不同的范畴，学理上对此不加区分一概纳入"破产原因"，其合理性值得探讨。我国已经有学者注意到这一问题，如韩长印教授指出"一个语词'破产原因'或'破产界限'，其使用至少位于三个不同的语境层次：①作为当事人提出破产申请的理由的破产原因；②作为启动破产程序的破产原因；③作为法院据以宣告破产清算的破产原因。"[1] 笔者认为，上述前两个层次的含义，实际上是同一个范畴，即破产程序启动的条件，只是一个是从申请人角度而言，另一个是从法院受理角度而言。这样，所谓的"破产原因"可以解构为两个范畴，一个是破产申请的条件（或者称为受理的条件），一个是破产宣告的条件。从法理逻辑上来讲，破产申请之所以被受理，是因为债务人存在被宣告破产的可能性，即具备破产宣告的条件的可能性而不是现实性，否则"破产宣告"程序本身就可以被"受理"程序吸收而无单独存在的必要；从操作层面来讲，这种可能性应转化为简洁的事实判断手段，即立法应设计出具体明确的受理破产申请的条件，法院只要根据这些法定条件对破产申请进行形式审查即可以排除大部分不具备破产宣告可能性的破产申请，从而启动破产程序，这在立法技术上就是科学的。第二个范畴，即"破产宣告的条件"应属于价值判断的范畴，是债务人进入清算程序或重整程序的实质性条件，是整个破产制度中的核心性的实体问题，是破产申请受理条件的内在法理基础，也就是说破产宣告的条件外化为简洁易判断的事实条件就成为破产申请受理的条件。这个重要的实体问题是需要法官进行审理的关键问题，应当与前述受理破产申请的条件进行区分。事实上，我国《企业破产法》正是这样做的，即对破产申请条件与破产原因（包括清算、和解及重整的原因）作出了区分，将前者规定在第7条，将后者规定在第2条。

综上所述，笔者认为"破产原因"的含义中应当将破产申请条件排除在外，仅仅指宣告破产、和解或重整的原因。据此，破产原因也有广义与狭义两种含义，狭义的破产原因仅指债务人被宣告破产即进行破产清算的事实依据，而广义是指债务人被宣告破产或进行和解、重整的事实依据。正如日本学者石川明所认为的破产原因是"为作出破产宣告而显示出的财产状况恶化的事由"[2]破产原因与破产申请条件虽然密切相关，但却是不同的范畴，不能将二者等同起来。我国学界之所以将二者混同是因为在立法中，债务人申请破产的条件与破产原因是相同的，但法条表述的相同并不代表司法实践的相同。法院在受理

第五部分

---

[1] 韩长印："破产界限之于破产程序的法律意义"，载《华东政法学院学报》2006年第6期。
[2] ［日］石川明：《日本破产法》，何勤华、周桂秋译，中国法制出版社2000年版，第25页。

阶段只应对破产申请进行形式审查，而被申请破产的债务人是否具备了破产原因是受理之后法院应审查的核心问题之一。

需要注意的是，在日常生活中使用"破产原因"一词时，有时是指导致债务人破产的原因，如天灾人祸、经营管理不善、国家政策变化等，与作为法律术语的"破产原因"含义不同。本文使用的"破产原因"仅指法律术语。本文以下对受理破产申请的条件和破产原因分别进行讨论。

二、国外法律中的破产原因

(一) 大陆法系中的破产原因

大陆法系采取概括主义方法，将破产程序开始的原因主要规定为以下三种：

1. 无支付能力。无支付能力，又称支付不能，是指债务人不能清偿到期债务的客观状态，是最具有代表性的破产原因。德国、日本、俄罗斯均将无支付能力作为破产程序开始的原因。[1]

值得注意的是，根据《德国破产法》第18条的规定，"由债务人申请开始破产程序的，即将无支付能力也为开始原因"。这一规定的本意是充分发挥破产法的作用，节约时间，使债务人及早申请破产以减少债务人财产的损失从而保护债权人利益。这条规定中的"即将无支付能力"是债务人申请破产的原因，而非破产原因，因为在这种情况下，履行期限到来时债务人"无支付能力"已成定局，德国法只是将破产申请的时间提前到履行期限到来之前而已。当然，这时申请破产的债务人对自己"即将无支付能力"负有举证责任。

2. 停止支付。如果说无支付能力是对债务人财产状况恶化的确认，停止支付则是债务人的外部行为，更易被确认。停止支付并不必然表明无支付能力，但无支付能力则必然最终表现为停止支付。因此停止支付在德国和日本不是作为直接的破产原因，只是作为推定债务人形成破产原因的基础事实。德国、日本立法均规定，停止支付推定为支付不能。《德国破产法》第17条第2款与《日本破产法》第15条第2款均作了类似规定。既然停止支付为推定破产原因存在的事实，债权人只能以此为理由向法院提出破产申请，但并不必然导致破产程序的开始，也就是说，"停止支付"技术的运用，使关于破产原因的举证责任由债权人转向债务人。

与德国法和日本法以停止支付推定为破产原因的规定不同，法国破产法直接把停止支付作为破产原因之一，破产清算的原因可以归纳为两种：一是停止

---

[1]《德国破产法》第17条，《日本破产法》第15条，《俄罗斯破产法》第1、2条，分别见李飞主编：《当代外国破产法》，中国法制出版社2006年版，第19、721、142、143页。

支付，且已停止经营活动；二是停止支付，且其重整已明显不可能。[1] 考虑到法国破产法适用于商人，在这两种情形之下，完全可以推定出企业已不能清偿到期债务的事实。而法国的重整原因同样规定为"不能以其可支配的财产偿还到期债务"。将上述三种情况进行归纳可以看出，法国法中的破产原因其实与德国法中的支付不能并无实质不同。

综上所述，大陆法系中的停止支付本身只是作为无支付能力的推定原因。我国新《企业破产法》没有涉及停止支付的条款，但 2002 年发布的《最高人民法院〈关于审理企业破产案件若干问题的规定〉》（以下简称《破产规定》）第 31 条第 2 款规定："债务人停止清偿到期债务并呈连续状态，如无相反证据，可推定为'不能清偿到期债务'。"这表明我国法院在司法实践中也是以停止支付推定支付不能的。

3. 资不抵债。资不抵债，又称为债务超过，日本学者将其定义为"债务人的消极财产（债务）的估价总额超过积极财产（资产）总额的客观状态"。[2]《德国破产法》第 19 条及《日本破产法》第 16 条均将资不抵债作为法人的破产原因。资不抵债与不能清偿相比主要有以下区别：①资不抵债只考虑债务人的财产因素，通过财产与负债的对比衡量债务人是否构成破产原因，将债务人的信用、劳务技能等排除在考虑因素之外，因而资不抵债并不必然导致不能清偿，而不能清偿也并非一定资不抵债。②资不抵债不论债务是否到期，只要债务总额超过资产总额即可，而不能清偿则只能适用于到期的债务。

《德国破产法》第 19 条第 1 款把"资不抵债"作为一个与不能清偿到期债务并列的、独立的、只适用于法人的破产原因，《德国股份法》第 92 条第 2 款、《德国有限责任公司法》第 64 条第 1 款也作了类似规定。虽然德国法、日本法将资不抵债作为独立的法人破产原因，但学者对其合理性仍有争议。[3] 支持说强调了对债权人利益的保护及交易安全；反对说体现了商事营业维持原则，认为不应因风险而放弃机会。两种观点各有道理，因此在有关立法上很能体现立法者的偏好。

当然，立法者的这种偏好与该国特定的社会环境有关，我国《企业破产法》没有将资不抵债列为单独的破产原因也有着特殊的背景原因。"这主要是因为我

---

〔1〕　《法国商法典》第六卷困境企业第 622－1 条，引自李飞主编：《当代外国破产法》，中国法制出版社 2006 年版，第 407 页。

〔2〕　［日］石川明：《日本破产法》，何勤华、周桂秋译，中国法制出版社 2000 年版，第 27～28 页。

〔3〕　支持的观点见［日］石川明：《日本破产法》，何勤华、周桂秋译，中国法制出版社 2000 年版，第 28 页；顾肇东主编：《破产法教程》，法律出版社 1995 年版，第 68 页。反对的观点见徐德敏：《企业破产法》，陕西人民出版社 1990 年版，第 82 页。

国企业历来自有运营资金较少，尤其是在'拨改贷'投资体制下设立的企业，出资人对企业根本没有资本金的投入，完全靠银行借贷维持运转。这种错误投资体制造成的恶果一直延续至今，并导致'债转股'的出现。如以资不抵债作为普遍适用的破产原因，可能会使许多经营尚且正常的企业被划在破产界限之内，而那些在'拨改贷'体制下设立的企业，甚至自成立之时就已经发生破产原因。"[1]

(二) 英美法系中的破产原因

对破产原因的立法，英国法曾采取列举主义。英国 1914 年《破产法令》第 1 条规定了 8 种破产行为。需要说明的是，英国的公司不适用 1914 年破产法，而是依 1948 年公司法（1980 年修订）进行强制清算。根据该法第 222 条的规定，强制清算的根据之一是：无力清偿债务即不能清偿。[2] 1985 年英国破产法对公司破产和个人破产作出全面革新，涵盖了公司与个人的所有破产形式。1986 年 7 月通过的《英国破产法》将 1985 年公司法中接管和解散条款合并，根据该法第 122 条，公司可由法院解散的情形中第 1.6 项为不能偿还债务；该法第 8 条规定，法院作出管理令的依据是"法院认为公司不能或者有可能不能偿还其债务"。[3] 可见英国现行破产法对破产原因的规定已经放弃了列举主义而采用概括主义。

美国 1898 年破产法也采列举主义，但美国 1978 年修订后的破产法已改为概括主义，实际以不能清偿为破产原因。[4]

我国香港特别行政区《破产条例》（1977 年修订本）第 3 条也列举了破产行为。现行《香港破产条例》（2005 年修订）取消了关于破产行为的规定，债务人本人呈请破产的理由只能是"债务人无能力偿付其债项"（第 10 条），债权人提出破产呈请的核心理由为"债务人看似无能力偿付或是没有合理的希望有能力偿付"（第 6 条），并在第 6A 条中对债务人看似无偿付能力和没有合理的希望有能力偿付的判断标准分别作出了明确规定。[5]

列举主义立法受早期破产犯罪思想的影响，将着眼点放在债务人具体实施

〔1〕 王欣新：《破产法》，中国政法大学出版社 2007 年版，第 55 页。

〔2〕 Kenneth Smith and Denis Keenan: Mercantile Law, Pitmun, 1982, p. 302 ~ 303，转引自韩长印："破产原因立法比较研究"，载《现代法学》1998 年第 3 期。

〔3〕 丁昌业译：《英国破产法》，法律出版社 2003 年版，第 106 ~ 107、38 页。

〔4〕 郭兵："中美破产制度比较"，载江平主编：《比较法在中国》（第二卷），法律出版社 2002 年版，转引自程春华："破产原因研究"，载李昌麒主编：《经济法论坛》（第二卷），群众出版社 2004 年版。

〔5〕 《香港破产条例》见香港律政司双语法例资料系统，载 http://www.legislation.gov.hk/blis_ export. nsf/chome.htm.

的不当行为上。那么，现代英美法对破产原因的规定为什么从列举主义转变为概括主义呢？列举主义的优点是规定具体明确，便于当事人举证和法院认定，弊端是难免挂一漏万，缺乏弹性，不易根据变化了的实际情况灵活、具体适用，但笔者认为上述弊端并不是英美法转变的根本原因。笔者不能同意"英美立法从列举主义向概括主义的转变直接减轻了债权人发动破产程序的难度，表明了英美立法的发展趋势"的看法[1]。事实上，列举主义改为概括主义并不能减轻债权人发动破产程序的难度，因为证明债务人丧失清偿能力显然比证明法律所列举的具体行为要困难得多。笔者认为，英美法之所以改列举主义为概括主义是因为列举主义存在立法技术上的明显缺陷，将债务人在破产程序开始前的不当行为（大陆法中为无效行为或可撤销行为）也作为破产程序开始的原因，在立法技术上显示出经验主义立法的粗率性。相比之下，大陆法的概括主义立法显然在立法技术上更加严密和科学，这才是英美破产法改列举主义为概括主义的根本原因。

三、我国法律中规定的破产原因

（一）破产清算与和解的原因

根据我国《企业破产法》第2、7条的规定，破产清算与和解所应具备的破产原因相同。我国《企业破产法》对企业法人不再区分所有制性质而适用统一的破产原因，即第2条第1款规定的"不能清偿到期债务，并且资产不足以清偿全部债务或者明显缺乏清偿能力"。结合第2、7条的规定，我国企业法人的破产清算原因包括以下三种，分述如下。

1. 不能清偿到期债务，并且资不抵债。这种将不能清偿到期债务与资不抵债并列使用的破产原因在世界上比较罕见。我国破产法为什么将不能清偿与资不抵债作为并列的破产原因呢？一个很重要的原因是现实国情，我国目前不能偿还到期债务的企业数量很多，如果仅仅以不能清偿到期债务作为破产原因，企业破产的数量可能会大幅增加，因此立法者以资不抵债加以限制。债务人在申请破产时应对不能清偿与资不抵债同时举证。债务人在不能清偿到期债务申请破产时，对于自己是否资不抵债最清楚，在一般情况下，债务人只有在不能清偿到期债务、资不抵债的时候，才会申请自己破产。这样一方面可以减少企业破产的数量，另一方面可以节约司法资源、减轻法院的审查负担。如果债务人虽然资产额大于债务额，却不能清偿到期债务，还可以选择以第二种破产原因，即不能清偿及明显缺乏清偿能力，当然这时债务人申请时仍负举证责任。

笔者认为，并用资不抵债作为破产原因还有另一个重要理由就是防止破产欺诈。法人虽然在法律上具有独立的人格，但从现实来看，它不可避免地掌握在某些自然人手中，如大股东、董事等。当这些实际控制人滥用权利，利用公司谋取私利时，公司的现有资产会不正当地减少，以至于不能清偿到期债务。这时，法人表面上具备了不能清偿到期债务的状况，但若仅凭这一原因就对法人进行破产清算，无疑对债权人是极不公平的，而且纵容了这些实际控制人的不法获利行为。在运用资不抵债的标准时，法院则必须审查法人的真实资产负债情况，从而避免法人的实际控制人利用破产制度私吞法人财产、损害债权人利益。《最高人民法院〈关于审理企业破产案件若干问题的规定〉》第14条第2款规定："人民法院受理债务人的破产申请后，发现债务人巨额财产下落不明且不能合理解释财产去向的，应当裁定驳回破产申请。"

2. 不能够清偿到期债务，并且明显缺乏清偿能力。这个破产原因系参考了国外通行的规定，可以供债权人和债务人选择。特别是对债权人申请破产的案件来说，只要债务人不能清偿到期债务，就可以向法院申请宣告债务人破产，没有必要去了解企业是否资不抵债，"明显缺乏清偿能力"并不是债权人申请破产时的举证责任，而是法院在裁决时需要查明的。对于债务人申请破产而言，当债务人不符合资不抵债的标准，但确实不能够清偿到期债务的，也可以举证自己是明显缺乏清偿能力的。在这里，"明显"二字虽然对债务人缺乏清偿能力的程度进行了限制，将清偿能力处于临界状态的债务人排除在外，但究竟什么是"明显"，显然需要法官来判断。所以说这条规定赋予了法官相当的裁量权，法官应当结合债务人停止支付的时间、债务的金额、债务人的信用状况，以及债务人的偿债历史等综合因素加以判断，对法官的能力与品格要求较高。我国破产法这种提供两种可供申请人选择的破产原因的做法是独具特色的，其合理性还有待于实践的检验。

3. 清算中的企业法人出现资不抵债的。我国《企业破产法》第7条第3款规定："企业法人已解散但未清算或者未清算完毕，资产不足以清偿债务的，依法负有清算责任的人应当向人民法院申请破产。"《公司法》第188条也作了相应规定："清算组在清理公司财产、编制资产负债表和财产清单后，发现公司财产不足清偿债务的，应当依法向人民法院申请宣告破产。公司经人民法院裁定宣告破产后，清算组应当将清算事务移交给人民法院。"上述规定清楚表明对于已解散未清算的或者正在清算的企业法人，资不抵债是申请破产的条件。那么在这种情况下，资不抵债是否也是破产原因呢？答案是肯定的，因为在正常情况下，解散的企业法人已经丧失信用能力，资不抵债一定意味着不能清偿到期债务，所以法院在审理时无需再考虑是否不能清偿到期债务的问题。如前所述，将资不抵债作为独立的破产原因有其弊端，主要是否认了企业的信用能力，违反了商业营业维持原则，可能造成大量企业破产；另外，我国不能将资不抵债作为破产原因还有经济改革遗留问题方面的原因。而对于解散清算的企业法人，因其主体资格即将依法终止，不存在增加破产企业数量和否认其信用能力的问题，出现资不抵债就意味着有可能影响全体债权人的公平受偿，进入破产程序则可以很好地解决这一问题，因此我国破产法和公司法的上述规定是合理的。

有一个相关问题是在公司解散清算时清算组发现公司资不抵债的，是否必须申请破产？也就是说，这时公司的终止是否必须通过破产清算程序实现？按照《公司法》第188条的规定来看答案是肯定的。虽然第188条的目的在于保护债权人利益，但不可否认的是对债权人而言进入破产程序成本高、耗时长，如果这时清算组与全体债权人达成债务清偿方案，显然是高效而节约的，问题是此方案在法律上有效吗？最新司法解释对强制清算中出现的这种情况作出了灵活、注重效率的解释。2008年5月5日通过的《最高人民法院关于适用〈中华人民共和国公司法〉若干问题的规定（二）》第17条规定："人民法院指定的清算组在清理公司财产、编制资产负债表和财产清单时，发现公司财产不足清偿债务的，可以与债权人协商制作有关债务清偿方案。债务清偿方案经全体债权人确认且不损害其他利害关系人利益的，人民法院可依清算组的申请裁定予以认可。清算组依据该清偿方案清偿债务后，应当向人民法院申请裁定终结清算程序。债权人对债务清偿方案不予确认或者人民法院不予认可的，清算组应当依法向人民法院申请宣告破产。"笔者认为，这项司法解释更加科学合理，但与《公司法》第188条有所冲突。至于在自行清算的情况下发现资不抵债，清算组与债权人达成债务清偿方案的，从法理上讲，只要不损害有关利害关系人的合法权利，又经全体债权人一致同意的，法律不禁止。

（二）重整的原因

我国《企业破产法》第2条第2款规定了重整的原因，即除了具备破产清算的原因外，还增加了"有明显丧失清偿能力可能的"。这样重整的原因可归纳为以下三种，债务人只要具备其中之一，经申请后法院即应裁定重整：

（1）不能清偿到期债务，并且资不抵债。

（2）不能清偿到期债务，并且明显缺乏清偿能力。

（3）有明显丧失清偿能力可能的。

第三种原因体凸显了重整的破产预防功能，即在债务人出现破产清算原因之前，如果已经有出现破产原因的危险时即可申请重整。这种规定是各国重整制度通行的做法。但是对于何为"有明显丧失清偿能力可能"，我国《企业破产法》没有制定确切的标准，因而仍有赖于法官自由裁量权的行使。

四、我国破产法中的破产申请与受理条件

我国《企业破产法》第 7 条对破产申请进行专门了规定。另外，第 70、134 条对重整申请作出了特别规定。

（一）债务人申请

债务人在法定条件下可以直接提出三种破产申请，即重整、和解或者破产清算申请。根据《企业破产法》的有关规定，债务人提出申请的条件分述如下：

1. 申请破产清算与和解的条件。申请破产清算与申请和解的条件相同，必须具备以下条件之一：

（1）企业法人不能清偿到期债务，并且资产不足以清偿全部债务。

（2）企业法人不能清偿到期债务，并且明显缺乏清偿能力。

根据《企业破产法》第 8 条第 1 款的规定，债务人提出破产申请，应当提交破产申请书和有关证据。第 8 条第 2 款又规定了债务人申请破产应提供的材料。《破产规定》第 6 条详细列举了债务人申请破产需提供的材料。法院对上述材料进行形式审查之后，认为所提交的材料符合要求的，就应当依法受理。笔者认为，如果债务人依法提供了上述材料，并且材料在形式上完备，就满足了上述第 8 条所要求的"证据"条件，就可以确定债务人具备了法律所要求的申请条件。笔者认为，在受理阶段，法院不可能也不应当对破产原因进行实质审查。

本案即属于债务人申请破产。法院在受理了破产申请后，在进行完审理才确定债务人不具备破产原因，应驳回其破产申请。可见，司法实践早已当然地对破产申请的条件与破产原因进行了区分。

2. 申请破产重整的条件。重整属于破产预防制度，因而申请重整的条件比申请破产清算的条件宽松，在企业法人濒于出现破产原因时即可申请重整，以利于陷于困境的企业恢复生机。根据《企业破产法》第 2 条，只有具备以下三种情形之一，债务人即可申请重整：

（1）企业法人不能清偿到期债务，并且资产不足以清偿全部债务。

（2）企业法人不能清偿到期债务，并且明显缺乏清偿能力。

（3）企业法人有明显丧失清偿能力可能的。

同样的，法院对债务人提出的重整申请应以形式审查为主。

（二）债权人申请

根据《企业破产法》第 7 条的规定，债权人可以直接向法院对债务人提出重整或破产清算的申请。客观上债权人不可能掌握债务人的详细财务信息，因此为了公平起见，法律在债权人申请债务人破产时的条件明显宽松，相应的申请时的举证责任也减轻。债权人申请债务人破产的条件仅为一项，即债务人不

能清偿到期债务。根据《破产规定》第7条的规定，债权人申请债务人破产，应当向人民法院提交下列材料："①债权发生的事实与证据；②债权性质、数额、有无担保，并附证据；③债务人不能清偿到期债务的证据。"债权人只要能提供上述资料即可申请债务人破产清算或者重整。根据上述规定第8条和第9条的规定，债权人申请债务人破产，法院可以通知债务人对有关情况进行核对，若债务人有异议的，人民法院若认为异议成立，应当告知债权人先行提起民事诉讼，破产申请不予受理。反之，则可以推出若债务人无异议的，法院应确定该申请满足了"债务人不能清偿到期债务"的条件，应裁定受理。笔者认为应将第8条中的"可以"改为"应当"，即法院应当通知债务人对有关情况进行核对，因为知晓被申请破产的事实以及提出异议是债务人应当享有的程序性权利，法院有义务通知债务人以保障债务人的异议权。

上述法律及司法解释中有关债权人申请债务人破产的条件清晰地表明，破产申请的条件与破产原因是截然不同的，在受理阶段法院只应对破产申请进行形式审查，而被申请破产的债务人是否具备了破产原因是受理之后法院应审查的核心问题之一。

（三）重整申请中的其他申请人

我国《企业破产法》第70条第2款规定："债权人申请对债务人进行破产清算的，在人民法院受理破产申请后、宣告债务人破产前，债务人或者出资额占债务人注册资本1/10以上的出资人，可以向人民法院申请重整。"这一条对重整申请的时间及申请人作出特别规定，即在债务人已经进入破产程序后，仍有机会申请重整，而申请人则除了债务人本身外，还包括出资额占债务人注册资本1/10以上的出资人。对于股东而言，这是股东享有的一项少数股东权。1/10以上的持股要求表明法律既要鼓励重整、又要防止重整申请权被滥用的态度。

关于金融机构出现破产原因的，根据《企业破产法》第134条的规定，只有"国务院金融监督管理机构"有破产申请权，而且申请只限于重整或破产清算，不能申请和解。由于金融机构对国家的经济发展、百姓的民生都至关重要，因此对于金融机构的破产必须相当慎重，只有银监会有破产申请权。金融机构的破产申请不包括和解申请是因为金融机构的债权人是广大客户，分散的客户与金融机构处于事实上的不平等状态，很难以平等协商方式达成公平的和解协议，且金融机构的权益涉及国家利益和社会公共利益，因此立法规定金融机构不适用和解程序是正确的。

十三、阳光面粉厂破产清算案

【课前导读】

概念重温：物权，取回权，别除权。

知识回顾：我国新旧两部破产法中，均未使用"物权"一词。但是，未使用"物权"一词不等于破产法律关系中没有物权关系。取回权与别除权制度就与物权关系有密切的联系。民法中的物权进入作为商事部门法的破产法领域后，必然受到破产法的特别规制。

【重点法条】

1. 《中华人民共和国企业破产法》

第38条 人民法院受理破产申请后，债务人占有的不属于债务人的财产，该财产的权利人可以通过管理人取回。但是，本法另有规定的除外。

第39条 人民法院受理破产申请时，出卖人已将买卖标的物向作为买受人的债务人发运，债务人尚未收到且未付清全部价款的，出卖人可以取回在运途中的标的物。但是，管理人可以支付全部价款，请求出卖人交付标的物。

第109条 对破产人的特定财产享有担保权的权利人，对该特定财产享有优先受偿的权利。

第110条 享有本法第109条规定权利的债权人行使优先受偿权利未能完全受偿的，其未受偿的债权作为普通债权；放弃优先受偿权利的，其债权作为普通债权。

第113条 破产财产在优先清偿破产费用和共益债务后，依照下列顺序清偿：

（一）破产人所欠职工的工资和医疗、伤残补助、抚恤费用，所欠的应当划入职工个人账户的基本养老保险、基本医疗保险费用，以及法律、行政法规规定应当支付给职工的补偿金；

（二）破产人欠缴的除前项规定以外的社会保险费用和破产人所欠税款；

（三）普通破产债权。

破产财产不足以清偿同一顺序的清偿要求的，按照比例分配。

破产企业的董事、监事和高级管理人员的工资按照该企业职工的平均工资计算。

2.《中华人民共和国物权法》

第170条 担保物权人在债务人不履行到期债务或者发生当事人约定的实现担保物权的情形，依法享有就担保财产优先受偿的权利，但法律另有规定的除外。

第179条 为担保债务的履行，债务人或者第三人不转移财产的占有，将该财产抵押给债权人的，债务人不履行到期债务或者发生当事人约定的实现抵押权的情形，债权人有权就该财产优先受偿。

前款规定的债务人或者第三人为抵押人，债权人为抵押权人，提供担保的财产为抵押财产。

第180条 债务人或者第三人有权处分的下列财产可以抵押：

（一）建筑物和其他土地附着物；

（二）建设用地使用权；

（三）以招标、拍卖、公开协商等方式取得的荒地等土地承包经营权；

（四）生产设备、原材料、半成品、产品；

（五）正在建造的建筑物、船舶、航空器；

（六）交通运输工具；

（七）法律、行政法规未禁止抵押的其他财产。

抵押人可以将前款所列财产一并抵押。

第187条 以本法第180条第1款第1项至第3项规定的财产或者第5项规定的正在建造的建筑物抵押的，应当办理抵押登记。抵押权自登记时设立。

第199条 同一财产向两个以上债权人抵押的，拍卖、变卖抵押财产所得的价款依照下列规定清偿：

（一）抵押权已登记的，按照登记的先后顺序清偿；顺序相同的，按照债权比例清偿；

（二）抵押权已登记的先于未登记的受偿；

（三）抵押权未登记的，按照债权比例清偿。

第208条 为担保债务的履行，债务人或者第三人将其动产出质给债权人占有的，债务人不履行到期债务或者发生当事人约定的实现质权的情形，债权人有权就该动产优先受偿。

前款规定的债务人或者第三人为出质人，债权人为质权人，交付的动产为质押财产。

第230条　债务人不履行到期债务，债权人可以留置已经合法占有的债务人的动产，并有权就该动产优先受偿。

前款规定的债权人为留置权人，占有的动产为留置财产。

3.《中华人民共和国担保法》

第32条　人民法院受理债务人破产案件后，债权人未申报债权的，保证人可以参加破产财产分配，预先行使追偿权。

【案情介绍】

某市阳光面粉厂是一家历史悠久的中型全民所有制企业，由于经营管理不善，产品质量不好，再加上与某大型面粉厂在占领市场的竞争中失利，以致于连年亏损，惨淡经常，已经无法清偿到期债务，职工工资也不能按时发放，经其上级主管部门同意，于2006年12月10日向该市中级人民法院申请破产还债。人民法院经审查依法受理了此案。经查，阳光面粉厂的相关事项清理如下：

（1）经评估确认阳光面粉厂拥有厂房三间，分别价值80万元、50万元和50万元，自有设备及原材料价值100万元。

（2）2005年起因一间厂房不能满足生产需要，阳光面粉厂租用甲公司价值100万元的厂房，租期5年，年租金20万元，付款日期为每年12月底之前。第一年租金已按约支付，自2006年起尚未支付租金，现该厂房仍由阳光面粉厂使用。

（3）2004年9月，由兄弟单位绿园食品厂作保证人，阳光面粉厂借当地工商银行75万元作为周转之用，借款期限一年。同时，在绿园食品厂的要求下，阳光面粉厂以其价值80万元的一间厂房给绿园食品厂提供抵押担保，约定若绿园食品厂替阳光面粉厂承担偿还借款的担保义务，绿园食品厂可以以价值80万元的抵押厂房受偿，双方办理了抵押登记。还款期限届满后，阳光面粉厂始终没有向工商银行偿还欠款，绿园食品厂也没有替其偿还。工商银行多次催要无果。

（4）2005年2月在当地政府的支持下，阳光面粉厂从当地交通银行借款100万元，以两间各价值50万元的自有厂房作为抵押，并办理了抵押登记。同年8月，阳光面粉厂又从当地建设银行借款50万元，以上述两间厂房中的一间作抵押，正式签订了抵押合同，但未办理抵押登记。

（5）2006年11月10日与乙公司签订一份买卖合同，约定乙公司为面粉厂生产一批特殊规格的面粉袋，合同价款为 50 万元，阳光面粉厂已预付货款 20 万元，其余价款货到付款，乙公司已于 2006 年 12 月 14 日发货，预计 16 日能按约运抵面粉厂所在城市的火车站。现法院已通知了乙公司有关面粉厂破产事宜。

（6）阳光面粉厂欠 A 公司货款 150 万元，欠 B 公司货款 100 万元，欠 C 公司货款 30 万。

（7）在破产程序中阳光面粉厂的一幢危房突然倒塌，致路人李某不幸受到伤害，要求该厂赔偿医疗费 5 万元；

（8）在破产程序中，因某超市工作人员的失误将本应转给太阳面粉厂的货款 6 万元转到了阳光面粉厂的账上，超市发现后要求返还。

（9）除上述事项外，阳光面粉厂欠职工应付工资、基本养老保险费用、补充养老保险费用、基本医疗保险费用和补充医疗保险费用 30 万元，欠缴税金 20 万元，破产费用 30 万元。

法院立案后，在规定时间内法院向已经确定的债权人发出通知，要求他们在 30 日内到法院申请债权。为了避免遗漏债权人，2007 年 1 月 5 日法院又在当地报纸和《法制日报》上发布公告，要求未收到通知的债权人在 3 个月内向该人民法院申请债权。人民法院于 5 月 10 日主持召开了第一次债权人会议，向全体债权人介绍了情况，选定了会议主席。现债权人会议将讨论审查破产财产清单及破产债权。

【提示问题】

1. 阳光面粉厂租用的甲公司的厂房是否属于破产财产，如何处理？为什么？
2. 绿园食品厂以债务人破产后自己将受到工商银行的追索为由向法院申报债权，并主张以抵押的厂房优先受偿，请问其主张是否合理？理由是什么？
3. 当地交通银行及建设银行是否享有别除权？为什么？
4. 阳光面粉厂所欠的职工债权和税款应如何处理？能否优先支付？
5. 超市误转给阳光面粉厂的 6 万元以及路人李某的医疗费该如何处理？理由是什么？

【深度思考】

破产程序中与物权有关的优先权

我国《企业破产法》中涉及的别除权和取回权是与破产债权相关的两种重

要权利，正确理解这两种权利的含义、内容、行使方式及相关的法律、法规，对于保障维护债权人和破产企业职工的合法权益，促进产权制度改革的顺利进行有着十分重要的意义。

一、别除权

（一）别除权的概念与特征

别除权（Exemption Right），是指债权人享有的不依破产程序而对债务人的特定财产优先受偿的权利。别除权是大陆法系国家破产法中的概念，英美法系国家的破产法称之为"有财产担保的债权"。我国《企业破产法》没有使用"别除权"概念，而是仿照英美法，在第109条使用了"对破产人的特定财产享有担保权"这一更加通俗易懂的概念。但严格来讲，"别除权"与"对破产人的特定财产享有担保权"的含义是有差别的。因为在有些国家作为别除权的权利基础的，除了担保物权以外，还有法定特别优先权，以及共有债权，如《日本破产法》第94条规定："于数人共有财产权情形，于其中一人受破产宣告时，对其有共有财产的其他共有人对于因分割而应归属于破产的共有财产部分有别除权"。可以说别除权的适用范围比"有财产担保的债权"的适用范围更广。对于法定特别优先权，我国《海商法》第21条规定了船舶优先权，《民用航空法》第19条规定了民用航空器优先权，《合同法》第286条规定了建设工程款优先权。学者通常认为法定优先权可以构成别除权，[1]但我国《企业破产法》对因上述法定特别优先权或共有债权而享有别除权的情况未作规定，因此本文对别除权主要按照我国《企业破产法》的规定作狭义的理解，即有财产担保的债权人享有的不依破产清算程序而以担保标的物优先受偿的权利。

别除权具有以下法律特征：

1. 别除权的基础权利是担保物权。别除权是破产法中特有的概念，但不是破产法创设的实体权利，而是破产法对于依其他法律所产生的优先权予以承认而在破产法上产生的权利。这种依其他法律所产生的优先权即为别除权的基础权利，包括担保物权和法定特别优先权。我国《企业破产法》只规定了以担保物权为基础权利的别除权。依据"物权优于债权"的民法原理，当债务人有多个债权人时，有担保物权的债权人可以不依破产清算程序就担保物直接受偿，也就是优先于其他债权人优先受偿。我国《物权法》第170条规定："担保物权人在债务人不履行到期债务或者发生当事人约定的实现担保物权的情形，依法享有就担保财产优先受偿的权利，但法律另有规定的除外。"具体而言，在我国依据《民法通则》和《物权法》成立的担保物权，包括抵押权、质权和留置权

---

[1] 王欣新："破产别除权理论与实务研究"，载《政法论坛》2007年第1期。

是别除权的基础权利。

2. 别除权的功能在于保障有财产担保的债权的实现。民法设立担保制度是以保障债权的实现为目的。担保权从属于受担保的主债权。债权的有效和存续是担保权有效和存续的前提，债权消灭，担保权随之消灭。这一基本原理，亦为破产法的别除权制度所遵循。商法作为民法的特别法，尊重作为民法基本制度之一的担保制度。因此破产法中的别除权制度的功能同样是保障有财产担保的债权得以实现，以维护财产担保制度以及交易安全。

3. 别除权以债务人的特定财产为标的物。别除权享受优先清偿的财产来源是依照合同约定或法律规定被设置了担保物权的特定财产。在破产法上，这种特定财产被称作别除权标的物。构成别除权标的物应符合以下条件：①别除权的标的物必须是债务人所有的财产，债务人不享有所有权的财产不能作为别除权标的物；②别除权标的物必须是特定财产（特定物或者特定化的种类物）。一旦该特定财产灭失，别除权也就消灭，但是存在有财产价值的替代物的，如因抵押物灭失所得的赔偿金，别除权人可以就此赔偿金优先受偿。[1]

根据别除权标的物具有特定性的原理，当别除权标的物不足以清偿被担保的全部债务时，别除权人不得就未清偿部分请求由破产财产获得优先清偿，而只能作为普通破产债权参加集体清偿。我国《企业破产法》第110条规定："享有本法第109条规定权利的债权人行使优先受偿权利未能完全受偿的，其未受偿的债权作为普通债权；放弃优先受偿权利的，其债权作为普通债权。"

4. 别除权的行使不受破产清算程序与和解程序限制。享有别除权的债权人，称作别除权人。别除权的权利内容，是指别除权人有权就担保物单独优先受偿。所谓优先受偿，是指在全体债权人的集体清偿程序以外个别地和排他地接受清偿。所以，别除权制度是破产法集体清偿原则的一个例外。根据我国《企业破产法》第109条的规定，对破产人的特定财产享有担保权的权利人，对该特定财产享有优先受偿的权利。也就是说，破产宣告后，别除权人即对别除权标的物享有优先受偿权，而不受破产清算程序进展情况的影响。别除权的行使也不受和解程序的限制。《企业破产法》第96条第2款明确规定："对债务人的特定财产享有担保权的权利人，自人民法院裁定和解之日起可以行使权利。"

（二）别除权的行使方式

别除权人行使别除权，不受破产清算程序的约束。行使别除权的方法，依

---

[1]　我国《担保法》第58条规定："抵押权因抵押物灭失而消灭；因灭失所得的赔偿金，应当作为抵押财产。"《物权法》第174条规定："担保期间，担保财产毁损、灭失或者被征收等，担保物权人可以就获得的保险金、赔偿金或者补偿金等优先受偿。……"

标的物的占有状态，分为以下两种情况。

1. 别除权人占有标的物的。按照《担保法》的规定，在质押的情况下，标的物应移交债权人占有；而留置则以债权人依合同占有标的物为前提。所以，在破产宣告时，质权人、留置权人是别除权标的物的实际占有人。在这种情况下，别除权人可能不积极申报债权。那么，未申报债权的债权人能否直接按照《物权法》和《担保法》的规定行使优先受偿权，即以标的物折价抵偿债务，或者将标的物拍卖、变卖后以价款偿还债务？《企业破产法》第 16 条规定："人民法院受理破产申请后，债务人对个别债权人的债务清偿无效。"这里无效的范围是否包含质权人或留置权人直接以其占有的担保物行使别除权呢？笔者认为不包含。从法理上分析第 16 条的目的是为了防止债务人不公正地对个别债权人进行清偿而损害其他债权人利益，债务人是清偿行为的主体；而质权人、留置权人直接以占有的财产行使别除权不影响其他债权人的合法权益，行为的主体是质权人或留置权人，非债务人。因此，债权人直接以其占有的财产优先受偿不属于第 16 条规定的情形。既然《企业破产法》没有禁止占有标的物的债权人直接按照《物权法》和《担保法》优先受偿，那么从法的适用角度来理解，别除权人依合同占有标的物的，可以不申报债权直接行使别除权。

但在别除权人自行优先受偿的情况下，行使别除权未能受偿的债权则不得要求作为破产债权受偿，即《企业破产法》第 56 条第 2 款所规定的"不得依照本法规定的程序行使权利"。所以当债权人占有的标的物价值低于其债权额时，债权人需权衡按哪种方式行使别除权可以最大限度地实现债权。当债权人占有的标的物价值大于债权时，债权人有义务将标的物超出其债权的部分返还给破产管理人，否则管理人有权向该债权人行使财产返还请求权。

这里就产生一个问题，就是债权人所占有的标的物的价值评估问题，当标的物的实际价值大于其债权额时，存在债权人取得不当利益的可能。对此问题应当如何解决？根据我国《企业破产法》的相关规定，破产管理人的职责之一是"调查债务人财产状况，制作财产状况报告；管理或处分债务人财产"，因此破产管理人可以掌握债务人的财产状况和所有未履行完毕的合同情况，当发现质物或留置物价值大于该债权人的债权时，应当对该债权人进行追偿。假设管理人不积极行使追偿权怎么办？根据《企业破产法》第 69 条的规定，当管理人决定履行债务人和对方当事人未履行完毕的合同，或者决定放弃权利的（包括质物或留置物），应当向债权人委员会或法院报告，这样管理人以及债权人委员会（或法院）均知晓债权人占有的标的物价值与其债权价值是否相等的情况，从而可以督促管理人履行追偿职责。

需要注意的是，留置权是依对留置物的实际占有而存在。若留置物被债务人以外的第三人非法剥夺占有，留置权人可依民法占有权的规定请求返还。占有恢复后，视为未丧失占有，留置权并不消灭。如果债权人失去对留置物的占有，其在破产程序的别除权随之消灭。

当债务人的同一动产上已设立抵押权或者质权，该动产又被留置的，这些不同的担保物权所产生的多项别除权应当按什么顺序行使？《物权法》第239条规定："同一动产上已设立抵押权或质权，该动产又被留置的，留置权人优先受偿。"根据这一规则，留置权的优先性同样适用于别除权。在确定留置权优先于抵押权、质权原则的同时，为防止当事人合谋恶意利用留置权损害抵押权人、质权人的利益，我国法律应进一步明确留置权的优先性以善意设置为前提。

2. 别除权人未占有担保物的。根据《物权法》的规定，在抵押的情况下，标的物不转移占有。所以，在破产宣告时，抵押权人不是别除权标的物的实际占有人。此时，管理人依照《企业破产法》的规定，取得对抵押物的合法占有。抵押权人要行使别除权，必须进行债权申报，否则不能行使别除权，因为《企业破产法》第56条第2款明确规定："债权人未依照本法规定申报债权的，不得依照本法规定的程序行使权利"。

《企业破产法》第48条规定："债权人应在人民法院确定的债权申报期限内向管理人申报债权。"债权人申报时应按照《企业破产法》第49、57条的规定，书面说明债权的数额和有无财产担保，并提交有关证据，管理人收到债权申报材料后，应当登记造册，对申报的债权进行审查，并编制债权表。这里的审查应当理解成为形式审查，因为根据该法第58条的规定，上述债权表应当提交第一次债权人会议核查，债务人、债权人对债权表记载的债权无异议的，由法院裁定确认；有异议的可以向受理破产申请的法院诉讼。可见，对于债权（包括有财产担保的债权）的确认，破产管理人只有形式审查权，债权人和债务人有异议权，只有法院对债权性质（是否有财产担保）及债权数额具有最终确认权。

在破产宣告后，别除权的行使是否应在管理人的主持或监督下进行，我国《企业破产法》没有明确规定。但从该法第25条规定的管理人的法定职责之一"管理和处分债务人的财产"，以及有关司法解释来看[1]，别除权标的物应在管理人的主持或监督下折价抵偿债务，或者以拍卖、变卖后的价款偿还债务，但具体的操作程序还有待于司法解释进一步明确。《德国破产法》以专节（第165~183条）对此作了具体规定，可资借鉴。其第165条规定对于不动产上存在别除权的，管理人可以向法院申请进行强制拍卖或强制管理。第166条第1款

---

[1] 最高人民法院《关于审理企业破产案件若干问题的规定》（法释［2002］23号）第50条规定清算组的主要职责第5项是进行破产财产的委托评估、拍卖及其他变现工作。

规定当管理人占有作为别除权标的物的动产时，管理人有权直接将其变现。这种针对不动产和动产分别规定的方式体现出价值大小对程序的影响，将严格性与灵活性相结合，较为科学。其他各条款对债权人利益的保护、变现费用的分配、各部分费用的计算等问题作出了详细规定。总之《德国破产法》对别除权的具体行使规则的规定更具有操作性，而我国《企业破产法》的规定较为原则，亟须相应的司法解释将其具体化。

（三）别除权行使中的其他问题

1. 管理人有权依法取回质物、留置物。当破产申请被法院受理后，管理人认为质物、留置物对于债务人的继续经营或者财产整体变价具有重要意义时，可以依法收回质物、留置物。对此，我国《企业破产法》第37条规定："管理人可以通过清偿债务或者提供为债权人接受的担保，取回质物、留置物。"这一规定有助于在充分保护别除权人合法权益的前提下，使别除权标的物能够被用于继续营业或者破产财产整体变卖。考虑到标的物有因种种原因而贬值的可能性，该条还规定，"在质物或留置物的价值低于被担保的债权额时，以该质物或者留置物在当时的市场价值为限"。因为这种清偿属于个别优先清偿，是对债权人通过行使别除权可能获得的清偿利益的补偿，这种补偿显然不应超过债权人的可得优先清偿的利益范围。

2. 别除权人的破产申请权。对于别除权人是否有破产申请权，各国立法有两种相反主张。一种主张认为别除权人的债权有担保物担保，其受偿不受债务人是否破产的影响，原则上没有必要赋予其破产申请权，仅在担保物不足清偿其担保债权的情况下，才允许其提出破产申请，否则可能出现权利的滥用。另一种观点认为，别除权人也是破产债权人，债务人的全部财产都是对全体债权人的一般共同担保，而别除权之担保不过是为个别债权人在债务人的特定财产上另外再给予一重保障，别除权人作为债权人的基本权利不应因有财产担保而受限制，所以别除权人应享有破产申请权。

我国《企业破产法》第7条第2款规定："债务人不能清偿到期债务，债权人可以向人民法院提出对债务人进行重整、和解或者破产清算申请。"此条文中的债权人概念没有排除有财产担保的债权人，可见，按照我国现行法，别除权人具有破产申请权。别除权人的债权虽然较普通债权更为安全，但不能排除别除权人在某些情况下出于排挤竞争对手及保护合作伙伴的目的而愿意申请债务人破产清算或重整。别除权人申请破产与普通债权人申请破产，对债务人而言没有本质差别，就社会效果而言也没有不同，因此上述第7条规定尊重债权人自身意愿、给予债权人充分的保护，显然是可取的。

需要注意的是，当债务人以其财产为他人债务提供担保时，对于担保权人

第五部分

是否属于别除权人以及是否拥有破产申请权的问题，我国《企业破产法》没有作出明确的规定。有一种观点认为："对破产人以其财产为他人担保的情况，别除权人无破产申请权。因为提供担保的破产人本身并不是担保债权的主债务人，别除权人只对破产人的特定财产享有担保上的优先受偿权，对破产人并无债权权利。"[1] 这种观点是值得肯定的。原因有三：①承认这种担保物权人也是别除权人是正确的。从我国《企业破产法》第109条来看，别除权人是"对破产人的特定财产享有担保权的权利人"，对第三人享有债权的担保物权人显然也属于这种"权利人"，即别除权人的范围。②根据《企业破产法》第2、7条及第134条来看，在我国具有破产申请权的主体只有四类，即债务人、债权人、债务人的清算人以及国务院金融监管机构。上述别除权人是第三人的债权人而非债务人的债权人，因此不具有申请破产的资格。③从这种别除权人自身的需要来看，别除权本身就是在破产程序中的优先受偿权，因此有财产担保的债权人通常均可从担保物中获得全部清偿，没必要浪费时间、精力去申请债务人破产。

3. 别除权人有无参加债权人会议的资格及其表决权。对别除权人是否为债权人会议成员，各国立法规定不一。有的国家明文规定，别除权人不是债权人会议成员，仅破产债权人有权参加债权人会议；不过在别除权人兼有普通破产债权，或预计担保物价款不足以清偿担保债额时，有权以破产债权人的身份参加债权人会议，并据其享有的破产债权数额决定其表决权利。[2] 有的国家规定，别除权人与破产债权人均为债权人会议成员，认为有财产担保的债权从性质上讲也属破产债权，故不应将其排斥在债权人会议之外，但对于与别除权人权益无关的事项，别除权人无表决权，同时也不受该决议的约束。别除权人放弃优先受偿权的，即与破产债权人在债权人会议上享有同等权利及义务。我国应属于第二种立法方式。

根据我国《企业破产法》第59条的规定，所有债权人均为债权人会议成员，但未放弃优先受偿权的别除权人的表决权受到较大限制。现行法的规定体现了很大的灵活性。关于破产债权人的表决权，《企业破产法》第64条第1款作出如下规定："债权人会议的决议，由出席会议的有表决权的债权人过半数通过，并且其所代表的债权额占无财产担保债权总额的1/2以上。但是，本法另有规定的除外。"这里的另有规定指《企业破产法》第82、84、97条规定的表决方法。根据该法第82条的规定，在重整程序中，对债务人的特定财产有担保

---

〔1〕　王欣新："破产别除权理论与实务研究"，载《政法论坛》2007年第1期。

〔2〕　《日本破产法》第108条，参见李飞主编：《当代外国破产法》，中国法制出版社2006年版，第758页。

权的债权与其他债权列为不同的表决组。该法第 84 条第 2 款规定："出席会议的同一表决组的债权人过半数同意重整计划草案，并且其所代表的债权额占该组债权总额的 2/3 以上的，即为该组通过重整计划草案。"该法第 97 条是关于和解协议的表决，别除权人对此无表决权，因而不在此讨论。

据此，债权人会议的决议通过标准是债权人人数与其所代表的债权额，并用的双重多数标准。关于重整计划的表决，有财产担保的债权人因单列为一个表决组而受到了充分的保护。其他事项的表决，作为债权额标准的基数是"无财产担保债权总额"，这样别除权人所代表的债权额不能计入，只能以其人数实现其表决权。这种规定的本意可能是为了防止别除权人利用其债权额较大的优势损害无担保债权人利益，但这种在表决权上的"歧视"实际上使别除权人的表决权作用微弱，剥夺了其合法权益。例如，《企业破产法》第 61 条第 1 款所规定的债权人会议的职权中，第 1 项核查债权，第 2 项申请人民法院更换管理人，审查管理人的费用和报酬，第 3 项监督管理人，……第 8 项通过债务人财产的管理方案等职权，均与有财产担保的债权人的权益实现密切相关，如果有财产担保的债权人在债权人会议中的表决权得不到充分实现，显然也是不公平的。实际上，有财产担保的债权人的人数和其所代表的债权额是成反比的，人数与债权额双重标准本身已经足以实现普通债权人与有财产担保债权人利益的平衡，因此上述第 64 条在债权额标准上对别除权人表决权的严格限制是不必要且有失公平的。总之，无论是根据我国旧破产法还是新破产法，有财产担保的债权人在债权人会议中的表决权都得不到充分保护。

本案中债权人会议的决议违反了我国《企业破产法》第 109 条的规定，侵犯了别除权人交通银行的优先受偿权。本案属于新破产法实施时尚未审理完毕的案件，根据《最高人民法院关于〈中华人民共和国企业破产法〉施行时尚未审结的企业破产案件适用法律若干问题的规定》第 12 条的规定，"债权人认为债权人会议的决议违反法律规定，损害其利益，向人民法院请求撤销该决议，裁定尚未作出的，人民法院应当依据企业破产法第 64 条的规定作出裁定"。《企业破产法》第 64 条第 2 款规定："债权人认为债权人会议的决议违反法律规定，损害其利益的，可以自债权人会议作出决议之日起 15 日内，请求人民法院裁定撤销该决议，责令债权人会议依法重新作出决议。"

4. 别除权与职工债权和税收优先权。我国《企业破产法》第 113 条明确规定："破产财产在优先清偿破产费用和共益债务后，依照下列顺序清偿：①破产人所欠职工的工资和医疗、伤残补助、抚恤费用，所欠的应当划入职工个人账户的基本养老保险、基本医疗保险费用，以及法律、行政法规规定应当支付给职工的补偿金；②破产人欠缴的除前项规定以外的社会保险费用和破产人所欠税款；③普通破产债权。破产财产不足以清偿同一顺序的清偿要求的，按照比例分配。"从职工债权和税收债权与普通债权并列的情况来看，前两者属于优先的破产债权而已，税收债权的清偿顺位被排在职工债权之后，与破产人欠缴的除职工债权以外的社会保险费用处于相同的第二顺序中，而优先于普通债权。职工债权与税收优先权并非针对债务人的特定财产设置的权利，不符合别除权的特征，不属于别除权，因而不能优先于别除权，只有这样才能维护担保制度，体现出破产法对其他债权人的保护，而且体现"国家不与民争利"的原则。

在本案中，假设职工债权发生在新破产法公布之日即 2006 年 8 月 27 日之后，则应当首先根据《企业破产法》第 109 条的规定支持交通银行的优先受偿权，即以抵押的厂房向交通银行优先清偿 100 万元的贷款，然后按照该法第 113 条的规定在优先清偿破产费用和共益债务后，支付 30 万元的职工债权，之后再清偿欠缴的税金 20 万元。破产财产不足以清偿同一顺序的清偿要求的，按照比例分配。

但在现实中，有可能出现债务人的大部分财产都已用于抵押的情形，从而使职工债权落空，为了平衡别除权人与职工之间的利益，《企业破产法》第 132 条作出了一项过渡性规定，即该法施行后，破产人在该法公布之日即 2006 年 8 月 27 日之前所欠的职工债权，在依照该法第 113 条的规定清偿后不足以清偿的部分，以别除权标的物优先清偿职工债权。也就是说，在这种情形下，在制定破产方案时应考虑到这一点。

（四）别除权的限制

担保物权具有优先受偿性是物权法不可动摇的规则，但在破产程序中因平衡各方利益的需要而受到了一定的限制。

1. 在破产清算程序中的限制。根据各国破产法的规定，别除权优先性的一般限制主要表现在以下几个方面：

（1）别除权的基础权利成立时间的限制。作为别除权成立基础的担保物权在法院受理破产申请前应当已经成立。法院受理破产案件之后，各国的破产法通常都规定有关债务人财产的管理和处分事由均由破产管理人进行，债务人无权对破产财产进行管理和处分，因而债务人不可能再在以自己的财产设立担保物权。也就是说债务人在破产申请受理前在正常交易中设定的担保物权，债权人均享有别除权。

由于别除权对于债权人具有重要利益，为防止债务人在破产之前利用财产担保不公正地清偿个别债权人，我国《企业破产法》第 31 条规定，在法院受理破产申请前 1 年内，对没有财产担保的债务以债务人财产提供担保的，管理人有权请求法院予以撤销。因此，债务人为先前已成立的债务（无论是自己的债务还是他人的债务）提供财产担保的行为应当发生在法院受理破产申请的 1 年之前。但需注意的是，这一条并不排除债务人在受理前 1 年内在债务成立的同时设定财产担保的行为。

破产申请受理后，对于破产管理人为债权人的共同利益而在破产财产上设定的担保物权，有人认为不具有别除权性质。这种观点无论在法律依据上还是在法理上都站不住脚。原因在于：①我国现行法并没有规定管理人所设的担保物权不能优先受偿；②这种观点对于担保物权制度和交易安全是一种破坏。因此，破产案件受理后由管理人设定的担保物权也可以优先受偿。

（2）债权申报及申报期限的限制。关于别除权人是否必须申报债权才能行使别除权的问题，各国的立法方式大致有三种。

第一种立法例规定，对于有担保的债权人来说，行使权利不受破产程序限制，无需申报债权，尤其是在担保物经过登记公示或为债权人占有的情况下。如在美国，对于别除权人来说，申报债权就不是必要程序，因为担保权益通常都在州政府登记，法律推定公众已知道这些权益的存在，所以别除权人可以不参与破产案件而仅依赖州法对担保权益的保护而受偿。

第二种立法例规定，别除权和普通债权一样应在规定期限内申报债权，否则将丧失优先受偿权，如《瑞士联邦债务执行与破产法》第 232 条规定，债务人的债权人及所有对其占有之下的财物享有权利的人在公告后 1 个月内向破产事务局申报其债权或权利包括证据材料，因抵押担保或其他原因占有债务人财产的人得在同样期限内将该财产交破产事务局处分，如无正当理由不报告则优先权消灭。我国原《企业破产法》第 9 条第 2 款明确规定："债权人应当在收到通知后 1 个月内，未收到通知的债权人应当自公告之日起 3 个月内，向人民法院申报债权，说明债权的数额和有无财产担保，并且提交有关证明材料。逾期未申报债权的，视为自动放弃债权。"按此规定，有财产担保的债权当然也应当按期申报，否则不仅会丧失优先权，还会丧失债权。不申报则丧失实体债权的规定显然损害了债权人的合法利益，因此受到学者的广泛批评。

第三种立法例规定，别除权人只有在法定期限内申报债权才能按照破产程序行使别除权。我国现行《企业破产法》采取了这一规则。如前所述，质权人和留置权人不申报债权也可以直接以其合法占有的财产受偿，而债权人不占有担保标的物的，则必须进行债权申报才能行使别除权。债权人应当在法院确定的债权申报期限内申报，未按期申报的，可以按照我国《企业破产法》第 56 条的规定，"在破产财产最后分配前补充申报；但是，此前已进行的分配，不再对其补充分配。为审查和确认补充申报债权的费用，由补充申报人承担"。新的《企业破产法》就债权补充申报（含别除权）的规定，既给予别除权人的申报一定的宽限期，又作了"在已经进行的程序中"不予保护的规定，督促债权人及时申报债权以保证破产程序的顺利进行，相对于旧法有明显的进步。

2. 在重整程序中的限制。如上所述，在清算程序中仅仅在程序上对别除权进行了限制，但在重整程序中，我国《企业破产法》对别除权优先性的限制则属于实体限制。该法第75条第1款规定："在重整期间，对债务人的特定财产享有的担保权暂停行使。但是，担保物有损坏或者价值明显减少的可能，足以危害担保权人权利的，担保权人可以向人民法院请求恢复行使担保权。"实际上，限制担保物权的行使是重整程序中的主要措施之一。由于破产债务人的大部分或全部财产都有可能设有担保，如果允许别除权人优先受偿，债务人的财产可能所剩无几，继续营业的可能也丧失殆尽。拯救企业是重整的目的所在，基于这一目的，法律规定对债务人的特定财产享有担保物权的债权人在重整期间原则上不能行使别除权，以利于制订出能为各方接受的有利于债务人复生的重整计划。当重整计划通过的，须按重整计划的安排行使别除权；若重整计划未获通过或未获法院批准而重整程序终止的，别除权得以行使。可见，在重整程序中别除权人并未丧失就担保财产优先受偿的权利，只是这种权利须延期行使。在特别情况下，即在担保物有损坏或价值明显减少的可能性的情况下，我国破产法允许别除权人在重整期间通过法定程序行使别除权，这时只有法院才有权决定别除权的个别行使，体现了立法在刻意维护别除权个别行使的正当性，以保护重整的顺利进行。

二、取回权

（一）取回权的概念与特征

取回权（Recall Right），是指在破产程序中，对于不属于债务人的财产，其权利人享有的取回该财产的权利。取回权是破产法中特有的概念，同别除权一样也是民事实体权利在破产法中的体现。他人能够取回破产债务人占有的财产，是因为他人对该财产享有所有权或占有权，因而能够行使物的返还请求权。取回权实际上是"物的返还请求权"在破产程序中的运用，只是在行使的时间、方式、相对人等方面具有一定特殊性。

我国《企业破产法》第38条规定："人民法院受理破产申请后，债务人占有的不属于债务人的财产，该财产的权利人可以通过管理人取回。但是，本法另有规定的除外。"这一条规定的就是取回权。人民法院受理破产申请后，只要是债务人占有的财产，不论是否是债务人的财产，都应移转于管理人控制和支配。因此，管理人在接管债务人占有的财产时，就很有可能把原本不属于债务人财产的财产，如债务人基于租赁、承揽、保管、委托等合同关系占有的他人财产，也归入债务人财产进行管理和使用。因此在破产申请被法院受理后，对管理人所接管的不属于债务人的财产，应允许权利人取回。

取回权具有以下法律特征：

1. 取回权的标的物不属于债务人所有。取回权是针对债务人占有的但不属于债务人所有的特定物的返还请求权。债务人占有该物的依据如何在所不论。实践中，债务人占有他人财产的情形包括承揽人破产时占有的加工承担物，承运人破产时占有的承运货物，承租人破产时占有的租赁物，保管人破产时占有的保管物等。

2. 取回权是在破产清算程序中的特别请求权。取回权仅在破产申请受理以后发生效力。在破产申请受理前，以及在和解和重整程序中，财产的权利人只能依照事先约定的条件行使权利。

3. 取回权由财产权利人通过破产管理人行使。取回权的权利人通常是该财产的所有权人，特定情况下也可以包括其他物权人，如对该财产享有经营管理权的国有企业。取回权的义务人虽然是破产债务人，但由于破产申请受理后债务人占有的财产全部由破产管理人接管，因此权利人在行使权利时只能通过管理人进行，不得擅自取回。若权利人与破产管理人就取回权发生争议，权利人可以通过确认之诉或者返还之诉请求司法保护。

4. 取回权是以物权为基础的请求权。取回权的发生依据不是债权而是物权。若不是以物的所有权或占有权作为权利基础，则不得主张取回权。取回权的标的物通常以原物为限。如果原物因破产债务人或破产管理人的原因灭失，依《物权法》，权利人的返还原物请求权转化为损害赔偿请求权，这时若将其作为普通破产债权求偿，对权利人而言十分不公平。从破产法理论上来讲，基于公平原则这时权利人享有取得对待给付的权利，即所谓代偿取回权，但由于我国现行破产法没有规定代偿取回权，在这种情况下，权利人的权利究竟如何并不清楚，亟须最高法院对此作出明确的司法解释。

（二）取回权的种类

根据取回权成立的法律依据不同，可以将取回权分为一般取回权与特殊取回权。适用破产法中的概括性规定的取回权为一般取回权，适用破产法中的特别规定的为特殊取回权。

1. 一般取回权。一般取回权的基础来源于民法规定的物上返还请求权，是一种民事实体法上的请求权。民法上的物上返还请求权，是权利人基于其所有或者占有物的事实以及法律上的原因，请求无权占有人返还其所有物或者占有物，以恢复其所有或者占有状态的权利。我国《企业破产法》第38条规定的"人民法院受理破产申请后，债务人占有的不属于债务人的财产，该财产的权利人可以通过管理人取回"就是关于一般取回权的规定。

关于取回权的标的物的范围，根据《破产规定》第71、72条的规定，债务人基于仓储、保管、加工承揽、委托交易、代销、借用、寄存、租赁等法律关系占有、使用的他人财产，财产权利人有权取回。上述财产属于传统取回权标的，但是属于取回权范畴的财产并不限于以上几种，还包括第71条第1款第5项规定的特定物买卖中，尚未转移占有但相对人已经完全支付对价的特定物；第7项规定的债务人在所有权保留买卖中尚未取得所有权的财产；以及第8项、第9项等规定的财产。在本案中，债务人租用的甲公司的厂房不属于破产财产，甲公司可以对该厂房行使取回权。

另外，从法理上分析，债务人占有的他人财产既可以是合法占有的，如上述依据合同占有的他人财产，也包括债务人非法占有的他人财产，如非法侵占的财产，受领他人的错误给付而取得的财产。无论上述合法占有还是非法占有他人财产的情形，均可形成取回权，但在债务人非法占有他人财产时，在成立物上返还请求权的同时，还可以形成不当得利返还之债，也就是说形成了物权请求权与债权请求权的竞合。根据《企业破产法》第42条第2项的规定，法院受理破产申请后发生的因债务人不当得利所产生的债务，为共益债务。又根据该法第43条，共益债务在清偿时由债务人财产随时清偿。在这里，区分取回权与共益债权的关键是债务人占有财产的时间。当债务人无合法根据占有他人财产的事实发生在破产申请受理前，则按取回权处理，即权利人享有物权请求权；发生在法院受理之后的，则按共益债务处理，法律这时明确排除了权利人的选择权，规定权利人享有的只能是债权，从民法原理上来看，债权的追及效力是弱于物权的。

2. 特殊取回权。特殊取回权是指财产权利人基于破产法规定的特定原因行使的取回权。在国外，特殊取回权主要有出卖人取回权、行纪人取回权和代偿取回权三种形式，而我国新《企业破产法》中仅仅规定了出卖人取回权。

（1）出卖人取回权。出卖人取回权，是指在异地买卖中，当出卖人已经将买卖标的物发运，而买受人尚未收到货物且未付清全部价款时受到破产宣告，出卖人可以解除合同、取回该财产的权利。出卖人取回权制度的价值在于保障出卖人的利益。因为在异地买卖中，买受人在人民法院受理破产申请时尚未收到债物且未付清全部价款，如果不允许出卖人将运送中的货物停止运交给买受人，将来出卖人只能就其价金债权作为破产债权而得不到完全清偿，这样无异于以出卖人的财产来清偿买受人对他人的债务，显然有失公平。基于此，英国衡平法院最早赋予了出卖人停止发运权，后来英国普通法中也采用了这一制度，其后又为大陆法系的法国和德国所继受。传至日本后，称之为出卖人取回权。

我国《企业破产法》第39条规定："人民法院受理破产申请时，出卖人已将买卖标的物向作为买受人的债务人发运，债务人尚未收到且未付清全部价款的，出卖人可以取回在运途中的标的物。但是，管理人可以支付全部价款，请求出卖人交付标的物。"根据上述规定，出卖人取回权应具备以下要件：①必须为异地买卖，即在卖方发货与买方收货之间存在时间差；②作为买受人的债务人尚未付清全部价款，即卖方的权益可能因买方破产而受损，如果买方已全额付款，卖方的权益无损失，自然也谈不上取回权；③人民法院受理破产申请时，买卖标的物尚在运输途中，也就是说，人民法院受理破产申请时，买受人还没有收到货物，买受人还没有取得货物所有权。

（2）行纪人取回权。行纪人取回权，是指行纪人接受委托人的委托购入物品，当物品已经发运，委托人尚未收到货物、也未付清全价款时被宣告破产，行纪人可以取回该货物的权利。在行纪关系中，委托人如未付清托买的货物的全部价款而被宣告破产的，行纪人的地位和处境，与出卖人的地位完全相同。我国《企业破产法》中没有这方面的规定。因行纪人取回权在理论基础上与出卖人取回权基本相同，因此司法实践中可以参照出卖人取回权处理。

（3）代偿取回权。代偿取回权是指债务人于破产宣告前或破产管理人于破产宣告后将取回权标的物非法转让给他人时，财产权利人所享有的请求取得对待给付财产的权利。取回权通常是以原物为标的，如果原物被破产债务人或者破产管理人非法转让给他人，一般取回权消灭，取回权人只能将损害赔偿请求权作为破产债权求偿，因而受到损失。为了维护取回权人的利益，同时也是为维护公平起见，有的国家在破产法中专设了代偿取回权作为一般取回权行使不能的补救。《德国破产法》第48条规定："原本可以请求取回的标的在破产程序开始前被债务人或在破产程序开始后被破产管理人不正当出让的，以对待给付尚未履行为限，取回权人可以要求让与受领人对待给付的权利。以对待给付可从破产财产中分出为限，取回权人可以要求从破产财产中拨给对待给付。"[1]《日本破产法》第64条也有类似的规定。[2] 我国《企业破产法》没有对此作出规定。

《破产规定》第72条第2款规定："前款财产在破产宣告前已经毁损灭失的，财产权利人仅能以直接损失额为限申报债权；在破产宣告后因清算组的责任毁损灭失的，财产权利人有权获得等值赔偿。债务人转让上述财产获利的，财产权利人有权要求债务人等值赔偿。"此规定表明我国现行破产制度中对代偿取回权的承认非常有限，对取回权人的保护不够充分，主要表现为以下三点：

---

〔1〕 李飞主编：《当代外国破产法》，中国法制出版社2006年版，第29页。
〔2〕 李飞主编：《当代外国破产法》，中国法制出版社2006年版，第743页。

①没有明确规定代偿请求权，因而对取回权人的赔偿请求权是否具有优先性表述不清；②没有对债务人或管理人是否接受让人对待给付的情形作出区分，不利于取回权人行使权利；③对管理人在破产申请受理后至破产宣告前处分取回权标的情形未作规定。

（三）取回权的行使及限制

破产申请受理后，破产程序终结前，取回权人得随时向破产管理人请求取回财产。破产管理人收到取回权人的请求后，一经证明属实，即应予以返还。取回权的行使，在破产程序中没有规定时间限制，权利人可以在破产财产清理阶段行使，也可以在破产财产分配阶段行使。但破产案件的审理是有期限的，破产管理人的职责也随破产案的终结而告结束，因而取回权的行使没有具体的时间限制也是相对的，至迟至破产财产分配方案实施前。管理人在处理以取回权为由提出的给付请求时，如果认为请求人缺乏权利根据，可以拒绝给付。由此发生的争议，请求人可以向受理破产案件的人民法院提起诉讼。

我国《企业破产法》第 39 条在规定出卖人取回权的同时作出了一定限制，即"管理人可以支付全部价款，请求出卖人交付标的物"。此规定赋予了破产管理人继续履行有关在途货物的合同的权利。当取得取回权标的物对债务人财产的增值有益时，管理人可以决定支付全部价款，取得标的物所有权，从而排除了出卖人取回权的成立。

取回权在重整程序中也受到一定限制。《企业破产法》第 76 条规定："债务人合法占有的他人财产，该财产的权利人在重整期间要求取回的，应当符合事先约定的条件。"也就是说，取回权在重整程序中，不能同在清算程序中一样因破产程序的开始而提前行使，而应符合事先约定的取回条件。但重整程序对一般取回权行使的限制不应及于代偿取回权及债务人非法占有的财产。因为在债务人或管理人非法处分取回权标的物时，管理人占有代偿财产已失去合同依据，这时应允许取回权人行使代偿取回权。而在债务人非法占有他人财产时，根本谈不上事先约定的问题，此时取回权的行使也不受这一条限制。

从以上的分析中可以看出，无论是别除权，还是取回权，都有着丰富内涵，通常二者在破产案例中以"孪生姐妹"的面貌出现，司法实践中，将别除权与取回权混淆的情况也有发生。要想深入地理解、熟练地掌握并灵活地运用它们，除了应当熟悉我国破产法以外，还应当扎实掌握我国《物权法》及《担保法》相关知识。

第五部分

十四、广东国际信托投资公司破产案

【课前导读】

概念重温：破产债权，信托投资，安慰函，股民缴纳的保证金。

知识回顾：保护债权人利益在破产法的地位，侵害破产债权的行为表现，破产法保护债权人的体现，应如何建立完善的破产债权保护制度。

【重点法条】

《中华人民共和国企业破产法》

第44条　人民法院受理破产申请时对债务人享有债权的债权人，依照本法规定的程序行使权利。

第45条　人民法院受理破产申请后，应当确定债权人申报债权的期限。债权申报期限自人民法院发布受理破产申请公告之日起计算，最短不得少于30日，最长不得超过3个月。

第46条　未到期的债权，在破产申请受理时视为到期。

附利息的债权自破产申请受理时起停止计息。

第47条　附条件、附期限的债权和诉讼、仲裁未决的债权，债权人可以申报。

第48条　债权人应当在人民法院确定的债权申报期限内向管理人申报债权。

债务人所欠职工的工资和医疗、伤残补助、抚恤费用，所欠的应当划入职工个人账户的基本养老保险、基本医疗保险费用，以及法律、行政法规规定应当支付给职工的补偿金，不必申报，由管理人调查后列出清单并予以公示。职工对清单记载有异议的，可以要求管理人更正；管理人不予更正的，职工可以向人民法院提起诉讼。

第49条　债权人申报债权时，应当书面说明债权的数额和有无财产担保，并提交有关证据。申报的债权是连带债权的，应当说明。

第50条 连带债权人可以由其中一人代表全体连带债权人申报债权，也可以共同申报债权。

第51条 债务人的保证人或者其他连带债务人已经代替债务人清偿债务的，以其对债务人的求偿权申报债权。

债务人的保证人或者其他连带债务人尚未代替债务人清偿债务的，以其对债务人的将来求偿权申报债权。但是，债权人已经向管理人申报全部债权的除外。

第52条 连带债务人数人被裁定适用本法规定的程序的，其债权人有权就全部债权分别在各破产案件中申报债权。

第53条 管理人或者债务人依照本法规定解除合同的，对方当事人以因合同解除所产生的损害赔偿请求权申报债权。

第54条 债务人是委托合同的委托人，被裁定适用本法规定的程序，受托人不知该事实，继续处理委托事务的，受托人以由此产生的请求权申报债权。

第55条 债务人是票据的出票人，被裁定适用本法规定的程序，该票据的付款人继续付款或者承兑的，付款人以由此产生的请求权申报债权。

第56条 在人民法院确定的债权申报期限内，债权人未申报债权的，可以在破产财产最后分配前补充申报；但是，此前已进行的分配，不再对其补充分配。为审查和确认补充申报债权的费用，由补充申报人承担。

债权人未依照本法规定申报债权的，不得依照本法规定的程序行使权利。

第57条 管理人收到债权申报材料后，应当登记造册，对申报的债权进行审查，并编制债权表。

债权表和债权申报材料由管理人保存，供利害关系人查阅。

第58条 依照本法第57条规定编制的债权表，应当提交第一次债权人会议核查。

债务人、债权人对债权表记载的债权无异议的，由人民法院裁定确认。

债务人、债权人对债权表记载的债权有异议的，可以向受理破产申请的人民法院提起诉讼。

第五部分

【案情介绍】[1]

1999 年 1 月 11 日，广东国际信托投资公司（以下简称广东国投）以严重资不抵债、无法偿付到期巨额债务为由，向广东省高级人民法院申请破产。与此同时，广东国投下属的三家全资子公司广信企业发展公司、广东国际租赁公司、广东国投深圳公司也因出现严重的资不抵债，分别向广州市中级人民法院、深圳市中级人民法院提出破产申请。由于广东国投数百亿元人民币的债务 80% 以上借自包括日本、美国、德国、瑞士、中国香港等国家和地区 130 多家著名银行。广东国投破产的消息犹如石破天惊，立即在全球金融市场上掀起巨大波澜。

广东省高级人民法院经审理查明：

广东国投原名为广东省信托投资公司，1980 年 7 月经广东省人民政府批准在广州市工商行政管理局注册成立，系全民所有制企业法人。1983 年经中国人民银行批准为非银行金融机构并享有外汇经营权；1984 年 3 月经广东省工商行政管理局注册登记更改名称为广东国际信托投资公司，注册资金为 12 亿元。1992 年以来，广东国投公司由于经营管理混乱，存在大量高息揽存、账外经营、乱拆借资金、乱投资等违规经营活动，导致不能支付到期巨额境内外债务，严重资不抵债。1998 年 10 月 6 日，中国人民银行决定关闭广东国投公司，并组织关闭清算组对其进行关闭清算。关闭清算期间广东国投的金融业务和相关的债权债务由中国银行托管，广东国投属下的证券交易营业部由广东证券有限责任公司托管，其业务经营活动照常进行。自 1998 年 10 月 6 日至 1999 年 1 月 6 日为期 3 个月的关闭清算查明，广东国投的总资产为 214.71 亿元，负债 361.65 亿元，总资产负债率 168.23%，资不抵债 146.94 亿元。1999 年 1 月 11 日，中国银行发布《关于清偿原省国投自然人债权的公告》，鉴于广东国投公司已严重资不抵债、无力偿还巨额债务，对自然人债权的清偿，只支付本金，不支付利息；中国银行清偿广东国投的自然人债权后，中国银行广东省分行代广东省财政厅依法申报债权，以普通债权人的身份按破产清偿顺序受偿。

广东省高级人民法院于 1999 年 1 月 16 日裁定广东国投破产还债，并指定清算组接管广国。广东省高级人民法院参照国际惯例，聘请了国际知名的毕马威华振会计师事务所进行财务清算，聘请了香港孖士打律师行、广东君信律师事务所，负责处理广东国投破产案的境内外法律事务。随后广东国投的其他三家

---

[1]　本案案情的主要依据是广东省高级人民法院关于该案所作的裁定书，以及《广东国投全记录：中国第一破产案始末》，载 http://www.southcn.com/news/gdnews/hotspot/gdgt/slgc/200303010144.htm。

全资子公司：广信企业发展公司、广东国际租赁公司、广东国投深圳公司分别被广州市中级人民法院和深圳市中级人民法院宣告破产。

破产宣布后，广东国投的破产清算工作依法按以下步骤进行：

一、债权的申报、审核和确认

1999 年 1 月 16 日，广东省高级人民法院分别在《人民日报》、《人民法院报》刊登受理广东国投公司破产申请公告，要求债权人自公告之日起 3 个月内申报债权，逾期未申报的，视为自动放弃。对广东国投公司的其他民事执行程序依法中止执行，申请执行人可凭生效的法律文书申报债权，对广东国投公司的其他民事诉讼程序也依法终结或中止。公告期限内，共计 320 家债权人申报了债权，申报债权总金额共计 387.7738 亿元（包括 167 家境外债权人申报债权 320.1297 亿元）。

1999 年 4 月 22 日，广东省高级人民法院主持召开广东国投破产案第一次债权人会议，244 家境内外债权人派代表出席了会议，占申报债权人总数的 76%。法院向债权人宣布了债权人会议的职权，并根据各债权人申报债权的数额，指定瑞士银行、日本第一劝业银行、美国花旗银行、中国银行等 9 家债权人组成债权人主席委员会。破产清算组向出席债权人会议的代表报告了债权申报情况。会议通过了由破产清算组提出的广东国投公司破产财产处理的原则。

破产清算组对债权人申报的债权进行了登记和审核后，将审核结果分别以确认债权或拒绝申报的方式通知各债权申报人。债权人对清算组确认的债权无异议的，清算组提请债权人会议表决通过；债权申报人对清算组的确认结果有异议的，向广东省高级人民法院提请裁定。

根据债权异议人的申请，广东省高级人民法院分别对广东国投公司破产案中 62 件有关债权申报异议进行了公开审理，并分别作出了如下裁定：

1. 对依据安慰函申报的担保债权全部予以否认。在确认债权诉讼中，有 15 家广东国投公司香港子公司的债权人持广东国投公司出具的安慰函申报金额约 23 亿元的担保（或然）债权，要求予以确认。广东省高级人民法院经审理认为，安慰函从形式上看，不是广东国投公司与特定债权人签订的，而是向不特定的第三人出具的介绍性函件；从内容上看，安慰函并无担保的意思表示，没有约定当债务人不履行债务时，代为履行或承担还债责任。因此，安慰函不能构成中国法律意义上的保证，不具有保证担保的法律效力，依据安慰函申报担保债权全部被拒绝。

2. 信托存款的存款人可以申报破产债权，但对信托存款无取回权。在确认债权诉讼中，有 17 家债权人以信托存款为依据向广东国投公司清算组申报债权金额 38 亿元。部分境内债权人认为信托存款属于信托财产，具有独立性，受托人广东国投公司对信托财产不具有所有权，只具有经营管理权，信托财产的所有权属于委托人，故要求行使取回权。广东省高级人民法院审理认为，广东国投公司向存款人出具信托存款单，约定存款人将资金存入广东国投公司，到期取回本息，具有存款合同的特征，存款人与广东国投公司双方设定的是债权债务关系，并非信托关系。广东国投公司被宣告破产后，对于剩余存款应当确认为破产债权，存款人不享有取回权。

3. 债权人依据掉期合同申报的破产债权的确认。债权人依据其与广东国投掉期交易申报破产债权被破产清算组拒绝后向法院提出异议。广东省高级人民法院审理认为，利率掉期交易是国际上广泛采用的一种金融方式，目的在于降低筹资成本，防范利率浮动所承受的风险；依据掉期合同申报的破产债权的确认，关键在于认定利率掉期交易是否需要国家外汇管理局的逐笔核准，并对该笔利率掉期交易避险性或投机性作出判断。广东国投持有国家外汇管理局颁发的《经营外汇业务许可证》，其外汇业务范围包括自营和代客外汇买卖，故广东国投公司具有从事避险性衍生金融工具交易的主体资格，并不需要国家外汇管理局的逐笔核准；双方所进行的利率掉期交易如果存在相对应的基础工具交易，而不是纯粹根据市场上衍生金融工具价格变动趋势的预测进行的交易，则属于避险性衍生金融工具交易，该笔利率掉期交易则被确认为有效，债权人按照双方约定提供用于计算损失的市场报价证实广东国投被关闭导致该笔掉期交易协议提前终止所造成的损失后，债权人申报的破产债权则被确认。

4. 商业银行及其分支机构对广东国投拥有的债权总额及所负的债务总额在破产清算前等额抵销。按照 1986 年《企业破产法》第 33 条"债权人对破产企业负有债务的，可以在破产清算前抵销"和 1995 年《商业银行法》第 22 条"商业银行分支机构不具有法人资格，在总行授权的范围内依法开展业务，其民事责任由总行承担"的规定，商业银行及其分支机构对广东国投公司拥有的债权总额及所负的债务总额可以在破产清算前等额抵销，商业银行分支机构各自申报债权后，由商业银行统一办理行使抵销权。广东国投公司破产清算组依法办理了中国工商银行、中国建设银行等商业银行债权债务抵销事宜。

广东省高级人民法院最终确认，广东国投公司破产案的债权人共计 200 家，债权金额总计 202.2317 亿元。

二、破产财产的审核、确认和处理

广东国投破产清算组经清算认定，广东国投被宣告破产时的账面总资产为 209.3748 亿元。当事人对破产清算组有关破产财产的认定提出异议的，依法提请广东省高级人民法院裁定。

根据当事人的申请，广东省高级人民法院依法裁定确认了下列异议申请：

1. 确认原登记在广东省信托房产开发公司（以下称房产公司）和广信实业有限公司（清盘中）（以下称广信香港）名下的广东国际大厦实业公司的100%股权为广东国投公司破产财产。广东国际大厦实业公司是合作经营（港资）企业，名义上属于房产公司和广信香港所有。破产清算组认为，广东国投实际上为其投资公司，其股权应属于广东国投所有，要求房产公司和广信香港分别交付各自所持有50%的股权。广东省高级人民法院经审理认为，虽然工商管理机关登记中广东国际大厦实业公司的中方投资人为房产公司，外方投资人为广信香港，广东国投公司只是其主管部门。但是，房产公司并没有履行出资义务，广信香港的出资实际上也来源于广东国投公司。为了使国际大厦实业公司享受中外合作企业的政策优惠，广东国投公司决定成立广东国际大厦实业公司负责经营管理广东国际大厦，并安排其全资子公司房产公司和在香港注册成立的广信公司作为国际大厦实业公司的中外方股东。由于房产公司和广信香港均没有履行股东最基本的出资义务，均不是合法的股东，广东国投公司作为广东国际大厦实业公司的实际出资者，对该公司应该享有所有权。据此裁定：广东国际大厦实业公司的100%股权归广东国投公司所有。

2. 确认广东国投公司在其全资子公司中的投资权益为破产财产。广东国投公司属下有29家全资子公司，破产清算组区分不同情况，界定了广东国投公司投资权益的追收范围。对于经营状况好，有赢利的全资子公司，采取整体转让的方法，收回投资权益；对于资不抵债，投资权益为负值的全资子公司，根据法律的规定决定结业清算或申请破产。对广东国投公司对外投资形成的股权及收益，主要是通过出售或者转让股权进行，但股权价值为负值的停止追收。

3. 确认广东国投公司所属证券交易营业部收取的股民保证金所有权属于股民所有。广东国投公司所属的4家证券交易营业部是其分支机构，由于这些证券交易营业部长期将股民保证金和自有资金混在一起，违规经营，挪用大量股民保证金，造成股民保证金头寸短缺，截至1999年1月16日，资金缺口共计0.7052亿元。破产清算组认为，股民保证金被违规挪用后，股民只能向清算组申报债权，无取回权。广东省高级人民法院经审理认为，保证金是股民委托广东国投公司证券营业部代理买卖股票的结算资金，证券营业部只是代管，股民在证券机构缴存保证金的行为属于委托行为，并不能改变保证金的所有权和使用权的属性。证券营业部没有设立专门保证金账户分账管理，过错在于证券交易营业部，并不能因此认为保证金所有权已发生变化。证券交易营业部是广东国投公司的分支机构，广东国投公司破产后，股票所有人依法可以通过破产清算组取回保证金。据此裁定：股民可以取回股票交易保证金余额。

对依法确认属于广东国投公司的财产，广东省高级人民法院区别不同情况进行追收或变现：

对于广东国投在广东省内的债权，广东省高级人民法院依照最高人民法院《关于高级人民法院统一管理执行工作若干问题的规定》的规定，裁定指定由广东国投公司的债务人所在地的 58 个法院分别执行，共计追回 15.1 亿元。

对于广东国投在其他省、直辖市、自治区的财产，由破产清算组依法追收，共计追回 5.3823 亿元。

对于广东国投在美国、香港特别行政区等国家和地区的财产，由破产清算组依据当地的法律规定予以回收，共计追回投资及贷款折合 2.2984 亿元。

对于广东省内 69 个政府机关为广东国投的债务人出具担保，被确认无效应承担相应的赔偿责任问题，广东省高级人民法院委托广东省审计厅组织审计小组对这些政府机构的预算外资金情况逐个进行了审计，根据审计情况依法对这些政府机关的预算外资金进行了强制执行，对于没有预算外资金的政府机关法院依法办理了执行中止手续，共计追回 0.7625 亿元。

对于广东国投的破产财产，均采取拍卖或者竞买的方式予以变现。其中：广东国投对广东商品展销中心 100% 的股权以 3.89 亿元的价格成功拍卖；通过竞买，广东国投公司属下 4 家证券交易营业部以 0.8093 亿元的价格转让给广发证券有限责任公司；广东国投公司对江湾新城 75% 的股权及债权以 3.5 亿元成功拍卖；广东国投公司对广东国际大厦实业有限公司 100% 的股权和债权以 11.3 亿元成功拍卖。

三、破产财产分配与终结破产程序

对广东国投公司破产财产追收和变现后，依法优先拨付了破产清算费用（含中介机构专业服务费用、评估费用及其他清算费用），于 2000 年 10 月 31 日、2002 年 6 月 28 日和 2003 年 2 月 28 日分别召开债权人会议，在优先清偿广东国投公司所欠职工工资、劳动保险费用和所欠税款后，分三次按照比例清偿破产债权。经广东省高级人民法院裁定准予，破产财产分配分三次进行，分配破产财产共计 25.34 亿元，债权清偿率共计为 12.52%。对境外债权人的债权，经征得外汇管理部门同意，一律兑换外币支付。

广东国投破产案有关司法程序进行完毕后，破产清算组依法申请终结破产程序。广东省高级人民法院经审查认为，广东国投申请破产一案，债权确认工作已经完成，破产财产的范围已经界定，对外债权的追收工作已经全部采取有效法律措施，广东国投的主要破产财产已经拍卖变现，并已经分配给债权人，广东国投破产案已符合终结破产程序的法定条件，但因今后仍有可以追收的破产财产、追加分配等善后事宜需要处理，应保留破产清算组继续负责完成追收破产财产和追收分配工作，故应在同意破产清算组终结破产程序申请的同时，继续保留破产清算组处理有关善后事宜。据此，于 2003 年 3 月 8 日依照《企业破产法》第 38 条和最高人民法院《关于审理企业破产案件若干问题的规定》第 97 条的规定裁定：①终结广东国投破产案破产程序；②广东国投破产清算组凭本裁定向广东省工商行政管理局办理广东国投的注销登记；③保留广东国投破产清算组完成追收广东国投破产财产、追加分配等善后事宜。本案诉讼费减半收取，从破产财产中优先支付。

【提示问题】

1. 什么是安慰函？依据安慰函申报的债权是否属于破产债权？理由是什么？

2. 如何区分存款合同与信托合同？存款合同标的所有权应归谁？理由是什么？广东省高级人民法院确认信托存款的存款人可以申报债权但不可以行使取回权是否正确？

3. 什么是掉期合同？依据掉期合同申报的债权是否属于破产债权？理由是什么？

4. 法院裁定广东国际大厦的全部股权归广东国投所有的法律依据或法理依据是什么？

5. 关于广东国投公司所属证券交易营业部挪用的股民保证金，清算组认为"股民保证金被违规挪用后，股民只能向清算组申报债权，无取回权"，法院认为"股民可以取回股票交易保证金余额"，请依据法理及现行法规分析哪种观点是正确的？

6. 什么是政策性破产？如何认识政策性破产？广东国投破产案是否属于政策性破产？我国对于国有企业实行政策性破产或者非政策性破产有无明确的适用标准？如果有，这种标准是否合理？

7. 我国新旧企业破产法对破产债权的保护有何区别？

【深度思考】

破产债权的确认与保护

虽然现代破产法具有保护债务人以及破产预防功能，但不可否认的是保护债权人的合法权益仍然是破产法的基本价值追求，保障所有债权公平受偿是破产法不同于其他法律的基本功能之一，因此破产法应当建立完善的破产债权保护制度。这一制度始于破产债权的申报与确认，终于破产程序结束甚至结束后的一段期间内，可以说是贯穿于破产程序始终的一套复杂的法律制度，既涉及破产清算程序，也涉及和解与重整程序，既包括程序性问题，也包括实体问题，既是破产立法和破产实务中的一个重要内容，也是破产法学术研究的重要课题。

我国旧企业破产法没有设置完善的破产债权保护制度。例如，破产责任不明确，难以惩戒侵害破产债权的严重违法行为，反映在破产实务中，利用破产责任制度缺失的漏洞而逃债的现象屡见不鲜，债权人利益屡遭侵害。如某些私营企业以少量资金注册，在经营活动中骗取大量财物，利用破产免责制度，以破产形式废除所有债务，而后用破产逃债积累的资金另立新公司经营。有些企业将收益变相转入个人手中，暗中抽逃资金、转移资产，隐匿、私分财产，人为造成企业亏损，利用法律漏洞逃避债务。也有些母公司向有独立法人地位的子公司大肆转嫁债务，蓄意让其"破产"。这些不法行为都严重扰乱了经济秩序，违背了债权公平清偿与保障的制度目标，法律应当对有关当事人规定明确的民事和刑事责任，以达到惩处与预防侵害破产债权违法行为的目的，维护公平与安全的市场环境。

新企业破产法明显加强了对破产债权的保护，具体表现在以下两个方面：①对于破产债权逾期申报制度有较大的修改，对于破产债权逾期申报采取更加宽容的态度，这更有利于债权人的保护；②摒弃旧企业破产法中行政处分的救济方法，构建了以民事责任为主、刑事责任为辅的破产债权救济模式，为破产债权人利益提供了全新的救济方法，对破产债权人来说具有重要意义。但在破产债权的确认与保护方面，仍有必要作进一步的研究探讨。

一、破产债权的概念及特征

对于破产债权的含义，可以从形式意义和实质意义两个方面进行理解。从形式意义上讲，破产债权是债权人依法申报并经法院确认从而可以按照破产程序公平受偿的财产请求权。形式意义上的破产债权，揭示了破产债权的外部特征与最终目标。从实质意义上来讲，破产债权是在破产程序开始前成立的财产请求权。实质意义上的破产债权，反映了破产债权的实质，即破产债权是基于民法上的合同、侵权行为、不当得利及其他法律上的原因而发生的财产请求权，并不是基于破产原因而产生的债权。从形态上看，实质意义上的破产债权反映了债权的内容与本质，形式意义上的破产债权揭示债权的实现方式。形式意义上的破产债权以实质意义上的破产债权为基础，实质意义上的破产债权以形式意义上的破产债权为实现途径。若实质意义上的破产债权不依破产程序转化为形式意义上的破产债权，则其不能受到法律的充分保护，破产程序也就失去了其存在的意义。可见，形式意义的破产债权与实质意义的破产债权是不可分离的。

由于我国现行《企业破产法》采取的是破产程序受理开始主义，因此，综合上述形式与实质方面的意义，将破产债权定义为：破产申请受理前成立的，经依法申报确认后能够通过破产程序以破产财产公平受偿的债权。

根据我国《企业破产法》的规定，破产债权具有以下法律特征：

1. 从性质上来看，破产债权为财产请求权。这是指破产债权必须是表现为金钱或能折算为金钱的债权。因为债务人在进入破产程序后其权利能力便受到限制，除了管理人决定继续履行尚未履行完毕的合同外，不再进行经营活动，因此债务人只能以金钱对债权人进行清偿。非金钱形式的请求权，应折算为金钱，或将因债务不能履行造成的损害赔偿额作为破产债权。凡不能折合成金钱的请求权，在破产程序中无法受偿，故不属于破产债权。

根据我国现行《企业破产法》的规定，有财产担保的债权也可以成为破产债权，可以以担保财产优先受偿，理论上称为别除权。这一点新破产法与旧破产法不同，旧破产法将有财产担保的债权排除在破产债权之外。

2. 从成立的时间上来看，破产债权基于破产申请受理前的法律事实成立。对于这一特点，新《企业破产法》第107条第2款作了明确规定，这与旧破产法的规定有所差别。根据旧《企业破产法》第30条的规定，破产债权成立于破产宣告前。这种差异源自于新旧破产法关于破产程序启动的时间规定不同，旧破产法为宣告开始主义，新破产法则采取了受理开始主义。在破产程序开始的时间点上，受理开始主义符合国际破产法的发展趋势。

但应注意的是，破产债权成立于破产申请受理前只是一个一般性规则，不是绝对的，法律为了维护公平，规定个别受理之后成立的债权也是破产债权，如我国《企业破产法》第53～55条所规定的三种债权。

3. 从实现方式上来看，破产债权是可以强制执行的债权。破产是在债务人不能清偿到期债务时对其财产的一种强制执行程序，所以破产债权必须是在法律上可以强制执行的债权。故已过诉讼时效的自然债权或非法债权不得称为破产债权。

4. 从行使条件来看，破产债权经依法申报并取得确认后才能按破产程序受偿。我国《企业破产法》第48条规定："债权人应当在人民法院确定的债权申报期限内向管理人申报债权。债务人所欠职工的工资和医疗、伤残补助、抚恤费用，所欠的应当划入职工个人账户的基本养老保险、基本医疗保险费用，以及法律、行政法规规定应当支付给职工的补偿金，不必申报，由管理人调查后列出清单并予以公示。"可见，除职工债权外，债权人都须在法院确定的申报期限内向管理人申报债权。根据第57、58条，申报的债权，由管理人登记造册，进行审查，并编制债权表，然后提交第一次债权人会议核查。债务人、债权人对债权表记载的债权无异议的，由人民法院裁定确认。债务人、债权人对债权表记载的债权有异议的，可以向受理破产申请的人民法院提起诉讼。也就是说，破产债权要经过管理人和债权人会议两次审查，最后由法院确认。

反之，债权人未依法申报债权的，根据《企业破产法》第56条第2款的规定，不得依照破产程序行使权利。也就是说，债权人未依法申报债权人，不能与其他债权人一起对破产财产按比例受偿。除法律另有规定的以外，破产债权也不得单独、自由地行使，只能依破产程序从破产财产中共同平等受偿。为此，《企业破产法》第16、19条明确规定，在法院受理破产案件后，债务人对个别债权人的债务清偿无效，有关债务人财产的保全措施应当解除，执行程序应当中止。

二、破产债权的范围

明确了破产债权的内涵后，还应当界定破产债权的外延。以下根据破产债权的法律属性，结合我国现行《企业破产法》以及最高法院的有关司法解释，对破产债权的范围从积极和消极两方面进行阐释。

（一）破产债权的类型

1. 破产申请受理前发生的无财产担保的债权和有财产担保的债权。我国旧《企业破产法》第30条将破产债权定义为"破产宣告前成立的无财产担保的债权和放弃优先受偿权利的有财产担保的债权为破产债权"，将有财产担保的债权排除在破产债权之外，同时第28条又规定担保财产不属于破产财产。我国现行《企业破产法》对此作了修改，将有财产担保的债权也列为破产债权。这样使得有财产担保的债权人可以参加债权人会议，对与其利益有关的决议进行表决，对债权人的保护更加充分。

2. 债务人的保证人或者其他连带债务人代替债务人清偿债务后依法可以向债务人追偿的债权。这是《企业破产法》第51条第1款的规定。在保证期间内，法院受理了债务人破产案件的，债权人既可以向债务人追偿（申报破产债权），未受偿的部分再向保证人追偿，也有权直接要求保证人清偿，也就是说债权人在向谁追偿的问题上享有选择权。在通常情况下，一般保证人的保证责任是补充责任，即债务人不履行债务时保证人才承担保证责任，保证人据此享有先诉抗辩权。但债务人进入破产程序的，《担保法》第17条第2款排除了一般保证人的先诉抗辩权，也就是说，此时负一般保证责任的保证人与负连带责任的保证人在清偿责任方面顺序相同。《担保法》第31条规定："保证人承担了保证责任后，有权向债务人追偿。"此追偿权既属于破产债权的范围。

我国现行法要求破产债权必须成立于破产申请受理前，那么当保证人或其他连带责任人在法院受理破产案件后才替债务人承担保证责任的，也就是说，保证人的追偿权产生于破产受理后的，在时间上符合破产债权的要求吗？答案应当是肯定的。保证人履行保证义务的时间发生在法院受理之后的，虽然其向债务人的追偿权产生于法院受理之后，但保证责任的成立发生在法院受理前，而保证责任成立意味着保证人即成为债务人的预期债权人。同时，将受理后产

第五部分

生的保证人的追偿权作为破产债权也较为公平，否则作为共益债务以债务人的财产随时清偿则对其他债权人极不公平。

3. 债务人的保证人或者其他连带债务人尚未代替债务人清偿债务的，以其对债务人的将来求偿权申报债权。但是，债权人已经向管理人申报全部债权的除外。这是《企业破产法》第51条第2款的规定。如前所述，当债务人进入破产程序后，若保证债务已经到期，则债权人有权选择不参加破产程序而直接向保证人求偿。为了保障保证人对债务人的求偿权，法律特别规定保证人尚未替债务人清偿债务的，其对债务人将来的求偿权也可以申报破产债权，但债权人已申报全部债权的除外。此规则在《担保法》第32条中也有明确规定。

4. 债务人为保证人的，在破产申请受理前已经被生效的法律文书确定承担的保证责任。关于保证人破产的问题，《企业破产法》未作规定。《破产规定》第55条第10项规定："债务人为保证人的，在破产宣告前已经被生效的法律文书确定承担的保证责任"属于破产债权。该规定对保证责任作为破产债权予以严格限定，实际上是将诉讼或仲裁作为破产债权确认的前置程序。《最高人民法院关于贯彻执行〈中华人民共和国企业破产法（试行）〉若干问题的意见》（1991年）（以下简称《破产意见》）第16条规定："债务人为其他单位担任保证人的，应当在收到人民法院破产立案通知后5日内转告有关当事人。债权人得知保证人（债务人）破产的情事后，享有是否将其债权作为破产债权的选择权。债权人既不参加破产程序又不告知保证人的，保证人（债务人）的保证义务即自此终止；债权人参加破产程序的，债权人在破产宣告时所享有的债权额即为破产债权，参加分配后仍然可就其未受清偿的债权向被保证人求偿。"在新破产法颁布后，上述司法解释虽然原则上仍有效，但具体条款的效力亟须明确。

在广东国投破产案中，依据安慰函申报的担保债权就属于申报人认为债务人为保证人的情形。广东国投曾向其香港子公司的贷款方出具了多份安慰函。例如1999年10月，法院接到日本劝业银行的申请，要求确定广东国投向其出具的3份安慰函中约定的总额4500万美元的担保债权；香港中芝公司依据安慰函申报3500万美元本金及利息的债权。所谓安慰函，通常是指政府或母公司为借款方融资而向贷款方出具的表示愿意帮助借款方还款的书面陈述文件。安慰函于20世纪60年代出现于欧美金融信贷业，当一个集团公司试图方便其下属公司融资借款，又怕给下属公司作担保影响自己的财务状况时，就给提供贷款方出具一份信函，用来证明下属公司的资信状况，其中可能会有如约定在借款到期时，督促下属公司还款等承诺条款。在西方国家，安慰函因其内容措辞不同可分五种情况，各自的效力不同，其中只有少数情况具有担保的法律效力，大部分的安慰函只是一种道义上的支持。广东高级人民法院审理认为广东国投向劝业银行及中芝公司出具的安慰函不构成法律意义上的保证。

5. 管理人或者债务人依照破产法规定解除合同的，对方当事人因合同解除所产生的损害赔偿请求权。这是《企业破产法》第53条的规定。《破产规定》第55条第2款还规定，可申报的债权以实际损失为限，违约金不作为破产债权，定金不再适用定金罚则。

6. 债务人是委托合同的委托人，委托人被裁定破产，受托人不知道该事实，继续处理委托事务的，由此所发生的债权。这是《企业破产法》第54条的规定。受托人不知情而继续处理委托事务所发生的债权，虽然产生于破产案件受理之后，但法律为了保护受托人的合法权益作此特别规定。根据我国《合同法》第411条的规定，委托人破产的，委托合同终止，但当事人另有约定或者根据委托事务的性质不宜终止的除外。当受托人知道委托人进入破产程序后，因委托事务不宜终止且不能或难以交由管理人处理的，受托人为了委托人的利益继续处理委托事务的，由此发生的债权应属于共益债权，由债务人的财产中随时清偿。《日本破产法》第148条第6项对此作了明确规定。[1] 我国现行法没有明确地将这种债权规定为共益债权，在实践中可能会有损善意受托人的利益，因此司法解释对此应作出明确解释。

7. 票据出票人成为破产案件的债务人，付款人继续付款或者承兑所产生的债权。这是《企业破产法》第55条的规定，目的是为了维护付款人的合法权益，保障票据的流通性。此规定与《破产规定》第55条第4项的规定有所差别，后者要求付款人必须是善意的，即不知其事实，其请求权才是破产债权。《日本破产法》第60条也有类似要求。笔者认为，要求付款人不知情是无必要的，因为不论付款人是否知情，客观上其继续付款或承兑有利于维护持票人利益及票据的流通性，且并未损害他人利益或公共利益，故我国新破产法的规定更为合理也更易操作。

8. 债务人发行债券形成的债权。发行企业债券或公司债券是企业筹资的一种重要途径，因发行债券形成的债务属于发行人债务的组成部分。债权人持依法发行的债券申报破产债权应当得到确认。（《破产规定》第55条第7项）

9. 债务人在破产受理前因侵权、违约给他人造成财产损失而产生的赔偿责任。这种侵权或违约之债属于破产债权还是共益债权的一个重要区别就是发生的时间。按照新《企业破产法》，在破产案件受理前发生的属于破产债权，在受理之后发生的则属于共益债权。（《破产规定》第55条第11项的规定为"债务人在破产宣告前因侵权、违约给他人造成财产损失而产生的赔偿责任"，现参照

---

〔1〕 李飞主编：《当代外国破产法》，中国法制出版社2006年版，第777页。

新《企业破产法》将赔偿责任的产生时间改为破产受理之前。)

10. 债务人退出联营应当对该联营企业的债务承担责任的，联营企业的债权人对该债务人享有的债权属于破产债权。(《破产意见》第 60 条)

11. 未到期的债权。《企业破产法》第 46 条规定："未到期的债权，在破产申请受理时视为到期。附利息的债权自破产申请受理时起停止计息。"根据这一条，未到期的债权可以申报破产债权，管理人不能因为债权未到期而拒绝将其记载在债权表上。

12. 附条件和附期限的债权和诉讼、仲裁未决的债权（可以申报）。《企业破产法》第 47 条规定："附条件、附期限的债权和诉讼、仲裁未决的债权，债权人可以申报。"这三类债权可以申报，意味着这三类债权经申报后有可能成为破产债权，但还需经破产管理人的初步审查和法院的最终确认。

13. 职工债权（不需要申报，由管理人登记）。根据《企业破产法》第 48 条，职工债权包括"债务人所欠职工的工资和医疗、伤残补助、抚恤费用，所欠的应当划入职工个人账户的基本养老保险、基本医疗保险费用，以及法律、行政法规规定应当支付给职工的补偿金"，而且"不必申报，由管理人调查后列出清单并予以公示。职工对清单记载有异议的，可以要求管理人更正；管理人不予更正的，职工可以向人民法院提起诉讼"。

14. 税收债权。按照《企业破产法》第 113 条的规定，税收债权是先于普通债权受偿的优先债权，但关于其是否申报该法未作规定，是否应进行申报本文将在后面进行详述。

（二）不属于破产债权的权益

《破产规定》明确规定了不属于破产债权的债权，结合新《企业破产法》的有关规定予以修正后，不属于破产债权的权益列举如下：

（1）违约金（《破产规定》第 55 条）。

（2）职工向企业的投资（《破产规定》第 58 条第 2 款）。

（3）行政、司法机关对破产企业的罚款、罚金以及其他有关费用（自本项至第 10 项为《破产规定》第 61 条的内容）。

（4）人民法院受理破产案件后，债务人未支付款的滞纳金，包括债务人未执行生效法律文书应当加倍支付的迟延利息和劳动保险金的滞纳金。

（5）破产申请受理后的债务利息（依《企业破产法》第 46 条修正）。

（6）债权人参加破产程序所支出的费用。

（7）破产企业的股权、股票持有人在股权、股票上的权利。

（8）破产财产最后分配开始后向清算组申报的债权（依《企业破产法》第 56 条修正）。

第五部分

（9）超过诉讼时效的债权。

（10）债务人开办单位对债务人未收取的管理费、承包费。

（11）政府无偿拨付给债务人的资金（《破产规定》第62条）。

（12）破产费用和共益债权（《企业破产法》第41～43条）。

三、破产债权的确认

（一）破产债权确认的含义

破产债权的确认有广义与狭义之分。狭义的破产债权确认是指有权机关依法对债权具备依破产程序公平受偿的资格的认可，在我国即是人民法院以裁定对破产债权进行确认，其本质是一种司法裁判行为。广义的破产债权确认则包括整个破产债权确认的过程，除包含狭义破产债权确认之外，也包括破产债权的申报、管理人的审查以及债权人会议的审核，也包括债权确认诉讼，其本质是一套专门的法律制度。破产债权的申报、登记、审查均是狭义破产债权确认的前提和步骤，目的都是为确认债权之有无、性质及数额而服务，没有狭义的破产债权确认，债权的申报、登记、审查等行为均无独立存在意义，可以说狭义的破产债权确认是核心，破产债权的申报、登记及审查则是核心不可缺少的前提程序。因此，本文中的破产债权确认指广义，包括债权人依法向破产管理人申报债权，破产管理人对债权进行登记并审查，第一次债权人会议对债权进行核查，最后由法院以裁定确认破产债权，或者由法院审理债权确认诉讼。下面对上述程序分别进行论述。

（二）破产债权的申报

1. 破产债权申报的概念与意义。破产债权申报是指债权人在破产申请受理后的一定期间内向破产管理人申明债权的法律行为，这一行为在法律上推定含有债权人要求依照破产程序行使权利的意思表示。我国《企业破产法》第48条第1款规定："债权人应当在人民法院确定的债权申报期限内向管理人申报债权。"债权申报具有如下法律意义：

（1）债权申报是债权人参加破产程序的必要条件。债权经申报确认后便相应地取得破产程序参与权和按比例受偿请求权。《企业破产法》第56条第2款规定："债权人未依照本法规定申报债权的，不得依照本法规定的程序行使权利。"

（2）债权申报是债权的诉讼时效中断的原因。依《民法通则》第140条的规定，债权申报有中断诉讼时效的效力。

（3）债权申报是法院确认债权的前提。债权申报是广义的破产债权确认的基础，没有债权申报，法院无法确认其债权，债权人也就不能依照破产程序公平受偿。对破产制度而言，没有债权申报，债权确认将无从谈起。法院或破产管理人之所以不能主动确认破产债权，是因为破产法是属于私法领域，遵循意思自治的私法原则，只有当事人才有权处置自己的权益，反映在司法中即不告不理原则，他人（包括法院或破产管理人）无论出于什么目的（即使善意的）都不能处置私人的权益。

2. 破产债权申报期限。各国关于债权申报期限的基本立法模式有以下两种：

（1）法定申报期限，即由法律直接规定、法院无权变更的固定申报期限。我国旧《破产法》即采用这种模式，其第9条第2款规定："债权人应当在收到通知后1个月内，未收到通知的债权人应当自公告之日起3个月内，向人民法院申报债权，说明债权的数额和有无财产担保，并且提交有关证明材料。逾期未申报债权的，视为自动放弃债权。"

（2）法院酌定申报期限，是指由受案法院根据案件的实际情况确定具体的申报期限。德国（《破产法》第28条）、日本、法国（《商法典》第六卷第621 -103条）、英国采取这种立法模式。《日本破产法》第31条规定，法院在作出破产程序开始的决定的同时，必须确定"破产债权的申报期间"和"为调查破产债权的期间"[1]根据其第111条的规定，破产债权人应在上述两个期间内申报债权。

我国新《企业破产法》采取了折中办法，即在法律限定基础上的法院酌定模式。《企业破产法》第45条规定："人民法院受理破产申请后，应当确定债权人申报债权的期限。债权申报期限自人民法院发布受理破产申请公告之日起计算，最短不得少于30日，最长不得超过3个月。"此种立法模式更为灵活，法院可根据案件的实际情况确定申报期限，有助于节省简单破产案件的审理时间，同时给复杂案件的债权人以充分保护；同时对期限长短予以法律限制也比较符合我国的国情，对法官的自由裁量权予以限制，有利于避免法官在申报期限上对债务人进行地方保护，或减轻其危害。

关于债权申报期限，还有一个问题需要讨论，即逾期未申报的债权应如何处理的问题。当债务人进入破产程序后，破产债权得到确认意味着债权人可以参加破产财产的分配，债权因没有及时申报而得不到确认则意味着该债权再也没有实现的机会，因此债权申报期限对债权人的利益至关重要。债权申报属于程序法上的制度，当债权人未在申报期限内申报债权时，只要没有阻碍破产程序的进行，没有对其他债权人的合法权益造成损害，法律就应给予适当救济。大多数国家破产制度均规定了债权补充申报制度，归纳起来有三种宽严不同的

第五部分

---

〔1〕　李飞主编：《当代外国破产法》，中国法制出版社2006年版，第729页。

立法例。①只有当债权人因不可归责于自己的事由而未按期申报时，才允许补充申报；而无此事由时，不准补充申报。《日本破产法》即采取这种模式，其第112条规定，破产债权人由于不可归责于其的事由，到一般调查期间终结前无法申报破产债权的，仅限于该事由消失后1个月内可以申报。此1个月的期限不能变更。[1] ②只允许债权人因不可归责于自己的事由而未按期申报者进行补充申报，但债权人在补充申报前必须以诉讼恢复自己的申报权。法国法采取此种立法模式。③无论债权人因何种原因未按期申报债权，均允许补充申报。《德国破产法》采用这种模式。[2] 我国现行《企业破产法》也采取这种模式，其第56条规定债权人未在申报期限内申报的，可以在破产财产分配前补充申报。相比之下，我国旧破产法中的逾期未申报债权即视为自动放弃债权的规定受到了很多学者的批评，认为既不合理也不可行，不仅不能起到保证破产程序顺利进行的作用，真要严格执行起来，反而会阻碍破产程序进行，而且违背了法律公平、公正的原则。[3] 在逾期未申报债权的问题上，我国新破产法显然在立法技术及对债权人的公平保护方面有明显进步。

允许补充申报债权体现了立法对债权人利益保护的重视，但另一方面，德国、日本和我国破产法都规定，对于补充申报债权所产生的审查费用由延迟申报人自行负担，这一规定体现了权利与义务相一致的原则，因为无论何种原因造成的延迟申报，对破产程序的迅速进行都造成了一定额外负担，延迟申报人承担此额外工作的费用也是合理的。

3. 无需申报的破产债权。原则上所有的债权人在破产程序开始后均应申报债权，不论其是否附有期限、是否附有条件，以及是否附有担保；但有两类债权即职工债权和税收债权较为特殊，一些国家立法规定这两类特殊债权不需申报。

所谓职工债权其实是债务人欠其职工的工资及其他应付费用的简称。由于劳动者在社会及经济上处于弱势地位，如果他们因为未能及时申报债权而失去依破产程序受偿的权利，将会影响其生计，有违社会公平，因此法律有必要进行特别保护。另外，由于职工债权具有集团性，单个申报效率较低，由管理人根据债务人已有的职工名单列出清单的办法简单易行、成本低。我国《企业破产法》第48条第2款对此作出了明确规定："债务人所欠职工的工资和医疗、伤残补助、抚恤费用，所欠的应当划入职工个人账户的基本养老保险、基本医

---

〔1〕 李飞主编：《当代外国破产法》，中国法制出版社2006年版，第759～760页。

〔2〕 《德国破产法》第177条，参见李飞主编：《当代外国破产法》，中国法制出版社2006年版，第73页。

〔3〕 王欣新：《破产法》，中国人民大学出版社2007年版，第241～242页。

疗保险费用，以及法律、行政法规规定应当支付给职工的补偿金，不必申报，由管理人调查后列出清单并予以公示。职工对清单记载有异议的，可以要求管理人更正；管理人不予更正的，职工可以向人民法院提起诉讼。"《法国破产法》在 1985 年修改后取消了职工的工资债权申报义务。《日本破产法》也给予职工工资特别保护，直接将雇员工资规定为财团债权（即不依照破产程序而可以随时从破产财团得到清偿的债权，相当于我国的共益债权）而非破产债权，因财团债权优先于破产债权进行清偿，[1] 因此日本法中的职工债权的优先地位更胜于我国。《德国破产法》第 55 条第 3 款第 3 项规定劳动薪酬请求权依照《社会法典》第三编第 187 条转移给联邦劳工局，联邦劳工局只可以作为破产债权人对之提出主张。[2] 可见，关于职工债权是否必须申报各国的规定不同，但是否申报不是关键，关键在于是否对职工进行了充分的保护。德国法中以劳工局作为职工债权申报人的规定对我国有借鉴意义，特别是职工债权中债务人欠缴的职工社会保险费用中的统筹部分，由劳动部门来申报更为合理可行。

　　另外关于税收债权是否需要申报的问题，还需要进行探讨。与旧破产法不同，我国现行《企业破产法》将欠税默认为一种债权，[3] 故在此称为税收债权。税收关系是一种特殊的债权债务关系，其中纳税人作为债务人有向作为债权人的国家缴纳税款的义务。这种债权债务关系依据法律的明文规定形成，依靠国家强制力得以实现，与普通私法性质的债权的具有明显区别，因此在有些国家税收债权无需申报，如法国（《商法典》第六卷第 621 – 43 条）。我国《企业破产法》没有明确规定税收债权是否需要申报，学者对此有不同的看法，有的认为无需申报，[4] 有的认为应当申报。[5] 笔者认为，税收债权应当进行申报，理由有二：①税收债权的范围和数额本身也应当经过债权人会议的审核，以确保其准确性以及不损害其他债权人的合法权益，不能因税收债权的公法性就在债权确认方面赋予其特权；②将债权申报作为税务机关的义务有利于使税务机关加入破产程序的职责得以规范实施，避免因工作人员的失职造成税收流失；税务工作人员不依法进行债权申报造成国家税收流失的，可以依法追究失职人员的责任。

---

〔1〕　《日本破产法》第 2、149、151 条，参见李飞主编：《当代外国破产法》，中国法制出版社 2006 年版，第 714、778、779 页。

〔2〕　李飞主编：《当代外国破产法》，中国法制出版社 2006 年版，第 31 页。

〔3〕　《中华人民共和国企业破产法》第 113 条第 1 款将所欠税款与普通破产债权并列，从逻辑上表明立法将所欠税款看做一种特殊债权。

〔4〕　刘明尧："破产债权申报制度研究"，载《湖北社会科学》2006 年第 7 期。

〔5〕　熊伟："作为特殊破产债权的欠税请求权"，载《法学评论》2007 年第 5 期。

《日本破产法》第97、99条将税收债权列为劣后债权，根据该法第111条必须进行申报；[1] 这是2004年最新修订公布的《日本破产法》的规定，即降低了部分租税债权的优先顺序。[2]

至于税收债权是否应具有优先性的问题，还需作进一步探讨。当债务人进入破产程序时，其清偿能力非常有限，给职工债权以优先权是为了对劳动者进行特殊保护，那么对税收债权赋予优先权的正当理由是什么呢？很多国家立法未规定税收债权的优先受偿地位。如前所述，日本即为一例。德国将税收视为一般债权，与普通债权并列，就不存在优先问题。《俄罗斯破产法》将税款作为强制性付款（第2条），而强制性付款在清偿顺序中没有优先性（第134条）。[3] 笔者认为，税收债权应当与普通债权处于相同的受偿顺序而不应具有优先性，以体现法律对私权的尊重。

（三）管理人对破产债权的审查

《企业破产法》第57条规定："管理人收到债权申报材料后，应当登记造册，对申报的债权进行审查，并编制债权表。"那么，管理人应当如何进行债权审查呢？是应当进行形式审查还是实质审查？对此法律未作规定。从法理上判断，管理人首先应当进行形式审查，对凡是不符合登记形式要件的债权，就应当拒绝登记，那么对于符合形式要件的，是否还应进行实质审查后才编入债权表？有学者认为，"管理人还需对编入债权表的债权进行实质审查，如是否真实存在、是否超过诉讼时效、数额是否正确等，并附在提交第一次债权人会议的债权表后，供债权人会议核查"。[4] 笔者同意这种观点。如果管理人只进行形式审查，那么债权人会议的组成本身就存在逻辑问题；其次如果将所有的实质审查工作都交由法院完成则会加重法院的工作负担且不能充分发挥管理人的作用。当管理人进行形式与实质审查并编制债权表后，对债权表的记载存在异议的，才由法院裁决，这样会大大减少法院的工作量，节约司法成本。需注意的是，管理人的实质审查只是初步的，并不是对破产债权的最终确认，最终确认在性质上属于司法裁判活动，只有法院才有这种权力。笔者认为，为了保障司法实践程序的统一以及充分保障债权人利益，对于管理人的"审查权"的范围，最高人民法院应当尽快以司法解释作出明确界定。

---

[1]　李飞主编：《当代外国破产法》，中国法制出版社2006年版，第753~755页、759页。

[2]　袁强："日本破产法的修订过程及概要"，参见李飞主编：《当代外国破产法》，中国法制出版社2006年版，第709~712页。

[3]　李飞主编：《当代外国破产法》，中国法制出版社2006年版，第143、270~272页。

[4]　王欣新：《破产法》，中国人民大学出版社2007年版，第273页。

（四）债权人会议对破产债权的核查

债权人会议有权对债权表记载的债权进行核查。《企业破产法》第61条规定的债权人会议的职权中的第1项就是"核查债权"。所谓核查，从字面上理解就是核对与审查。法律没有规定核查工作的具体内容，有学者进行了解释："在债权人会议上，所有的债权证明材料都要向全体债权人出示，供所有债权人查阅，其他债权人可以对证明某项债权是否成立、是否合法、发生的时间、数额的大小、有无财产担保、是否是连带债权的材料的真实性、完整性，向债权的申报人进行询问，也可以提出异议。这个过程就是债权人会议履行债权调查的职能的过程。"[1] 那么，债权人会议对债权的核查结果是否应当作出决议呢？《企业破产法》第58条第2、3款规定："债务人、债权人对债权表记载的债权无异议的，由人民法院裁定确认。债务人、债权人对债权表记载的债权有异议的，可以向受理破产申请的人民法院提起诉讼。"由此可见，法院裁定确认债权的前提是"债务人、债权人对债权表记载的债权无异议"，而债权确认诉讼的前提是"债务人、债权人对债权表记载的债权有异议"，二者均与债权人会议是否通过没有关系，所以债权人会议对债权的核查，不需要进行决议，却应对每个债权人的意见进行记载，制作会议记录，以备法院裁定确认债权之用。可以说，依现行《企业破产法》，债权人会议对债权的核查只是为全体债权人提供了债权核查的场所和方式。

（五）法院对破产债权的裁定确认

从《企业破产法》第58条第2款的规定来看，只有所有债权人对债权表记载的债权（既包括自己的，也包括他人的）均无异议，同时债务人也无异议的，法院才能裁定确认债权表记载的债权为破产债权；如果债权人或债务人有异议的，则法院就不能裁定确认破产债权，也就是说受异议的债权此时不能得到确认，而是有待于法院作出债权确认诉讼的判决。

这时立法遗漏了一种可能发生的情形，就是债务人、债权人对债权表记载的某项债权有异议，却不提出诉讼，这时法院既不能依据第58条第2款裁定确认，也不能在债务人和债权人没有提起诉讼情况下，依据第58条第3款对该债权作出判决，这时破产债权应如何确认？这个问题不解决，就可能使破产程序陷于僵局。笔者认为，应当在司法解释中规定"异议以债务人、债权人提出诉讼为准"。也就是说，异议的标准与无异议的标准不同，无异议以债权人会议记录为准，异议却不能以债权人会议记录为准，而应以起诉为准，这样才能使破产程序顺序进行。

---

〔1〕　李曙光："债权人会议的职权"，载《法制日报》，2007年11月11日，第11版。

（六）破产债权确认诉讼

对于有争议的债权，只能由法院来确认，这是各国破产法通行的做法，其原因在于确认债权是一种司法裁判行为，只有法院才有司法裁判权。所谓债权确认诉讼，是指破产案件受理后，关于破产债权的成立、数额及是否有优先权争议的诉讼。另外，债权确认诉讼是关于债权实体问题的诉讼，是典型的确认之诉，因而法院应当以判决而不是裁定方式裁决。关于债权确认诉讼，我国的立法主要体现为《企业破产法》第48条第2款和第58条第3款及相关规定，由于规定较为简单，还有以下问题需要讨论和澄清。

1. 诉讼当事人。民事诉讼的当事人应适格。我国《民事诉讼法》第108条要求起诉时原告应与本案有直接利害关系，同时有明确的被告。根据《企业破产法》第58条第3款，债权确认诉讼的原告是对债权表记载的债权有异议的债务人或债权人。

（1）债务人有异议的情形。《企业破产法》第25条规定管理人的职责之一是"代表债务人参加诉讼、仲裁或者其他法律程序"，那么，这里的债务人是否指管理人呢？从逻辑上看显然不是，因为债权表是管理人编制的，管理人不可能编制一个自己有异议的债权表。从法理上来看，管理人虽然接管了债务人的财产和事务，但管理人显然不是债务人，管理人的法律地位独立于债务人。因此，当债务人有异议的，原告应当是债务人而不是管理人。

原告为债务人时，谁是被告？立法对此没有规定。笔者认为被告应是其债权受到异议的债权人，理由有二：①管理人虽然是债权表的编制者，但只是对债权进行形式审查并记载，与债权表的记载无利害关系，不应当作为被告；②受异议债权人是债权关系的一方当事人，与受异议的债权有直接利害关系。

《德国破产法》与我国法律的规定不同，虽然其第176条规定债务人同管理人和债权人一样在审查期日有权对债权提出质疑，但第178条规定债务人的异议不妨碍对债权的确认，第184条规定债务人对债权提出质疑的，债权人可以对债务人提出请求确认该债权的诉讼。[1] 根据德国法，债务人即使有异议也没有起诉权。日本破产法同德国法一样没有赋予债务人提起债权确认诉讼的权利。《日本破产法》规定了专门的破产债权调查程序，即法院书记员根据债权人的申报编制破产债权人表，然后由管理人编制确认书，并规定一般调查期间，法院根据管理人编制的债权表及债权人提出的书面异议进行调查，在调查过程中管理人须到场，破产人及债权人均有异议权。笔者认为，我国破产法之所以允许债务人提起破产债权确认诉讼，与立法的程序设置有关，即我国没有法定的由

〔1〕 李飞主编：《当代外国破产法》，中国法制出版社2006年版，第73、75页。

法院主持的债权调查程序，同时也与立法者对破产债务人的权利能力的看法有关。

（2）债权人有异议的情形。债权人有异议应当分为两种情形，分述如下：

第一，债权人对债权表记载的自己的债权的数额或性质有异议，或者对破产管理人未在债权表上记载自己的债权有异议的，异议人可以作为原告起诉请求法院确认破产债权。《企业破产法》未规定这时谁应当是被告，笔者认为从法律关系当事人以及债权表的编制者来看，应以债务人及破产管理人为共同被告。

第二，债权人对债权表记载的他人债权有异议。因为他人债权的记载也会直接影响到异议人的利益，因此这种情形是很可能发生的。这时债权人可以就债权表记载的他人债权提出债权确认诉讼吗？第58条没有排除这种情形下债权人的诉权。从法理上来说，异议人与受异议人虽然没有直接的法律关系，但债权人"使分配额增加的行为相当于保全债权的行为"，[1] 即代位行使原本属于债务人的抗辩权（如时效届满、债务已清偿），因此破产法应赋予债权人这种特别的诉权。另外，参照《最高人民法院关于适用〈中华人民共和国合同法〉若干问题的解释（一）》第16条，异议债权人起诉时，应以受异议的债权人为被告，以债务人为第三人。

《日本破产法》第125、126条关于第二种情形的规定与我国不同，法律赋予受异议的债权人向法院申请核准债权的申请权，由法院对受异议的破产债权是否存在及数额等进行核准。这种申请核准的程序显然无被申请人。对该核准裁判不服的，可以提出破产债权核准异议之诉，法院可以驳回申请，或者认可或变更破产债权核准。[2]

2. 破产债权确认诉讼的判决的效力。首先应当明确的是债权确认诉讼虽然与破产程序有关，但它是独立于破产程序的诉讼，它所要解决的是实体问题争议，因而其裁判应以判决形式作出。那么这种判决的效力如何，或者说判决对哪些人有约束力呢？我国《企业破产法》对此没有明确规定，这可以说是立法的一项疏漏。

笼统地说，一项生效的民事诉讼判决的效力包括拘束力、确定力、变更判决的形成力和给付判决的执行力。讨论破产债权确认诉讼判决的效力，目的在于讨论其对整个破产程序的效力，因而这里所要探讨的就要是确定力特别是既判力的问题。确定力分为形式意义和实质意义的确定力。实质意义的确定力就是既判力，是指生效民事判决所裁判的诉讼标的对于当事人和法院所具有的强

---

〔1〕　〔日〕石川明：《日本破产法》，中国法制出版社2000年版，第128页。

〔2〕　李飞主编：《当代外国破产法》，中国法制出版社2006年版，第766～768页。

制性通用力，具体体现在两个方面：一方面，既判力具有禁止重复起诉和"一事不再理"的效力；另一方面，既判力确定了当事人之间的实体权利义务关系，当事人在别的诉讼中不得提出与此前业已生效的民事判决内容相反的主张，法院在后来的裁判中不得与该判决的内容相抵触。我国《民事诉讼法》中没有"既判力"这一概念，但在司法实践中我国同其他国家一样不能不赋予判决以实质的既判力。《最高人民法院关于民事诉讼证据的若干规定》第9条第4项规定，已为人民法院发生法律效力的裁判所确认的事实当事人无需举证证明。

　　既判力的范围主要就是主体和客体的范围，前者是指生效判决对哪些人有约束力的问题。传统理论认为既判力只及于当事人，但随着社会生活的发展及复杂化，"现在通行的观点是既判力原则上只适用于诉讼当事人，在一定情况下向第三人扩张。主要在于向当事人的继受人、为当事人或者其继受人的利益而占有标的物的人及诉讼担当人扩张。"[1] 债权确认诉讼生效后，同其他民事判决一样产生既判力，其效力除及于当事人（债权人与债务人或异议人与受异议人）外，其效力还应扩张至破产管理人及全体债权人。我国《企业破产法》没有明确规定这一点，不利于破产程序的顺利进行。日本和德国破产法对此有明确规定。《日本破产法》第131条规定："关于破产债权的确定的诉讼的判决，对于全体破产债权人有效。"[2]《德国破产法》第183条规定："①对一项债权予以确认或宣告一项异议为确有理由的发生既判力的裁判，对破产管理人和所有破产债权人发生效力；②由胜诉的当事人决定是否向破产法院申请更正债权表；③只是个别债权人而非破产管理人实施诉讼的，实施诉讼的债权人可以在破产财产通过裁判所获得的利益的范围内，请求从破产财产中归还其费用。"德国法进行详细规定的做法值得我国破产法借鉴。

四、我国旧破产制度下破产债权受侵害的状况及原因

（一）我国旧破产制度下破产债权受侵害的状况

　　破产制度中的利益冲突主要存在于破产债权人相互之间以及破产债权人与破产债务人之间。这两类利益完全对立主体之间的冲突主要反映在债权的确认与债权的清偿分配环节，因而在这两个环节中最易发生侵害破产债权的现象。我国新企业破产法颁布前，由旧《企业破产法》、《民事诉讼法》及相关司法解释所构建的破产债权保护制度不够完善与健全，再加上政策性破产对破产法规则的突破，实践中侵害破产债权的行为屡屡发生，主要表现在以下几个方面：

---

〔1〕　翁晓斌："论既判力及执行力向第三人扩张"，载《浙江社会科学》2000年第3期，转引自夏雨："论既判力的相对性"，载《山西省政法管理干部学院学报》2007年第3期。
〔2〕　李飞主编：《当代外国破产法》，中国法制出版社2006年版，第769页。

1. 利用债权申报和确认程序的缺陷，不合理地将部分债权排除在破产债权范围之外。我国旧《企业破产法》与《民事诉讼法》规定，除对驳回破产申请的裁定可以上诉外，破产程序中的任何裁定都不能上诉，实行"一裁终决"，当事人只能向原法院申请复议。在破产债权申报确认制度中，对于债权的成立、性质及数额，别除权、抵销权、撤销权、取回权是否成立等纯粹实体性问题，交给债权人会议来确认，从性质上是将司法裁判权交给了债权人会议，在立法上错误的，很可能严重损害部分债权人的利益。而对债权人会议的决议有异议的，法院一律采取"一裁终决"，没有给异议债权人提供有效的司法救济途径，为清算组（管理人）与法院不合理地将部分债权排除在破产债权范围之外提供了程序上的便利。

旧破产法将有财产担保的债权排除在破产债权之外，使得这些债权人不能参加债权人会议进行表决，因而债权人会议的决议极可能侵害其利益。而实践中，往往由于地方政府的不正当干预，法院或清算组强行否定有财产担保的债权的优先权，使有财产担保的债权沦为普通债权，如有意制造抵押权人的合法有效抵押为无效抵押的假象，剥夺银行等有效抵押权人的优先受偿权等，使有财产担保的债权受到损害。

2. 经申报确认后的破产债权在破产程序中的合法权利难以落实。旧破产法规定，债权人会议的职权之一是"讨论和通过破产财产的处理和分配方案"。然而在我国很多案例显示，包括银行在内的债权人在财产处理和分配方案上均没有表决权，破产财产的处理和分配方案一般由清算组制定，在没有得到债权人会议表决通过的情况下，法院便裁定予以执行，债权人的意志和利益得不到体现和保证。

3. 利用法定清偿分配顺序，故意提高破产费用与税金，以减少破产财产；或者扩大劳动债权范围，降低普通债权清偿率。实践中大量破产案件不正当地套用国家试点城市政策，将本应分配给债权人的破产财产用来安置破产企业职工，让债权人替政府承担社会保障义务。破产财产在支付了高额的破产费用与优先债权后，普通破产债权受偿率往往很低，有的案件中甚至是零清偿。

4. 以破产为名逃避债务，即破产欺诈行为。破产法的余债免责制度对企图恶意逃避债务的债务人有着相当的吸引力，因此有的债务人想方设法利用破产来逃避债务，即实施破产欺诈。主要做法有以下几类：①企业通过表面合法的重组、分立或股权变更、合同转让等手段转移资产，利用空壳公司承债，待破产清算程序结束、债务免除后，以原企业的有效资产为基础另设新企业重新经营；②利用旧《企业破产法》第35条规定的在破产临界期（破产受理前6个月到破产宣告）内发生的不正当行为无效，有的企业故意将行为时间提前或破产申请推后；③有的企业利用政策性破产清算中获取的高额职工安置费重新建立起新的企业；④一些政府部门从地方、部门利益出发，帮助企业破产逃债。

（二）我国破产债权受侵害的原因

在我国，破产债权屡遭侵害有社会体制和破产法本身不完善两个方面的原因。具体分述如下：

1. 政策性破产对破产法律制度的冲击。自1994年国务院发布了国有企业政策性破产试点文件后，我国存在适用于试点与非试点城市企业的两套破产制度，二者有关职工失业救济、安置费用的承担主体有着不同的制度设计，政策性破产是通过减少破产财产与分配将上述费用转嫁由债权人承担，而在依法破产时，上述费用由失业保险基金等社会保险基金支付或由各级政府承担。自政策性破产试点的同时，"假破产，真逃债"的现象开始盛行。尽管政策性破产制度为侵害破产债权行为提供了充分的制度依据，但它与法律规定之间存在明显冲突，存在着违背破产法基本原则、违反担保法、损害债权人利益等问题，这无疑会影响到执法者与社会公众对破产法中破产债权制度的理解与适用。

2. 政企不分、地方保护主义或部门保护主义方面的原因。政企不分使我国旧破产法带有浓厚的行政色彩，企业破产变相地成为政府行为，法院处于被动从属地位。政府借口企业破产涉及职工安置、社会稳定等诸多问题，干预破产从立案到清算终结的全过程。地方政府怠于对困难企业进行拯救与改革，将破产当做解决债务问题的主要手段，利用破产逃避银行债务。在企业破产时，企业职工的工资、福利、安置费及所欠国家税款优先受偿后，普通债权人的债权往往被悬空，将应由企业自身和政府部门所承担的社会责任全部转移到债权人身上，以债权人的巨大损失保护地方利益、部门利益。

3. 旧破产法关于破产责任的规定存在较大弊端。旧破产法中的破产责任主体仅限于破产企业的法定代表人和直接责任人员，责任形式也只有刑事责任与行政处分两种，没有民事责任，对责任人的制裁制度不完善，债权人的损失得不到赔偿。我国1986年《企业破产法》第42条规定，企业被宣布破产后，由政府监察部门和审计部门负责查明企业破产责任。破产企业的法定代表人对企业破产负有主要责任的，给予行政处分。破产企业的上级主管部门对企业破产负有主要责任的，对该上级主管部门的领导人，给予行政处分。破产企业的法定代表人和破产企业的上级主管部门领导人，因玩忽职守造成企业破产，致使国家财产遭受重大损失的，追究刑事责任。但现实中，破产企业的主要负责人绝少受到处分，对其上级主管部门领导人给予行政处分更是无从谈起。

五、我国新旧破产法对破产债权的救济制度比较

（一）债权补充申报制度

我国旧《企业破产法》第9条规定，对逾期没有申报的债权视为自动放弃债权。此规定对于债权人十分不利，而且在法理上也是错误的。债权的申报只是起到将债权转化为破产债权的作用，不申报并不应当产生消灭债权的结果，规定不按期申报便视为放弃债权不符合债权申报的性质。

新《企业破产法》第56条规定："在人民法院确定的债权申报期限内，债权人未申报债权的，可以在破产财产最后分配前补充申报；但是，此前已进行的分配，不再对其补充分配。为审查和确认补充申报债权的费用，由补充申报人承担。债权人未依照本法规定申报债权的，不得依照本法规定的程序行使权利。"可见，新法就债权逾期申报问题对旧法的规定作出了修正。按照新法，债权逾期未申报，允许债权人补充申报，虽然补充申报和最初申报都能使债权转化为破产债权从而得以实现，但是补充申报必然使得破产程序被拖延，审查和确认补充申报债权必将使破产程序的费用增加，为公平起见，新破产法规定因审查和确认补充债权产生的费用由补充申报人承担，而且规定已经进行的分配财产，补充债权人不再参与分配，即补充债权人债权的受偿率可能会降低。补充申报的最后时限是破产财产最后分配前，如果债权人超过这一时间点未能申报债权则不得按照破产程序行使权利，但未申报债权并不会导致债权消灭。新法规定的补充申报制度弥补了原破产法的不足，加大了对债权人的保护，给了债权人一个弥补其逾期未申报债权的机会，同时让债权人在享有补报机会的条件下承担因其补充申报而扩大的费用，这一制度设计是合理和公平的。

（二）保护破产债权的民事责任制度

破产债权制度中的民事责任，是指损害破产债权人合法权益的人在民法上承担的不利法律后果。新《企业破产法》颁布前，我国破产民事责任制度主要散见于旧《企业破产法》第35条与2002年《破产规定》第66、101条等规定中。它们明确了承担民事责任的三种情形：

1. 债务人的开办人注册资金投入不足的，应当由该开办人予以补足，补足部分属于破产财产。此规则体现在《破产规定》第66条。而新《企业破产法》第35条进行了更为具体的规定："人民法院受理破产申请后，债务人的出资人尚未完全履行出资义务的，管理人应当要求该出资人缴纳所认缴的出资，而不受出资期限的限制。"新法明确赋予管理人追回权，对债权人的保护显然更为充分。

2. 破产欺诈行为无效或被撤销所产生的财产返还责任。旧《企业破产法》第35条规定："人民法院受理破产案件前6个月至破产宣告之日的期间内，破

产企业的下列行为无效：①隐匿、私分或者无偿转让财产；②非正常压价出售财产；③对原来没有财产担保的债务提供财产担保；④对未到期的债务提前清偿；⑤放弃自己的债权。破产企业有前款所列行为的，清算组有权向人民法院申请追回财产。追回的财产，并入破产财产。"新《企业破产法》第31～33条将上述行为分别规定为无效行为和可撤销行为，并且增加了在出现破产原因后清偿个别债权的可撤销行为，以及虚构债务或者承认不真实的债务的无效行为。新旧破产法所规定的追回权人均为管理人（清算组），责任人可以包括债务人、债权人以及第三人。新法在这方面的规定显然更加完备和具体。

3. 破产企业实施旧《企业破产法》第35条所列的行为，致使企业财产无法收回，造成实际损失的，清算组可以对破产企业的原法定代表人、直接责任人员提起民事诉讼，要求其承担民事赔偿责任。此规则体现在《破产规定》第101条。新《企业破产法》第128条对此作了更加详尽的规定。

旧法对破产民事责任的规定比较粗略，而且也未赋予受损害债权人追究相关人员民事责任的程序权利，只有清算组织可以提起有关诉讼，因此对债权人的权利保障只能是间接性的，依赖于清算组的勤勉与忠实，但法律并没有规定清算组的勤勉责任与忠实责任。显而易见，我国旧破产法关于侵犯破产债权民事责任的规定在立法上尚存欠缺。新《企业破产法》基本上构建了一个比较完善的保护破产债权的民事责任体系，在破产民事责任方面比旧法有明显进步，主要体现如下：

1. 明确规定了破产企业的经营管理者的民事责任。新《企业破产法》第6条规定："人民法院审理破产案件，应当依法保障企业职工的合法权益，依法追究破产企业经营管理人员的法律责任。"第125条规定："企业董事、监事或者高级管理人员违反忠实义务、勤勉义务，致使所在企业破产的，依法承担民事责任。"这条是关于破产企业的经营管理者民事责任的基本规定，遗憾的是规定太过抽象，对谁承担责任以及承担何种民事责任均未规定，难以操作，从而成为宣言性条款。从相关条款来分析，经营管理者可能承担的民事责任包括两种，即第36条规定的财产返还责任和第128条规定的赔偿责任。相比之下，旧法只规定了玩忽职守的经营管理者的行政处分和刑事责任，而实践中很少有经营管理者因企业破产被追究刑事责任的，因此对促进经营管理者的责任心没有设置有效的法律手段，而民事责任则更具可行性，能有效提高经营管理者的责任心。

2. 明确了管理人的民事责任。新《企业破产法》第130条规定："管理人未依法勤勉尽责，忠实执行职务的，人民法院可以依法处以罚款；给债权人、债务人或者第三者造成损失的，依法承担赔偿责任。"勤勉尽责要求管理人恪尽职责，以一个善良管理人的注意履行职务；忠实履行职务要求管理人履行职责要忠诚老实，不弄虚作假，不搞欺诈，不得利用自己的地位为债权人、债务人或者自己谋取私利。管理人没有做到勤勉尽责，没有忠实执行职务，造成债权人、债务人或者第三人损失的，债权人、债务人或者第三人可以直接提起民事诉讼，请求人民法院判决管理人承担赔偿损失的民事责任。旧《企业破产法》中没有规定清算组的任何法律责任，而在 2002 年《破产规定》第 51 条中仅规定了法院对清算组的监督权、纠正权以及对清算组成员的更换权。显然，旧法很难有效地促使清算组成员勤勉忠诚地工作。

3. 赋予债权人追究相关责任人的诉权。我国新《企业破产法》在扩大破产民事责任主体范围的同时，也扩大了保护破产财产和破产债权的诉权主体范围，除了破产管理人之外还赋予破产债权人诉权。破产债权人的诉权主要是新《企业破产法》第 128 条规定的对债务人的法定代表人和其他直接责任人员损害赔偿之诉的诉权。至于破产债权人能否依据第 125 条对违反忠实义务、勤勉义务的企业董事、监事或者高级管理人员提起损害赔偿之诉，还有待于立法机关或司法机关的进一步解释。

（三）刑事责任救济制度

各国关于破产犯罪的立法模式有两种：一是破产法模式，即在破产法中专设罚则编规定破产犯罪；二是刑法模式，即在刑法典中以专章或专条的形式规定破产犯罪。第二种模式似为立法潮流，我国新旧《企业破产法》采取的均是第二种模式。

西方各国破产法或刑法对破产刑事责任制度的规定较为详细。《日本破产法》第 14 章罚则专门规定了破产犯罪问题，第 265～275 条分别规定了以下罪名：破产诈骗罪、向特定的债权人提供担保等之罪、破产财产管理人等的特别渎职罪、拒绝说明及检查之罪、拒绝披露重要财产等之罪、隐匿关于业务以及财产状况的物品等之罪、在传唤时拒绝说明等之罪、对于破产财产管理人等的妨害职务之罪、受贿罪、行贿罪、强迫破产人等见面等之罪共 11 项罪名。[1] 其中前六项即是把破产债权人的财产利益作为保护对象的实质性侵害罪，后面五项属于将破产程序的公正进行作为保护对象的程序性侵害罪。《法国商法典》第六卷《困境企业》第六章专门规定了欺诈破产罪和其他犯罪行为。[2] 美国法典中有关刑事犯罪的第十八章也对破产犯罪作了规定，它禁止债务人在知情的情况下或欺诈性从事下列行为：对法院或托管人隐瞒破产财产、对有关情况作错误陈述、提出虚假主张、为破产案件而给予或接受贿赂、隐藏财务记录。违反

---

[1] 李飞主编：《当代外国破产法》，中国法制出版社 2006 年版，第 839～844 页。
[2] 李飞主编：《当代外国破产法》，中国法制出版社 2006 年版，第 425～430 页。

这些规定，最高可被判处 5 年徒刑，同时债务人将得不到债务豁免。[1]

我国《破产法（试行）》第 41 条对破产欺诈的刑事责任作了原则性规定，但是我国 1979 年的刑法并没有对应的罪名，故根据罪刑法定原则上述第 41 条没有可操作性。我国新《企业破产法》同样采取刑法模式，仅在其第 131 条规定"违反本法规定，构成犯罪的，依法追究刑事责任。"现行《刑法》中与破产相关的犯罪规定在《刑法》第三章第三节"妨害对非国家工作人员受贿罪"中，主要包括六项罪名：妨害清算罪（第 162 条），隐匿、故意销毁会计凭证、会计账簿、财务会计报告罪（第 162 条之一），虚假破产罪（第 162 条之二），非国家工作人员受贿罪（第 163 条），国有公司、企业人员失职罪（第 168 条），国有公司、企业人员滥用职权罪（第 169 条）。

虽然在我国新破产法颁布前刑法第六修正案已出台，增加了虚假破产罪并对有关条文进行了修改，但从总体上来看，我国刑法对破产犯罪的规定还很不完善，对侵害破产债权的某些违法行为仍然无法追究刑事责任，例如，管理人玩忽职守的行为、债权人或第三人串通债务人损害其他债权人的行为。这表明我国在刑事立法上已经滞后，应当尽快对刑法进行相应的修改，使刑法与破产法良好衔接，以保证破产法的有效实施，保护债权人利益，维护市场经济的秩序与安全。

第五部分

---

〔1〕 刘明尧："破产债权救济机制研究"，载《湖北农村金融研究》2007 年第 3 期。

十五、丹耀公司破产案
——新破产法实施后的首例破产宣告案

【课前导读】

概念重温：破产管理人，清算组，债权人会议，债权人委员会，中介机构。

知识回顾：破产法管理人制度较之清算组制度的优点，破产管理人的选任，担任管理人应具备法定条件，管理人拥有法定职权、负有法定义务，破产管理人的更换及所应受到的监督。

【重点法条】

1.《中华人民共和国企业破产法》

第13条 人民法院裁定受理破产申请的，应当同时指定管理人。

第22条 管理人由人民法院指定。

债权人会议认为管理人不能依法、公正执行职务或者有其他不能胜任职务情形的，可以申请人民法院予以更换。

指定管理人和确定管理人报酬的办法，由最高人民法院规定。

第24条 管理人可以由有关部门、机构的人员组成的清算组或者依法设立的律师事务所、会计师事务所、破产清算事务所等社会中介机构担任。

人民法院根据债务人的实际情况，可以在征询有关社会中介机构的意见后，指定该机构具备相关专业知识并取得执业资格的人员担任管理人。

有下列情形之一的，不得担任管理人：

（一）因故意犯罪受过刑事处罚；

（二）曾被吊销相关专业执业证书；

（三）与本案有利害关系；

（四）人民法院认为不宜担任管理人的其他情形。

个人担任管理人的，应当参加执业责任保险。

第25条 管理人履行下列职责：

第五部分

（一）接管债务人的财产、印章和账簿、文书等资料；

（二）调查债务人财产状况，制作财产状况报告；

（三）决定债务人的内部管理事务；

（四）决定债务人的日常开支和其他必要开支；

（五）在第一次债权人会议召开之前，决定继续或者停止债务人的营业；

（六）管理和处分债务人的财产；

（七）代表债务人参加诉讼、仲裁或者其他法律程序；

（八）提议召开债权人会议；

（九）人民法院认为管理人应当履行的其他职责。

本法对管理人的职责另有规定的，适用其规定。

第26条　在第一次债权人会议召开之前，管理人决定继续或者停止债务人的营业或者有本法第69条规定行为之一的，应当经人民法院许可。

第27条　管理人应当勤勉尽责，忠实执行职务。

第28条　管理人经人民法院许可，可以聘用必要的工作人员。

管理人的报酬由人民法院确定。债权人会议对管理人的报酬有异议的，有权向人民法院提出。

第29条　管理人没有正当理由不得辞去职务。管理人辞去职务应当经人民法院许可。

2.《最高人民法院关于审理企业破产案件指定管理人的规定》（简称《指定管理人的规定》）

3.《最高人民法院关于审理企业破产案件确定管理人报酬的规定》（简称《确定管理人报酬的规定》）

【案情介绍】[1]

北京丹耀房地产有限公司（以下称丹耀公司）原名北京大地恩福房地产有限公司，成立于1993年12月31日，系北京合力物业发展中心与恩福有限公司

---

[1] 本案案情根据以下网络资料整理：尹正友："破产管理人实务问题研究"，http://www.xincaijing.com/Html/lvan/665852411165.html; 尹正友："破产管理人的困惑"，http://www.chinavalue.net/Media/Article.aspx?ArticleId=15550；吴晓锋、刘斌、潘峰："北京法院首次用摇号确定破产企业新管家"，载《法制日报》，2007年5月14日，转引自http://www.zjol.com.cn/05china/system/2007/05/14/008417414.shtml；马可佳："北京丹耀大厦挂牌产交所挥泪清盘"，载《第一财经日报》，2008年7月4日，转引自http://www.beinet.net.cn/jrlc/chanquanjiaoyi/200807/t254342.htm；李欢欢："丹耀大厦商铺产权二度流拍产权整合再度遇挫"，载《北京商报》，2008年7月29日，转引自http://news.hexun.com/2008-07-29/107748923.html。

投资成立的中外合作企业，投资总额 3 500 万美元，注册资本 1 167 万美元，经营期限 50 年。1996 年公司变更名称为北京丹耀房地产有限公司。丹枫控股有限公司（下简称丹枫控股）持有 85% 股权。丹枫控股是一家香港上市公司，其 23.1% 股权为香港女首富龚如心私人持有。1995 年丹枫控股开始在北京涉足地产，分别投资了绿屋百货、丹耀大厦、吉祥大厦等。

丹耀公司主营业务为：负责王府井 B3 地块（现北京王府井大街 172、176 号丹耀大厦）的开发、建设、物业管理、经营等。王府井 B3 地块占地面积 3 389 平方米。丹耀大厦于 2001 年底建成，总建筑面积 40 766.88 平方米，地下一层到地上五层为商场，地上六层至十一层为公寓。丹耀大厦公寓出售率不高，以出租为主。自 2003 年始，丹耀公司因未能协助业主办理房产证、欠付工程款等原因而引发诉讼或仲裁，丹耀公司均已败诉。根据已生效的法律文书应执行金额累计 1 亿余元。

2004 年 12 月 16 日，丹枫控股以丹耀公司不能偿还到期债务为由向北京市第二中级人民法院提出破产申请。丹枫控股是丹耀公司最大的债权人。

丹耀公司破产案件的程序进展情况：

2005 年 2 月 21 日，丹耀公司经董事会一致同意后亦向法院提出破产申请。

2005 年 3 月 10 日，北京市第二中级人民法院正式立案受理了丹耀公司及丹枫公司的破产申请，并于 3 月 28 日在《人民法院报》刊登了受理案件公告。

2005 年 4 月 18 日，丹耀公司董事会召开会议，参会董事作出一致决议，放弃和解。

2005 年 7 月 19 日，北京市第二中级人民法院按法定程序委托的中逸会计师事务所有限公司出具了关于丹耀公司 2005 年 6 月 30 日《财务状况专项审计报告》。根据中逸会计师事务所的审计报告，截至 2005 年 6 月 30 日，丹耀公司企业资产总额为 272 266 956.99 元，负债总额 277 282 804.84 元，账面净资产 −5 015 847.85 元，资产负债率为 101.84%。

2005 年 7 月 25 日，北京市第二中级人民法院按法定程序委托的北京康正宏基房地产评估有限公司对丹耀公司所有的房产出具了评估报告。

2006 年 9 月 28 日，北京市第二中级人民法院召集了第一次债权人会议，共计 34 家债权人参加了会议。会议议程为：法院通报案件审查情况，债权申报情况，债权人听取北京丹耀房地产有限公司负责人及财务人员对企业破产原因的分析，债权人对中介机构审计报告和评估报告提出质询。

2007 年 1 月 31 日，北京市第二中级人民法院召集了已经通过法院初步审核的 7 家专业中介机构参加该破产案件的中介机构会议，竞聘该破产案件的破产管理人。

　　2007 年 5 月 11 日，北京市第二中级人民法院通过公开摇号的方式确定了由北京市企业清算事务所和北京市炜衡律师事务所两家中介机构共同组成丹耀公司破产案件的管理人。这是将在 6 月 1 日正式实施新《企业破产法》的情况下，北京市法院系统首次通过公开摇号方式确定计划外破产申请人的清算组（新法正式实施后组成该破产企业的管理人），也是首次通过公开摇号方式为三资企业确定清算组。

　　2007 年 6 月 14 日，北京市第二中级人民法院以（2005）二中民破字第 4615 号民事裁定书宣告丹耀公司破产，并指定北京市企业清算事务所和北京市炜衡律师事务所为丹耀公司破产管理人，同时指定北京市炜衡律师事务所尹正友律师为破产管理人组长。丹耀公司破产案遂成为《企业破产法》实施后的首例破产案件。

　　2007 年 6 月 20 日，破产管理人在前期工作的基础上进驻丹耀公司，开始对破产企业的印章、文书档案、财务资料及资产等进行接管。两家破产管理人在进驻丹耀公司后，制定了丹耀公司破产管理人的 8 个规章制度，包括：管理人定期向法院汇报破产清算进程的汇报制度；管理人下设机构和职责的分工制度；管理人工作组定期开会汇报汇总进展的例会制度；管理从企业接受的档案和形成的文件管理制度；保存使用管理人公章和原企业公章的印章制度；管理人日常办公费用的日常办公制度；财务透明、支出合理、有据可查的财务制度，以及工作人员的上班请假等其他工作制度。破产管理人向丹耀大厦公寓的所有租户发出通知，要求退租。

　　2008 年 4 月 16 日，召开第一次债权人会议。

　　2008 年 7 月 18 日上午，丹耀大厦部分面积在北京产权交易所公开挂牌拍卖，但流拍。

【提示问题】

　　1. 债权人会议选任管理人与法院决定管理人两种制度各有何利弊？结合本案中管理人的确定方式来谈我国司法实践中采用的管理人选任方式是否合理？有无缺陷？请说明理由。

　　2. 请结合《企业破产法》相关规定分析上述案例中管理人在破产程序中有哪些具体职责？

　　3. 请问管理人在破产清算程序中与在和解程序和重整程序中的职责有何不同？

　　4. 依我国现行法应当由谁决定本案中管理人的报酬？如何确定？我国现行的确定管理人报酬的制度是否合理？

　　5. 根据《企业破产法》第 130 条的规定，管理人未勤勉尽责、忠实执行职务的，给债权人、债务人或者第三人造成损失的，要依法承担赔偿责任。但法律没有规定勤勉尽责、忠实执行职务的标准，请问如何认定管理人没有执行职务？或者说我国法律应如何确定管理人的勤勉、忠实义务的具体标准？

【深度思考】

破产管理人制度的法律分析

一、破产管理人的概念

破产管理人是指在破产程序中依法接管债务人的企业并负责债务人财产的保管、清算和分配等事务的专门机构。对此，各国破产法或商法典中均有规定，但称谓各不相同。德国称其为"破产管理人"、日本法称其为"破产管财人"，美国法称其为"破产受托人"（Bankruptcy Trustee），我国旧破产法将之称为"清算组"，2007 年 6 月 1 日起施行的新《企业破产法》则以"管理人"取代了"清算组"。

由于管理人在破产申请至受理前、破产清算、重整等不同阶段或程序中的职能有很大不同，因此有的国家对此作出了区分，如现行《英国破产法》将管理人分为：清算人（Liquidator），即清算程序中的财产管理人；重整管理人（Administrator），即重整程序中的管理人；接管人（Receiver），即接管程序中的管理人；监督人（Supervisor），即公司自愿安排计划中的监督管理人；破产托管人（Trustee in Bankruptcy），即个人破产的管理人。分别规定其称谓的优点在于不同阶段管理人的职能清晰明确。我国破产法的立法者考虑到这种方式较为复杂、不易理解，统一规定为管理人。这种广义的管理人是否真正有利于管理人在不同阶段的相应职能的充分发挥，还值得研究及实践检验。

丹耀公司破产案是我国新《企业破产法》实施后的首例宣告破产的案件，面临着新旧破产法的衔接问题。关于法律适用问题，最高人民法院已于 2007 年 4 月 25 日发布了《最高人民法院关于〈中华人民共和国企业破产法〉施行时尚未审结的企业破产案件适用法律若干问题的规定》，与新《企业破产法》同时于 2007 年 6 月 1 日起施行。丹耀公司破产案受理后，法院任命了管理人，然而由于新《企业破产法》的不完善及其配套措施的滞后，管理人制度在实务操作中遇到种种问题。例如，在刻制管理人印章的过程中，由于公安机关只知道过去的清算组而不知道现在的管理人，管理人花了两个多星期的时间进行交涉、汇报。同时，根据实际需要，管理人要在银行开立管理人专用账户，但遗憾的是，长期无法开立。银行的答复很简单，他们没有接到中国人民银行条法司的相关文件，所以不能办理。可见管理人制度在实践中充分发挥作用还需要一个过程。

二、我国破产管理人的特征

与其他国家相比，我国现行《企业破产法》中的管理人具有以下显著特征。

（一）独立性

管理人在法律上的地位如何，是否能公正、高效地处理有关破产事务，是否能对自己的行为承担一定的法律后果，直接关系到破产法的立法宗旨能否实现。缺乏独立性会导致破产管理人的权利与义务失衡，当出现违法情况时很难追究其法律责任。因此我国破产法规定的管理人具有独立性的特点。《企业破产法》第24条有关指定社会中介机构或中介机构中具备相关专业知识并取得执业资格的人员为管理人的规定正是体现了管理人应具有独立性的要求。所谓管理人具有独立性，具有两方面含义：①管理人按照自己的意志依法独立处理破产事务，不是法院或者政府部门的附属，也不是债务人或债权人的代理人，其职权直接来源于法律规定而非法院、政府或某一方当事人的授权；②管理人应具有相应的责任能力，有自己独立的财产，并能以此对外承担责任。这样，一旦破产管理人实施违法行为，侵害了他人的合法权益，法院就可根据职权或者当事人的申请，及时追究他的法律责任。

值得注意的是，《企业破产法》第24条同时还规定管理人可以由有关部门、机构的人员组成的清算组担任，这里清算组的组成人员显然包括政府官员或其他公职人员，因此清算组显然不能独立于政府，那么这一点会不会削减了管理人的独立性？答案基本上是否定的。因为根据《指定管理人的规定》，清算组担任管理人的案件范围受到严格限制，第18条规定，当企业破产案件有下列情形之一的，人民法院可以指定清算组为管理人："①破产申请受理前，根据有关规定已经成立清算组，人民法院认为符合本规定第19条的规定；②审理《企业破产法》第133条规定的案件；③有关法律规定企业破产时成立清算组；④人民法院认为可以指定清算组为管理人的其他情形"。通常清算组担任管理人主要适用于国有企业的政策性破产及金融机构破产等较为特殊的案件中。按照国家有关规定，政策性破产于2008年年底结束，因此由清算组担任管理人的情形会极为有限。人民法院在司法实践中特别不应根据上述第18条第4项任意扩大清算组的适用范围，否则难免使新破产法的管理人制度又回到旧破产法的老路。

（二）中立性

破产程序涉及的利益主体是多方面的，包括破产企业自身、破产企业的管理层与职工、破产债权人、取回权人、政府等。在这种利益主体多元化的条件下，要客观公正地处理破产事务，必然要求破产管理人具有中立性，因为一旦有自身利益牵涉其中，管理人就很难做到公正客观，结果只能是与破产立法宗旨背道而驰。中立性是指管理人与破产程序中的各种利益主体无利害关系，即破产管理人不是破产程序中任何一方利益主体的代表，其得失也不受破产程序中各主体利益变化的影响。例如，在有关破产管理人的报酬问题上，为保证管理人的中立性，管理人的报酬不应当由债权人或债务人决定，而应当由法院决定；但因为管理人的报酬来源于破产财产，从而与债权人利益密切相关，债权人会议有异议权。《确定管理人报酬的规定》对此作了明确规定。再如，最高人民法院颁布的《指定管理人的规定》采取分散权力、随机确定、权力制约、加强监督等方式，确保相关人民法院在编制管理人名册、指定管理人时，公正行使权力，使管理人的产生具有公平性，不受制于破产案件的各利益相关者，保证其中立性。

虽然我国现行立法、司法体现了管理人的中立性，但有学者有不同看法，认为管理人应当是债权人代表，而不是一个中立的第三方，管理人应更加倾向于债权人的利益，以维持在破产清算等过程中债权人、债务人利益博弈的一种平衡关系，实现破产过程中的债权人利益的最大化。[1] 这种观点的可取之处在于有利于维护债权人利益，但不能合理地解释管理人的所有行为，如代表债务人参加诉讼等。

（三）专业性

除担任清算组成员的有关部门、机构的人员以外，新《企业破产法》要求管理人必须要具备相应的专业资格，对管理人应当实行资格准入制度。其第24条规定，清算组以外可以担任管理人的机构或人员包括以下两类：一是依法设立的律师事务所、会计师事务所、破产清算事务所等社会中介机构担任；二是人民法院根据债务人的实际情况，在征询有关社会中介机构的意见后指定的该机构具备相关专业知识并取得执业资格的人员。上述机构和人员具有专业知识和丰富的实务经验。担任清算组成员的政府部门人员主要是国有资产监督管理委员会的人员、金融监管机构人员，本身也具有很强的专业性，而不是像以前那种由主管部门、工商、税务等部门人员组成的清算组。

管理人应具备专业性主要是为了提高管理人的工作效率。在具体的破产程序中，破产事务往往异常繁杂，经历的程序不仅是单纯的破产宣告和清算分配，而且还可能涉及和解、重整程序；工作内容既包括对债权登记，破产财产的管理、清理、估价、处理和分配，还包括参加诉讼活动；涉及的问题既有实体性的，又有程序性的，既有法律事务，也有财会事务，技术性非常强。上述工作绝非一般人士所能胜任。管理人高效、高质量地完成工作不仅有利于实现各方

---

〔1〕　李曙光："新破产法的管理人制度"，载 http://www.civillaw.com.cn/article/default.asp?id=17756.

利害关系人利益的最大化，保证破产案件地顺利审理，还可以节约社会资源、促进社会和谐发展。

三、破产管理人的法律地位

由于破产管理人涉及债权人、债务人以及第三人的利益，那么管理人在法律上到底处于怎样的一种地位，就成了破产法学理上一直存有争议的问题。对于此问题，大陆法系和英美法系在理论界形成了各种不同的学说。

（一）大陆法系对于破产管理人法律地位的定位

1. 代理说。代理说认为，破产管理人是代理人，以被代理人的名义行使职权。其主要依据是破产管理人在破产程序的所作所为，无论是诉讼性质的还是非诉讼性质的，其行为后果均不能归属于自己，而实际地归属于破产当事人的一方。[1] 在理论上，按代理对象的不同，又具体分为债权人代理说、债务人代理说、债权人和债务人共同代理说以及破产财团代理说。具体而言，持债权人代理说观点的学者认为，基于破产宣告，全体债权人取得对破产财团的扣押质权，而实际上这种扣押质权的实现，是通过管理人的代理行为来完成的。持债务人代理说观点的学者认为，破产程序的开始使得债务人失去对其一定财产的管理处分权，这部分财产的管理、处分都是通过管理人来实现的，从这个意义上来说，破产财产管理人虽然由法院任命，但仍不失私法上的代理人地位。持破产财团代理说观点的学者认为，破产程序开始后，债务人的财产在法律上被定义为"破产财团"，而债务人在进入破产程序后就失去了对其管理、支配权，这些权利转而交由破产管理人享有，管理人因此就视为破产财团的代理人，这种观点认为破产财团具有独立的法人资格，在法律上成为独立的法人主体，而破产财产管理人便为其代表。[2] 代理说因不能合理地解释管理人的一些职务行为而未受到我国学者支持。

2. 职务说。这种学说从破产程序的性质入手，强调破产程序是为全体债权人的利益所进行的概括性强制执行程序，认为破产财产管理人就是强制执行机关的公务人员。破产财产管理人是基于职务而参与破产程序，既不代表债权人，也不代表债务人。对于破产财团的诉讼，也是基于职务而为原告或被告。职务说又分为公法上的职务说和私法上的职务说。公法上的职务说认为，破产财产管理人在对财产进行管理、变价方面类似于公法上的执行机关，故为公法上的职务。而私法上的职务说认为，破产财产管理人虽然系基于公务而管理变卖破产财产，但他却是在私人名义下进行，故为私法上的职务。这种学说曾经是日

---

[1] 汤维建：《破产程序与破产立法研究》，人民法院出版社 2001 年版，第 286 页。

[2] 李永军：《破产法律制度》，中国法制出版社 2000 年版，第 158 页。

本的通说。[1] 职务说也因存在理论缺陷受到批评。

3. 破产财团代表说。破产程序一经开始，债务人就失去了对自己财产的管理和处分权，这些财产被整体人格化，取得破产程序上权利和义务的主体地位，在法律上称为"破产财团"，管理人则是破产财团的代表机关。这一学说为日本学界历来的通说。[2]

（二）英美法系对于破产管理人法律地位的定位

英美法系对此少有理论上的争议，通行受托人说。根据美国《破产法典》第323条的规定，托管人是财团的代表，具有起诉和被起诉的资格。这实际上是将财产法上的信托关系引入到破产法中。根据受托说，破产债务人和破产管理之间是信托关系（属法定信托），破产债务人是信托人，破产管理人是受托人，破产债权人是受益人，破产管理人基于信托管理处分破产财产。信托人在法律上处于一种中立的地位，既不仅仅代表委托人的利益，也不仅仅代表受益人的利益。有学者认为，破产财团代表说就是英美法的受托人说在大陆法系体系下的翻版。

（三）我国理论界对于破产管理人的法律地位的定位

1. 破产财团代表说。即上述大陆法理论界第三种学说的移植，其理论基础是虚拟的财团人格化、客体主体化。我国有学者认为我国立法中目前尚未采用破产财团及财团法人的概念因而难以直接采用这一学说，但这一学说较其他学说更为合理，能够较好地体现出管理人在破产程序中的实际作用与功能。还有学者主张，我国破产法应采用"破产财团"的概念，相应地赋予其独立的人格，破产清算组成为破产财团的代表人。[3]

2. 专门的独立机构说。这一学说认为管理人是一种专门的独立机构。所谓专门的独立机构，是指管理人既不是政府机构，也不是债权人或债务人的代理人，而是依据破产法的规定在破产宣告后成立，负责执行破产财产管理、变价、分配等事务的、独立的专门主体。这种学说同时认为管理人具有独立的民事主体资格。[4]

（四）对破产管理人法律地位的思考

笔者认为，我国学者的以上两种学说都有所长，但仍不完善。破产财产代表说不能说明债务人与管理人之间的法律关系，独立机构说虽然没有明显的漏洞，但在方法上却只是一种外在的客观概括，不能揭示出管理人与相关当事人

---

〔1〕 李永军：《破产法律制度》，中国法制出版社2000年版。

〔2〕 ［日］石川明：《日本破产法》，中国法制出版社2000年版，第156页。

〔3〕 丁婷："论破产管理人制度的立法完善"，载《周末文汇学术导刊》2006第2期。

〔4〕 康晓磊、仲川："对破产管理人法律地位的思考"，载《法学论坛》2007年第6期。

之间的内在关系。笔者赞同受托人说。信托制度虽然为英美法创立，但目前我国已经有了《信托法》，信托制度在我国已经建立，而信托说能够很好地解决上述学说的不足，清晰地揭示出管理人与有关当事人之间的关系，并且能够很好地解释破产程序中的相关法律问题。

四、破产管理人的选任

（一）西方破产管理人选任制度概述

从各国的立法例来看，对破产管理人的选任方式目前有三种模式：

1. 法院主导型。法院有权选任、决定破产管理人的人选而不受债权人会议的影响。这种选任破产管理人的立法体系为一些大陆法系国家所采取，如法国、日本等国。根据《日本破产法》第 31 条的规定，法院在宣告破产的时候应当同时选任一人或数人为破产财产管理人。《日本破产法》第 74、75、87 条规定，法院选任破产财产管理人。法人也可以作为破产财产管理人；破产财产管理人由法院监督，可以依据利害关系人的申请或职权解任破产管理人；破产财产管理人的报酬由法院决定。《日本破产法》还规定了类似于诉前财产保全的保全管理人制度，即在破产申请后至作出破产程序开始的决定之前，法院认定债务人（仅限于法人）的财产的管理以及处分不当或者认定为确保债务人的财产特别有必要时，可以依照利害关系人的申请或者依职权，命令保全管理人就债务人的财产进行管理。作出保全管理命令后，管理以及处分债务人财产的权利专属于保全管理人。（第 91、93 条）[1]

2. 债权人会议主导型。破产管理人由债权人会议选任，法院或其他机构选任为补充。这一立法模式以英国、美国、加拿大等国为代表。

在美国，破产管理人称为托管人（trustee），包括联邦托管人和私人托管人。联邦破产托管人为联邦政府官员，由美国司法部长任命，任期 5 年，联邦司法部下设常设机构——托管人办公室（现有 77 人）。目前全美国设立了 21 个地区联邦托管人办公室，任命了 21 个联邦托管人。私人托管人是破产执业者，由债权人选择参加破产程序。担任私人托管人一般应向地区联邦托管人办公室申请，并得到批准。另外，按照美国《破产法》第 322 条的规定，私人托管人须在被选定后开始执行职务之前，已向法院提交一份保证诚实履行职责并维护合众国利益的保证金。依据美国《破产法》第 701、702 条的规定，临时托管人由联邦托管人从私人托管人小组成员中任命或自己担任，在债权人会议上持有 20% 以上普通无担保债权的债权人多数同意可以另行选出托管人，如果没有选出，则

---

[1] 李飞主编：《当代外国破产法》，中国法制出版社 2006 年版，第 729、745、753、754 页。

由临时托管人担任托管人。[1] 在重整程序中，一般没有管理人，由持有破产财产的债务人负责继续经营企业，提出重整方案，但是依据《美国破产法》第1104条的规定，法院在债务人不诚信或管理不善的情况下，根据利害关系人或联邦托管人的申请可以指定托管人，该托管人代替债务人继续经营债务人的业务。在大型企业重整案件中，联邦托管人办公室会任命一个监督人（examiner）来监督重整程序。

英国破产管理人包括官方接管人和破产管理人两类。其中，官方接管人由工商部来任命，在个人和公司破产清算程序中发挥着决定性作用。一般情况下，官方接管人行使临时接管人或临时清算人的职责，在破产管理人或清算人缺位时，成为正式的破产管理人。目前，在英国和威尔士共有41个官方管理人办公室，其享有调查案情、指定私人职业破产案件从业人员的权力。英国破产管理人的资格管理最为严格。按照1986年破产法，在各种破产程序中任职的人限于该法承认其资格的从业人员。不具备该法要求的资格而任职的，构成犯罪行为。在英国，根据《破产法》第100条等条的规定，清算人由债权人在其会议上提名决定。接管人由对公司有抵押（包括浮动抵押或者抵押以及一个或多个其他担保）的债券持有人选任。[2] 依《英国破产法》第287条第1款的规定，在作出破产令与破产财产归属托管人的时间之间，官方接管人是破产人财产的接管人。又依据该法第292条的规定，除特殊情况外，托管人由破产人债权人的全体会议任命。[3]

3. 双轨型。法院和债务人会议均有权选任破产管理人。法院指定的好处是效率高且相对较为公正，弊端在于由于处境不同法官很难作出最有利于债权人的选择从而使债权人利益受损，如管理人能力有欠缺的情形从法律上难以证明。债权人会议选任的好处是债权人与破产案件利益最为相关，债权人会议选任不会出现利益上的偏差，而弊端在于效率低下，易被大债权人操纵而出现不公正现象。基于上述原因，一些国家采取法院指定与债权人会议选任相结合的方法，也就是法院指定管理人后，债权人会议可以作出决议请求更换。然而，由于立法理念和法制传统的原因，各国法院对待债权人更换管理人的请求态度有所差异。一些国家则规定，法院应当对债权人的请求进行综合考虑，如没有更换管理人必要的，法院就不予更换，此实为法院主导型。另外一些国家则规定，债权人会议要求更换管理人的，法院应当更换。后者即为双轨制选任方式，为

〔1〕 李飞主编：《当代外国破产法》，中国法制出版社2006年版，第595~596页。
〔2〕 李曙光、贺丹："破产法立法若干重大问题的国际比较"，载 http://vip. chinalawinfo. com/new-law2002/SLC/SLC. asp? Db = art&Gid = 335582020.
〔3〕 《英国破产法》，丁昌业译，法律出版社2003年版，第217、221页。

《德国破产法》所采用。

《德国破产法》规定，管理人必须由有专业知识的自然人担任。在德国新破产法中，管理人的选任是由法院临时指定，最后由债权人选任的。《德国破产法》第 27 条规定："破产程序开始时，破产法院任命一名财产管理人。"该法第 56 条规定："应当任命一名对具体案件较为合适的，特别是懂行且独立于债权人及债务人的自然人为财产管理人。"该法第 57 条规定："在任命破产管理人之后召开的第一次债权人会议上，债权人可以选举一名另外的人取代所任命的破产管理人。除本法第 76 条第 2 款中规定的过半数外还获得参加投票的债权人的过半数票的人当选。只在该当选人不适宜于担任该职务的情形，法院方可不予任命。任何破产债权人均有权对不予任命提出即时抗告。"[1] 可见，德国法中法院有权任命的是临时管理人，而正式管理人的选任权主要在于债权人会议。

总的来说，世界各国的破产法，英美法系倾向于由债权人会议来选任管理人，大陆法系则由法院来选任，但近两年的变化是大陆法系逐渐向英美法系靠拢。

（二）我国的破产管理人选任方式

我国破产法规定的破产管理人选任方式是法院主导型。根据《指定管理人的规定》，我国法院指定破产管理人的程序为先由各地高级人民法院或者由高级人民法院授权中级人民法院编制破产管理人名册，法院从破产管理人名册中指定具体案件的破产管理人。

关于我国破产管理人的选任制度，学者们争议很大。有学者认为："法院指定和确定管理人会使法院卷入了商业判断，有可能使法院成为造成可供分配的破产财产流失的责任主体。当一个按程序选出的合法管理人能力不强或行为不妥致使债权人利益不能最大化时，债权人有可能对管理人以及指定管理人的法院一并追究责任。"[2] 也有些学者认为，由评审委员会来编制管理人名册是在采取法院主导型方式下较为公平和公正的方式。法院只是根据一定的标准在申请人提交的材料基础上来确定哪些机构或个人有资格成为管理人，并没有完全的无限制的决定权，并且编制名册的法院一般为高级人民法院，而具体的操作一般为下级法院，因此出现的商业操作的可能性比较小，而且难度大，采取法院制定破产管理人名册不失为一个可行的方法。[3] 还有学者认为，法院在管理人制度中权力过大。[4]

〔1〕 李飞主编：《当代外国破产法》，中国法制出版社 2006 年版，第 31 页。
〔2〕 李曙光："管理人制度既济未济"，载《财经》2007 年第 10 期。
〔3〕 张金："中德破产管理人制度异同比较"，载《法制与社会》2007 年第 9 期。
〔4〕 李琴："新破产法中破产管理人制度的缺陷与完善"，载《求索》2008 年第 5 期。

关于我国的管理人选任制度，笔者有以下几点看法：

1. 在我国现实条件下，由法院编制管理人名册并按照管理人名册所列名单采取轮候、抽签、摇号等随机方式公开指定管理人的方式一般是可行的，而且对各方当事人均较为公平，也不存在法院进行商业判断的可能。但这种方式取消了行业中的竞争，难以选出最优的管理人，因此在现阶段我国管理人制度不成熟的情况下暂时适用于普通破产案件是可行的，但不能作为长久的选任方式，否则不利于管理人行业的优胜劣汰。

丹耀房地产有限公司破产案中，北京市第二中级人民法院的工作人员通过摇号方式选中北京市企业清算事务所和北京市炜衡律师事务所为破产管理人。在摇号当天，没有中选的其他 4 家中介机构代表都表示，通过摇号产生的管理人是公平的。这说明从管理人行业的业务竞争角度而言，这种方式是公平的；对债权人而言，如果事后发现管理人有不称职的情形，债权人会议可以向法院申请更换管理人，也就是说，在更换管理人方面债权人的意志仍然有实现的机会，尽管这种机会实现的难度较大。

2. 对于金融机构或者重大复杂的破产案件，《指定管理人的规定》第 21 条规定采取竞争方式指定管理人，由法院评审委员会从参与竞争的社会中介机构中择优指定管理人。这时法院必然卷入了商业判断，而根据《指定管理人的规定》第 31、32 条的规定，债权人只有向法院申请更换管理人的权利，是否更换以及更换谁的决定权完全在法院，可见债权人在此的权利非常有限，法院的权力却没有法定的监督程序，很容易产生权力寻租。对此，笔者认为我国应改采德国法的双轨制，对重大复杂案件与普通案件采用同样的任命管理人方式，规定由法院任命临时管理人，待破产宣告后由债权人会议选任正式管理人，法院对债权人会议的决议进行审查，若选任决议在内容和程序上合法，则法院应当任命。双轨制将商业判断交给了债权人，避免了权力寻租的可能。

3. 当管理人未依照本法规定勤勉尽责、忠实执行职务从而损害债权人利益的，债权人可以依据《企业破产法》第 130 条要求管理人赔偿损失，但并不存在管理人要求法院承担责任的可能性，因为法院不可能因自己的正常工作对当事人承担责任。

五、管理人的职责

管理人的职责既是管理人的权利，也是其应履行的义务。我国《企业破产法》第 25、48 条及相关法条规定，管理人的职责主要有以下各项：

1. 接管债务人的财产、印章和账簿、文书等资料。破产程序一经开始，债务人失去对其财产的管理与处分权，由管理人接收。未经管理人的同意，任何人不得管理和处分债务人的财产，即使管理人所接收的财产中有属于取回权的标的物，取回权人也必须经管理人才能行使权利。对管理人接收财产及账簿的权利，债务人有移交的义务，违反此义务者应承担法律责任。当债务人拒绝移交财产及有关财产的账簿时，管理人可以直接凭法院受理破产案件的裁定及任职书，向法院请求强制执行。

2. 调查债务人财产状况，制作财产状况报告。管理人在清理债务人的财产时，有权询问债务人、公司董事、经理或其他有关人员，并就相关事宜展开调查，最终制作财产状况报告。债务人等对管理人的询问有如实陈述与回答的义务。债务人违反此义务时，应承担相应法律责任。对债务人财产的收集、清理、核对，是管理人掌握债务人财产真实状况的重要手段，虽然法院在作出破产程序开始的裁定前，也令债务人提交财产状况说明书、债权债务清册等，但债务人所提交的以上文件同债务人的实际财务状况一般会有出入，仅凭债务人提供的文件，难以辨明债务人的真实财产状况，因此管理人必须收集、清理、核对债务人的财产。管理人对债务人财产进行清理、核对后，应制成财产目录表。关于破产清算案件中，破产审计是否是管理人的必经程序，目前尚有争议。注册会计师普遍赞同此一程序，但从法律角度看，应注意破产程序不应增加债权人的负担，且以当事人意思自治为原则。

3. 决定债务人的内部管理事务。债务人的内部管理事务较多，如聘用管理人员、专业人员及其他工作人员，对破产企业留守工作人员的确定，解除无需留守职工的劳动合同，对债务人、对企业日常工作的分工等。

4. 决定债务人的日常开支和其他必要开支。在破产过程中，债务人仍会产生必要开支，如管理债务人财产的费用，聘用工作人员的费用，为债务人继续营业而应支付的劳动报酬和社会保险费用等。上述开支属于破产费用或者共益债务，根据《企业破产法》第43条，破产费用和共益债务由债务人财产随时清偿。但这些开支的支付应由管理人决定。

5. 在第一次债权人会议召开之前，决定债务人是否继续营业。进行破产程序后，债务人是否继续营业对债权人的利益至关重要。我国新《企业破产法》第61条规定，继续或者停止债务人的营业的决定权属于债权人会议。但是在破产案件受理后，至第一次债权人会议召开之前，就需要决定债务人是否继续营业，这时只能由管理人根据债务人的实际情况作出决定；但法律为了避免管理人作出的决定损害债权人利益，所以在第26条规定，此决定应经法院许可。

6. 管理和处分债务人的财产。对债务人财产的管理和处分，是破产管理人最重要的一项职责。管理债务人财产的目的在于保全财产，防止财产被侵害或发生意外损失。管理债务人财产的工作主要包括以下内容：

（1）清理、追回债务人的财产和债权。管理人应清理债务人的财产和债权，

追回他人占有的债务人的财产,追回债权。(《企业破产法》第 17 条)

债务人在破产案件受理前的法定期间内或破产程序进行过程中有不当行为,导致其财产减少的,会严重损害债权人利益,对此法律规定管理人有权追回。《企业破产法》第 34 条明确规定:"因本法第 31、32 条或者第 33 条规定的行为而取得的债务人的财产,管理人有权追回。"

(2) 对破产申请受理前成立而债务人和对方当事人均未履行完毕的合同有权决定解除或者继续履行(《企业破产法》第 18 条)。

(3) 要求债务人的出资人缴纳所欠缴的出资。(《企业破产法》第 35 条)

(4) 追回债务人的董事、监事和高级管理人员利用职权从企业获取的非正常收入和侵占的企业财产(《企业破产法》第 36 条)。

(5) 决定是否取回债务人的质物或留置物。(《企业破产法》第 37 条)。

(6) 返还属于他人的财产(如取回权人的财产)。

(7) 行使抵销权。

在处分债务人的财产方面,管理人的主要工作是拟定破产财产变价方案供债权人会议讨论,拟定破产分配方案并提交债权人会议讨论,执行经法院裁定认可的破产财产分配方案。

7. 代表债务人参加诉讼、仲裁或者其他法律程序。管理人可代表债务人参加诉讼、仲裁或其他法律程序。破产程序开始后,与债务人有关的一切民事诉讼与仲裁程序均应中止,该规定的目的在于防止债务人恶意放弃权利或作出不利于债权人的妥协。当管理人被选任后,诉讼与仲裁程序应继续进行,原债务人的诉讼地位由管理人继受。除此之外,在管理人执行职务期间,若发生关于债务人的财产或对债务人的债权发生争议时,管理人可以主动提起诉讼。

8. 提议召开债权人会议。根据《企业破产法》第 62 条的规定,管理人有权向债权人会议主席提议召开债权人会议。第一次债权人会议是法定债权人会议,在破产程序开始后的法定期限内由法院召集。其后的债权人会议,在人民法院认为必要时或者管理人、债权人委员会、占债权总额 1/4 以上的债权人向债权人会议主席提议时召开,也就是说管理人有提议权,但《企业破产法》没有明确规定会议的召集人。根据第 63 条的规定,召开债权人会议,管理人还负有通知义务,即提前 15 日通知已知债权人的义务。

9. 接受并处理债权人申报的债权。《企业破产法》第 48 条规定债权人应当在人民法院确定的债权申报期限内向管理人申报债权。破产企业所欠的职工债权不必申报,由管理人列出清单并予以公示。职工对清单记载有异议的,可以要求管理人更正;管理人不予更正的,职工可以向人民法院提起诉讼。第 57 条规定,管理人收到债权申报材料后,应当登记造册,对申报的债权进行审查,并编制债权表。

通过以上管理人的法定职责我们可以看出，管理人在我国现行破产制度中处于非常重要的地位，它承担了大量复杂的法律及非法律工作，对破产程序的顺利完成具有举足轻重的作用。但在管理人的职责方面，我国现行立法尚存在不足，主要是尽管管理人在破产清算程序与重整程序中的职责有很大区别，我国法律只作了统一规定，对于重整程序中的管理人监督职责未作明确规定，导致管理人在重整程序中有可能成为摆设。

第五部分

十六、北京仙琚生殖健康专科医院有限责任公司破产重整案

——新破产法实施后的首例破产重整案

【课前导读】

概念重温：重整，行政整顿，申请重整的条件，重整期间，重整终止。

知识回顾：新破产法的重整制度与旧法中的整顿制度的区别，债权让步、营业振兴及早期拯救之综合治理理念在破产法中的体现，如何防止重整的程序滥用。

【重点法条】

《中华人民共和国企业破产法》

第70条 债务人或者债权人可以依照本法规定，直接向人民法院申请对债务人进行重整。

债权人申请对债务人进行破产清算的，在人民法院受理破产申请后、宣告债务人破产前，债务人或者出资额占债务人注册资本1/10以上的出资人，可以向人民法院申请重整。

第71条 人民法院经审查认为重整申请符合本法规定的，应当裁定债务人重整，并予以公告。

第72条 自人民法院裁定债务人重整之日起至重整程序终止，为重整期间。

第73条 在重整期间，经债务人申请，人民法院批准，债务人可以在管理人的监督下自行管理财产和营业事务。

有前款规定情形的，依照本法规定已接管债务人财产和营业事务的管理人应当向债务人移交财产和营业事务，本法规定的管理人的职权由债务人行使。

第74条 管理人负责管理财产和营业事务的，可以聘任债务人的经营管理

人员负责营业事务。

第75条 在重整期间，对债务人的特定财产享有的担保权暂停行使。但是，担保物有损坏或者价值明显减少的可能，足以危害担保权人权利的，担保权人可以向人民法院请求恢复行使担保权。

在重整期间，债务人或者管理人为继续营业而借款的，可以为该借款设定担保。

第76条 债务人合法占有的他人财产，该财产的权利人在重整期间要求取回的，应当符合事先约定的条件。

第77条 在重整期间，债务人的出资人不得请求投资收益分配。

在重整期间，债务人的董事、监事、高级管理人员不得向第三人转让其持有的债务人的股权。但是，经人民法院同意的除外。

第78条 在重整期间，有下列情形之一的，经管理人或者利害关系人请求，人民法院应当裁定终止重整程序，并宣告债务人破产：

（一）债务人的经营状况和财产状况继续恶化，缺乏挽救的可能性；

（二）债务人有欺诈、恶意减少债务人财产或者其他显著不利于债权人的行为；

（三）由于债务人的行为致使管理人无法执行职务。

第79条 债务人或者管理人应当自人民法院裁定债务人重整之日起6个月内，同时向人民法院和债权人会议提交重整计划草案。

前款规定的期限届满，经债务人或者管理人请求，有正当理由的，人民法院可以裁定延期3个月。

债务人或者管理人未按期提出重整计划草案的，人民法院应当裁定终止重整程序，并宣告债务人破产

第80条 债务人自行管理财产和营业事务的，由债务人制作重整计划草案。

管理人负责管理财产和营业事务的，由管理人制作重整计划草案。

第81条 重整计划草案应当包括下列内容：

（一）债务人的经营方案；

（二）债权分类；

（三）债权调整方案；

（四）债权受偿方案；

（五）重整计划的执行期限；

（六）重整计划执行的监督期限；

（七）有利于债务人重整的其他方案。

第五部分

第82条 下列各类债权的债权人参加讨论重整计划草案的债权人会议，依照下列债权分类，分组对重整计划草案进行表决：

（一）对债务人的特定财产享有担保权的债权；

（二）债务人所欠职工的工资和医疗、伤残补助、抚恤费用，所欠的应当划入职工个人账户的基本养老保险、基本医疗保险费用，以及法律、行政法规规定应当支付给职工的补偿金；

（三）债务人所欠税款；

（四）普通债权。

人民法院在必要时可以决定在普通债权组中设小额债权组对重整计划草案进行表决。

第83条 重整计划不得规定减免债务人欠缴的本法第82条第1款第2项规定以外的社会保险费用；该项费用的债权人不参加重整计划草案的表决。

第84条 人民法院应当自收到重整计划草案之日起30日内召开债权人会议，对重整计划草案进行表决。

出席会议的同一表决组的债权人过半数同意重整计划草案，并且其所代表的债权额占该组债权总额的2/3以上的，即为该组通过重整计划草案。

债务人或者管理人应当向债权人会议就重整计划草案作出说明，并回答询问。

第85条 债务人的出资人代表可以列席讨论重整计划草案的债权人会议。

重整计划草案涉及出资人权益调整事项的，应当设出资人组，对该事项进行表决。

第86条 各表决组均通过重整计划草案时，重整计划即为通过。

自重整计划通过之日起10日内，债务人或者管理人应当向人民法院提出批准重整计划的申请。人民法院经审查认为符合本法规定的，应当自收到申请之日起30日内裁定批准，终止重整程序，并予以公告。

第87条 部分表决组未通过重整计划草案的，债务人或者管理人可以同未通过重整计划草案的表决组协商。该表决组可以在协商后再表决一次。双方协商的结果不得损害其他表决组的利益。

未通过重整计划草案的表决组拒绝再次表决或者再次表决仍未通过重整计划草案，但重整计划草案符合下列条件的，债务人或者管理人可以申请人民法院批准重整计划草案：

（一）按照重整计划草案，本法第82条第1款第1项所列债权就该特定财产将获得全额清偿，其因延期清偿所受的损失将得到公平补偿，并且其担保权未受到实质性损害，或者该表决组已经通过重整计划草案；

（二）按照重整计划草案，本法第 82 条第 1 款第 2 项、第 3 项所列债权将获得全额清偿，或者相应表决组已经通过重整计划草案；

（三）按照重整计划草案，普通债权所获得的清偿比例，不低于其在重整计划草案被提请批准时依照破产清算程序所能获得的清偿比例，或者该表决组已经通过重整计划草案；

（四）重整计划草案对出资人权益的调整公平、公正，或者出资人组已经通过重整计划草案；

（五）重整计划草案公平对待同一表决组的成员，并且所规定的债权清偿顺序不违反本法第 113 条的规定；

（六）债务人的经营方案具有可行性。

人民法院经审查认为重整计划草案符合前款规定的，应当自收到申请之日起 30 日内裁定批准，终止重整程序，并予以公告。

第 88 条 重整计划草案未获得通过且未依照本法第 87 条的规定获得批准，或者已通过的重整计划未获得批准的，人民法院应当裁定终止重整程序，并宣告债务人破产。

第 89 条 重整计划由债务人负责执行。

人民法院裁定批准重整计划后，已接管财产和营业事务的管理人应当向债务人移交财产和营业事务。

第 90 条 自人民法院裁定批准重整计划之日起，在重整计划规定的监督期内，由管理人监督重整计划的执行。

在监督期内，债务人应当向管理人报告重整计划执行情况和债务人财务状况。

第 91 条 监督期届满时，管理人应当向人民法院提交监督报告。自监督报告提交之日起，管理人的监督职责终止。

管理人向人民法院提交的监督报告，重整计划的利害关系人有权查阅。

经管理人申请，人民法院可以裁定延长重整计划执行的监督期限。

第 92 条 经人民法院裁定批准的重整计划，对债务人和全体债权人均有约束力。

债权人未依照本法规定申报债权的，在重整计划执行期间不得行使权利；在重整计划执行完毕后，可以按照重整计划规定的同类债权的清偿条件行使权利。

债权人对债务人的保证人和其他连带债务人所享有的权利，不受重整计划的影响。

第 93 条 债务人不能执行或者不执行重整计划的，人民法院经管理人或者利害关系人请求，应当裁定终止重整计划的执行，并宣告债务人破产。

人民法院裁定终止重整计划执行的，债权人在重整计划中作出的债权调整的承诺失去效力。债权人因执行重整计划所受的清偿仍然有效，债权未受清偿的部分作为破产债权。

前款规定的债权人，只有在其他同顺位债权人同自己所受的清偿达到同一比例时，才能继续接受分配。

有本条第1款规定情形的，为重整计划的执行提供的担保继续有效。

第94条　按照重整计划减免的债务，自重整计划执行完毕时起，债务人不再承担清偿责任。

【案情介绍】[1]

北京仙琚生殖健康专科医院有限责任公司（以下简称仙琚医院）成立于2004年，注册资本1 000万元，其股东为北京仙琚兴业医院管理有限公司（以下简称兴业公司）及浙江仙琚置业有限公司（以下简称置业公司）。兴业公司出资950万元，占注册资本的95%，置业公司出资50万元，占注册资本的5%。根据中鹏会计师事务所审计报告显示，截至2006年9月30日，仙琚医院资产总额992.68万元，负债总额2 151.95万元，净资产为 – 1 159.26万元。2006年10月，仙琚医院以无力清偿到期债务，且资产不足以清偿全部债务为由申请破产还债，之后，又于2006年12月向卫生行政管理机关申请停业，申请停业的期限为1年。海淀区人民法院于2006年12月22日裁定仙琚医院进入破产还债程序，并予以公告。经债权申报，仙琚医院破产案申报债权人人数为45人，申报债权总额为2 200万余元。

据律师介绍，在破产申请前就有3家公司同仙琚医院接触，商谈收购事宜，但因为各种原因，主要是交易价格的原因没有谈下去；向法院申请破产的一个最为直接的推动力是房东对仙琚医院申请了法院的强制执行。

仙琚医院经营用房为北京市海淀区大慧寺12号5号楼，系租用国家人口计生委科学技术研究所（以下称研究所）房屋。因为交不出房租，研究所起诉至法院，之后又申请强制执行。据介绍，研究所也是仙琚医院的间接股东，因为它是仙琚医院大股东的股东。研究所也看中了仙琚医院的资产，想通过强制执行这种方式单方行使债权，把这些资产掌握在自己手中。该律师还介绍，大股

---

[1]　吴晓锋："适用新破产法审理全国首例破产重整案之台前幕后"，载《法制日报》2007年8月12日。

东本身也是最大的债权人，研究所通过强制执行的方式实现债权肯定对其他的债权人不利，也不公平，因为研究所一旦通过拍卖受偿，那么，后来求偿的债权人可能就无法分得一点残羹。当时执行程序已经启动，法院已经把评估和拍卖的机构都挑选好了，此时，必须果断向法院申请破产，才能保护股东和其他债权人的利益。

收购方维多丽亚医疗投资有限公司（以下简称维多丽亚公司）副总经理肖鲁亦承认，2005 年 5、6 月份维多丽亚公司就开始介入仙琚医院的收购了，在仙琚医院提出破产申请前后始终都没有放弃。

该案承办法官刘洋介绍，医院的设备都很新，无论是拿去拍卖也好，还是重整后重新开业使用都是难得的。从重整的角度看，要拿到医院的经营许可牌照可不容易。"医院的经营许可证值钱啊！"海淀区人民法院民三庭庭长范君说。再加之仙琚医院装修的投入很大，又多加盖了一层楼，这样下来，收购方接手后可迅速开业，而新建一个医院二三年能否办下来很难说，时间成本自然也成为利益所在。实际上，收购方看中的主要是医院的经营许可证。

在后来的收购谈判中，仙琚医院大股东置业公司（置业公司又是兴业公司的大股东，占其 89% 的股份）对收购方维多丽亚公司作了让步，同意自己安置职工。这为相持不下，持续近 1 年的收购谈判扫清了障碍。于是，仙琚医院与维多丽亚公司进一步制定了详细的重整计划方案。

2007 年 4 月 10 日，第一次债权人会议召开，仙琚医院向债权人通报了破产清算工作情况和债务重组的有关情况，并与收购方维多丽亚公司对债权人关心和提出的问题给予了解答。

4 月 20 日，仙琚医院向海淀区人民法院递交了重整申请。重整计划包括：仙琚医院股东兴业公司与置业公司将全部股权以零对价转让给维多丽亚公司，维多丽亚公司通过与各债权人签订和解协议的方式，确定债务偿还主体、偿还比例，并在仙琚医院重新开业运营后，于约定期限内逐步偿还，而原股东兴业公司和置业公司负责安置职工，清偿拖欠工资，从而实现仙琚医院的重整。

截至 2007 年 5 月 25 日，与维多丽亚公司就债务清偿达成和解协议的债权人39 人，在已申报债权的债权人中仅有北京医院股份有限公司等 4 家未能与维多丽亚公司达成和解协议。

根据新破产法对于重整的规定，维多丽亚公司可以根据已达成和解协议的债权清偿比例的平均值提出 41% 的比例对上述公司进行清偿，该清偿方案与 39份和解协议共同构成重整计划方案，交付债权人会议表决。

2007 年 5 月 25 日，仙琚医院第二次债权人会议在海淀区人民法院召开，到会债权人人数为 34 人，占已申报债权人人数的 75.56%，到会债权人债权总额占全部申报债权的98%。经债权人会议表决，除4家公司对重整计划方案投反对票外，其余债权人均投赞成票，投赞成票的债权人债权占全部申报债权的97%。

2007年6月1日，海淀区人民法院批准该重整计划方案，裁定仙琚医院进入破产重整程序。

两个月下来，重整进展如何呢？仙琚医院何时可以重获新生？这是大家更为关注的问题。维多丽亚公司对记者表示，如果出现大的问题，如资产的实际状况与医院自己披露的情况出入太大，那他们也可以放弃收购，放弃该计划。仙琚医院亦表示，目前，虽然资产交接工作已接近收尾，但从法律合同上讲，逆转的可能仍然存在。周世祥说："合同中给予了对方很大的权利，如他们认为资产的实际状况与我方披露的出入太大，他们可以放弃收购，重整计划就会落空。"

原来，重整方案中载明：股权转让协议生效且股权转让工商变更登记完成是维多丽亚公司清偿债务的前提条件。也就是说，重整计划必须以股权转让协议为前提，必须是收购得以实现。这个重整方案中实际包含了两个合同，一个是股权转让协议，一个是和解还债协议，只有当由兴业公司和浙江仙琚置业有限公司分别将其所持仙琚医院股权转让给维多丽亚公司，维多丽亚公司才会执行重整计划，帮仙琚医院偿还债务。

经过法院裁定批准的方案就可以因为收购方的单方否决而终止吗？不需要法院的批准吗？该案承办法官刘洋认为，应该是不需要法院再审查，因为新《企业破产法》第93条规定：债务人不能执行或者不执行重整计划的，人民法院经管理人或者利害关系人请求，应当裁定终止重整计划的执行，并宣告债务人破产。

也许，重整之路并不是看起来那么美！海淀区人民法院民三庭法官一致认为并一再强调：仙琚医院的重整是占据了天时、地利、人和，并不是所有的破产企业都可以走重整之路的，这并不是一条普遍的路径。

第五部分

【提示问题】

1. 本案中海淀区法官认为并不是所有的破产企业都可以走重整之路，请问仙琚医院破产案进入重整的条件是什么？是不是对所有具备《企业破产法》第2条规定的情形的债务人，法院都应当依据第71条裁定债务重整？

2. 我国破产法是否应明确规定重整的实质条件？如果应当规定的话，法律应建立什么样的具体标准？理由是什么？

3. 假设本案中债权人会议经再次表决仍未通过重整计划，法院可以根据《企业破产法》第 87 条裁定批准。重整计划本身包含着商业判断，那么法院批准重整计划是否在进行商业判断？在司法实践中法院如何以法律判断来代替商业判断？

4. 结合本案的案情，请分析本案为什么是重整而不是和解？和解程序与重整程序有什么区别？

【深度思考】

破产重整制度中的法律问题

重整制度是我国《企业破产法》引入的一项新制度，是拯救困难企业的积极法律措施，与和解制度、破产清算制度一起构成破产法律制度的三大基石。

重整，是对可能或已经发生破产原因但又有希望再生的债务人，通过各方利害关系人的协商，对债务人进行债权债务的清理和营业重组，规定在一定期限内，债务人按一定方式全部或部分清偿债务，同时债务人可以继续经营其业务，以使债务人摆脱财务困境、重获经营能力的法律制度。联合国国际贸易法委员会 2005 年编著的《破产法立法指南》将"重组"定义为："采用各种手段恢复债务人企业的良好财务状况和活力并使之继续经营的过程，其中可包括免除债务、重订债期、债转股以及将企业整体（或部分）作为经营中企业出售。"

破产法框架内的重整最早起源于美国 1978 年破产法改革。1978 年，美国颁布了《破产改革法》（The Bankruptcy Reform Act），即美国现行破产法，其著名的第 11 章即全面、系统地规定了重整制度（Reorganization），从而成为第一个使用"重整"概念的国家。美国破产法中的重整制度对世界各国破产法产生了巨大影响，许多国家纷纷效仿美国破产法第 11 章，建立本国的重整制度，即便是大陆法系中最保守的德日破产法，也借鉴、移植了美国的重整程序。我国新破产法也不例外，在此次《企业破产法》修改的过程中引入重整制度，填补了我国破产法的一个空白。

一、当代发达国家重整制度的立法概况

（一）美国

美国破产法的重整制度是在 20 世纪逐渐形成和发展起来的。1898 年美国颁了第 4 部联邦破产法。此后，破产法经过了多次修订。1938 年，国会对破产法进行了相当全面的修正，通过了钱德勒法案（Chandle Act），美国破产法形成了由第 10 章"公司重整"（Corporate Reorganizations）和第 11 章"偿债安排"

第五部分

（Arrangement）组成的一般企业重整制度。1978 年，卡特总统签署并颁布了《破产改革法》（Bankruptcy Reform Act of 1978），即美国现行破产法。该法的第11 章为"重整"。尽管该法并没有限定第 11 章只用于商事债务人，但实际上适用第 11 章的债务人大多是公司。第 11 章程序一般有以下五个步骤：①使债务人步入破产法庭；②营业的进行；③财务复兴计划的制备；④债权人对该计划的接受；⑤法院对该计划的批准。[1] 需要指出的是，美国破产法的重整制度并非单纯由第 11 章构成，该法其他章节尤其是第 3、5、7 章的一些条文也适用于重整程序。

虽然相对于清算程序及个人债务调整程序，每年破产案件中利用重整程序的比率非常低，但常见一些陷入财务危机、资本结构复杂、规模庞大的巨型公司利用重整程序的案例，如近年来，国际上出现的一些破产大案如安然公司破产案、世界通讯公司破产案、美国联航公司破产案都适用了重整程序。

（二）英国及英联邦司法管辖区

英国破产法中的"管理令程序"是仿效《美国破产法》第 11 章制定的新制度。根据《英国破产法》第 8 条的规定，管理令程序允许一个陷入困境但有复苏希望的公司可以采取有别于清算的拯救程序。[2]

英国法过去一直实行个人破产程序与公司破产程序相分立的体制，即破产法只适用于个人，而公司破产程序在公司法中规定。《1986 年破产法》（Insolvency Act 1986）将《1985 年破产法》同《1985 年公司法》的有关条文合并在一起，并作了一些修改和补充，成为既适用于企业又适用于个人的统一的破产法。其中，涉及企业拯救与再建的是第 1 章"公司自愿偿债安排"（Part I – Company Voluntary Arrangements）和第 2 章"管理命令"（Part II – Administration Orders）。第 1 章只有 7 条，实际上是一套简化了的和解程序，它比 1985 年的公司法的有关规定更为简便易行。但是，由于该章的自愿偿债安排对于未表示同意的担保权人和优先权人没有约束力，并且该章没有暂停对公司进行诉讼和执行程序的规定，它对债务人的吸引力是比较有限的。第 2 章是新设的，共20 条，实际上是一套重整程序。它的基本框架是：陷入债务困境的公司可以向法院申请一道管理命令；命令发出后，有担保和无担保的债权人均不得向公司追索债务；公司得在法院任命的管理人（administrator）的管理下继续营业；管理人提出自愿偿债安排的建议，交债权人会议审议通过，并报法院批准。这套

第五部分

---

[1]　David G. Epstein & Myron M. Sheinfeld, "Business Reorganization under the Bankruptcy Code", p. 27. 转引自王卫国："论重整制度"，载《法学研究》1996 年第 1 期。

[2]　《英国破产法》，丁昌业译，法律出版社 2003 年版，第 38～39 页。

制度出台后，大受欢迎。在该法生效后的第一年中，英国法院发出管理命令的案件共有 131 起，而在同一期间，适用第 1 章程序的案件仅 21 起。[1]

作为配套立法，英国在同一年还颁布了《1986 年公司董事资格取消法》（Company Directors Disqualification Act 1986）和《1986 年破产规则》（The Insolvency Rules 1986）。前者规定了公司董事以及破产法上的清算人、管理人违反义务时的资格取消和处罚，后者实际上是《1986 年破产法》的实施细则。

英国《1986 年破产法》第 2 章对英联邦成员的立法有着重要的影响。例如，澳大利亚《1992 年公司法改革法》（Corporate Law Reform Act）、加拿大《1992 破产及无力偿债法》（Bankruptcy and Insolvency Act 1992）和爱尔兰《1990 年公司（修订）法》[The Companies（Amendment）Act 1990]，都仿效英国 1986 年立法，建立了类似的重整制度。

（三）法国

法国破产法在 1967 年以前是以传统的清算型模式为基本原则，包括司法清算和司法和解程序，立法宗旨是保护债权人利益。1967 年法国进行了破产法改革，在破产程序的范围内，采取了一些保护困境企业的措施，但收效甚微。1985 年，法国公布 85 - 98 号法律《困境企业司法重整及清算法》（loi 85 - du 25 janvier 1985, le redressement et la liquidation judiciaire des entreprises），基本上取代了 1967 年破产法，将立法重心转向再建型债务清理制度，其第 1 条开宗明义地指出，该法的立法目的在于"拯救企业，维持生产经营和职工就业，以及清理债务"。该法关于观察程序，重整计划，企业营业的继续或转让，债务人、债权人和职工在程序中的地位以及法院的作用的规定，都体现了这一思想。根据法国《困境企业司法重整与清算法》第 1 编，法国的司法重整制度分为两个阶段。第一个阶段是观察程序。司法重整的判决一旦作出即进入观察期，在此阶段，司法管理人拟定资产经营状况报告及企业继续生存或转让的建议，法庭在其确定的观察期届满时确定重整方案或宣布进行司法清算。第二阶段是重整方案的实施阶段，包括两种方式：企业继续经营或转让。采取企业继续经营方式的应当对法人章程作出必要的修改，对债务的延期清偿和债权减免作出适当安排。重整方案一般由司法管理人负责提出与实施。该法在制度设计上有两个重大的突破：一是实行重整前置，即原则上应首先使用重整程序，只有当企业没有重整复兴的可能时，才转入清算程序；二是实行社会本位，把社会利益置于优先地位，并扩大法院的权力。例如，重整计划无需债权人同意而直接由法院

[1] L. S. Sealy & David Milman, *Annotated Guide to the 1986 Insolvency Legislation: Insolvency Act*, CCH Editions, 2d ed., 1986, p. 24, 38. 转引自王卫国："论重整制度"，载《法学研究》1996 年第 1 期。

批准生效。

2001年法国又对破产法进行了重大改革，将进行修改后的1985年《困境企业司法重整与清算法》编入商法典新增加的第6卷困境企业。2003年及2004年《商法典》第6卷困境企业又进行了修改，规定了困境企业的预防及和解清偿的原则，突出预防企业破产的要求，增加了对因劳动合同产生的债权的支付保证的规定，重申了《劳动法典》关于工资债权优先的原则。

（四）德国

现行《德国破产法》于1994年10月由议会通过，1999年1月1日生效。《德国破产法》在第六章"重整计划"中规定了重整程序，破产企业的重整要通过重整计划的制订、方案的接受及认可、方案的执行及监督来完成。《德国破产法》第七章还规定了自行管理，即指法院裁定债务人自行管理破产财产。《德国破产法》第218条规定破产管理人和债务人有权向法院提交重整计划。在自行管理的情况下，债权人会议应委托财产监督人或债务人提出重整计划（第284条）。重整计划包括陈述与规划两大部分（第219条）及附件。重整计划制订之后，首先经过法院的审查，法院有权拒绝重整方案（第231条）。重整计划的接受要经过债权人分组表决，其通过须符合以下条件：①每一个小组中均有过半数参加表决的债权人同意计划；②每一个小组中，表示同意的债权人的请求权总额均超过参加表决的债权人的请求权总额的半数（第244条）。为排除重整计划通过的障碍，法律还规定了在没有达到必要多数时，也可视为表决组通过的情况，即在多数参加表决的组已经以必要多数通过重整计划时，如果重整计划没有对未达到必要多数的债权人的利益造成实质影响时，可以视为该表决组通过了方案（第245条）。重整计划被债权人接受后，还要经过债务人的同意和法院的认可（第248条）。重整计划自法院的认可生效时起，对所有当事人人产生效力。对重整计划的认可一旦发生既判力，破产法院应裁定撤销破产程序（第258条）。破产程序一经撤销，破产管理人和债权人委员会的职务归于消灭，债务人重新获得自由处分破产财产的权利，但监督重整计划执行的规定不受影响（第259条）。仅限于监督职责，破产管理人和债权人委员会的监督职务存续，法院有权对重整进行监督（第261条）。[1]

（五）日本

在日本，重整被称为再生或更生。2006年日本废止了商法规定的公司整理制度，因此现行日本的重整程序主要由民事再生程序和会社更生程序组成，分别规定在《民事再生法》和《公司更生法》中。

---

[1] 李飞主编：《当代外国破产法》，中国法制出版社2006年版，第85～101页。

日本 1999 年制定《民事再生法》，自 2000 年 4 月开始实施。民事再生程序设立的初衷是为了中小型企业的再建，但是《民事再生法》对其适用对象没有设定特别的限制，因而所有的法人和个人都可以适用民事再生程序。在处理上相对简易迅速，并且原则上是由原经营者进行继续经营，并不选任新的管理人或受托人，更注重债务人的自主决定权，实际上是对美国破产法中的持有破产财产的债务人制度的引入。该法还弥补了《和议法》的缺欠，废止了《和议法》，成为再建型破产法的基本法。

日本《公司更生法》制定于 1952 年，其立法蓝本是《美国联邦破产法》第 10 章 "公司的重整"。该法于 1967 年进行了较大的修改。2002 年日本制定了新的《公司更生法》，自 2003 年 4 月 1 日起施行。公司更生，即公司重整，是指面临严重财务困境、但还有再建希望的股份公司，在法院的监督下，调整债权人、股东和其他利害关系人的利益关系，维持经营，以图再建。与旧法相比，新《公司更生法》的不同点在于：①扩大管辖范围，创设东京地方法院和大阪地方法院的竞合管辖；②创设因公司更生程序终了的破产宣告前的保全处分制度；③整备破产案件相关文件阅览等程序；④放宽更生程序开始要件；⑤担保权消灭请求制度和更生债权委员会制度。[1]

关于公司更生程序和民事再生程序的功能划分问题，如前所述，实践中大型股份有限公司也在适用民事再生程序，因此说企业规模的大小并不是区别这两种程序的唯一标准。目前日本破产审判工作中推行的一种做法是，对于债务人的重整必不可少的财产设有担保权并且债务人与担保权人之间就担保权的暂缓行使或被担保债权的减免无法达成协议的案件或者担保权人人数众多对其利益很难进行协调的案件或有必要选任管财人的案件，以及有必要对债务人公司的资本构成进行调整或者进行公司的合并、分立等的案件，法院通常会指导申请人申请公司更生程序。[2]

综上所述，无论是英美法国家还是大陆法国家，自 20 世纪以来普遍建立了了破产重整制度。

二、重整制度与和解制度的区别

所谓破产和解，就是指当债务人出现破产原因时，由债务人与债权人团体订立延期或减免清偿债务的协议，经法院认可后发生法律效力的一种制度。根据我国新破产法的规定，和解是一种不同于清算和重整的独立的破产预防程序，

---

[1]　[日]德田和幸："新会社更生法のあらましと残された课题"，转引自范纯："日本倒产法制改革"，载《现代日本经济》2007 年第 6 期。

[2]　金春："中国重整程序与和解程序的功能及构造"，载《政法论坛》2008 年第 1 期。

债务人既可以直接申请和解，也可以在人民法院受理破产案件后至破产终结前提出和解申请。债务人申请和解，应当提出和解协议草案。重整与和解的相似点就在于重整的整个过程充满了和解因素，重整程序的核心内容——重整计划的拟定与通过是一个体现了债权人与债务人相互妥协、让步并最终达成和解的协议的过程。正因为如此，和解程序与重整程序在辨识上存在一定难度。在仙琚医院案件审理过程中，关于仙琚医院提出的重整计划究竟是属于真正意义上的重整计划，还是一份由多份协议构成的和解方案，法官表示是存在争论的。

从理论上来讲，重整制度与和解制度存在以下区别：

1. 目标不同。和解制度只能通过债权债务关系的调整达到债权人利益实现和债务人救济的目标，不能积极地预防债务人破产；重整制度的目的在于通过积极地挽救进而实现对社会公共利益的保障。重整程序中尽管包含债权受偿的内容，而且往往是主要内容，但债权受偿的安排是为了企业重生而设定的，是从有利于企业恢复经营的角度出发之养鸡生蛋之举。本案中，债权获得清偿的条件是仙琚医院重新营业，尽管重新开业不代表立即盈利，但有了新股东维多丽亚公司大量资金的注入，且摆脱了沉重债务负担的仙琚医院，至少可保存续无虞。

2. 适用范围不同。在很多国家中，和解程序既适用于自然人，也适用于法人及合伙组织，范围较重整宽；而重整多以公司为对象且严格限制其使用范围。

3. 程序开始的原因不同。和解程序开始的原因为不能清偿到期债务；而重整原因较为宽泛，债务人只要有明显不能清偿到期债务的可能时，即可对之开始重整程序。美国、英国等国的破产法规定更宽，只要债务人认为自己财务困难，即可提出重整申请。

4. 申请人不同。和解申请只有债务人才可以提出；而重整的申请人，不仅包括债务人、债权人、债务人的出资人，还包括国务院金融监管机构。而在法国，法院也可依职权或经共和国检察官的请求宣布重整程序的开始。

5. 措施不同。和解制度的措施主是靠债权债务关系的调整，由债权人作出妥协和让步，为债务人创造复苏的条件；而重整措施较为丰富，除债务的减免或延期偿付外，还可以采取将企业整体或部分转让、租赁经营、转让股权、债转股、业务重组等各种手段来促使债务人恢复生产经营能力。此外，和解几乎无需法院与第三人的参与，也无需法定强制措施的保证；重整需要法院甚至破产管理人的参与，以及采取一系列强制措施，如冻结担保债权、限制取回权与抵销权、合同终止权等来保证其得以顺利进行。

6. 参与的主体不同。在和解程序中，只存在债权人与债务人之间的协议关系，是简单的双方利益博弈；重整中企业获得重生的关键往往取决于资本追加与资产优化，因此不可避免地涉及投资人的调整。本案中，仙琚医院的复兴依托于其股东的调整，原股东兴业公司和置业公司退出，维多丽亚公司入股，仙琚医院在资本层面发生了彻底的改变，而这是和解程序中不可能出现的情况。

三、我国破产法中的重整条件

对我国《企业破产法》的有关条文进行分析归纳，重整应具备以下条件：

（一）申请人依法申请重整

根据《企业破产法》第70条的规定，申请人依法申请重整可分为直接申请和在法院受理清算申请后申请两种，可以分解为以下几种情形：

1. 债务人直接申请重整。根据《企业破产法》第7条第1款的规定，债务人直接申请重整应具备以下条件之一即可：

（1）企业法人（债务人）具备了破产原因。根据第2条第1款的规定，破产原因可以分成两种情形：一是企业法人不能清偿到期债务，并且资产不足以清偿全部债务，二是企业法人不能清偿到期债务，并且明显缺乏清偿能力。

（2）企业法人（债务人）有明显丧失清偿能力可能的。但是对于如何确定"有明显丧失清偿能力可能"，法律并没有作出明确规定。在这种情形下法官只能通过行使自由裁量权来判断。

债务人是企业法人，那么其申请重整的决定应当由谁作出，经过什么样的表决程序呢？我国《公司法》对此没有明确规定。从法理上分析，申请重整应当是与合并、分立、解散同等重要的事项，参照《公司法》第38、100、44、104条，申请重整的决定权在股东会而不是董事会，此决议应当经过代表2/3以上表决权的股东通过。

2. 债权人直接申请重整。债权人直接申请对债务人重整的条件较为宽松，根据《企业破产法》第7条第2款的规定，债权人只要证明债务人不能清偿到期债务即可。

但是据此，债务人有明显丧失清偿能力可能的，债权人却没有申请重整的权利。立法者作出这种排除可能是从债权人难以对此进行举证的角度来考虑的，但是从重整制度的目的和提高重整成功率的角度来看，这种排除是不必要的甚至是错误的，债权人出于保护自身商业利益的需要自会权衡是否有必要提前申请对债务人重整，从而决定是否自行搜集有关证据。

3. 债权人申请对债务人进行破产清算的，在人民法院受理破产申请后、宣告债务人破产前，债务人或者出资额占债务人注册资本1/10以上的出资人，向人民法院申请重整。

此为《企业破产法》第70条第2款规定的情形。在这种情形下，债务人以及出资额占债务人注册资本10%以上的出资人均有申请重整的权利。法律赋予

第五部分

出资人申请重整的权利是正确的，因为在某种意义上出资人是企业的真正主人，应当有此权利。由于债务人在重大事项上的意志实际上即是多数出资人的意志，因此出资人的申请权与债务人的申请权有内在联系，二者的实质区别在于对出资人的持股比例要求不同，即如果债务人要申请重整，需持 2/3 以上表决权的股东（出资人）通过；当债权人申请破产清算且被法院受理后，经持有债务人 2/3 以上表决权的出资人通过后，仍可以债务人的名义申请重整，但若希望申请重整的出资人持有表决权的比例达不到 2/3，那么破产法提供了另一种途径，即只需达到持股 1/10 的出资人即可以自己的名义申请重整。这实际上意味当债权人已经启动了破产程序时，出资人申请重整的门槛低了许多。法律这样规定显然旨在增加债务人重整的机会。

当债务人没有进入破产程序时，按法律规定出资人不能以自己的名义申请重整，只能在股东会决议通过后以债务人的名义申请。也就是说，在这种情形下法律要求申请重整是多数股东意志的体现，而不是只代表了少数股东的意志。笔者认为这种立法是正确的，因为申请重整是涉及公司命运存亡的重大判断与选择，不同出资人所作的判断和选择可能有所不同，当债务人的状况尚有回旋余地时，申请重整未必是必要的，甚至可能成为公司内部权利争夺的方式，为了保证公司的正常经营，这时申请债务人重整必须是多数出资人意志的反映；而当债务人已经被迫进入了破产程序即将面临消亡时，重整是能够拯救债务人的唯一途径，这时降低申请重整的门槛是明智的。综上，笔者认为这里的关键问题是出资人申请重整的资格问题，而不是出资人行使重整申请权的时间问题。笔者也不同意"允许债务人的出资人在债务人未申请重整的情况下申请重整"的观点。[1]

4. 国务院金融监督管理机构申请对金融机构进行重整。金融机构对社会生活的影响巨大，对他们进行破产清算或重整需要格外慎重，因此，《企业破产法》第 134 条规定："商业银行、证券公司、保险公司等金融机构有本法第 2 条规定情形的，国务院金融监督管理机构可以向人民法院提出对该金融机构进行重整或者破产清算的申请。"按照我国现行体制，商业银行的重整申请人为银监会，证券公司的重整申请人为证监会，保险公司的重整申请人则为保监会。

（二）法院经审查裁定债务人重整

当事人的重整申请符合法定条件，即《企业破产法》第 2、3、7、8 条规定的条件的，法院应当受理。但应注意受理并不意味着重整程序的开始。法院受理之后应当对申请进行审查，认为符合条件的才能裁定债务人重整。审查可以

---

〔1〕　王欣新：《破产法》，中国人民大学出版社 2007 年版，第 350～351 页。

分为形式审查与实质审查。形式审查通常是指受理法院是否有管辖权、申请主体是否适格等问题。实质审查的标准是什么呢?《企业破产法》没有设置明确的标准,只是在第71条规定:"人民法院经审查认为重整申请符合本法规定的,应当裁定债务人重整,并予以公告。"但是"重整申请符合本法规定"所指不明确,是否只要申请符合第7或70条的规定法院就应当裁定重整呢? 答案显然是否定的,重整程序是限制权利人的权益较多且耗费社会资源较大的程序,如果公司确无再建希望而强行重整时,会因其极高的费用和极强的效力而损害债权人利益,因此应当限制那些不可能恢复生机的债务人进入重整程序。现行立法对重整的法定条件不作规定,而是将这一关键问题留给法官去解决的立法方式,显然是不足取的。从理论上来说,重整开始的核心条件就是债务人具备"重生的可能性"。何谓"重生的可能性"? 在立法上应当特别予以关注,日本的立法经验可供借鉴。

日本新《公司更生法》第41条第3项法律规定,除了具备重整计划草案获得制定或通过的可能性或者获得批准的可能性明显不存在等情形外,法院应当裁定开始更生程序。这一点与旧法不同,旧《公司更生法》第1条规定,"本法适用于经济上陷入困境且具备更生的希望的股份有限公司",并且第38条第5款规定债务人不具备"更生的希望"时应当驳回申请。由于"更生的希望"本身是一个涉及诸多经济和商业等知识的概念,法官很难对其进行正确的判断,于是在审判实践中出现了法官迟迟不作出判断或者尽量以不具备"更生的希望"为由驳回申请的现象。对此,《公司更生法》删除了"具备更生的希望"的条件,并参照《民事再生法》在第41条第3项中增加了明显不存在重整计划草案获得制订等的可能性的这一法院更易操作的消极条件。"重整计划获得通过"是"债务人具备重生的可能性"在现实中的反映,在法理上是正确的;另一方面,以消极条件的方式进行立法实际上使重整的可能大大增加,强化了重整法律制度的效用。

四、对我国重整制度的分析

我国《企业破产法》中使用的"重整程序"这一概念仅指从法院裁定受理重整申请到法院裁定重整程序终止期间的法律程序,是在法院主导下进行的。重整程序还有广义的理解,即除上述程序外,还包括重整程序终止后重整计划的执行。以下使用的重整程序概念指广义上的概念。

(一)重整程序开始的效力

我国《企业破产法》采取破产程序受理开始主义,因此,不论是申请破产清算、和解还是重整,一旦法院裁定受理,都会产生以下法律效力:①法院同时指定管理人(第13条);②禁止债务人对个别债权人进行清偿(第16条);

③债务人企业的债务人和财产持有人应向管理人清偿债务或交付财产（第17条）；④管理人有权决定解除或继续履行双方均未履行完毕的合同（第18条）；⑤中止对债务人财产的执行程序（第19条）；⑥解除对债务人财产的保全措施（第19条）；⑦在管理人接管债务人财产前中止尚未终结的有关债务人的民事诉讼或仲裁（第20条）；⑧有关债务人的民事诉讼只能向受理破产申请的法院提起（第21条）。

人民法院受理后，对重整申请经审查认为符合法定条件的，应当裁定债务人重整，并予以公告。自裁定重整之日起至重整程序终止的期间为重整期间（《企业破产法》第71~72条）。重整程序开始后，除以上法律效力以外，还会产生以下效力：

1. 相关利益方的民事权利受到一定限制。

（1）担保物权行使的限制。在破产清算程序中，有担保物权的债权人可以就担保物优先受偿，但如果在重整程序中也允许这些债权人优先受偿，债务人可能丧失继续经营的物质基础，因此各国破产法都对担保物权的行使进行了一定的限制。我国《企业破产法》第75条规定："在重整期间，对债务人的特定财产享有的担保权暂停行使。"暂停行使并不是永不行使，只是使担保物权人因延期面临的风险增加。该条为了保护担保物权人的利益，同时还规定"但是，担保物有损坏或者价值明显减少的可能，足以危害担保权人权利的，担保权人可以向人民法院请求恢复行使担保权"。

（2）对取回权的限制。在破产清算与和解程序中，对债务人占有的他人财产，其权利人可以通过管理人取回，不受双方事先约定期限的约束，即取回权的行使不受限制。在重整期间，为了保证重整的有效进行，《企业破产法》第76条规定财产权利人在重整期间要求取回其财产的，应当符合事先约定的条件。

（3）对出资人以及企业董事、监事、高管人员的限制。在破产清算程序及和解程序中，按照《公司法》规定的公司税后利润分配规则，出资人的盈余分配权已无法实现，企业的董事、监事、高级管理人员理论上也可以依法转让其持有的股权，因为《企业破产法》对此没有限制。但在重整程序中，为了保证重整的顺利进行，《企业破产法》第77条特别规定在重整期间出资人不享有盈余分配权，除法院同意以外，董事、监事、高管人员不得向第三人转让其持有的债务人的股权。

2. 确定重整人。重整人是在重整程序中管理债务人财产和营业事务的机构。各国破产法均有这一机构，但由于制度不同而称谓也有所不同，在美国称为"占有中的债务人"和"重整受托人"，在日本称为"更生管财人"和"再生债务人"，我国破产法没有使用特别的称谓，还是称为"债务人"和"管理人"。根据《企业破产法》第73、74条，债务人和管理人均有可能成为重整人，但以管理人担任为常态，债务人担任为例外。债务人成为重整人的好处在于对自身的财产状况、经营状况最了解，有利于企业生产经营的连续性；不利之处是存在道德和能力风险，因为毕竟债务人在原管理层的领导下已经陷入财务危机。为了减少债务人担任重整人所存在的风险，第73条对债务人成为重整人规定了程序要件，一是要债务人申请；二是要经法院批准，另外债务人担任重整人要受管理人的监督。遗憾的是，《企业破产法》没有规定法院批准的标准，这样完全交由法官自由裁量的立法方式，一是使法官再次面临商业判断的艰难处境；二是很可能给法官腐败创造了机会。管理人担任重整人的优劣之处正好与债务人的相反，为了弥补管理人在企业营业信息、经验方面的缺陷，第74条规定，管理人担任重整人的，可以聘任债务人的经营管理人员负责营业事务，但是对聘任的标准没有涉及。另外，法律也没有规定由谁来代表债务人申请担任重整人，或者债务人决定自行担任重整人的意思如何产生。总之，在重整人的选任方面，我国的立法仍然不明确。

（二）重整计划草案的制定

1. 重整计划草案的制作人。根据我国《企业破产法》第80条的规定，债务人自行管理财产和营业事务的，重整计划草案的制作人是债务人；管理人负责管理财产和营业事务的，重整计划草案的制作人是管理人。这种规定体现了谁管理谁制作重整计划的原则，总体上是合理的，但还存在缺乏灵活性问题。

（1）未规定申请重整的出资人提出重整计划草案的权利。我国《企业破产法》第70条第2款规定债权人申请对债务人进行破产清算的，在法院受理后至破产宣告前，"出资额占债务人注册资本1/10以上的出资人"有权向法院申请重整。这种情形下，主张重整的出资人在持股份额上并不占优，有可能出现债务人的董事会或经理不积极、不配合的情况，使得债务人或管理人不能按时提出重整计划草案，重整失败。因此这时应当赋予提出重整申请的出资人提交重整计划草案的权利。

（2）未规定债权人或债权人委员会提出重整计划草案的权利。《企业破产法》第70条第1款赋予债权人直接申请对债务人进行重整的权利。在这种情况下，债权人对重整实际上已经有了一定的计划，当债务人或管理人不能按时提交重整计划草案时，由债权人来提交实际上会大大提高效率和重整成功的可能性，法律不应当放弃这种机会。

实际上由谁提出重整计划草案并不重要，如果仅因无法按期提出重整计划草案而导致重整失败、债务人被宣告破产（《企业破产法》第79条第3款）显然是在浪费社会资源。日本《公司更生法》和美国破产法在这一点上就表现了相当的灵活性，规定不能在法定期间内提出重整计划草案的，其他利害关系人也可以提出重整计划。我国破产法实在没有必要规定得如此严格。

2. 重整计划的内容。各国破产法均对重整计划应包括的内容进行了规定。《德国破产法》除了概括规定重整计划由陈述部分和规划部分构成，还规定应当包括第229～230条规定的附件（第219条）。陈述部分内容应包括程序开始后已经采取的或还将采取的措施，来实现重整方案中规定的对债权人的清偿（第220条）。规划部分应确定各当事人的法律地位经过重整计划后将会发生何种变更（第221条）。然后又规定，在重整计划中应说明非后顺位债权人的债权，在何种分配份额上被减少、在何期间予以延期、如何予以保全或应当遵从何种其他规定。如果重整计划未作出另外规定的，后顺位债权人（其受偿顺序在有别除权债权人和普通债权人之后的债权人）的债权视为被免除（第224、225条）。《法国商法典》第6章"困境企业"对重整方案的内容进行了详细的规定。美国《破产法》第1123条对重整计划的内容也进行了详细列举。我国《企业破产法》第81条对重整计划草案应包括的内容进行了列举：①债务人的经营方案；②债权分类；③债权调整方案；④债权受偿方案；⑤重整计划的执行期限；⑥重整计划执行的监督期限；⑦有利于债务人重整的其他方案。

我国破产法所规定的重整计划草案内容大体上可以分两类：第一类是关于债权债务关系的处理，包括第2、3、4项；第二类是关于重整措施，包括1、5、6、7项。其中第1项措施主要是在债务人内部采取的改善经营措施，如亏损业务和资产的处理，企业负责人的调整、职工裁员、经营策略的调整等。而第7项则可以包括各种重组措施，各企业的措施可能有很大不同，例如无偿或有偿转让全部或部分股权，减少或增加注册资本，向特定对象发行新股或债券，债转股，或者公司分立、合并等。重整措施如果涉及上市公司重组的，应遵守中国证监会2008年4月16日通过的《上市公司重大资产重组管理办法》（自2008年5月18日起施行）。

（三）重整计划草案的表决与批准

1. 重整计划的表决。按照《企业破产法》规定，重整计划草案采取分组方式表决，分组的标准是债权分类。根据第82条的规定，债权分为四类：①对债务人的特定财产享有担保权的债权；②职工债权；③税收债权；④普通债权。普通债权组中还可以由法院决定设小额债权组。

在表决规则上，第84条第2款作出了明确规定："出席会议的同一表决组的债权人过半数同意重整计划草案，并且其所代表的债权额占该组债权总额的2/3以上的，即为该组通过重整计划草案。"这种人数与债权额双重标准的表决规则体现了立法者平衡和兼顾大小债权人利益的目的，但仍存在持异议的小债权人利益受到损害的可能。

另外，由于重整计划对债务人的出资人的利益可能影响较大，因此在重整计划的表决方面，《企业破产法》对债务人的出资人规定了两项权利：一项是出资人代表可以列席讨论重整计划草案的债权人会议，另一项是重整计划草案涉及出资人权益调整事项的，应当设出资人组，对该事项进行表决。但对于出资人组的表决规则，法律没有作出规定，应属于一个立法漏洞。

《企业破产法》第 86 条规定："各表决组均通过重整计划草案时，重整计划即为通过。"这一规则可能导致实践中重整计划通过的可能性较低，为了增加重整的成功率，第 87 条规定了强制批准制度。

2. 重整计划的批准。我国的重整计划批准有两种类型：一种是重整计划表决通过后的批准，一种是重整计划未通过时的强制批准。后者在保证重整计划公平合理的前提下，使重整程序带有明显强制性，增加了重整成功的可能性。

（1）重整计划表决通过后的批准。重整计划通过之日起 10 日内，债务人或管理人应当向法院申请批准重整计划。法院经审查认为符合破产法规定的，应当自收到申请之日起 30 日内裁定批准，终止重整程序，并予以公告。（第 86 条第 2 款）。

那么，只要重整计划具备了法定内容并依法表决通过后，法院就应当批准吗？答案显然是否定的，重整计划具备了形式要件并不能保护其内容的公正合理性，法院批准程序的目的就是为了保证重整计划的公正合理，以维护各方当事人的权益，然而重整计划在内容上要满足何种标准法院就应当批准呢？《企业破产法》没有规定，这显然赋予了法官过大的权力。

另外，如前所述，在现行法的表决机制下，持异议的小债权人仍然有受到损害的可能，但却没有救济途径。《德国破产法》第 251 条规定一名以书面方式对重整计划提出了异议的债权人，若能证明其因重整计划而被置于比无此计划更不利的地位，可以提出申请，法院应当不予认可重整计划。这条规定设立了一项规则，即重整计划不得损害任何一名债权人的利益。此规定为重整中的债权人提供了充分的保护，实际上是将我国破产法中的强制批准标准作为普遍适用的标准，对重整计划的公平合理性进行了严格要求。我国破产法在这一点上的理念似乎不同，为了重整程序的顺利进行，少数债权人利益受损似乎是可以被接受的。

（2）重整计划未通过时的强制批准。这种批准需具备三个条件：一是未通过重整计划草案的表决组拒绝再次表决或者再次表决仍未通过重整计划草案（第 87 条第 2 款）；二是重整计划草案符合第 86 条第 2 款规定的条件；三是债务人或者管理人申请人民法院批准重整计划草案（第 87 条第 2 款）。

重整计划被法院批准后，会产生强制性法律效力，即对债务人和全体债权人均有约束力（第92条）。这里的债权人既包括普通债权人，也包括有担保物权的债权人，还包括被中止的执行程序的债权人，可见被批准的重整计划具有终结其他民事执行程序，以及重新确定当事人的债权债务关系的法律效力。所以说，重整程序是一种效力极强的法律程序，一旦出现问题就可能对有关当事人的权利造成侵害，因此法院在批准重整计划时一定要保证其公平合理性。

（四）重整程序的终止

根据《企业破产法》的规定，法院在多种情形下可裁定终止重整程序，重整程序终止后有两种结果：一种是宣告债务人破产，另一种是开始执行重整计划。现将重整程序终止的情形有以下几种：

（1）在重整期间出现了法定情形，经管理人或利害关系人请求，法院裁定终止重整程序，并宣告债务人破产：①债务人的经营状况和财产状况继续恶化，缺乏挽救的可能性；②债务人有欺诈、恶意减少债务人财产或者其他显著不利于债权人的行为；③由于债务人的行为致使管理人无法执行职务（第78条）。

（2）债务人或者管理人未按期提出重整计划草案的，人民法院应当裁定终止重整程序，并宣告债务人破产（第79条）。

（3）重整计划通过后，债务人或管理人向法院提出批准重整计划的申请，法院经审查裁定批准重整计划，终止重整程序（第86条）。

（4）部分表决组未通过重整计划，未通过的表决组拒绝再次表决或者再次表决仍未通过，但重整计划草案符合法定条件，经债务人或管理人申请，法院裁定批准重整计划、终止重整程序（第87条）。

（5）重整计划草案未获得通过且未依照该法第87条的规定获得批准，或者已通过的重整计划未获得批准的，人民法院应当裁定终止重整程序，并宣告债务人破产（第88条）。

（五）重整计划的执行与终止

关于重整计划的执行人，各国有两种立法例：一种是以债务人为执行人，一种是以管理人为执行人。我国破产法规定重整计划由债务人负责执行，由管理人监督执行。管理人作为执行人往往由于专业领域不同产生经营能力问题，而管理人聘用专业管理人员又产生新的代理成本问题。债务人作执行人的优点在于积极性较高、专业能力强，而且重整之后债务人企业的管理者通常都进行了更换调整，因此道德风险也较小，再加上管理人的监督，是一种比较好的立法选择。另外，我国《企业破产法》中关于债务人有欺诈、恶意减少债务人财产或者其他显著不利于债权人的行为，法院就可以终止重整程序并宣告债务破产的规定（第78条），对债务人道德风险的发生起到防范作用。

第五部分

债务人不能执行或不执行重整计划的，人民法院经管理人或者利害关系人请求，应当裁定终止重整计划，并宣告债务人破产。而重整计划中债权人作出的债权调整承诺失效，未受清偿的部分成为破产债权（第93条）。这意味着为重整程序而作的所有努力、花费的所有成本都是无效的，这是人们最不愿意看到的结果，也是所有参与重整的人都应当尽量避免的。

总之，重整制度的建立是市场经济发展过程中的必然产物，发达国家的实践证明它在挽救企业、维护社会稳定等方面能够发挥积极作用。我国目前情况下，重整制度还期待着实践的检验。

第五部分

第六部分

训练案例

十七、司法考试商法案例五则

案例一

甲、乙、丙、丁、戊拟共同组建一有限责任性质的饮料公司，注册资本20万元，其中甲、乙各以货币60万元出资；丙以实物出资，经评估机构评估为20万元；丁以其专利技术出资，作价50万元；戊以劳务出资，经全体出资人同意作价10万元。公司拟不设董事会，由甲任执行董事；不设监事会，由丙担任公司的监事。

饮料公司成立后经营一直不景气，已欠A银行贷款100万元未还。经股东会决议，决定把饮料公司唯一盈利的保健品车间分出去，另成立有独立法人资格的保健品厂。后饮料公司增资扩股，乙将其股份转让给大北公司。1年后，保健品厂也出现严重亏损，资不抵债，其中欠B公司货款达400万元。

问题：

1. 饮料公司组建过程中，各股东的出资是否存在不符合《公司法》的规定之处？为什么？

2. 饮料公司的组织机构设置是否符合《公司法》的规定？为什么？

3. 饮料公司设立保健品厂的行为在《公司法》上属于什么性质的行为？设立后，饮料公司原有的债权债务应如何承担？

4. 乙转让股份时应遵循股份转让的何种规则?

5. A 银行如起诉追讨饮料公司所欠的 100 万元贷款,应以谁为被告? 为什么?

6. B 公司除采取起诉或仲裁的方式追讨保健品厂的欠债外,还可以采取什么法律手段以实现自己的债权?

案例二

甲公司与龙某签订一投资合同,约定:双方各出资 200 万元,设立乙有限责任公司;甲公司以其土地使用权出资,龙某以现金和专利技术出资(双方出资物已经验资);龙某任董事长兼总经理;公司亏损按出资比例分担。双方拟定的公司章程未对如何承担公司亏损作出规定,其他内容与投资合同内容一致。乙公司经工商登记后,在甲公司用以出资的土地上生产经营,但甲公司未将土地使用权过户到乙公司。

2006 年 3 月,乙公司向丙银行借款 200 万元,甲公司以自己名义用上述土地使用权作抵押担保。同年 4 月,甲公司提出退出乙公司,龙某书面表示同意。2008 年 8 月,法院判决乙公司偿还丙银行上述贷款本息共 240 万元,并判决甲公司承担连带清偿责任。此时,乙公司已资不抵债,净亏损 180 万元。另查明,龙某在公司成立后将 120 万元注册资金转出,替朋友偿还债务。

基于上述情况,丙银行在执行过程中要求甲公司和龙某对乙公司债务承担责任。甲公司认为,自己为担保行为时,土地属乙公司所有,故其抵押行为应无效,且甲公司已于贷款后 1 个月退出了乙公司,因此,其对 240 万元贷款本息不应承担责任;另外乙公司注册资金中的 120 万元被龙某占用,龙某应退出 120 万元的一半给甲公司。龙某则认为,乙公司成立时甲公司投资不到位,故乙公司成立无效,乙公司的亏损应由甲公司按投资合同约定承担一半。

问题:

1. 甲公司的抵押行为是否有效? 为什么?

2. 乙公司的成立是否有效? 为什么?

3. 甲公司认为其已退出乙公司的主张能否成立? 为什么?

4. 甲公司可否要求龙某退还其占用的 120 万元中的 60 万元? 为什么?

5. 甲公司应否承担乙公司亏损的一半? 为什么?

6. 乙公司、甲公司和龙某对丙银行的债务各应如何承担责任?

案例三

国有企业川南商业大楼于 2006 年拟订改制计划：将资产评估后作价 150 万元出售，其中 105 万元出售给管理层人员（共 4 人），45 万元出售给其余 45 名职工，将企业改制为川南百货有限公司，注册资本 150 万元。该改制计划于同年 12 月经有关部门批准实施。原管理层人员宋某认购 45 万元，李某、王某、周某各认购 20 万元，其余职工各认购 1 万元。公司成立后，分别向各认购人签发了出资证明书。公司设立股东会、董事会、监事会，宋某任公司董事长兼总经理，李某、王某为公司董事，周某任监事会主席兼财务负责人。

2007 年，公司召开董事会，决定将注册资本增加为 300 万元，周某列席了董事会，并表示同意。会后，董事会下发文件称：本次增资计划经具有公司 2/3 以上表决权的股东表决通过，可以实施。同年 4 月，公司注册资本增加为 300 万元。增加部分的注册资本除少数职工认购了 30 万元外，其余 120 万元由宋某、周某、李某、王某平均认购，此次增资进行了工商登记。同年 10 月，王某与其妻蓝某协议离婚，蓝某要求王某补偿 25 万元。王某遂将其所持股权的 50% 根据协议抵偿给蓝某，董事会批准了该协议。

2008 年 5 月，川南公司因涉嫌偷税被立案侦查。侦查发现：除王某外，宋某、周某、李某在 2006 年改制时所获得的股权均是挪用原川南商业大楼的资金购买，且 2007 年公司增资时，宋某、周某、李某、王某四人均未实际出资，而是以公司新建办公楼评估后资产作为增资资本，并分别记于个人名下。同时查明，偷税事项未经过股东会讨论，而是董事会为了公司利益在征得周某同意后决定实施的。后法院判决该公司偷税罪成立，判处公司罚金 140 万元，宋某等亦分别被判处相应的刑罚。

问题：

1. 宋某、周某、李某、王某在 2006 年改制时所取得的股权是否有效？为什么？
2. 川南公司的管理机构设置及人事安排是否合法？为什么？
3. 川南公司董事会的增资决议和公司的增资行为是否有效？为什么？
4. 蓝某可否根据补偿协议获得王某所持股权的 50%？为什么？
5. 川南公司因被判处罚金所造成的 140 万元损失，应由谁承担赔偿责任？为什么？

案例四

甲公司签发金额为 1 000 万元、到期日为 2006 年 5 月 30 日、付款人为大满公司的汇票一张，向乙公司购买 A 楼房。甲乙双方同时约定：汇票承兑前，A 楼房不过户。

其后，甲公司以 A 楼房作价 1 000 万元，丙公司以现金 1 000 万元出资共同设立丁有限公司。某会计师事务所将未过户的 A 楼房作为甲公司对丁公司的出资予以验资。丁公司成立后占有使用 A 楼房。

2005 年 9 月，丙公司欲退出丁公司。经甲公司、丙公司协商达成协议：丙公司从丁公司取得退款 1 000 万元后退出丁公司；但顾及公司的稳定性，丙公司仍为丁公司名义上的股东，其原持有丁公司 50% 的股份，名义上仍由丙公司持有 40%，其余 10% 由丁公司总经理贾某持有，贾某暂付 200 万元给丙公司以获得上述 10% 的股权。丙公司依此协议获款后退出，据此，丁公司变更登记为：甲公司、丙公司、贾某分别持有 50%、40% 和 10% 的股权；注册资本仍为2 000 万元。

丙公司退出后，甲公司要求丁公司为其贷款提供担保，在丙公司代表未到会、贾某反对的情况下，丁公司股东会通过了该担保议案。丁公司遂为甲公司从 B 银行借款 500 万元提供了连带责任保证担保，同时，乙公司亦将其持有的上述 1 000 万元汇票背书转让给陈某。陈某要求丁公司提供担保，丁公司在汇票上签注："同意担保，但 A 楼房应过户到本公司。"陈某向大满公司提示承兑该汇票时，大满公司在汇票上批注："承兑，到期丁公司不垮则付款。"

2006 年 6 月 5 日，丁公司向法院申请破产获受理并被宣告破产。债权申报期间，陈某以汇票未获兑付为由、贾某以替丁公司代垫了 200 万元退股款为由向清算组申报债权，B 银行也以丁公司应负担保责任为由申报债权并要求对 A 楼房行使优先受偿权。同时乙公司就 A 楼房向清算组申请行使取回权。

问题：

1. 丁公司的设立是否有效？为什么？
2. 丙退出丁公司的做法是否合法？为什么？
3. 丁公司股东会关于为甲公司提供担保的决议是否有效？为什么？
4. 陈某和贾某所申报的债权是否构成破产债权？为什么？
5. B 银行和乙公司的请求是否应当支持？为什么？

6. 各债权人若在破产程序中得不到完全清偿，还可以向谁追索？他们各自应承担什么责任？

案例五

甲与乙分别出资 60 万元和 240 万元共同设立新雨开发有限公司（下称新雨公司），由乙任执行董事并负责公司经营管理，甲任监事。乙同时为其个人投资的东风有限责任公司（下称东风公司）的总经理，该公司欠白云公司货款 50 万元未还。乙与白云公司达成协议约定：若 3 个月后仍不能还款，乙将其在新雨公司的股权转让 20% 给白云公司，并表示愿就此设质。届期，东风公司未还款，白云公司请求乙履行协议，乙以"此事尚未与股东甲商量"为由搪塞，白云公司遂拟通过诉讼来解决问题。

东风公司需要租用仓库，乙擅自决定将新雨公司的一处房屋以低廉的价格出租给东风公司。

乙的好友丙因向某银行借款需要担保，找到乙。乙以新雨公司的名义向该银行出具了一份保函，允诺若到期丙不能还款则由新雨公司负责清偿，该银行接受了保函且未提出异议。

甲知悉上述情况后，向乙提议召开一次股东会以解决问题，乙以业务太忙为由迟迟未答应开会。

公司成立 3 年，一次红利也未分过，目前亏损严重。甲向乙提出解散公司，但乙不同意。甲决定转让股权，退出公司，但一时未找到受让人。

问题：

1. 白云公司如想通过诉讼解决与东风公司之间的纠纷，应如何提出诉讼请求？
2. 白云公司如想实现股权质权，需要证明哪些事实？
3. 针对乙将新雨公司的房屋低价出租给东风公司的行为，甲可以采取什么法律措施？
4. 乙以新雨公司的名义单方向某银行出具的保函的性质和效力如何？为什么？
5. 针对乙不同意解散公司和甲退出公司又找不到受让人的情况，甲可采取什么法律对策？

第六部分

十八、王某申请撤销股东会决议纠纷案

【案情介绍】[1]

　　某股份有限公司于 2003 年 3 月经工商管理部门登记后依法成立。王某持有该公司 2% 股份。2006 年 6 月 30 日该公司准备召开临时股东会，于 6 月 15 日向各位登记股东发出召开股东会的通知，内容为决定是否分配股东的利润及变更公司的注册资金。王某于 6 月 20 日将本人的股份转让给张某。张某已经支付了部分的股款，但尚未到公司办理股东变更登记。后该公司于 6 月 30 日形成股东会决议，到会股东（全体股东 2/3 以上）一致认为：公司目前经营困难，利润空间不大，为了公司进一步扩大生产，保证公司经营的后劲，决定暂不分配利润，到年底再形成利润分配的方案；为了满足海华工程项目的投标要求，公司的注册资金由目前的 500 万元增加到 1000 万元。王某因出差在外，并没有收到股东会临时开会的通知，但通过其他途径得知后，告知张某参加。张某到会后，因其没有办理股东变更登记，公司遂拒绝张某参加临时股东会。公司在形成决议后，用电话形式告知王某决议的内容，但王某没有明确表示反对。公司认为王某所占公司股份的份额非常小，即使到会参加表决，也不影响决议的内容，遂没有再行通知王某参加股东会。公司根据股东会决议，向工商管理部门办理了变更注册资金的登记，而且参加海华工程项目的投标并中标。后王某通知张某股东会决议的内容，张某认为这个决议侵犯了其将在公司获得的权益，遂表示不再履行其与王某之间的股权转让合同，并要求王某负责返还相应的股款。王某认为其股东权利遭受公司的侵犯，遂到法院提起诉讼。

　　王某诉称：根据《公司法》第 22 条第 2 款的规定，临时股东会召集通知的时间应当在 15 日前，而公司的通知期间不够 15 天；另临时股东会不能审议由股东年会决定的注册资金的变更，决议的内容违法，而该决议导致其与张某的股

---

〔1〕　黄学武、葛文："股东会召集程序瑕疵与撤销——一则申请撤销股东会决议纠纷案例评析"，载《法学》2007 年第 9 期。

权转让协议无法履行，特请求撤销公司的这次股东会决议。

公司辩称：王某在股东会表决前已经不是公司的股东，不具有股东会决议撤销权人资格，且股东会召集通知的期间已满足《公司法》规定的 15 天的要求，召集程序并不违法。公司变更注册资金是为了公司整体发展的需要，并不侵害王某的利益。公司变更注册资金后，已经对海华工程项目进行投标，并与他人签订合同并履行。公司临时股东会决议应当得到维持。

法院经审理后认为，王某在股份有限公司的股份仅有 2%，其到会也不影响决议形成的结论，且王某在股东会表决前已经转让其股份，不具备实质的股东资格。王某与张某之间的股权转让纠纷应另案处理。公司临时股东会召集通知已经满足了《公司法》规定的 15 天的要求，召集程序并不违法。关于注册资金应由股东会年会决定问题，由于该决议形成后，公司已经与他人履行相关的合同，为维护交易的安全与稳定，保护善意第三人的利益，其不能变动。王某的股东实质性权利并没有遭受到侵害，遂驳回王某的诉讼请求。

【提示问题】

1. 评析原告的诉讼请求及理由。
2. 评析被告的辩解及理由。
3. 评析法院的判决，并思考《公司法》第 22 条第 2 款的适用。

十九、东营信用联社诉西安市商业银行
兴庆南路支行票据回购纠纷案

【案情介绍】[1]

原告：东营信用联社（简称农信社）

法定代表人：杨某，主任

被告：西安市商业银行兴庆南路支行（简称兴庆商行）

原告诉称，2003 年 7 月 15 日，被告的副行长张秀萍持该单位介绍信来我社办理商业承兑汇票转贴现业务，并出具两张商业承兑汇票，票号分别为（AA/01）01912906、（AA/01）01912907，金额为 36 690 000 元和 42 333 000 元，共计金额为 79 023 000 元，出票日期均为 2003 年 6 月 30 日，到期日为 2003 年 12 月 29 日，该两张商业承兑汇票已由被告予以贴现，经我社审查认为两张商业承兑汇票手续完备，且对被告在上海浦东发展银行西安分行的账户进行电话查询，证实账户、名称及账号均相符。同时被告又与我社签订了《商业汇票回购协议书》，约定回购利率为 2.5‰，起息日为 2003 年 7 月 16 日，到期日为 2003 年 12 月 24 日，并约定回购票据到期日，由被告无条件将资金划付给我社，若违约按每日 0.5‰计付违约金。我社已于 2003 年 7 月 16 日将资金全部划付到被告在上海浦东发展银行西安分行营业部开立的账户（号码为：0310010－2329000468）内。业务到期后，被告仅归还我社 5 002 万元本金，并于 2004 年 1 月 5 日偿还违约金 130 500 元，余款 29 003 000 元及违约金 5 075 538.50 元至今未还，我社虽多次派人催要，被告均以资金紧张为由拒付。请求依法判令被告偿还票据回购款本金 29 003 000 元，及计算至起诉之日的违约金 5 075 538.5 元，诉讼费用由被告承担。

被告答辩的理由包括以下三方面：

1. 我行与原告之间不存在任何业务关系，本案所涉及票据回购业务亦与我

〔1〕　案例来源：《最高人民法院公报》。

行毫无关系，原告所述账户非我行所设立，更未收到原告所谓的巨额贴现资金。我行不应是本案的被告。理由如下：①我行作为西安市商业银行下属碑林区域支行管辖的12个支行之一，无权办理商业承兑汇票贴现及回购业务，亦不可能办理涉及7 000万元之巨额资金的银行业务。②按照西安市商业银行对行政公章的管理制度，我行的行政公章一直在上级银行碑林支行办公室存放，并由碑林支行进行严格管理。经碑林支行核查，确定从来未使用我行印鉴办理过商业承兑汇票贴现、回购业务，亦未使用我行公章在上海浦东发展银行西安分行办理过任何开户手续。③西安市商业银行下属各支行的现行使用的行政公章，均系统一委托西安市艺雕刻字总厂经西安市公安局严格审批后，于2001年2月份刻制完成，并于同年2月26日统一下发各区域支行进行管理使用，且仅限于行政事务，不能在各项银行业务中使用。因此，可以明确确定，原告所诉商业承兑汇票贴现回购业务所涉及的"西安市商业银行兴庆南路支行"印鉴绝非我行的行政公章。④我行在2004年1月20日收到原告邮寄的特快专递，内附催款通知单一份，经核实本案所涉票据回购业务非我行办理，完全是一起诈骗案件。原告鉴证资料上的印章与我行的行政公章并非同一印章，纯系伪造。⑤原告称本案所涉票据回购业务系张秀萍等人所办理，而张秀萍本人原系我行的一名客户经理，因长时间不上班，被我行的上级行碑林支行于2003年6月24日将其除名。可见张秀萍2003年7月15日办理本案所涉票据回购业务时，已非我行职员。⑥本案所涉账户非我行所开立，与我行毫无关系。该账户是张秀萍等人勾结上海浦东发展银行西安分行客户经理王宇，凭着私刻的我行印鉴办理的。该账户完全是张秀萍等人假借我行的名义设立和控制的诈骗账户，其诈骗后果与我行无关。

2. 原告对资金被骗的损失后果应自行承担。本案所涉票据回购事项，经西安市公安局经济犯罪侦查支队调查，系张秀萍等人伪造我行行政公章，并利用虚假的商业承兑汇票，对原告实施的经济诈骗案件。我行认为，张秀萍等犯罪分子之所以能够得逞，是由于原告未对我行做任何形式的审查和应尽谨慎义务所致。原告与张秀萍等人洽谈7 000万元巨款的票据回购业务时，竟未到西安对西安市商业银行及下属兴庆南路支行进行实地考察，亦未约见我行的负责人；同时，原告没有对办理回购业务所依据的商业承兑汇票及贴现业务的真实性进行任何形式的查询，更未对张秀萍等人的身份情况作任何实质性调查。2004年1月份，我行的上级总行西安市商业银行相关负责人曾与原告电话联系，针对张秀萍的诈骗犯罪，要求原告尽快向公安机关报案，原告答复已经知道受骗的情况，但考虑到张秀萍已经归还了5 002万元款项的事实，可能会继续向其归还，若报案其损失可能将难以挽回，为此，原告还请求西安市商业银行不要对张秀萍等人进行报案。事实上，西安市公安局在 2004 年 8 月份侦查罗平票据诈骗犯罪到碑林支行调查张秀萍等人其他相关犯罪情况时，该行向办案民警汇报了上述情况。西安市公安局于 2004 年 9 月份派员专门到原告处调查张秀萍涉嫌犯罪的情况，并要求原告尽快向当地公安机关报案。鉴于管辖问题，西安市公安局将本案所涉张秀萍等人诈骗的案件材料通过陕西省公安厅移交山东省公安厅。原告资金被骗完全是因其相信张秀萍等诈骗分子并与其订立虚假的回购协议所致，其资金损失的后果应当由其自行承担，与我行无关。

3. 本案涉嫌经济（诈骗）犯罪，原告的起诉应予驳回。张秀萍等人诈骗巨额票据回购资金的事实清楚，这种涉嫌诈骗犯罪的事实，依法应由公安机关立案侦查，原告的损失亦可通过公安机关刑事追赃来实现，其以民事案件票据纠纷起诉我行显属不当。同时，按照《最高人民法院关于审理经济纠纷案件中涉及经济犯罪嫌疑若干问题的规定》第 11 条的规定，法庭应驳回原告的起诉，将本案有关材料移送公安机关处理。

本案在审理过程中，被告申请对"西安市商业银行兴庆南路支行"行政公章印鉴及负责人"王峰"的私人印鉴的真伪进行司法鉴定。同时原告申请对被告在西安市艺雕刻字总厂预留的"西安市商业银行兴庆南路支行"印模的形成时间进行鉴定。本院根据原被告双方的鉴定申请及案情需要，委托西南政法大学司法鉴定中心对西安市艺雕刻字总厂预留的《印章印模档案》上加盖的"西安市商业银行兴庆南路支行"印章与《商业汇票回购协议书》上加盖的"西安市商业银行兴庆南路支行"印章是否为同一印章盖印形成进行鉴定，对《印章印模档案》上印章的形成时间是否为 2003 年 7 月 15 日以后形成进行鉴定。经西南政法大学司法鉴定中心鉴定，鉴定结论为：①送检的《印章印模档案》上的"西安市商业银行兴庆南路支行"印文与《商业汇票回购协议书》上的同名样本印文不是同一枚印章盖印形成。②送检的《印章印模档案》上的"西安市商业银行兴庆南路支行"印文不是 2003 年 7 月盖印形成，应晚于 2003 年 7 月 15 日以后较长一段时间盖印形成。

原告对鉴定书没有异议。

被告对鉴定书不认可，认为：①鉴定程序不符合法律规定；②举证期限届满后原告已经丧失了申请鉴定的权利，法庭不应受理原告的申请；③鉴定书只对提取的印模档案和回购协议书进行了鉴定，没有全面地按照被告的要求进行鉴定；④鉴定结论上有很多专业性的问题需要鉴定人员出庭予以说明；⑤要证明印章形成及启用的时间，西安市商业银行及会计师事务所的文件也应当作为检材进行鉴定，仅鉴定档案印模不能反映本案的事实。

被告提出对印鉴真伪及启用时间进行司法鉴定的再次申请，本院根据被告的申请委托西南政法大学司法鉴定中心对西安市商业银行西商银发〔2001〕39号文件所附的"西安市商业银行兴庆南路支行"印模形成时间进行补充鉴定。经鉴定因该文件上的印文的成分配比与其余印文材料明显不同，不能通过将其与送检的现有印文样本资料进行比对来确定其形成的相对时间。

本院根据被告要求鉴定人出庭接受质证的申请，通知鉴定人王勇、唐旭出庭，并准许了被告提出的聘请鉴定专家出庭就鉴定结论所涉及的专门性问题对鉴定人进行询问的申请。经对鉴定结论进行质证，原告认为鉴定书真实合法，应予采纳。被告认为通过鉴定专家对鉴定人的询问可以看出鉴定书的作出取决于许多细节，任何一个细节出现问题都会影响结论，该鉴定书是在极不认真的情况下作出的，没有对每一个细节都作详细的纪录，同时该鉴定书的鉴定方法不是国家公认的，没有达到国家的标准，显然不能作为法院判案的依据。

本院在受理被告提出的鉴定申请后，依法到有关单位调取了相关检材，并记录了取证的过程。①西安市艺雕刻字总厂副厂长王晏的调查笔录，内容为印章刻制时间及从该厂调取《印章印模档案》原件一页；②西安市商业银行碑林支行行长李亚娟的调查笔录，内容为贴现业务的办理程序、公章的使用及张秀萍的除名等；③西安市商业银行兴庆南路支行行长常家铭的调查笔录，内容为调取有关文件、凭证、公章的使用及张秀萍的情况。

原告对上述三份调查笔录质证认为被调查人所述内容不属实。被告对上述三份调查笔录的真实性没有异议。

合议庭认为，鉴定书是由本院指定具有鉴定资格的鉴定机构作出的，鉴定程序合法，鉴定结论依据充分，对该鉴定书的鉴定结论予以采信。

审理确认以下事实：2003年7月15日，张秀萍等三人持被告的介绍信、营业执照、金融机构营业许可证等到原告处办理商业承兑汇票转贴现业务，并出具票号分别为（AA/01）01912906、（AA/01）01912907的商业承兑汇票两张，金额分别为36 690 000元和42 333 000元，共计79 023 000元，出票日期均为2003年6月30日，到期日为2003年12月29日。两张汇票票面载明付款人为陕西宸龙房地产有限公司，收款人为西安中煤物资公司。交易合同、增值税发票、商业承兑汇票查询书证实两张汇票真实合法有效。被告受理了西安中煤物资公司的贴现申请，已对两张汇票办理了贴现。原告经审查核实后，当日与被告签订了《商业汇票回购协议书》，协议约定：双方以回购的形式办理本协议项下的票据业务；被告保证所提供的商业汇票真实合法有效，有真实的贸易背景，并已办理贴现，资料齐全；回购天数为161天，回购利率为2.5‰，起息日为2003年7月16日，到期日为2003年12月24日；被告交票时间为2003年7月15日，原告付款时间为2003年7月16日；回购票据到期日，被告无条件将资金划付给原告，保证款项当天到达指定账户，款项到达后，被告取回票据，交易中任何一方未按约定时间付款、交票或未足额偿付本息，视为违约，违约方向对方支付违约金，违约金按违约金额、违约天数和日利率0.5‰计算，若被告在票据到期日3日后仍不主动履行协议回购票据，原告有权终止协议，处置持有的票据。协议签订当日，被告将汇票交于原告持有；次日，原告按票面金额扣除回购利息后将回购资金77 962 774.75元划付到被告在上海浦东发展银行西安分行营业部开立的账户。协议到期后，被告归还原告本金50 020 000元，于2004年1月5日偿付违约金130 500元。余款本金29 003 000元经原告多次催要，被告未能归还。

另查明，被告是于2001年6月19日由西安市商业银行兴中支行变更而来，负责人变更为王峰。被告于2003年6月18日在上海浦东发展银行西安分行申请开设账户，账号为0310010－2329000468，预留私人印鉴为张秀萍，于2003年7月15日变更为王峰。

本院认为，本案是一起商业汇票转贴现纠纷，商业汇票转贴现是金融机构为取得资金，将未到期的已贴现商业汇票再以贴现方式向另一金融机构转让的票据行为，是金融机构间融通资金的一种方式，不为法律所禁止。张秀萍等人以被告的名义向原告提出转贴现申请，为证明其身份的真实性向原告出具了被告的介绍信、营业执照、经营许可证等证明资料，原告也通过电话对被告的开户情况进行了查询核实。同时张秀萍等人向原告出具的交易合同、增值税专用发票、汇票的查询书、商业承兑汇票证实书及贴现凭证证实两张汇票具有真实的交易背景，是真实的，且已由被告办理了贴现。据此原告已有理由相信张秀萍具有代表被告签订合同的权利。被告向本院提出鉴定申请，其有义务提交充分有效的检材，按被告的工作性质，被告能够充分地提交同一时期其与他人发生业务来往时使用公章的有关资料，但本院在调取检材时，被告未能充分提供，依现有检材所作出的鉴定结论不能否认回购协议上被告公章的真实性，故被告主张该回购协议与其无关的抗辩理由不能成立。原告与被告所签订的《商业汇票回购协议书》，体现了双方当事人自愿的原则，内容并不违反法律规定，应为有效合同。合同签订后，原告根据回购式转贴现的业务流程规定，按票面金额扣除回购利息后，将回购资金77 962 774.75元如约拨付给被告，被告在约定的还款期限内偿还了部分款项，未能履行偿还全部款项的合同义务，已构成违约。被告应当归还原告剩余欠款本金29 003 000元，并应按协议约定向原告支付违约金。

被告关于本案系张秀萍等人伪造其行政公章，并利用虚假的商业承兑汇票对原告实施的经济诈骗犯罪案件，应移送公安机关侦查的主张。本院认为，被告关于公章由上级行管理很少使用的解释难以让人信服，现有证据不能证明张秀萍等人有伪造公章的事实，被告的该项主张不能成立。张秀萍等人与原告签订合同的行为是被告的行为，依据《中华人民共和国民法通则》第43条"企业法人对它的法定代表人和其他工作人员的经营活动，承担民事责任"之规定，其法律后果应由被告承担。原告的主张符合法律规定，应予支持。经本院审判委员会研究决定，依照《中华人民共和国合同法》第60、107条之规定，判决如下：

（1）被告西安市商业银行兴庆南路支行偿还原告东营市东营区农村信用合作社联合社欠款本金29 003 000元，并自2004年1月6日起按日利率0.5‰支付违约金。

（2）原告东营市东营区农村信用合作社联合社将票号为（AA/01）01912906、（AA/01）01912907的商业承兑汇票返还给被告西安市商业银行兴庆南路支行。

以上款项于本判决生效之日起10日内支付，支付同时返还汇票。

案件受理费180 403元、鉴定费1 500元，由被告西安市商业银行兴庆南路支行负担。

如不服本判决，可在判决书送达之日起15日内，向本院递交上诉状，并按对方当事人的人数提出副本，上诉至山东省高级人民法院。

【提示问题】

1. 什么是表见代理？本案是否存在？
2. 犯罪行为能否产生合法后果？并结合本案具体分析。
3. 请评析法院的事实认定和法律适用。如果被告向你咨询是否上诉，你该如何作答？

第六部分

二十、胡克奇诉西安达尔曼实业股份有限公司证券市场虚假陈述纠纷案

【案情介绍】[1]

原告：胡克奇

被告：西安达尔曼实业股份有限公司（简称达尔曼公司）

法定代表人：许宗林，该公司董事长

原告胡克奇诉称：其自 1999 年 4 月 26 日至 2003 年 9 月 17 日陆续买入达尔曼公司股票（包括配股）21 500 股，在 2000 年 6 月 7 日至 2001 年 1 月 14 日又陆续卖出 5 000 股，现仍持有 16 500 股。达尔曼股票上市初期曾是市场的绩优股，特别是其在 2000 年阅读了达尔曼的配股说明后，更是不断地买入达尔曼股票，期望得到好的回报，但到 2004 年 6 月 4 日中国证券监督管理委员会（以下简称中国证监会）立案查处达尔曼公司涉嫌虚假陈述时方知上当受骗。按照其买入股票平均价格 10.90 元减去达尔曼公司退市前收盘价 0.91 元，每股损失 9.99 元，加上印花税和佣金损失，其实际损失 167 149.81 元。请求判令达尔曼公司赔偿损失和由此产生的利息 6 702.24 元，往返差旅费用 6 000 元。

被告达尔曼公司辩称：胡克奇购买其公司股票数额及现在持有其公司股票数额属实，但胡克奇购买其公司股票造成的损失系证券市场风险、经济政策等因素所致，股票市场已整体下滑，上证指数下跌，并非其虚假陈述行为造成的。其虚假陈述实施日为 2003 年 4 月 1 日其公司公布 2002 年年报之时，而胡克奇所买入的股票绝大部分是在此之前，所以，胡克奇股票损失与虚假陈述之间不存在因果关系。另外，本案虚假陈述行为系公司董事长许宗林个人所为，与公司并无关系，请求驳回胡克奇的诉讼请求。

一审法院查明：1999 年 4 月 26 日，胡克奇在上海证券交易所买入达尔曼公司上市股票 10 000 股，其中 2 000 股买入价为 13.35 元，3 000 股买入价 13.20 元，

---

[1] 案例来源：选自《西安审判》2007 年第 3 期。

2 000 股买入价 13.14 元，3 000 股买入价 13.00 元，缴纳佣金 498.42 元、印花税 569.62 元。同年 11 月 8 日，胡克奇又以 15.75 元单价买入达尔曼公司股票 700 股，缴纳佣金 38.59 元、印花税 44.10 元。2000 年 2 月 16 日，胡克奇以单价 13.75 元、13.72 元、13.70 元、13.68 元分别买入达尔曼股票 3 300 股，缴纳佣金 158.46 元、印花税 181.10 元。同年胡克奇分三次将 1999 年 4 月 26 日买入股票卖出 3 000 股，获利 8 670 元，缴纳佣金 168.91 元、印花税 193.04 元。2001 年 2 月 14 日，胡克奇又将 1999 年 4 月 26 日买入股票卖出 2 000 股，获利 4 780 元，缴纳佣金 107.73 元、印花税 123.12 元。3 月 5 日，胡克奇获达尔曼公司配股 2 700 股，单价 10 元。2001 年 5 月 10 日至 10 月 31 日，胡克奇分三次买入达尔曼公司股票 2 300 股，单价分别为 14.18 元、10.20 元、10.18 元，缴纳佣金 86.22 元、印花税 98.54 元。2002 年 11 月 14 日，胡克奇以单价 8.24 元买入达尔曼公司股票 1 000 股，缴纳佣金 16.32 元、印花税 32.96 元，以单价 8.20 元买入达尔曼公司股票 1 000 股，缴纳佣金 16.24 元、印花税 32.80 元。2003 年 8 月 11 日，胡克奇分四次买入达尔曼公司股票 400 股，其中 300 股买入单价分别为 6.40 元，100 股买入单价为 6.37 元，其缴纳佣金 20 元、印花税 5.11 元。9 月 17 日，胡克奇以单价 6.08 元买入达尔曼公司股票 100 股，缴纳佣金 5 元、印花税 1.22 元。除上述胡克奇卖出 5 000 股外，其余股票至今仍由胡克奇持有。

2004 年 6 月 16 日，上海证券交易所对达尔曼公司作出处分决定并公告，认为 2003 年度，达尔曼公司违规为其大股东西安翠宝首饰集团公司在银行借款 9 250 万元提供担保，另以存单质押和固定资产抵押等方式为其他公司银行借款提供担保，涉及担保金额 74 277 万元，占其公司 2002 年未经审计资产的 55%。这些担保事项，达尔曼公司未及时履行信息披露义务，监事会也未尽监督义务，故对达尔曼公司及相关董事、监事和主管人员予以公开谴责。同年 9 月 13 日，达尔曼公司未依法在规定期限内披露其 2004 年半年度报告，上海证券交易所又决定对达尔曼公司和董事长许宗林予以公开谴责。2005 年 1 月 10 日上海证券交易所决定达尔曼公司股票暂停上市，3 月 22 日又决定自 2005 年 3 月 25 日起终止达尔曼公司股票上市。达尔曼公司股票实际于 2004 年 12 月 31 日停止挂牌上市交易，当日收盘价为每股 0.91 元。

2005 年 5 月 17 日，中国证监会作出证监罚字［2005］10 号行政处罚决定，查明达尔曼公司 2002 年、2003 年度虚构销售收入 40 621.66 万元，虚增利润 15 216.97 万元，2003 年年报虚增"珠宝一条街"、都江堰钻石加工中心、蓝田林木种苗项目及轻型机制项目、西安富土传感器项目、蓝田现代农业基地在建工程 21 563.21 万元，决定对达尔曼公司罚款 60 万元，对该公司董事长许宗林及有关董事、监事和高层管理人员亦分别处以罚款、警告处分。

　　诉讼中，胡克奇提供其从网络下载的达尔曼公司 2000 年、2001 年、2003 年的年度报告以及达尔曼公司被上海证券交易所、中国证监会处理处罚决定的公告、中国证券登记结算有限责任公司上海分公司关于胡克奇从事达尔曼公司上市股票交易情况变动记录等证据。达尔曼公司对此证据无异议，但认为 2004 年 4 月 30 日应为其 2004 年年报披露日，此日应认定为其虚假陈述揭露日，按照有关规定，此后第 30 个交易日应为基准日。故胡克奇 2003 年 8 月 11 日、2003 年 9 月 17 日所买入的 500 股股票的投资损失 1 241.75 元才与虚假陈述存在因果关系，其余股票投资损失与其公司虚假陈述不存在因果关系。

　　一审法院认为，达尔曼公司作为上市公司，在其年度报告中虚构销售收入、虚增经营利润、虚报在建工程以及违规为其关联公司和其他公司提供担保而不披露，已经上海证券交易所、中国证监会予以认定并处罚，其对公司重大事件作出违背事实真相的虚假记载和不正当披露，构成证券市场虚假陈述行为。胡克奇作为达尔曼公司一社会公众投资人，依法有权提起诉讼，请求达尔曼公司赔偿其相关投资损失。根据中国证监委处罚决定，达尔曼公司虚假陈述行为发生于 2002 年和 2003 年度，而达尔曼公司未能提供其年度报告发布的具体日期，故 2002 年元月 1 日应认定为最早的虚假陈述实施日，其不正当披露行为的揭露日应为上海证券交易所作出公开谴责决定的 2004 年 6 月 16 日，其虚假记载行为的揭露日应为中国证监委作出处罚决定的 2005 年 5 月 17 日，在实施日至揭露日期间，胡克奇买入的达尔曼公司股票计 2 500 股与虚假陈述行为有因果关系。因达尔曼公司在有关部门作出终止上市决定前已于 2004 年 12 月 31 日退出股票交易市场，应以此日认定为计算达尔曼公司股票投资损失的基准日。胡克奇 2002 年 11 月 14 日至 2003 年 9 月 17 日买入股票的平均价格为 6.87 元，减去基准日达尔曼公司股票收盘价 0.91 元，每股损失额为 5.96 元，胡克奇投资差额损失应为 14 900 元。另外，胡克奇在买入 2 500 股股票时，支出佣金 57.56 元、印花税 72.09 元，全部损失共计 15 029.65 元。依照最高人民法院《关于审理证券市场因虚假陈述引发的民事赔偿案件的若干规定》第 30 条"虚假陈述行为人在证券交易市场承担民事赔偿责任的范围，以投资人因虚假陈述而实际发生的损失为限"之规定，判决如下：

　　（1）被告西安达尔曼实业股份有限公司于本判决生效后 10 日内支付原告胡克奇因买入达尔曼公司上市股票投资损失 15 029.6 元，并按中国人民银行公布的银行同期活期存款利率计算支付胡克奇自 2002 年 11 月 14 日至 2004 年 12 月 31 日 12 018.32 元的利息，支付胡克奇 2003 年 8 月 11 日至 2004 年 12 月 31 日止 2 409.11 元的利息，支付胡克奇自 2003 年 9 月 17 日至 2004 年 12 月 31 日止 602.22 元的利息。逾期支付的，加倍迟延履行期间的债务利息。

（2）驳回胡克奇其他诉讼请求。案件受理费5 381元胡克奇预交，由其负担2 690元，由西安达尔曼实业股份有限公司负担2 691元。

达尔曼公司不服一审判决，向二审法院提起上诉称：胡克奇的损失与其虚假陈述没有因果关系，请求撤销一审判决，驳回胡克奇的诉讼请求。

二审经审理后，查明一审法院认定事实清楚，经主持调解后，双方当事人自愿达成如下协议：

（1）达尔曼公司补偿胡克奇因本案诉讼产生的交通费、住宿费、诉讼费、代理费17 000元，并在本案调解协议签字之日起7日内向胡克奇支付。

（2）二审案件受理费5 381元由达尔曼公司负担。

【提示问题】

1. 原告的损失与被告的侵权行为之间法律上的因果关系应当如何的认定？

2. 原告因被告的虚假陈述所受的损失应当如何计算？法院的算法是否正确？

3. 上市公司在证券市场的虚假陈述一般有哪些表现？你认为法院应当如何认定？理由是什么？

4. 如果在证券欺诈民事诉讼中，将行政前置程序取消，人民法院在审理虚假陈述案件时，应当如何分配举证责任？

第六部分

二十一、钱碧芳、华宁公司与祝长春、华宇公司、祝明安及汪贤琛股东权纠纷案

【案情介绍】[1]

原告（反诉被告）：祝长春

原告（反诉被告）：江苏华宇房地产开发有限公司

法定代表人：祝长春，该公司董事长

被告（反诉原告）：钱碧芳

被告（反诉原告）：江苏华宁房地产开发有限公司

法定代表人：钱久忠，该公司董事长

第三人：祝明安（系祝长春之父）

第三人：汪贤琛（系钱碧芳之母）

江苏华宁房地产开发有限公司（以下简称华宁公司）于 1999 年 3 月 9 日由祝长春、李前林、王新民发起设立，注册资本 1 000 万元，其中祝长春出资 340 万元，李前林、王新民各出资 330 万元。1999 年 11 月 12 日，王新民将其拥有的股权分别转让给钱碧芳 150 万元、谷大中 120 万元、祝长春 60 万元。2001 年 3 月 27 日，李前林将其在公司所有的 330 万元股权分别转让给祝长春 300 万元、钱碧芳 30 万元，谷大中将其在公司所有的 120 万元股权全部转让给钱碧芳。转让后，公司注册资本保持不变，其中祝长春出资 700 万元，占注册资本 70%，钱碧芳出资 300 万元，占注册资本 30%。2002 年 4 月 10 日，华宁公司注册资本增至 2 000 万元，其中祝长春出资 1 400 万元，钱碧芳出资 600 万元，各自所占公司注册资本比例不变。祝长春为公司董事长，钱碧芳为公司总经理。

江苏华宇房地产开发有限公司（以下简称华宇公司）于 2001 年 1 月 3 日由祝长春和钱碧芳申请设立，注册资本 1 000 万元，其中祝长春出资 750 万元，占

---

〔1〕 案例来源：《最高人民法院公报》，裁判字号：《最高人民法院》（2005）民一终字第 25 号，裁判时间：2006 年 4 月 13 日。选编时有删减，并对个别文字作了修改，但案件事实保持不变。

注册资本 75%；钱碧芳出资 250 万元，占注册资本 25%。祝长春为公司董事长兼总经理。

因祝长春与钱碧芳在共同经营公司过程中产生矛盾，双方于 2002 年 11 月 12 日达成《江苏华宁房地产开发有限公司股东大会决议》（以下简称《华宁决议》），决议的主要内容是：祝长春将其在华宁公司的股权折合人民币若干万元，一次性转让给汪贤琛，转股协议另行签订；双方同意上述转让的股权中已考虑各种税、费、对外欠款、维修费及质量赔偿等因素；祝长春将股权转让后，不再担任华宁公司任何职务，并将所保管的公司证照、印章、合同、债权债务凭证、会计凭证等，在审计报告出来当日交给钱碧芳；祝长春转股后，华宁公司遗留的有关债权债务、与业主之间的纠纷、与有关部门的协调工作由钱碧芳与新股东负责处理，祝长春给予积极配合；双方同意本决议作出后，由秦淮区审计机构对华宁公司财务资产状况立即进行审计；审计结束后立即办理股权转让与公司工商变更手续；双方同意华宁公司碧水湾项目与华宇公司碧水湾西苑项目在征得两家物业公司与业主意见后进行对调管理；双方同意将家电场所交给钱碧芳管理使用，湖南路场所暂时交给钱碧芳作办公使用，碧水湾现场售楼部归华宁公司所有；双方同意华宁公司、华宇公司的所有工作人员的 2002 年度工资、奖金由华宇公司一次性支付；在公司审计报告作出之前，公司的所有对外支出立即暂停，祝长春不得对外签署合同与销售房屋，不得转移银行资金与房产；双方同意审计截止日期为 2002 年 11 月 12 日，由双方责成公司员工积极配合，因工作人员不如实或不及时配合造成延误，由祝长春向钱碧芳承担赔偿责任；祝长春同意钱碧芳在近期内可另行注册开办公司；其他未尽事宜，双方另行协商解决。

因《华宁决议》未能实际履行，钱碧芳于 2002 年 12 月 12 日诉至江苏省南京市江宁区人民法院（以下简称江宁区法院），请求分割华宁公司、华宇公司财产。江宁区法院以（2003）江宁民一字第 17 号受理该案后，应钱碧芳的申请，冻结了华宁公司银行存款 1 375 万元。经江宁区法院调解，祝长春与钱碧芳于 2003 年 1 月 23 日签订《江苏华宁华宇房地产开发有限公司股东大会决议》（以下简称《华宁华宇决议》）。

《华宁华宇决议》第 1 条约定：经双方协商，祝长春将其所持有的华宁公司股权（1 400 万元）一次性转让给汪贤琛，钱碧芳将其所持有的华宇公司股权（250 万元）一次性转让给祝明安，转股协议另行签订。

《华宁华宇决议》第 2 条约定：在双方签订股权转让协议后，均不再担任对方公司的任何职务，并将各自保管的有关公司的证照、印章、档案、文件、合同、债权债务凭证等在当日交给对方。对两公司的资产及债权债务作如下调整：

①华宁公司给付华宇公司600万元；②华宁公司如收回城北路460亩地块，应给付华宇公司1 400万元，如收回现金，则按70%的比例给付华宇公司；③华宁公司碧水湾28亩土地使用权问题，由祝长春负责处理，如未能解决而发生补交出让金、罚款等，均由祝长春和华宇公司承担；④华宁公司、华宇公司在2003年度企业所得税汇算时，按照实际报告所列应缴纳的所得税金额的70%由祝长春和华宇公司承担，30%由钱碧芳和华宁公司承担；⑤华宁公司碧水湾未售出的别墅第45、18、19、20、48、95、9、10、12、15、17幢归华宇公司所有，其余第96、21、49、69、70、72、16-2、32-1、66-2幢归华宇公司所有，碧水湾西苑的3间门面房、3幢别墅、6套公寓归华宁公司所有，其余归华宇公司所有，会所全部归华宇公司；⑥华宇公司享有的对江苏省南京市江宁区建设局（以下简称江宁区建设局）的债权1 650万元（暂定），由祝长春负责追回，在30日内支付完碧水湾小区的维修基金（约350万元）、紫薇花园物业维修基金（约196万元）、碧水湾小区前期拆迁费用（120万元）、碧水湾小区修路费用（约100万元）后，余额归祝长春和华宇公司所有；⑦华宁公司与华宇公司截至2003年1月22日相互之间的债权债务相互抵销，互不追偿；⑧除上述所列项目外，华宁公司、华宇公司的其他资产和负债由各公司自行享有和处理。

《华宁华宇决议》第3条约定：双方在签订《股权转让协议书》后，即在江宁区法院的监督下办理工商变更登记和公司资产调整的法律手续。

《华宁华宇决议》签订的当日，双方又签订《补充决议》约定：华宁公司承担碧水湾和紫薇花园项目未付工程款在550万元以下的部分，550万元以上部分由祝长春和华宇公司负责支付，工程款由祝长春确认后由钱碧芳支付。

2003年1月23日，江宁区法院组织各方进行交接，钱碧芳向祝长春出具一张520万元的华宁公司转账支票，以履行支付华宇公司款项600万元义务，双方约定该款自被江宁区法院冻结之款项中支付，为配合支付，江宁区法院将对上述冻结账户予以解除冻结；祝长春、钱碧芳签署了转让华宁公司、华宇公司股权的相关法律文件，交钱碧芳的律师统一办理；钱碧芳代表华宇公司签署了将华宁公司享有的江宁区建设局之债权转移给华宇公司的相关法律文书交祝长春；祝长春与钱碧芳签订了关于江苏省南京市江宁区国土资源管理局（以下简称江宁区国土局）退还土地款的分配协议。

2003年1月24日，江宁区法院就其所冻结的华宁公司银行存款1 365万元予以解除冻结，但祝长春将520万元的支票送至华宇公司开户银行时被银行告知为空头支票，该账户内被江宁区法院解除冻结的华宁公司1 365万元的存款已被钱碧芳全部取走。江宁区法院邮寄送达了于2003年1月24日作出的准许钱碧芳撤诉的通知书。

2004 年 12 月 1 日，钱碧芳与汪贤琛变更了华宁公司的工商登记，将华宁公司的股东由祝长春变更为汪贤琛，将公司法定代表人变更为钱久忠（系钱碧芳之父）。

钱碧芳、华宁公司又到江宁区建设局，直接主张其已转移给华宇公司的债权。

华宁公司于 2003 年 4 月 29 日缴纳的税款所属期为 2002 年 1 月~12 月的企业所得税 35 514.55 元；于 2003 年 7 月 15 日缴纳的税款所属期为 2003 年 4 月~6 月的企业所得税 186 304.15 元；于 2003 年 10 月 16 日缴纳的税款所属期为 2003 年 1 月~9 月的企业所得税 20 485.55 元；于 2003 年 3 月 6 日缴纳的税款所属期为 2003 年 2 月的一般营业税 237 118.70 元、教育附加税 9 484.75 元、城市维护建设税 16 598.31 元；于 2004 年 1 月 17 日缴纳的税款所属期为 2003 年度的其他印花税合计 5 164.75 元、一般营业税、教育附加税、城市维护建设税等合计 5 790.22 元。

原告祝长春和华宇公司诉称：祝长春与钱碧芳系股东关系，曾共同拥有华宁公司和华宇公司。华宁公司和华宇公司系共同股东持股公司，两公司在资金往来、从业人员等方面存在诸多关联。作为华宁公司、华宇公司股东的钱碧芳曾于 2002 年 12 月 12 日诉至江宁区法院，请求分割华宁公司、华宇公司财产。江宁区法院受理后，在江宁区法院组织调解下，祝长春与钱碧芳于 2003 年 1 月 23 日签订《华宁华宇决议》。各方于 2003 年 1 月 23 日在江宁区法院组织下进行如下交接：①钱碧芳向祝长春出具 520 万元的华宁公司转账支票，以履行支付华宇公司款项义务，该款自江宁区法院冻结之款项中支付，为配合支付，江宁区法院将对上述冻结账户解除冻结；②祝长春、钱碧芳签署了转让华宁公司、华宇公司股权的相关法律文件，交钱碧芳的律师统一办理；③钱碧芳代表华宁公司签署了将华宁公司拥有的对江宁区建设局的债权转移给华宇公司的相关法律文书交祝长春；④祝长春与钱碧芳签订了关于江宁区国土局退还土地款的分配协议。2003 年 1 月 24 日，江宁区法院对其冻结的华宁公司存款 1 365 万元予以解冻，祝长春至华宁公司开户银行兑现 520 万元支票时被告知该支票为空头支票。

自 2003 年 1 月 24 日起至今，华宁公司由钱碧芳实际控制经营，华宇公司由祝长春实际控制经营。钱碧芳与华宁公司至今未支付上述 520 万元款项。

2004 年 12 月 1 日，钱碧芳与汪贤琛变更了华宁公司工商登记，将华宁公司的股东由祝长春变更为汪贤琛，将公司法定代表人变更为钱久忠。

因钱碧芳不配合将其持有的华宇公司股权转让至祝明安名下，华宇公司工商登记的股东仍为祝长春与钱碧芳。钱碧芳、华宁公司亦未依约将有关房产变更至华宇公司名下。钱碧芳、华宁公司至江宁区建设局直接主张已转移给华宇公司的债权，致使华宇公司无法实现债权利益，而且对江宁区国土局的华宇公司债权，祝长春及华宇公司亦未能享有。

原告提出以下诉讼请求：

（1）钱碧芳及华宁公司连带给付华宇公司款项520万元。

（2）华宁公司将位于南京市江宁区碧水湾小区的别墅（第96、21、49、69、70、72、16－2、32－1、66－2幢）的产权变更至华宇公司名下，如不能变更则由钱碧芳与华宁公司连带给付对价约1 500万元（实际价值按照市场评估价计算）。

（3）华宁公司将其所享有的对江宁区建设局的债权1 650万元转移归华宇公司所有。

（4）华宁公司将其享有的对江宁区国土局债权中的70%（即1 400万元）转移归华宇公司所有。

（5）钱碧芳协助祝长春、华宇公司将其所享有的华宇公司的25%股（出资250万元）变更至祝明安名下。

（6）钱碧芳及华宁公司承担本案诉讼费用。

被告辩称：华宁公司与华宇公司法定代表人均为祝长春，两公司的实际经营权亦由祝长春长期把持，钱碧芳负责销售工作。由于祝长春隐瞒经营信息，私自注册成立同业公司，存在隐匿公司资产、土地投资失误等不当行为，为维护自己的合法权益，钱碧芳要求清算公司资产。2002年11月12日，双方签订《华宁决议》约定：①祝长春将其在华宁公司的股权一次性转让给汪贤琛，并退出华宁公司的经营；②双方委托审计机构对华宁公司截至2002年11月12日的财务状况进行审计，在审计报告作出前，公司的所有对外支出立即暂停。但此后，在江宁区法院审理期间，江苏众兴会计师事务所对两公司进行了初步审计，2003年1月23日，双方达成《华宁华宇决议》及《补充决议》。2003年1月23日，双方在江宁区法院主持下就有关事项进一步达成协议：①华宁公司给付华宇公司520万元；②华宁公司、华宇公司的房产不再调整。同日，钱碧芳与祝长春在江宁区法院签订《债权转让及委托收款协议书》，双方交接了两公司的印章，钱碧芳向华宇公司开具一张未写日期的520万元转账支票（钱碧芳要求祝长春履行协议、当日将资料交接完后兑付支票）。但是：①祝长春未按约定将华宁公司资料在当日交给华宁公司，致使钱碧芳无法核对华宁公司的工程款欠款数额。华宇公司账面工程欠款为1 000多万元，钱碧芳多次向祝长春催要依约应由其承担的超出550万元部分的工程款均未果。印鉴交接后，钱碧芳至银行查询得知华宇公司账面金额与银行实际金额相差500多万元，因祝长春拒不说明资金去向，阻止祝长春520万元支票兑付系钱碧芳的自救举措。②根据双方约定，祝长春应持委托书向江宁区建设局行使债权并划入华宁公司账户用于支付前述四项费用。但时至今日，华宁公司未获得分文，华宁公司只得撤销了对祝长春的委托，自行向江宁区建设局主张债权并正拟通过诉讼方式解决。③华宁公司曾多次向江宁区国土局主张城北路460亩土地使用权或返还2 000万元土地出让金定金和预付款，均遭到拒绝，现正准备通过仲裁程序解决。④钱碧芳接管华宁公司后，一直未能正常开展经营活动，原因是：祝长春负责经营期间产生的碧水湾工程质量纠纷和延期交房致客户索赔共形成了近20起诉讼，华宁公司赔偿了近百万元；因无工程资料，工程款欠款无法核算并支付，致使大量施工队伍多次围堵华宁公司办公场所，华宁公司几乎陷于瘫痪状态。⑤2003年度企业所得税经汇算尚应交税2 500万元，按约定祝长春应承担70%即1 750万元，但祝长春至今拒绝承担。

被告认为：

（1）由于祝长春拒绝交付华宁公司工程资料的行为致华宁公司无法核对工程款及祝长春、华宇公司应分担的数额，阻止其兑付支票是自力救济行为，亦是同时履行抗辩的合法行为，故在祝长春未同时履行该项义务的情况下，应驳回其要求支付520万元的诉讼请求。

（2）因争议双方在2003年1月23日调解时已明确华宁公司、华宇公司的房产不再调整，故祝长春、华宇公司要求钱碧芳及华宁公司变更8幢别墅的产权或赔付对价1 500万元的诉讼请求没有合同依据和法律依据，依法应予驳回。

（3）因争议双方协商一致的是将对江宁区建设局债权在实现并支付完华宁公司四项费用后的余额才归华宇公司所有，现债权转让条件尚未成就，故祝长春、华宇公司要求该1 650万元债权转归华宇公司所有的诉讼请求违反双方约定，依法应予驳回。

（4）华宁公司对江宁区国土局的债权，依合同性质不得转让（不符合法律规定的土地使用权转让条件），且尚未取得权利或获得相应补偿，故祝长春、华宇公司要求取得对江宁区国土局1 400万元债权的诉讼请求没有事实依据和法律依据，依法应予驳回。

（5）因祝长春拒绝承担欠税款而华宁公司的资产主要体现为华宁公司对华宇公司的应收账款，钱碧芳及华宁公司现客观上无力独自承担应纳税款，在该问题得到妥善解决前拒绝转让在华宇公司的股权。

被告提出反诉：双方于2002年11月12日签订《华宁决议》，2003年1月23日签订《华宁华宇决议》，同日又签订《补充决议》。上述协议签订后，祝长春及华宇公司并未按约履行，侵害了钱碧芳及华宁公司的合法权益。其主要事实及理由：

（1）关于华宁公司应交税款问题。根据《华宁华宇决议》约定，华宁公司和华宇公司在 2003 年企业所得税汇算时，按照会计师事务所审计报告所列应缴所得税金额的 70%，由祝长春与华宇公司承担。祝长春控制华宁公司期间遗留了大量税务问题，却未向钱碧芳及华宇公司交代应交税收情况，又拒不交付相关工程、财务资料，使得华宁公司无法准确核算应缴税款，只能按现有资料进行预交 2003 年度华宁公司税款242 304.49元，并代华宇公司缴纳税收查补款120 000元。上述 2003 年度华宁公司预交的所得税242 304.49元的 70% 应由对方承担，待相关资料移交后经核算或税务部门查补后的华宁公司应交税款亦应由对方承担 70%。

（2）关于550 万元以上部分的工程款。《补充决议》约定："华宁公司紫薇花园和碧水湾项目未付工程款（各项）截至 2003 年 1 月 22 日，在 550 万元以下部分由华宁公司和钱碧芳负责支付，550 万元以上部分由祝长春和华宇公司负责，工程款的支付由祝长春确认后由钱碧芳支付。"决议作出后，因对方拒不交付工程资料及相关的合同、文件，导致至今无法确定所欠工程款的数额，现要求法院委托审计机构对工程欠款进行审计，以确定祝长春和华宇公司应承担的数额。

（3）关于公司资料和项目资料。根据约定，双方签署《股权转让协议书》后，均不再担任对方公司的任何职务，并将各自保管的有关公司的证照、印章、档案、文件、合同、债权债务凭证等在当日交给对方，而祝长春至今亦未履行此项合同义务。

（4）关于车辆问题。华宁公司所有的别克（苏 A – T6921）、依维柯（苏 A –49440）、桑塔纳（苏 A –51772）、昌河（苏 A – T5045）轿车各一辆，现仍由对方占有使用，经多次催要至今拒不返还。

（5）关于祝长春给华宁公司造成的损失问题。祝长春经营华宁公司期间，因经营策略失误，产生退花园面积款和工程维修费用及赔款等共计1 060 082元，该款项应由祝长春承担。

（6）祝长春擅自动用华宁公司资金7 385 582.57元。《华宁决议》第 11 条约定：在公司审计报告作出之前，公司所有对外支出立即暂停，祝长春不得对外签署合同与销售房屋，不得转移银行资金与房产。但祝长春从 2002 年 11 月 12 日至 2003 年 1 月 23 日期间，擅自动用华宁公司的7 385 582.57元资金用于支付碧水湾西苑的工程欠款，而 2003 年 1 月 23 日双方签订《华宁华宇决议》约定：碧水湾西苑小区未售完的部分归华宇公司所有，祝长春也不再担任华宁公司的股东。由此可见，祝长春存在明显的侵权行为，祝长春及华宇公司理应返还上述款项。

（7）祝明安对华宇公司的股权受让应支付相应的对价。根据双方约定，钱碧芳将其所有 25% 的华宇公司股权转让给祝明安，协议签订后，钱碧芳即不再参与华宇公司的事务。钱碧芳及华宁公司认为，祝明安要求受让该 25% 的华宇公司股权，应支付相应对价。现因祝长春等拒绝支付相应对价，故应当对截至 2003 年 1 月 23 日华宇公司的资产价值进行审计，以确定祝长春、祝明安应支付的对价金额。

（8）对祝长春控制华宁公司期间隐匿的债权债务的处理。2003 年 1 月 23 日之前，华宇公司一直由祝长春实际控制并经营，双方谈判期间，祝长春隐匿了大量的债权债务，除以上所列之外，祝长春隐匿的华宇公司的债务应由其自行承担，隐匿的债权和收益应返还给钱碧芳及华宇公司。综上，祝长春及华宇公司的行为已经侵害了钱碧芳及华宇公司的权益，严重影响了华宇公司的正常经营。

反诉请求：

（1）祝长春、华宇公司承担华宁公司已预交的 2003 年度企业所得税 242 300.49 元的 70%，即 169 613.14 元；承担华宁公司因资料不全尚未确定应缴企业所得税的 70%，约 1.2 万元。

（2）祝长春、华宇公司承担华宁公司已缴纳的一般营业税、印花税等共计 274 156.73 元的 70% 即 191 909.71 元；承担税务部门尚未确认的华宇公司其他应交各项税款（营业税及附加税、土地增值税、印花税等）的 70%，约 1.4 万元；

（3）祝长春、华宇公司承担经审计确认的华宁公司截至 2003 年 1 月 23 日应付各项工程款中超过 550 万元以上部分的各项工程款，约 150 万元。

（4）祝长春、华宇公司返还华宁公司所有的公司资料和项目资料。

（5）祝长春、华宇公司返还华宁公司所有的别克（苏 A－T6921、价值 357 368 元）、依维柯（苏 A－49440、价值 147 643 元）、桑塔纳（苏－51722、价值 172 000 元）、昌河（苏 A－T5045、价值 48 500 元）各一辆，如不能返还，按原价赔偿。

（6）祝长春、华宇公司承担祝长春在经营华宇公司期间因延期交房、工程质量问题而赔偿客户的各项经济损失共计 1 060 082 元。

（7）祝长春、华宇公司返还 2002 年 11 月 12 日至 2003 年 1 月 23 日谈判期间侵占的华宇公司资金 7 385 582.57 元。

（8）祝长春、祝明安向钱碧芳给付华宇公司股权转让对价约 600 万元。

（9）祝长春、华宇公司承担其他隐匿的华宁公司 2003 年 1 月 23 日前发生的债务并返还隐匿的华宁公司 2003 年 1 月 23 日前形成的权益，约 350 万元的

70%，即 245 万元。

（10）祝长春返还钱碧芳存留在华宇公司的私人办公及生活用品，价值约 5 万元。

（11）以上 1～10 项诉讼请求数额合计为 19 558 698.42 元，如经审计后确定的数额有超出部分，对超出部分保留诉权。

（12）由对方承担本案的诉讼费用。

一审法院认为：祝长春与钱碧芳于 2002 年 11 月 12 日签订的《华宁决议》、于 2003 年 1 月 23 日在江宁区法院主持下签订的《华宁华宇决议》，系双方真实意思表示，不违反国家有关法律规定，并得到汪贤琛、祝明安认可，依法应当认定为合法有效。上述各项决议达成后，双方均应依约定内容享有权利、履行义务。《华宁华宇决议》达成后，钱碧芳利用江宁区法院让其办理两公司股权转让工商变更手续的有利条件，只将祝长春在华宇公司的股权办理变更至汪贤琛名下并变更华宁公司的法定代表人为其父钱久忠，扣押了关于转让其在华宇公司股权的转让协议等资料，不办理将其在华宇公司的股权转让至祝明安名下的工商变更手续，且在江宁区法院解除冻结华宁公司银行存款 1 365 万元时，将应付给华宇公司的 520 万元款项取走，还直接到江宁区建设局主张其本已转移给华宇公司的债权等做法，均有违诚信原则。钱碧芳只享受决议赋予其的权益而不承担约定义务的行为，是纠纷产生的根本原因，对此，钱碧芳应承担主要责任。

关于祝长春、华宇公司的本诉请求及钱碧芳、华宁公司的反诉请求应否予以支持的问题。

第一，关于祝长春、华宇公司本诉的五项诉讼请求应否支持问题。

（1）关于钱碧芳与华宁公司应否连带给付华宇公司 520 万元款项之诉请。该 520 万元是祝长春与钱碧芳为调整华宁公司与华宇公司资产，为分割江宁区法院冻结的华宁公司银行存款 1 365 万元而作的约定。《华宁华宇决议》中双方约定华宁公司分给华宇公司 600 万元，后在江宁区法院调解下，双方同意调整为 520 万元，钱碧芳亦按约定开具了银行支票。现祝长春与华宇公司请求判令华宁公司给付华宇公司 520 万元，应予支持。虽《华宁华宇决议》约定的只是华宁公司对华宇公司的给付，但本质上却系钱碧芳与祝长春交易华宁公司与华宇公司股权的结果。因此，钱碧芳应对华宁公司给付华宇公司 520 万元款项承担连带给付义务。

（2）关于华宇公司将位于南京市江宁区碧水湾小区的第 96、21、49、69、70、72、16-2、32-1、66-2 幢别墅的产权变更至华宇公司名下，如不能变更则由钱碧芳与华宁公司连带给付对价约 1 500 万元（实际价值按照市场评估价计算）之诉请。该诉请是《华宁华宇决议》明确约定内容，虽在江宁区法院主持双方调解时，要求双方就华宁公司与华宇公司的房产不再调整，祝长春和钱碧芳亦表示可以不再调整。但祝长春认为其作出不再调整两公司房产的意思表示系基于双方全面履行《华宁华宇决议》、尽快解决争议问题而作的让步。现钱碧芳不讲诚信的行为已严重侵害了祝长春作为两公司大股东的合法权益，故坚决要求按《华宁华宇决议》中约定的条款履行。一审法院认为江宁区法院对祝长春、钱碧芳不再调整两公司房产的调解，对祝长春、钱碧芳均不产生法律意义上的约束力。本着公平合理的原则，祝长春要求依照《华宁华宇决议》约定内容分割两公司资产，应予支持。

（3）关于华宁公司将债权转移给华宇公司的两项诉请，即对江宁区建设局的1 650万元债权和对江宁区国土局债权中的70%（即1 400万元）转移归华宇公司所有之诉请。因《华宁华宇决议》明确约定"华宁公司享有的对江宁区建设局的债权1 650万元（暂定），由祝长春负责追回，在30日内支付完碧水湾小区的维修基金（约350万元）、紫薇花园物业维修基金（约196万元）、碧水湾小区前期拆迁费用（120万元）、碧水湾小区修路费用（约100万元）后，余额归祝长春和华宇公司所有"；"华宁公司如收回城北路460亩地块，应给付华宇公司1 400万元，如收回现金，则按70%的比例给付华宇公司"。一审审理期间各方均表示愿意照此履行，应予支持。

（4）关于钱碧芳协助祝长春、华宇公司将其所享有的华宇公司的25%股权（出资250万元）变更至祝明安名下之诉请。钱碧芳已将祝长春在华宁公司的股权无偿转让至其母名下并办理了工商登记变更手续，故应按《华宁华宇决议》约定将其在华宇公司的股权转让给祝明安。

第二，关于钱碧芳和华宁公司所提11项反诉请求应否支持问题。

（1）关于祝长春、华宇公司承担华宁公司已预交的2003年度企业所得税242 304.49元的70%，为169 613.14元；承担华宁公司因资料不全尚未确定应缴企业所得税的70%，约1.2万元之诉请。钱碧芳和华宁公司提出审计华宁公司和华宇公司财务账目，以确认两公司应缴纳的企业所得税及其他各类税费数额。但依照双方"华宁公司和华宇公司在2003年度的企业所得税由祝长春和华宇公司承担70%；钱碧芳和华宁公司承担30%"的约定，只要华宁公司和华宇公司各自将其2003年度的完税凭证拿出即可解决该项争议，故无需通过审计确定。华宁公司提供证据证明其已缴纳2003年度的企业所得税款额为206 789.70元，按双方约定，祝长春和华宇公司应承担144 752.79元。钱碧芳和华宁公司要求祝长春、华宇公司承担169 613.14元和1.2万元税款无事实依据，不予支持。对华宁公司和华宇公司尚未缴纳的2003年度的企业所得税，双方可在实际缴纳后，凭完税凭证要求对方按约定的比例另行处理。

（2）祝长春、华宇公司承担华宁公司已缴纳的一般营业税、印花税等共计274 156.73元的70%，即191 909.71元；承担税务部门尚未确认的华宁公司其他应交各项税款（营业税及附加、土地增值税、印花税等）的70%，约1.4万元之诉请。《华宁决议》已考虑税费因素，但并未对双方如何承担作出约定。《华宁华宇决议》只明确了双方对企业所得税承担比例，且该决议第8条明确约定"除上述所列项目外，华宁公司、华宇公司的其他资产和负债由各公司自行享有和处理"。因此，钱碧芳和华宁公司该反诉请求没有法律依据，不予支持。

（3）关于祝长春、华宇公司承担经审计确认的华宁公司截至2003年1月23日应付碧水湾小区和紫薇花园各项工程款中超过550万元以上部分的各项工程款约150万元之诉请。钱碧芳和华宁公司要求审计华宁公司账目以确认应付工程款数额。依照双方"华宁公司承担碧水湾和紫薇花园项目未付工程款在550万元以下的部分由华宁公司和钱碧芳负责支付，550万元以上部分由祝长春和华宇公司负责支付，工程款的支付由祝长春确认后由钱碧芳支付"的约定，只要钱碧芳和华宁公司将由祝长春确认后给付的工程款凭证拿出，超出550万元部分由祝长春和华宇公司承担即可，无需通过审计确认。现华宁公司提供的2003年1月23日后，其支付各项工程款，共计3 228 078元，尚未达到550万元，因此，钱碧芳和华宁公司无权要求祝长春和华宇公司承担该项工程款。

（4）关于祝长春、华宇公司返还华宁公司所有公司资料和项目资料之诉请。两公司账册等资料已封存于一审法院，判决后将全部归还双方。

（5）关于祝长春、华宇公司返还华宁公司所有的别克（苏A－T6921、价值357 368元）、依维柯（苏A－49440、价值147 643元）、桑塔纳（苏A－51722、价值172 000元）、昌河（苏A－T5045、价值48 500元）各一辆，如不能返还，按原价赔偿之诉请。因该四辆汽车均在2001年1月17日前购置，别克和昌河已被华宇公司奖励员工归私人所有，且《华宁华宇决议》明确约定"除上述所列项目外，华宁公司、华宇公司的其他资产和负债由各公司自行享有和处理"。因此，钱碧芳和华宇公司主张这四辆汽车所有权的请求，不予支持。

（6）关于祝长春应承担在经营华宁公司期间因延期交房、工程质量问题而赔偿客户的各项经济损失共计1 060 082元的诉请。2003年1月23日之前，祝长春为华宁公司董事长，钱碧芳为华宁公司总经理，在钱碧芳提交的华宁公司的财务支出凭证上，既有祝长春签字，亦有钱碧芳签字，证明系双方共同经营的结果。2003年1月23日之后，华宁公司已由钱碧芳全面管理，且双方已明确约定"除上述所列项目外，华宁公司、华宇公司的其他资产和负债由各公司自行享有和处理"。现钱碧芳要求祝长春承担所谓经济损失1 060 082元，无事实和法律依据，不予支持。

（7）关于祝长春和华宇公司应返还自 2002 年 11 月 12 日至 2003 年 1 月 23 日谈判期间侵占的华宁公司资金 7 385 582.57 元之诉请。钱碧芳认为双方签订《华宁华宇决议》后，其通过查阅华宁公司财务账，才发现祝长春在 2002 年 11 月 12 日至 2003 年 1 月 23 日期间，利用掌控华宁公司经营和财务之便，将华宁公司款项 5 645 450.16 元用于支付华宇公司的工程款，华宁公司还应有 1 740 132.41 元现金。自己是在毫不知情的情况下签订了《华宁华宇决议》，该 5 645 450.16 元款项及 1 740 132.41 元现金，不应属于《华宁华宇决议》约定的内容，祝长春和华宇公司应当返还 7 385 582.57 元。祝长春认为，双方曾共同拥有华宁公司和华宇公司，两公司系共同股东持股公司，在资金往来、从业人员等方面存在诸多关联。华宇公司的财务记账凭证和银行转账支票存根，证明华宇公司在 2002 年 6 月 27 日至 2002 年 12 月 31 日期间，共为华宁公司对外付款达 3 071.8 万元。钱碧芳作为两公司小股东，应当知道其在与两公司大股东分割两公司资产时其应得资产的比例，因此双方《华宁华宇决议》才明确约定"华宁公司与华宇公司截至 2003 年 1 月 22 日相互之间的债权债务相互抵消，互不追偿"。一审法院认为，在 2003 年 1 月 23 日之前，华宁公司和华宇公司均由祝长春和钱碧芳共同经营管理，钱碧芳理应知晓两公司在财务往来上存在互为对方付款状况。且《华宁华宇决议》明确约定"华宁公司与华宇公司截至 2003 年 1 月 22 日相互之间的债权债务相互抵消，互不追偿"。因此，钱碧芳要求认定 7 385 582.57 元不属《华宁华宇决议》约定的内容，祝长春和华宇公司应当返还 7 385 582.57 元的请求，不予支持。

（8）关于祝长春和华宇公司承担其他隐匿的华宁公司 2003 年 1 月 23 日前发生的债务并返还其隐匿的华宁公司 2003 年 1 月 23 日前形成的权益，约 350 万元的 70%，即 245 万元之诉请。因钱碧芳和华宇公司并未举证证明祝长春和华宇公司隐匿华宁公司在 2003 年 1 月 23 日前产生的债务和权益的事实，故该项诉请无事实依据，不予支持。

（9）关于祝长春、祝明安向钱碧芳给付华宇公司股权转让对价约 600 万元之诉请。《华宁华宇决议》约定，"祝长春将其所持有的在华宁公司的股权（1400 万元）一次性转让给第三人汪贤琛享有，钱碧芳将其所持有的在华宇公司的股权（250 万元）一次性转让给祝明安享有，转股协议另行签订"。祝长春将其在华宁公司的股权转让给钱碧芳之母，钱碧芳将其在华宇公司的股权转让给祝长春之父，双方对两公司资产的调整是平衡转让股权的对价。钱碧芳在江宁区法院签署《华宁华宇决议》及相关协议后，在未支付任何对价的情况下将祝长春拥有的华宇公司股权转至自己母亲名下并办理了工商登记变更手续，现要求祝长春、祝明安向其支付转让25%华宇公司股权的对价600万元，违反双方的约定，该请求不予支持。

（10）关于祝长春返还钱碧芳存留在华宇公司的私人办公及生活用品，价值约5万元之诉请。虽该诉请不在争议案件审理范围之内，理应驳回，但祝长春在本案审理中表示钱碧芳的私人物品可随时取回，故钱碧芳应自行取回该项诉请之物品。

一审法院判决：

综上，祝长春和华宇公司诉请合法有据，应予支持；钱碧芳和华宁公司的反诉请求，对合法有据的部分依法予以支持，对无事实和法律依据的部分依法予以驳回。依照《中华人民共和国民事诉讼法》（1991年）第128条、《中华人民共和国合同法》第6条、第8条、第44条第1款、第60条、第88条之规定，判决：

（1）华宁公司于判决生效后10日内，给付华宇公司款项520万元，钱碧芳对华宁公司的此项付款义务承担连带责任。

（2）钱碧芳和华宁公司于判决生效后10日内，将碧水湾小区第96、21、49、69、70、72、16-2、32-1、66-2幢别墅的所有权办理至华宇公司名下；祝长春和华宇公司在判决生效后10日内将碧水湾西苑的三间门面房、三幢别墅、六套公寓的所有权办理至华宇公司名下。

（3）钱碧芳和华宁公司于判决生效后10日内，将其享有的对江宁区建设局的债权1 650万元，转让给祝长春和华宇公司。祝长春和华宇公司取得该款30日内，应支付碧水湾小区的维修基金（350万元）、紫薇花园物业维修基金（196万元）、碧水湾小区前期拆迁费用（120万元）、碧水湾小区修路费用（100万元）。

（4）钱碧芳和华宁公司于判决生效后10日内，将其享有的对江宁区国土局的债权中的1 400万元转让给祝长春和华宇公司。

（5）钱碧芳于判决生效后10日内，将其享有的华宇公司的25%股权（250万元），转让至祝明安名下，并办理好工商变更登记手续。

（6）祝长春和华宇公司于判决生效后10日内，给付华宁公司已缴纳2003年度的企业所得税税款144 752.79元。

（7）华宁公司和华宇公司于判决生效后10日内，将封存在一审法院的各自财务账册等资料自行取回。

（8）钱碧芳自行取回其存放在华宇公司的私人物品。

（9）驳回钱碧芳和华宁公司的其他反诉请求。本诉案件受理费276 010元由钱碧芳和华宁公司负担；反诉案件受理费107 893.49元，由祝长春和华宇公司负担26 974元，钱碧芳和华宁公司负担80 919.49元。

钱碧芳、华宁公司不服一审判决，提起上诉称，一审法院拒不采纳钱碧芳对两公司进行审计的要求，以致在未审计的情况下就对公司股权和资产予以分割，造成一审判决错误，故要求二审法院对两公司进行审计，撤销一审判决并依法改判。

二审法院查明：为落实《华宁华宇决议》内容，2003年1月23日，钱碧芳、华宁公司与祝长春及华宇公司签订了《关于碧水湾28亩土地使用权问题的处理协议》、《关于城北路460亩地块的处理协议》。关于城北路460亩地块即华宁公司享有的对江宁区国土局债权问题，双方约定：该土地在华宁公司名下，祝长春和华宇公司同意由华宁公司收回，如收回土地归华宁公司开发，华宁公司支付给华宇公司1 400万元；如收回现金，其中70%给华宇公司；如因祝长春的过错造成华宇公司既收不回土地，又没收回现金，祝长春赔偿钱碧芳624万元。

关于华宁公司享有的对江宁区建设局债权问题，2003年1月23日，钱碧芳、华宁公司与祝长春及华宇公司签订的《华宁华宇决议》中，约定该债权由祝长春负责追回。同日，双方签订的《债权转让及委托收款协议书》及向江宁区建设局出具的《债权转让通知》中，有转让债权和部分转让该债权及委托收款等意思表示。

钱碧芳向江宁区法院提起民事诉讼后，江宁区法院应钱碧芳要求冻结华宁公司银行存款的数额为13 754 252元。

钱碧芳上诉请求第5项关于碧水湾28亩土地使用权问题、第11项关于要求祝长春返还其擅自支取的约27 020 427.4元并承担该笔款项税金问题，为二审新增加的诉讼请求。而且，关于祝长春支取约27 020 427.4元一事，钱碧芳于《华宁华宇决议》签订之前就已经明确知道。

二审法院查明的其他事实与一审法院查明的事实相同。

【提示问题】

1. 本案之前，钱碧芳曾起诉法院，请求分割华宁公司、华宇公司财产。请分析钱碧芳请求分割公司财产的正当性？其诉请的权利基础是什么？

2. 请分析《华宁决议》、《华宁华宇决议》及《补充决议》的效力，两个公司可以联合作出决议吗？

3. 原告的诉请有事实和法律依据吗？

4. 结合案情中的"被告辩称"及"被告认为"部分，分析被告的辩解是否有道理，被告的反诉有事实及法律依据吗？

5. 评析一审法院的判决。

第六部分

图书在版编目（CIP）数据

商事案例评析 / 郭升选主编． 一北京：中国政法大学出版社，2009.3
ISBN 978-7-5620-3343-1

Ⅰ.商...　Ⅱ.郭...　Ⅲ.商法-案例-分析-中国-高等学校-教材　Ⅳ.D923.995

中国版本图书馆CIP数据核字(2009)第023221号

出版发行	中国政法大学出版社
经　　销	全国各地新华书店
承　　印	固安华明印刷厂

787×960　　16开本　　19印张　　345千字

2009年3月第1版　　2009年3月第1次印刷

ISBN 978-7-5620-3343-1/D•3303

定　价：28.00元

社　　址	北京市海淀区西土城路25号
电　　话	(010)58908325（发行部）　58908285(总编室)　58908334(邮购部)
通信地址	北京100088信箱8034分箱　邮政编码 100088
电子信箱	zf5620@263.net
网　　址	http://www.cuplpress.com （网络实名：中国政法大学出版社）
声　　明	1. 版权所有，侵权必究。
	2. 如有缺页、倒装问题，由本社发行部负责退换。

本社法律顾问　北京地平线律师事务所